Zur prinzipientheoretischen Begründung des positiven Rechts im Ausgang von Hans Kelsen und Immanuel Kant

Christine Armbruster

# Zur prinzipientheoretischen Begründung des positiven Rechts im Ausgang von Hans Kelsen und Immanuel Kant

PETER LANG

**Bibliografische Information der Deutschen Nationalbibliothek**
Die Deutsche Nationalbibliothek verzeichnet diese Publikation
in der Deutschen Nationalbibliografie; detaillierte bibliografische
Daten sind im Internet über http://dnb.d-nb.de abrufbar.

ISBN 978-3-631-83933-1 (Print)
E-ISBN 978-3-631-88003-6 (E-PDF)
E-ISBN 978-3-631-88295-5 (EPUB)
DOI 10.3726/b19905



Peter Lang – Berlin · Bern · Bruxelles · New York ·
Oxford · Warszawa · Wien



Diese Publikation wurde begutachtet.

www.peterlang.com

# Vorwort

> "No jurisprudentially significant library can be said to be complete unless it includes the new edition of Kelsen's 'Reine Rechtslehre', which represents the culmination of the most distinctive and distinguished jurisprudential thought of our times" (Silving 1963, 111).

> „Auch in der Rechts- und Staatstheorie bietet Kant einen Höhe- und zugleich Wendepunkt der Aufklärung. An ihm kann man über unser heutiges Recht zu philosophieren lernen […]" (Höffe 1999, 8).

Anlässlich des hundertjährigen Bestehens der österreichischen Bundesverfassung von 1920, die Hans Kelsen maßgeblich mitgestaltete, und anlässlich seines bevorstehenden fünfzigsten Todestages (2023) wirft die vorliegende Abhandlung einen rechtsphilosophischen und erkenntnistheoretischen Blick auf seine Hauptschrift, die *Reine Rechtslehre*. Mit der *Reine[n] Rechtslehre*, die – wie die Rechtslehre Immanuel Kants – im Zentrum der vorliegenden Untersuchung steht, beschreitet Kelsen neue Wege des Rechtspositivismus, indem er die Rechtswissenschaft einer „radikalen methodologischen Revision" unterzieht und im Sinne einer „dynamische[n]" Betrachtung der Rechtsordnung dem „statische[n] Konzept des Gesetzespositivismus" ein „dynamisches Prinzip" in Form eines Rechtserzeugungsprozesses zur Seite stellt. Er zeigt damit auf, dass das Recht nach „eigengesetzten Regeln" funktioniert, dass es – im Sinne der Autonomie – „*in sich* normativ sein kann" (Jestaedt 2014, 4; Kelsen 2017 [1960], 351; Jestaedt & Lepsius 2006, XIV; Kletzer 2013, 258). Zudem will er die „Reine Rechtslehre [als] eine *Theorie* des positiven Rechts [Hervorhebung, C.A.]" entwerfen, die als Rechtswissenschaft „nur eine auf das Recht gerichtete Erkenntnis" sicherzustellen hat und als „‚reine' Lehre vom Recht" von allen „ihr fremden Elementen", wie Psychologie, Soziologie, Ethik und politischen Theorien zu befreien ist (Kelsen 2017, 21; vgl. Kelsen 2008 [1934], 3f.).

Immanuel Kant, dem 2024 durch den „14. Internationale[n] Kant-Kongress" gedacht wird (http://www.sociedadekant.org/2020/11/24/14th-international-kant-congress-2024-kaliningrad-russia/), ist vor allem als Verfasser einer Vernunftkritik, der *Kritik der reinen Vernunft*, bekannt, die mit der „Veränderung der Denkart" das „Bezogensein auf die Welt auf den Kopf [stellt]" (KrV B XXf.; Kletzer 2013, 257). Außerdem kennt man ihn wegen des Kategorischen Imperativs und u.U. als „Theoretiker der Ästhetik". Eine Rechts- und Staatsphilosophie kommt im Allgemeinwissen nicht vor (Höffe 1999, 1). Kant befasste sich jedoch früh mit der Systematik der letztgenannten Philosophie, nimmt sie doch ihren

Ausgang von der „transzendentale[n] Dialektik“ in der Vernunftkritik (KrV B 350/A 293f.; vgl. KrV B 670/A 642). Unverkennbar ist auch der Einfluss der Moralphilosophie mit ihrem zentralen Element, dem „kategorische[n] Imperativ“, dem der „*positive* Begriff“ der Freiheit, d.h. die Autonomie, zugrunde liegt (GMS BA 52; BA 97f.). Analog zur Konzeption Kelsens ist es der Anspruch Kants, „einen erfahrungsunabhängigen Rechtsbegriff“ a priori zu gewinnen, womit dieser Rechtsbegriff nur ein „Begriff der reinen Vernunft“ sein kann (Kersting 2004, 172; vgl. AA VI, 205). Mithin vollziehen beide, Kelsen und Kant, eine Trennung des Sollens vom Sein oder in anderen Worten der „Erkenntnis des Rechts“, die „ausschließlich aus dem denkenden Subjekt selbst stammt“, vom „positiven Recht“, das durch eine „Rechtsautorität“ erzeugt wird (Kelsen 2017, 143; 21; Eisfeld 2015, 141).

Die vorliegende Abhandlung spürt einer prinzipientheoretischen Begründung des positiven, gesetzten Rechts im Anschluss an die Reine Rechtslehre Kelsens und die Philosophie Kants nach und versucht die Frage zu beantworten, ob im Ausgang der Rechtslehre Kelsens und der Kantischen Rechts- und Moralphilosophie eine Vereinbarkeit zwischen Rechtspositivismus und Rechts- und Moralphilosophie möglich ist. Die Ergebnisse der Untersuchung eröffnen einen neuen Blick auf das positive Recht, das sich nicht mehr bloß als gesetztes und mithin den Bürgern eines Staates vorgesetztes Recht präsentiert, sondern als ihr Erkenntnisprodukt, mithin als Recht mit seinen „reflexiven“ und nicht bloß konstitutiven Eigenschaften (Noll 2018, 233).

Wien, im Frühjahr 2022

Christine Armbruster

# Inhalt

**Vorwort** .......... 5

**Zur Zitierweise** .......... 11

**Einleitung** .......... 13

A Immanuel Kant, Hans Kelsen und die Rechtslehre .......... 13

B Grundlagen für eine prinzipientheoretische Begründung des positiven Rechts .......... 14

C Zum Aufbau der vorliegenden Untersuchung .......... 16

**Teil 1** .......... 19

**1 Vom endlichen Vernunftwesen, der Moral und dem positiven Recht** .......... 21

1.1 Von der Moral-, Geschichts- und Rechtsphilosophie Immanuel Kants und von der *Reine[n] Rechtslehre* Hans Kelsens - Ein Überblick .......... 21

1.1.1 Kant und das Vermächtnis der Metaphysik .......... 22

1.1.2 Warum Kant seine Rechtslehre „*Metaphysik des Rechts*" nennt (AA VI, 205) .......... 24

1.1.3 Kontroversen rund um das Naturrecht in der „*Metaphysik des Rechts*" (AA VI, 205) .......... 25

1.1.4 Wie die Geschichte in die Rechtslehre kam .......... 29

1.1.5 Der Kategorische Imperativ und sein juristischer Bruder - das „allgemeine Rechtsgesetz" (AA VI, 231) .......... 36

1.1.6 Zur Möglichkeit oder Unmöglichkeit der Vereinigung des Kategorischen Imperativs und des „allgemeine[n] Rechtsgesetz[es]" (AA VI, 231) .......... 47

1.2 Von der *Reine[n] Rechtslehre* Hans Kelsens und der Frage, ob sie diese Bezeichnung zurecht trägt ..... 51

1.2.1 Moralische Normen: Stiefkinder oder gleichwertige Mitglieder eines Rechtssystems? ..... 63

**2 Hans Kelsens „diskursprägendste[s]" Werk – die *Reine Rechtslehre* (Jestaedt 2017, X)** ..... 69

2.1 Von Hans Kelsen, den Ideologien und der Philosophie ..... 72

2.2 Hans Kelsens Rechtspositivismus: Seine Eckpunkte, sein Wandel ..... 83

2.2.1 Von Kausalität und Zurechnung – vom Sein und Sollen – vom Rechtssatz und der Rechtsnorm ..... 83

2.2.2 Vom Weg zum perfektionierten Theorieansatz ..... 101

2.3 Die *Reine Rechtslehre* diskursiv – Kritiker und Befürworter ..... 106

2.3.1 Ist Kelsens Deutung des Rechts die Einzige? Zu Norbert Hoerster, Robert Alexy und H. L. A. Hart ..... 107

2.3.2 Christoph Kletzers Neuinterpretation der „Reine[n] Rechtslehre" Kelsens (Kelsen 2017, 21) ..... 119

2.4 Zu den Begriffen „Regel" und „Norm" als Synonyme? ..... 125

2.4.1 Harts und Kelsens Antwort auf die Frage: Sind Regeln notwendige oder überflüssige Übel? ..... 135

2.5 Christoph Möllers und das Phänomen Norm: Formalisierung, Autorisierung, Verschriftlichung ..... 138

**3 Vom Rechtsphilosophen Immanuel Kant** ..... 145

3.1 Von der Kantischen Rechtslehre und ihren Quellen ..... 147

3.1.1 Von den politischen und rechtsphilosophischen Implikationen der Quellentexte und von der Rechtslehre Kants ..... 151

3.1.2 Von der Natur und der Freiheit in den Quellentexten der Rechtslehre und in der Rechtslehre selbst ..... 160

3.2 Immanuel Kants Rechtslehre und Hans Kelsens Reine Rechtslehre – gegensätzliche oder komplementäre Ansätze? ..... 161

3.2.1 Zum allgemeinen und öffentlichen Gesetz - zur Kompatibilität von Allgemeingültigkeit und Besonderheit ..... 162

3.2.2 Zur Bedeutung des Kategorischen Imperativs für die Entwicklung des endlichen Vernunftwesens und für das Gelingen eines Gemeinwesens ..... 165

3.3 Von der Urteilskraft in Immanuel Kants *Kritik der Urteilskraft* und ihrem Stellenwert in der Rechtslehre ..... 167

3.4 Zu Christoph Horn und seiner „eigentümlichen Form von Normativität" in Kants politischer Philosophie (Horn 2014, 9). ..... 181

3.5 Zu den komplementären und gegensätzlichen Leitideen in der Rechtslehre Immanuel Kants und der Reinen Rechtslehre Hans Kelsens ..... 188

**Teil 2** ..... 191

**4 Hans Kelsens Grundnormtheorie und Immanuel Kants Weg zur positiven Rechtsordnung mit Blick auf die Letztbegründung des positiven Rechts** ..... 193

4.1 Die „*Grundnorm*" aus der Sicht Hans Kelsens (Kelsen 2017, 346) .... 193

4.2 Eine Betrachtung der Kelsenschen Lehre durch Agostino Carrino .. 200

4.3 Stanley L. Paulson zur Frage: Kann die Reine Rechtslehre Hans Kelsens durch das „regulative Prinzip" gerettet werden (Paulson 2014, 259)? ..... 209

4.3.1 Zu den transzendentalen Ideen der reinen Vernunft und ihrem „regulativen Gebrauch" (KrV B 670/A 642) ..... 212

4.4 Ist Kelsens Lehre „*eine unreine Rechtslehre*" (Carrino 1998, VIII)? .. 218

4.5 Immanuel Kants langer Weg vom Sittengesetz zu einer positiven Rechtsordnung? ..... 226

**5 Zur prinzipientheoretischen Begründung des positiven Rechts im Anschluss an die Rechtslehre Hans Kelsens und die Philosophie Immanuel Kants** ..... 235

5.1 Die Grundnorm und ihr Begründungsdilemma: Zu Aristoteles' „syllogistischen Figuren (σχήματα)" und dem Begründungsskeptizismus ..... 239

5.2 Robert Alexys und Norbert Hoersters Suche nach einem Ausweg aus dem Begründungsdilemma der Grundnorm Kelsens ... 251

5.2.1 Grundzüge der Konzeption Alexys und deren Implikation auf die Interpretation der Grundnormtheorie Kelsens ..... 251

5.2.2 Hoersters Rechtspositivismus im Kontext mit Kants Rechtslehre und der Grundnormtheorie Kelsens ..... 260

5.3 Das Naturrecht: Ein potenzieller Lösungsansatz der Begründungsproblematik? ..... 280

5.4 Die Suche nach der Geltungsbegründung von Normen findet ihr Ende in einem Prinzip der besonderen Art ..... 282

5.5 Die Philosophie Immanuel Kants als Schlüssel zur Letztbegründung ..... 289

5.5.1 Kelsens Grundnorm: Ein konstitutives und regulatives Prinzip *zugleich*? ..... 297

5.5.2 Der „*gemeinschaftliche* Sinn" – seine Maximen – die Suche nach der „allgemeinen Regel" – die Begründung des positiven Rechts (KU B 157/A 155–B 159/A 157) ..... 300

**6 Schlussbemerkung** ..... 315

**Verzeichnis der Abbildungen** ..... 321

**Literaturverzeichnis** ..... 323

# Zur Zitierweise

Ich zitiere entsprechend den Konventionen der Fachliteratur Immanuel Kant, Aristoteles und Platon wie folgt:

***Immanuel Kant:***

a) Die *Kritik der reinen Vernunft*, die *Kritik der praktischen Vernunft* einschließlich der *Grundlegung zur Metaphysik der Sitten*, und die *Kritik der Urteilskraft* werden nach der Ausgabe von Wilhelm Weischedel zitiert und die Seitenanzahlen der ersten (= A) und der zweiten (= B) Auflage - so es zwei Auflagen gibt - angegeben, z.B. B 670/A 642 = zweite Auflage, Seite 670.

Diesen Angaben werden die folgenden Siglen vorangestellt: GMS / *Grundlegung*, „Grundlegung zur Metaphysik der Sitten"; KpV, *Kritik der praktischen Vernunft*; KrV, *Kritik der reinen Vernunft*; KU, *Kritik der Urteilskraft*;

b) Die übrigen Schriften Kants werden nach der Akademie-Textausgabe (= AA), herausgegeben von der Königlich Preußischen Akademie der Wissenschaften, zitiert, z.B. AA VI, 231 = Band VI der Akademieausgabe, Seite 231.

Wird im Text auf eine der Schriften ohne direktes oder indirektes Zitat Bezug genommen, kommen die folgenden Siglen zur Anwendung: *Anfang*, „Muthmaßlicher Anfang der Menschengeschichte"; *Gemeinspruch*, „Über den Gemeinspruch: Das mag in der Theorie richtig sein, taugt aber nicht für die Praxis"; *Idee*, „Idee zu einer allgemeinen Geschichte in weltbürgerlicher Absicht";

***Aristoteles:***

Aristoteles wird mit den sogenannten Bekker-Zahlen zitiert, welche die Seite, die Spalte und die Zeile in der Textausgabe von Bekker angeben, z.B. An. Pr. I 6, 28a17 = *Analytica Priora*, Buch I, Kapitel 6, Seite 28, Spalte a, Zeile 17. Die Zeilenangaben zu den Texten der beiden Aristotelischen Analytiken beziehen sich auf die deutsche Übersetzung des Originaltextes nach Hans Günter Zekl.

Bei den Aristotelischen Schriften kommen die folgenden Siglen zur Anwendung: An. Pr., *Analytica Priora*; An. Post., *Analytica Posteriora*; EN, *Nikomachische Ethik* (*Ethica Nicomachea*); Aristoteles, Met., *Metaphysik;*

***Platon:***

Platon wird nach der, auch heute noch üblichen, Ausgabe von Henricus Stephanus aus dem Jahr 1578 zitiert, welche die Seiten und Abschnitte des Textes angibt, z.B. Soph. 219c = *Sophistes*, Seite 219, Abschnitt c.

Bei den Schriften Platons werden die folgenden Abkürzungen (Siglen) verwendet: Phaedr., *Phaidros*; Rep., *Politeia*; Soph., *Sophistes;* Theaet., *Theaitetos*;

***Zitierweise der restlichen Literatur:***

Die übrige Literatur zitiere ich nach der Harvard-Methode: Nachname des Autors, Erscheinungsjahr des Textes, Seitenanzahl, z.B. Kelsen 2017, 21.

***Hervorhebungen***

Um eine gute Lesbarkeit zu gewährleisten, werden Worte, welche in den Originaltexten gesperrt geschrieben wurden, kursiv gesetzt.

# Einleitung

## A Immanuel Kant, Hans Kelsen und die Rechtslehre

Immanuel Kant beendete seine Lehrtätigkeit 1796, ein Jahr vor dem Erscheinen seiner „**Rechtslehre**" als „erste[r] Theil der Metaphysik der Sitten" (AA VI, 205). Er befasste sich jedoch bereits früh mit der Systematik einer Rechts- und Staatsphilosophie, nimmt sie doch ihren Ausgang von der „transzendentale[n] Dialektik" und der daran geknüpften Thematisierung des „regulativen Gebrauch[s] der Ideen der reinen Vernunft" in der *Kritik der reinen Vernunft* (KrV B 350/A 293f.; B 670/A 642). Unverkennbar ist auch der Einfluss der Moralphilosophie mit ihrem zentralen Element, dem „kategorische[n] Imperativ", dem der „*positive* Begriff" der Freiheit, d.h. die Autonomie, zugrunde liegt (s. Abschnitte 1.1.5; 3.1; 4.5) (GMS BA 52; BA 97f.). Folglich lautet das „*Allgemeine Princip des Rechts.* Eine jede Handlung ist *recht*, die oder nach deren Maxime die Freiheit der Willkür eines jeden mit jedermanns Freiheit nach einem allgemeinen Gesetze zusammen bestehen kann" (AA VI, 230).

Hans Kelsen, der „*universale Rechtstheoretiker*" und Mitgestalter der österreichischen Bundesverfassung von 1920, wurde 1881 in Prag geboren und zählt neben Herbert Lionel Adolphus Hart (H. L. A. Hart) zu den bedeutendsten Rechtspositivisten des 20. Jahrhunderts (Jestaedt & Lepsius 2006, VIII; vgl. Dreier 2021, 7). Mit seiner *Reine[n] Rechtslehre*, der wohl „scharfsinnigsten und elaboriertesten" Theorie des positiven Rechts, beschreitet er neue Wege des Rechtspositivismus, indem er dem „statischen Konzept des Gesetzespositivismus" ein „dynamisches Prinzip" in Form eines Rechtserzeugungsprozesses zur Seite stellt und damit das Recht in seiner „*Eigengesetzlichkeit*" und „Autonomie" als ein „sinnvolles Ganzes" darzustellen sucht (Dreier 2021, 7; Kelsen 2017, 351; 143; Jestaedt & Lepsius 2006, XIIIf.; Kelsen 1923, VI). Es ist daher von geltendem Recht nur dann zu sprechen, wenn die Rechtsnormen in einem „positivrechtlich vorgesehenen Verfahren" erzeugt werden, womit Kelsen einen „(Geltungs-)Positivismus" vertritt, der sich dem „Gesetzes-, Subsumtions- und Anwendungspositivismus der Begriffsjurisprudenz" entschieden entgegenstellt (Jestaedt & Lepsius 2006, XIV). Es verwundert daher nicht, dass Kelsen nicht nur Zustimmung und Anerkennung erntete, sondern sich auch mit massiven Anfeindungen konfrontiert sah, will er doch zusätzlich zu seiner geltungspositivistischen Konzeption die „Reine Rechtslehre" als *Theorie* des positiven Rechts entwerfen, die im Sinne einer Rechtswissenschaft „nur eine auf das Recht gerichtete Erkenntnis" sicherzustellen hat und als „‚reine' Lehre vom Recht" von der Psychologie, der Soziologie, der Ethik und von politischen Theorien zu befreien ist (Kelsen 2017, 21; vgl. Kelsen 2008 [1934], 3f.; Dreier 2021, 18f.; Dreier 2019, 110–113).

Dass sich die Vorwürfe gegen die *Reine Rechtslehre* als haltlos erweisen, wenn den Ausführungen Kelsens zum Thema „„*Reinheit*"" gefolgt wird, die in knapper Weise darlegen, wie Kelsen eine „Reine Rechtslehre" verstanden wissen will, wird wesentlicher Bestandteil dieser Abhandlung sein (Kelsen 2017, 21; vgl. Jestaedt & Lepsius 2006, XI–XVII).

## B Grundlagen für eine prinzipientheoretische Begründung des positiven Rechts

Die zentralen Fragen, welche die vorliegende Untersuchung zu beantworten beabsichtigt, sind: Ist eine prinzipientheoretische Begründung qua Letztbegründung des positiven, gesetzten Rechts im Anschluss an die Philosophie Kants und die Reine Rechtslehre Kelsens möglich? Besteht im Ausgang der Rechtslehre Kelsens und der Kantischen Rechts- und Moralphilosophie eine Unvereinbarkeit zwischen Rechtspositivismus und Rechts- und Moralphilosophie?

Kant und Kelsen eint, dass die „Erkenntnistheorie" die Grundlage für die Rechtstheorie insofern liefert, als sie „die von der Rechtstheorie festgelegte Methode wissenschaftlicher Rechtserkenntnis" – in der Diktion Kelsens der „Rechtswissenschaft als Erkenntnis des Rechts" – determiniert (Eisfeld 2015, 3; Kelsen 2017, 143). Wie bei Kant muss auch bei Kelsen diese Erkenntnisstiftung als „bloße Form- oder Gesetzgebung" aufgefasst werden, womit sie eines Inhalts entbehrt (Eisfeld 2015, 3). Aus diesem Grund betont Kelsen, dass die Erzeugung des Gegenstandes der Rechtswissenschaft „einen rein erkenntnistheoretischen Charakter [hat]" und nicht mit der „Erzeugung von Gegenständen durch menschliche Arbeit oder [mit der] Erzeugung des Rechts durch die Rechtsautorität" gleichzusetzen ist (Kelsen 2017, 143). Analog zu dieser Bestimmung Kelsens wählt Kant für die „**Rechtslehre**", die ein „aus der Vernunft hervorgehendes System" vorstellt, vorerst die Bezeichnung „*Metaphysik des Rechts*", um sogleich zu erkennen, dass der „allein schickliche Ausdruck […] *metaphysische Anfangsgründe der Rechtslehre*" lauten muss, ist doch der „Begriff des Rechts" zwar ein „reiner", aber doch „auf die Praxis […] gestellter Begriff" (AA VI, 205). Mit diesen Festlegungen vollziehen beide, Kant und Kelsen, eine Trennung des Sollens vom Sein, d.h. der „*Verstandeswelt*" von der „*Sinnenwelt*", oder in anderen Worten der „Erkenntnis des Rechts", die „ausschließlich aus dem denkenden Subjekt selbst stammt", vom „positiven Recht", das durch eine „Rechtsautorität" erzeugt wird (GMS BA 107; Kelsen 2017, 143; 21; Eisfeld 2015, 141). Diese Dichotomie ist notwendig, um eine „wissenschaftliche Theoriebildung" im Sinne einer apriorischen Erkenntnisstiftung des Rechts zu gewährleisten, deren „systematische[r] Ausgangspunkt" außerhalb des empirischen Seins, außerhalb des positiven Rechts, liegen muss (Eisfeld 2015, 140). Sowohl der Kategorische Imperativ, der als „objektive[s] Prinzip", als „synthetisch-praktischer Satz a priori" präsentiert wird, als auch die „Grundnorm", die nicht in einer positiven Rechtsordnung „‚enthalten'" ist, erfüllen diese Voraussetzung (GMS BA 52, Fußnote; BA 50f.; Kelsen 2017, 355, Fußnote). Mit der Beschreibung der „**Rechtslehre**" als „eine[m] aus der Vernunft hervorgehende[n] System", wie auch mit der Charakterisierung der „Rechtwissenschaft als Erkenntnis des Rechts", die nicht nur ihren Gegenstand erzeugt, sondern auch als „sinnvolles Ganzes begreift", verweisen Kant und Kelsen darauf, dass sie die Rechtslehre als autonome, eigengesetzliche Einheit verstanden wissen wollen (AA VI, 205; Kelsen 2017, 143). Wie Kelsen die „*Theorie* des positiven Rechts [Hervorhebung, C.A.]" vom positiven Recht selbst scheidet, so lässt Kant keinen Zweifel aufkommen, dass das „Recht, was zum a priori entworfenen System gehört", „wohl" von der „empirische[n] Rechtspraxis" zu differenzieren ist (Kelsen 2017, 21; AA VI, 205f.).

Einen bedeutsamen Gegensatz zwischen der Rechtslehre Kelsens und jener Kants gibt es doch: Während Kelsen unablässig eine strikte Trennung der Moral vom Recht aufrecht zu erhalten sucht, war eine derart strikte „Trennung von Recht und Moral oder von Recht und Gerechtigkeit [...] dem historischen Kant noch ganz fremd", weil für ihn „nur die reine (praktische) Vernunft als Gesetzgeberin gültigen Rechts in Betracht kommt" (Eisfeld 2015, 69; vgl. Kelsen 2017, 11; 750). An die Stelle der Trennung von Recht und Moral treten daher bei Kant Abstufungen und Unterscheidungen zwischen der ethischen Selbstgesetzgebung (Sittengesetz), dem Vernunftrecht („allgemeine[s] Rechtsgesetz") und den positiven Rechtsordnungen (AA VI, 231).

Die, der *Reine[n] Rechtslehre* Kelsens innewohnenden, methodologischen Schwierigkeiten können vermittels einer prinzipientheoretischen Begründung des, in dieser Lehre konzipierten, positiven Rechts überwunden werden. In diesem Fall ist jedoch in prinzipientheoretischer Absicht zuvorderst nach dem Grund der Kantischen Unterscheidung von ethischer Selbstgesetzgebung, Vernunftrecht und positiver Rechtsordnung, oder – positiv formuliert – nach einer Darlegung des Zusammenhangs von unbedingter Selbstgesetzgebung (Autonomie), universalem Vernunftrecht und den partikularen positiven Rechtsordnungen zu fragen. Als Ausblick auf die Beantwortung der Frage, ob das positive, gesetzte Recht im Anschluss an die Kantische Philosophie und anhand der „‚reine[n]' Lehre vom Recht" Kelsens zu begründen ist, müssen an dieser Stelle die folgenden Anmerkungen genügen (Kelsen 2017, 21): Die Explikation des angesprochenen Zusammenhanges verlangt m.E. – so widersinnig dies auch im Lichte des Kantischen Systembaus zunächst klingen mag – die Formulierung eines Prinzips, das seinen Gegenstand regulativ konstituiert. Kelsen deutet mit der Feststellung, dass die Rechtswissenschaft als Erkenntnis des Rechts – „im Sinne der Kantschen Erkenntnistheorie" – einen konstitutiven Charakter aufweist, indem sie ihren Gegenstand „‚erzeugt'" und zudem als „Ganzes begreift" (Kelsen 2017, 143; vgl. Carrino 2011, 48, Fußnote), sowie mit der Bestimmung der Grundnorm als „transzendental-logische Bedingung" für die Deutung des „subjektiven Sinn[s]" eines Rechtsaktes als „objektive[r] Sinn" an (Kelsen 2017, 360f.; vgl. Carrino 2011, 37), dass er die Grundnorm sowohl als konstitutives, wie auch als regulatives Prinzip konzipiert.

## C Zum Aufbau der vorliegenden Untersuchung

Mit dieser Studie wird der Versuch unternommen, das positive Recht im Anschluss an Hans Kelsen und die Philosophie Kants zu begründen. Zu diesem Behuf ist es notwendig, nicht nur die *Reine Rechtslehre* in kritischer Weise zu beleuchten, sondern auch anhand anderer Schriften des Rechtswissenschaftlers den Wandel seines Denkens zu verdeutlichen. Nur dann wird es gelingen, die durchaus zwiespältigen Stellungnahmen Kelsens zur Kantischen, aber auch zur Neukantianischen Philosophie zu entschlüsseln. Im Sinne der Beurteilung, inwiefern Kelsens Interpretation dem Inhalt der Ausführungen Kants nahekommt, bedürfen auch die Werke Kants einer ausführlichen Erläuterung, wobei das Hauptaugenmerk auf die drei *Kritiken* und auf die Kantische Rechtsphilosophie zu legen ist.

Auch wenn im Zentrum der vorliegenden Arbeit die Rechtsphilosophie Kants und die *Reine Rechtslehre* Kelsens stehen, dürfen zeitgenössische Diskurse, welche die methodologischen Schwächen des Programms Kelsens aufgreifen und einer Lösung zuzuführen beabsichtigen, nicht fehlen, wobei vor allem die Rechtswissenschaftler und Rechtsphilosophen Robert Alexy, Agostino Carrino, Norbert Hoerster, Christoph Kletzer, und Stanley L. Paulson zu Wort kommen werden. Dass sich die *Reine Rechtslehre* Kelsens nicht nur nach der Veröffentlichung der ersten Auflage im Jahr 1934 mit Kritik, die nicht immer „rein wissenschaftlich motiviert" war, konfrontiert sah, zeigt u.a. der im britischen Stil geführte Diskurs zwischen Kelsen und Hart (Dreier 2021, 36; vgl. Kelsen 2008, 5; Kletzer 2008, 445f.; 460; Jestaedt 2017, LXXXV–XCI).

Es liegt auf der Hand, dass die Auswahl der Kritiker und Befürworter Kelsens ob der großen Fülle an Sekundärliteratur zur *Reine[n] Rechtslehre* keinen Anspruch auf Vollständigkeit erheben kann. Diesem Anspruch gerecht zu werden, strebt die vorliegende Studie auch gar nicht an, verfolgt sie doch nicht das

Ziel, deskriptiv und im enzyklopädischen Sinn umfassend zu sein, sondern erkenntnistheoretisch an die Konzeption einer reinen Lehre vom Recht heranzutreten. An diesem erkenntnistheoretischen Anspruch, der sich eine philosophische Begründung des positiven Rechts zum Ziel gesetzt hat, und damit Rechtswissenschaft und Philosophie zu verknüpfen sucht, ist auch der wissenschaftliche Wert der präsentierten Arbeit zu bemessen.

Ob dieser Zielsetzung wird dem **Teil 1** der Studie eine Skizze der Moral-, Geschichts- und Rechtsphilosophie Kants und der *Reine[n] Rechtslehre* Kelsens vorangestellt.

**Kapitel eins** beabsichtigt mithin, die vielfältigen Verschränkungen der Geschichts-, Moral- und Rechtsphilosophie Kants untereinander und mit der reinen Lehre des Rechts nach Kelsen zu verdeutlichen und die Grundlage für detaillierte Erörterungen der einzelnen Leitideen zu bereiten.

Die Kapitel zwei und drei vermitteln *prima facie* den – der Intention der Untersuchung widerstreitenden – Eindruck, dass die Lehren Kelsens und Kants unverbunden nebeneinanderstehen. Auf ihre zentralen Gemeinsamkeiten wird jedoch im Text durchgängig aufmerksam gemacht, beginnend mit dem Abschnitt 1.1. Eine klare Darstellung der Leitideen Kelsens und Kants erfordert jedoch zusätzlich eine getrennte Beschreibung derselben.

In diesem Sinne rückt **Kapitel zwei** den Rechtswissenschaftler Hans Kelsen ins Zentrum der Betrachtung und beleuchtet die Eckpunkte seiner Rechtslehre, sowie seine Positionierung zur Kantischen Philosophie. Als Ausblick auf weitere Diskurse kommen kritische Interpreten seiner Rechtswissenschaft – namentlich Robert Alexy, Norbert Hoerster, H. L. A. Hart, und Christoph Kletzer – zu Wort.

**Kapitel drei** geht vorerst auf die Suche nach den Quellen der Kantischen Rechtslehre und findet diese nicht nur in der Geschichts- und Moralphilosophie, sondern zudem in der dritten *Kritik*, der *Kritik der Urteilkraft*, die mit dem Gemeinsinn (sensus communis) den Schlüssel für die Vereinbarkeit von Allgemeingültigkeit und Notwendigkeit des Sittengesetzes auf der einen Seite und Besonderheit und Kontingenz der positiven Rechtsordnungen auf der anderen Seite liefert. Auf Basis der Kapitel zwei und drei kann der Frage nachgegangen werden, ob die Rechtslehre Kants und Kelsens gegensätzliche oder komplementäre Ansätze liefert.

**Teil 2** der Untersuchung stellt sich der eigentlichen Aufgabe der vorliegenden Studie, nämlich das positive Recht philosophisch zu begründen. Ehe im Kapitel fünf der prinzipientheoretischen Begründung des positiven Rechts im Anschluss an die Kantische Philosophie und die Reine Rechtslehre Kelsens auf den Grund gegangen wird, sucht das Kapitel vier – mit Blick auf diese Begründung des positiven Rechts – das zentrale Theorieelement der Reinen Rechtslehre Kelsens, die

Grundnorm, diskursiv und auf Basis der Erkenntnislehre Kants darzustellen und als systematischer Ausgangspunkt für eine wissenschaftliche Theorie zu positionieren. In analoger Weise gilt auch in Ansehung der Philosophie Kants das Hauptaugenmerk dem Kategorischen Imperativ, der als ursprüngliches regulatives Prinzip die Kriterien für ein Letztbegründungsprinzip erfüllt und mithin für die prinzipientheoretische Begründung des positiven Rechts fruchtbar gemacht werden kann.

**Kapitel fünf** fokussiert die Überlegungen – im Sinne der Beantwortung der Frage, ob und wenn ja, in welcher Weise eine Begründung des positiven Rechts möglich ist – auf die unterschiedlichen Begründungsverfahren und auf den Begründungsskeptizismus, der seine Behauptung, dass jede Begründung nur provisorisch oder scheinbar ist, mit drei Argumenten untermauert. Zudem gilt die Aufmerksamkeit den Theorieelementen der Reinen Rechtslehre, die eine Letztbegründung vereiteln könnten. Mit Robert Alexy und Norbert Hoerster, die bereits in Kapitel zwei zu Wort kommen, wird nach einem Ausweg aus dem Begründungsdilemma der Grundnorm Kelsens gesucht. Zusätzlich wird das Naturrecht als möglicher Lösungsansatz präsentiert. Letztendlich mündet die Suche nach der Geltungsbegründung von Rechtsnormen im Ausgang der Kantischen Philosophie und der Reinen Rechtslehre Kelsens in die Formulierung eines Prinzips, das seinen Gegenstand regulativ konstituiert.

# Teil 1

# 1 Vom endlichen Vernunftwesen, der Moral und dem positiven Recht

Einem, an der Rechtswissenschaft und der Rechtsphilosophie interessierten Leser bleibt angesichts der, im Titel dieses Abschnitts verwendeten, Begriffe nicht verborgen, dass mit diesen die, an die Moralphilosophie anknüpfende, Rechtsphilosophie von Immanuel Kant und die Rechtslehre des Rechtspositivisten Hans Kelsen angesprochen werden.

## 1.1 Von der Moral-, Geschichts- und Rechtsphilosophie Immanuel Kants und von der *Reine[n] Rechtslehre* Hans Kelsens – Ein Überblick

Setzt Kant mit seiner Rechtsphilosophie einen Kontrapunkt zu Kelsens Wissenschaft vom Recht?

> Auf die Kritik der *praktischen* Vernunft sollte das System, die Metaphysik der **Sitten**, folgen, welches in metaphysische Anfangsgründe der *Rechtslehre* und in eben solche für die *Tugendlehre* zerfällt, [...]. / Die **Rechtslehre**, als der erste Theil der Sittenlehre ist nun das, wovon ein aus der Vernunft hervorgehendes System verlangt wird, welches man die *Metaphysik des Rechts* nennen könnte. // Der Inbegriff der Gesetze, für welche eine äußere Gesetzgebung möglich ist, heißt die *Rechtslehre* (Ius). Ist eine solche Gesetzgebung wirklich, so ist sie die Lehre des *positiven Rechts*. [...] Die letzte Benennung [bloße *Rechtswissenschaft* (Iurisscientia)] kommt der *systematischen* Kenntniß der natürlichen Rechtslehre (Ius naturae) zu [...] (AA VI, 205f.; 229).

Im Vergleich dazu bestimmt Kelsen die „Reine Rechtslehre“ als „*Theorie* des positiven Rechts; des positiven Rechts schlechthin, *nicht* einer speziellen Rechtsordnung [Hervorhebung, C.A.]“ (Kelsen 2017, 21): „Sie ist allgemeine Rechtslehre, nicht Interpretation besonderer nationaler oder internationaler Rechtsnormen. [...] / Als Theorie will sie ausschließlich und allein ihren Gegenstand erkennen. Sie versucht, die Frage zu beantworten, was und wie das Recht ist, nicht aber die Frage, wie es sein oder gemacht werden soll. Sie ist Rechtswissenschaft, nicht aber Rechtspolitik“ (Kelsen 2017, 21).

In Ansehung der beiden grundlegenden Definitionen einer „Reine[n]“ bzw. „bloße[n]“ Rechtslehre eint Kant und Kelsen die Trennung des empirischen Seins als dem positiven Recht vom apriorischen Sollen als der „*Norm*“ bei Kelsen und als das „aus der Vernunft hervorgehende System“ Kants (Kelsen 2017, 21; 26; AA VI, 205; 229; vgl. GMS BA 107; Eisfeld 2015, 208). Gemäß Kelsen bezeichnet die Norm, „daß etwas sein oder geschehen, insbesondere daß sich ein Mensch in bestimmter Weise verhalten *soll*". Diese Norm repräsentiert den „Sinn" eines bestimmten menschlichen Aktes, während der Akt selbst „ein in Zeit und Raum ablaufendes, sinnlich wahrnehmbares Geschehen, ein Stück Natur [ist]" (Kelsen 2017, 27; 25). Die „*Norm*" Kelsens findet ihre Entsprechung in den Imperativen Kants, die ebenfalls ein „Sollen" entweder „*hypothetisch*" oder „*kategorisch*" gebieten (Kelsen 2017, 26; 28; GMS BA 40). Kelsen verweist im Kontext mit den Normen auf den „üblichen Sprachgebrauch", gemäß welchem „nur dem Gebieten ein ‚Sollen' [korrespondiert]", um darauf aufmerksam zu machen, dass die Normen zudem auch „erlauben" und „ermächtigen", indem derjenige, „der gebietet oder ermächtigt, will, derjenige, an den das Gebot gerichtet ist oder dem die Erlaubnis oder Ermächtigung gegeben wird, [aber] soll" (Kelsen 2017, 27). Die beiden Textausschnitte liefern jedoch mehr Information als bloß die Unterscheidung des empirischen Seins vom apriorischen Sollen, muss doch zuallererst die Frage gestellt werden, was Kant unter „Metaphysik" versteht und womit die Differenzierung in die „metaphysische[n] Anfangsgründe der *Rechtslehre* und in eben solche für die *Tugendlehre*" zu begründen ist (AA VI, 205).

### 1.1.1 Kant und das Vermächtnis der Metaphysik

In Kantischer Sicht muss die Metaphysik einer „Erkenntnis a priori (aus reiner Vernunft) - und damit [einer] Erkenntnis, die ausschließlich aus dem denkenden Subjekt selbst stammt", gerecht werden (Eisfeld 2015, 141). Folglich dürfen die Erkenntnisobjekte bloß das enthalten, „was das denkende Subjekt aus sich selbst hernimmt", womit die „Erkenntnisgrundlage der Metaphysik" nur das Apriori sein kann, weil eine Erfahrung, die bloß empirischen und damit kontingenten Regeln folgt, einer „Gewißheit" entbehrt (KrV B XXIV; B 5; Eisfeld 2015, 141). Dennoch nimmt unsere Erkenntnis ihren Ausgang bei der Erfahrung, indem Gegenstände „unsere Sinne rühren" und zudem die Verstandestätigkeit „in Bewegung bringen", die auf Basis der „sinnliche[n] Eindrücke" eine „Erkenntnis der Gegenstände" ermöglicht (KrV B 1f.).

Obwohl die Erfahrung mithin als Erkenntnisquelle unhintergehbar zu sein scheint, kann dennoch das „*Empirische*" deshalb kein „wissenschaftliches System ausmachen", weil die Einteilung desselben immer unvollständig bleiben muss, was Kant dazu veranlasst, sich auf die Suche nach einem „von der Erfahrung und selbst von allen Eindrücken der Sinne unabhängiges Erkenntnis" zu begeben (AA VI, 205; KrV B 1f.; Eisfeld 2015, 140). Letztgenannte Erkenntnisse unterscheiden sich als „*Erkenntnisse a priori*" von den „*empirischen*", deren Quellen „a posteriori" in der Erfahrung aufgefunden werden (KrV B 1f.). Der Plan Kants ist nun, die Richtigkeit der Kritik der „spekulativen" und der „praktischen Vernunft" durch „die Metaphysik der Natur [und] der Sitten" zu untermauern (KrV B XLIIIf.). Die britische Philosophin und Politikerin Onora O'Neill vermisst jedoch über weite Strecken der *Kritik der reinen Vernunft* einen Plan und äußert ihre Bedenken unter dem Titel "*REASON AND POLITICS IN THE KANTIAN ENTERPRISE*": "We now have some understanding of the *materials* out of which reasoning is to constitute its own authority. These materials include manifolds and forms of intuition, categories and empirical concepts. They may even include some algorithmic procedures (e.g., logic or arithmetic). These materials will remain a rubbish heap unless those who are to make something of them converge on a plan. However, members of the work force do not have any antecedently prescribed plan" (O'Neill 1989, 21).

Einen derartigen Plan reicht Kant erst am Ende der ersten *Kritik* als „*Transzendentale Methodenlehre*" nach und drückt Bedauern darüber aus, dass „der Vorrat der Materialien doch nur zu einem Wohnhause zureichte", obgleich er den Bau eines „Turm[s] […], der bis an den Himmel reichen sollte", im Sinne hatte (KrV B 735f./A 707f.). Er greift in der „*Architektonik*" als einer „Kunst der Systeme" das bereits hunderte Seiten zuvor erklärte Ziel auf, die spekulative und die praktische Vernunft zu einer systematischen Einheit zusammenführen zu wollen, kann doch „die Einteilung der Gegenstände in Phaenomena und Noumena, und der Welt in eine Sinnen- und Verstandeswelt, […] gar nicht zugelassen werden" (KrV B 859f./A 831f.; B 311f./A 256). Der nun mit einer gewissen Erwartungshaltung ausgestattete Leser muss wenig später erkennen, dass die „Gesetzgebung der menschlichen Vernunft (Philosophie)" neuerlich in zwei getrennte Bereiche, nämlich in das „Naturgesetz" und das „Sittengesetz", aufgespalten wird, wenn gleich diese zwei „anfangs" besonderen Systeme „zuletzt […] in einem einzigen philosophischen System" zusammenlaufen müssen (KrV B 868f./A 840f.; vgl. GMS BA XIVf.). Dass der Gegenstand des „Naturgesetz[es]" als „Natur" bestimmt wird, verwundert nicht, welche Bedeutung der „Freiheit" als dem Gegenstand des „Sittengesetz[es]" zukommt, bleibt noch zu erörtern (KrV B 868f./A 840f.). Kant bestimmt in weiterer Folge die „Philosophie der Natur" als „empirische Philosophie", die auf alles geht, „was da *ist*", während die Philosophie „der Sitten" als „Erkenntnis aus reiner Vernunft" nur auf das geht, „was da *sein soll*" (KrV B 868f./A 840f.).

Bisher konnte verdeutlicht werden, dass Kant eine Unterscheidung zwischen einer, von der Erfahrung unabhängigen, Erkenntnis – der „*Erkenntnisse a priori*" – und derjenigen, deren Quellen in der Erfahrung zu suchen sind – den Erkenntnissen „a posteriori" – trifft (KrV B 1f.). Welches Verständnis von Metaphysik ihn umtreibt und wie sich dieses in das System der Philosophie als der „Gesetzgebung der menschlichen Vernunft" einfügen lässt, klärt Kant zuvorderst mit der Teilung der Metaphysik in die „*Metaphysik der Natur*" und die „*Metaphysik der Sitten*", die dem „*spekulativen*" und dem „*praktischen* Gebrauch der reinen Vernunft" gemäß sind, auf. Während Erstere die „reine[n] Vernunftprinzipien aus bloßen Begriffen" enthält und dem „*theoretischen* Erkenntnis aller Dinge" dient, wird durch die zweitgenannte „das *Tun und Lassen* a priori" nicht nur festgelegt, sondern auch „notwendig" gemacht (KrV B 868/A 840-B 870/ A 842).

### 1.1.2 Warum Kant seine Rechtslehre „*Metaphysik des Rechts*" nennt (AA VI, 205)

Die an Kants Moralphilosophie anknüpfende Rechtsphilosophie, wie sie in *Die Metaphysik der Sitten* als „*Rechtslehre*" dargelegt wird, sucht einen, von der Erfahrung unabhängigen, Rechtsbegriff a priori, d.h. einen „Begriff der reinen Vernunft" zu gewinnen (AA VI, 243; Kersting 2004, 172; vgl. Wood 1999, 35; GMS BA 37; AA VI, 247). Kant kann sich nämlich mit einer „bloß empirische[n] Rechtslehre" nicht zufriedengeben, weil diese „(wie der hölzerne Kopf in Phädrus' Fabel) ein Kopf [ist], der schön sein mag, nur Schade! daß er kein Gehirn hat" (AA VI, 230). Der „*Rechtsgelehrte*" kann im Falle einer „bloß empirische[n] Rechtslehre" zwar angeben, was „Rechtens sei (quid sit iuris)", d.h. er kann die Gesetze mit ihrer Gültigkeit an einem bestimmten Ort und zu einer bestimmten Zeit nennen, aber es bleibt ihm das „allgemeine Kriterium", um Recht und Unrecht erkennen zu können, verborgen (AA VI, 229f.). Es gilt daher, die „Quellen jener Urtheile in der bloßen Vernunft" aufzusuchen, um den „empirischen Principien" eine Grundlage „zu einer möglichen positiven Gesetzgebung" zu liefern (AA VI, 229f.). Mithin dient die „äußere Gesetzgebung", die in Gestalt des „*positiven Rechts*" verwirklicht wird, nur der Beurteilung dessen, was „Rechtens" ist, weshalb ihr eine „*systematische* Kenntniß der natürlichen Rechtslehre" als der „bloße[n] *Rechtswissenschaft*" zugrunde gelegt werden muss (AA VI, 229).

Damit ist der Inhalt der Kantischen Skizze einer Rechtslehre und Rechtswissenschaft jedoch nicht erschöpfend interpretiert, lassen sich doch hinter den Aussagen Kants weitere Theorieelemente erkennen. Offensichtlich rekurriert Kant mit Bezug zur Frage, was Recht ist, auf ein Naturrecht als Gegenstand der „bloße[n] [qua apriorischen] *Rechtswissenschaft*" und unterscheidet dieses von den Gesetzen der „*Rechtslehre*", die in Form einer „äußere[n] Gesetzgebung" festgeschrieben werden (AA VI, 229).

### 1.1.3 Kontroversen rund um das Naturrecht in der „*Metaphysik des Rechts*" (AA VI, 205)

Kann der Aussage Gustav Radbruchs beigepflichtet werden, dass „[n]icht Rechtsgeschichte und Rechtsvergleichung, sondern Erkenntnistheorie, nicht die Historische Schule, sondern die Kritische Philosophie, nicht Savigny, sondern Kant [...] den entscheidenden Schlag gegen das Naturrecht getan [hat]" (Radbruch 2003, 21)? Wird den Ausführungen von Christoph Horn und Jens Eisfeld, aber auch den zitierten Aussagen Kants gefolgt, muss diese Frage verneint werden. Nach Eisfeld weist die Kantische Rechtslehre einen „naturrechtlichen Charakter" auf, der von manchen Interpreten ignoriert wird, indem sie die Meinung vertreten, dass die „Naturrechtstheorie Kants" philosophisch gleichgültig, dass sie mithin als Ballast über Bord zu werfen ist (Eisfeld 2015, 63). Folge dieser Sichtweise ist die „Umdeutung der kantischen Naturrechtstheorie in eine Theorie des positiven Rechts", die der landläufigen, aber irrigen Auffassung geschuldet ist, dass Kant die Rechtsbegründung an die „Einrichtung einer (repräsentativen) Demokratie" binde (Eisfeld 2015, 63; 69). Erfolgte eine derartige Umdeutung, würde der „demokratisch legitimierte Gesetzgeber [...] zu einem Produzenten epistemisch gültigen Rechts", mithin zu einer „Institution [...] der reinen Vernunft", erklärt (Eisfeld 2015, 69). Dieser staatliche Gesetzgeber ist jedoch Teil der empirischen Welt, womit – als Folge der „Umdeutung der kantischen Naturrechtstheorie" – die „*Verstandeswelt*" und die „*Sinnenwelt*" in Ansehung des Gesetzgebers – entgegen dem Kantischen Systembau – zu *einer* Welt verschmelzen (Eisfeld 2015, 63; GMS BA 107; vgl. Eisfeld 2015, 69f.; 208f.).

Gemäß der Lesart Eisfelds vertritt Wolfgang Kersting eine Grundnormtheorie, indem „die apriorische Grundnorm dem positiven Recht Gültigkeit verleiht, wodurch der Staat als „gültige Ordnung positiven Rechts" legitimiert wird (Eisfeld 2015, 74; vgl. Kersting 2007, 393–396). Mithin wird die „Erkenntnis eines ‚allgemeinen Gesetzes' vorausgesetzt" und die Grundnorm aus dem Kategorischen Imperativ abgeleitet (Eisfeld 2015, 75). Der „Begriff des allgemeinen Gesetzes" meint bei Kant aber ein „überpositives Naturrecht", „das auf lauter Principien a priori beruht" und nicht nur „Bestandteil" des Kategorischen Imperativs, sondern auch des Rechtsbegriffs ist (Eisfeld 2015, 75; AA VI, 237). Eisfeld kritisiert an der „Grundnormtheorie", dass diese das Naturrecht mit dem positiven und als gültig festgesetzten Recht identifiziert (Eisfeld 2015, 75). Welche weiteren Auswirkungen die hier skizzierte „Bedeutungsverschiebung des Begriffs ‚allgemeines Gesetz'" im Zusammenhang mit dem allgemeinen gesetzgebenden Willen zusätzlich mit sich führt, wird an geeigneter Stelle beleuchtet (Kapitel 3.1.1; 3.2.1) (Eisfeld 2015, 75).

Auch Horn thematisiert den Naturzustand und den Naturrechtsbegriff in der Rechtsphilosophie Kants in unterschiedlichen Kontexten. Die Erläuterungen des Naturzustandes bindet er an die Frage, ob Kant eine „Konzeption der Menschenrechte" zugesprochen werden kann, die er mit den folgenden Argumenten verneint (Horn 2014, 74):

> [E]s existiert keine einzige Textstelle, die belegen würde, dass Individuen einen moralischen Anspruch auf Leib und Leben, physische und psychische Unversehrtheit, politische Freiheit oder Religionsfreiheit, Meinungsfreiheit, freie Berufswahl […] hätten. […] Ebenso wissen wir, dass Kant kein Recht auf Widerstand oder zivilen Ungehorsam zulässt; […] Der Herrscher (genau genommen der Gesetzgeber) hat gegenüber dem Bürger keinerlei Pflichten, sondern nur Rechte. […] Basale Staatsaufgabe ist vielmehr die Etablierung einer Rechtsordnung, eines Systems geregelter individueller Freiheitsspielräume. […] Auch den Gedanken der Besitzpersistenz oder Unveräußerlichkeit individueller moralischer Rechte teilt er [Kant] nicht. Dies liegt daran, dass Kant ein grundlegend anderes Verständnis der „Würde" einer Person entwickelt als die Autoren, welche die Menschenwürde für das Fundament des Anspruchs auf moralische Rechte halten (Horn 2014, 71f.).

Wird Horns Beweisführung im Detail analysiert und mit den Gedanken Kants in Beziehung gesetzt, so ergibt sich folgendes Bild: Das Heraustreten „aus dem Naturzustande, in welchem jeder seinem eigenen Kopfe folgt", ist notwendig, weil der einzelne Mensch, wie auch Völker und Staaten „niemals vor Gewaltthätigkeit gegeneinander sicher sein können" (AA VI, 312). Zugrunde liegt Kants Annahme von der Existenz eines *„Hange[s] zum Bösen in der menschlichen Natur"* (AA VI, 28). Nun mag die Diktion Kants, dass es dem „vereinzelte[n] Menschen" obliegt, mit allen anderen darin übereinzukommen, „sich einem öffentlich gesetzlichen äußeren Zwange zu unterwerfen", den Eindruck einer dramatischen Einschränkung der individuellen Freiheit vermitteln (AA VI, 312). Wird jedoch die Bestimmung des Naturzustandes als ein „Zustand der *Rechtlosigkeit* (status iustitia vacuus)" und des „bürgerlichen Zustand[es]" als Voraussetzung für eine „distributive Gerechtigkeit" betrachtet, dann ergeht an den Staat, der *„drei Gewalten"* – die des Gesetzgebers, des Vollzugs und der Rechtsprechung – in sich enthält, die Forderung, moralische und rechtsstaatliche Prinzipien zu verwirklichen (AA VI, 312f.). Unterstützt wird diese Auffassung durch die Beschreibung des „Act[es], wodurch sich das Volk selbst zu einem Staat constituirt" (AA VI, 315).

> Der Act, wodurch sich das Volk selbst zu einem Staat constituirt, eigentlich aber nur die Idee desselben, […] ist der *ursprüngliche Contract*, nach welchem alle (omnes et singuli) im *Volk* ihre äußere Freiheit aufgeben, um sie als Glieder eines gemeinen Wesens, d.i. des Volks als Staat betrachtet (universi), sofort wieder aufzunehmen; und man kann

> nicht sagen: […], der Mensch im Staate habe einen *Theil* seiner angebornen äußeren Freiheit einem Zwecke aufgeopfert, sondern er hat die wilde, gesetzlose Freiheit gänzlich verlassen, um seine Freiheit überhaupt in einer gesetzlichen Abhängigkeit […] unvermindert wieder zu finden, weil diese Abhängigkeit aus seinem eigenen gesetzgebenden Willen entspringt (AA VI, 315f.).

Angesichts dieses Textausschnittes kann Horn rechtgegeben werden, dass es Aufgabe des Staates ist – zu diesem konstituiert sich das Volk jedoch selbst –, eine Rechtsordnung, die mit einer wechselseitigen Freiheitseinschränkung, mithin mit der Festlegung „geregelter individueller Freiheitsspielräume", einhergeht, zu etablieren, wie dies in jeder menschlichen Gemeinschaft sinnvoll und notwendig erscheint (Horn 2014, 72). Horns zweiter Kritikpunkt mit Bezug zur Rechtslehre Kants betrifft die fehlenden „Abwehrrechte gegen den Staat" in Form eines Widerstandsverbots und bedarf eines näheren Blicks auf die Kantische Formulierung und Begründung desselben (Horn 2014, 72). Kant legt fest, dass es keinen „rechtmäßigen Widerstand des Volkes" wider „das gesetzgebende Oberhaupt des Staats" gibt (AA VI, 320). Der Fokus dieses Gedankens liegt auf der Rechtmäßigkeit eines solchen Widerstandes, der immer als „gesetzwidrig" und „die ganze gesetzliche Verfassung zernichtend gedacht werden muß" (AA VI, 320). In Analogie zu den „engeren (unnachlaßlichen) Pflicht[en]", wie beispielsweise dem „lügenhafte[n] Versprechen", ist auch hier ein „‚*Denk*'-Widerspruch" gegeben, d.h. die gesetzliche Verfassung kann unter dem Aspekt eines Widerstandes gegen „das gesetzgebende Oberhaupt des Staats" nicht als rechtmäßig gedacht werden, womit sie als „Institution" zerstört wird (GMS BA 58; BA 67–BA 69; Schnoor 1989, 121; 137; AA VI, 320). Zudem kann die „gesetzgebende Gewalt […] nur dem vereinigten Willen des Volkes zukommen", womit das Volk gegen sich selbst Widerstand leistete (AA VI, 313).

Entwickelt Kant – wie von Horn behauptet – „ein grundlegend anderes Verständnis der „Würde" einer Person […] als die Autoren, welche die Menschenwürde für das Fundament des Anspruchs auf moralische Rechte halten" (Horn 2014, 72)? Horn bezieht seine Überlegungen auf Kants Abhandlungen zum „*Strafrecht*" und dessen Aussage, dass im Staat kein Mensch ohne Würde sein kann, „denn er hat wenigstens die des Staatsbürgers; außer, wenn er sich durch sein eigenes *Verbrechen* darum gebracht hat" (AA VI, 328–330). Gemäß Horn muss es für Vertreter der Würde als Menschenrechtsbegriff unstrittig sein, dass die „Unverwirkbarkeit [der Würde] selbst Schwerkriminelle einschließt" (Horn 2014, 72). Dass auch für Kant die Menschenwürde als Wert dem Vernunftwesen nicht abgesprochen werden kann, zeigt zuallererst Kants Bestimmung des Würdebegriffs (vgl. AA VI, 463): „Im Reich der Zwecke hat alles entweder einen *Preis*, oder eine *Würde*. Was einen Preis hat, an dessen Stelle kann auch etwas anderes, als *Äquivalent*, gesetzt werden; was dagegen über allen Preis erhaben ist, mithin kein Äquivalent verstattet, das hat eine Würde. / Was sich auf die allgemeinen menschlichen Neigungen und Bedürfnisse bezieht, hat einen *Marktpreis*; […] das aber, was die Bedingung ausmacht, unter der allein etwas Zweck an sich selbst sein kann, hat nicht bloß einen relativen Wert [in Bezug auf die menschlichen Neigungen und Bedürfnisse], d.i. einen Preis, sondern einen innern Wert, d.i. *Würde*" (GMS BA 78).

Kant knüpft mithin die „*Würde*" als innerer Wert an die Mitgliedschaft einer Person, des homo noumenon, als „Zweck an sich selbst" in der Gemeinschaft von vernünftigen Wesen als dem Reich der Zwecke (GMS BA 78). Wird nun das Zitat aus der *Metaphysik der Sitten* herangezogen, das Horn anführt, dann fällt sofort auf, dass Kant deutlich zwischen „Mensch" und „Person" unterscheidet. Der „Mensch" hat im Staat „wenigstens die [Würde] des Staatsbürgers" außer er verwirkt diese durch ein Verbrechen, womit er „zum bloßen Werkzeuge der Willkür eines Anderen (entweder des Staates, oder eines anderen Staatsbürgers) [im Sinne des Delinquenten oder des Leibeigenen] gemacht wird" (AA VI, 329f.). Entscheidend für die weitere Argumentation Kants ist, dass sich niemand durch einen „Vertrag" in eine solche Abhängigkeit begeben kann, weil er durch diesen aufhört, eine Person zu sein, die er aber sein muss, um „einen Vertrag [zu] machen" (AA VI, 330). Hinter diesen Aussagen steht die Unterscheidung zwischen „*Personen*" und „*Sachen*", indem einer Sache, deren Dasein nicht im Willen, sondern in der Natur zu suchen ist, nur ein bedingter, mithin „relative[r] Wert" zugewiesen wird, weil dieser vom Bedürfnis nach dem Gegenstand bestimmt wird, während der „inner[e] Wert" qua Würde eine Person kennzeichnet (GMS BA 65f.; BA 78). Bleibt noch die Frage zu klären, warum einem Straftäter die Würde des Staatsbürgers abgesprochen wird, zu dessen Beantwortung die Religionsschrift Kants verhilft, in welcher unter den „Elemente[n] der Bestimmung des Menschen" zu lesen ist, dass es zusätzlich zur „Anlage für die *Thierheit* des Menschen" und für die „*Menschheit*" desselben, auch eine solche für „seine *Persönlichkeit*, als eines vernünftigen und zugleich *der Zurechnung fähigen* Wesens" gibt (AA VI, 26). Wie bereits angemerkt, hört der Straftäter auf, eine Person im juristischen Sinne, im Sinne der Zurechnungsfähigkeit, zu sein, womit er seinen Status einer des Vertragsabschlusses fähigen Person verliert, mithin den „*ursprüngliche[n] Contract*" als Basis für einen „bürgerlichen Zustand" qua Staat nicht zeichnen kann (AA VI, 315; 312). Entgegen der Annahme Horns spricht Kant jedoch auch dem Straffälligen und dem Leibeigenen die Menschenwürde nicht ab. Darauf verweist einerseits der Einschub, dass der Leibeigene zwar „als eine Sache veräußer[t]", aber nicht „zu schandbaren Zwecken" gebraucht werden darf, und andererseits die Differenzierung zwischen „*activen*“ und „*passiven* Staatsbürger[n]“, die in der Feststellung mündet, dass eine „Abhängigkeit von dem Willen Anderer“ und die damit einhergehende Ungleichheit der „Freiheit und Gleichheit derselben *als Menschen*“ keinen Abbruch tut (AA VI, 330; 314f.). Somit kann der Beweisführung Horns – in drastischer Verkürzung – bei näherem Blick auf die Schriften Kants entgegen gehalten werden, dass eine Menschenrechtskonzeption nicht nur in Gestalt des einzigen angeborenen Rechts der Freiheit zu erkennen ist, sondern auch ihre eigentliche Begründung durch die Würde als „inner[er] Wert“ erfährt, die in Form des Instrumentalisierungsverbots im „praktische[n] Imperativ“, wie auch im Ausblick auf den „ewigen Frieden“ als höchstes politisches Gut ihren Niederschlag findet (GMS BA 78; BA 67; AA VIII, 360; vgl. AA VI, 237; AA VIII, 27; Horn 2014, 30f.; Armbruster 2018, 18).

### 1.1.4 Wie die Geschichte in die Rechtslehre kam

Für Horn spielen im Rahmen der Rechtslehre Kants „nichtnormative, nämlich geschichtsphilosophische Überlegungen“ eine tragende Rolle, weshalb nicht mehr „sinnvoll“ von einer Abhängigkeit des Rechts vom Kategorischen Imperativ gesprochen werden kann, „obwohl Kant dies zugegebenermaßen tut“ (Horn 2014, 10).

Auf die Bedeutung der „geschichtsphilosophischen Überlegungen“ und des Kategorischen Imperativs in der Rechtslehre Kants wird noch ausführlich einzugehen sein. An dieser Stelle gilt es vorerst, den Zusammenhang zwischen Natur und Geschichte in der Kantischen Rechtskonzeption zu beleuchten. Beim Lesen der Texte mit – zum Teil – geschichtsphilosophischem Inhalt – *Idee zu einer allgemeinen Geschichte in weltbürgerlicher Absicht; Was ist Aufklärung?; Kritik der Urteilskraft; Über den Gemeinspruch. Das mag in der Theorie richtig sein, taugt aber nicht für die Praxis; Zum Ewigen Frieden; Streit der Fakultäten; Muthmaßlicher Anfang der Menschengeschichte* – entsteht der Eindruck, dass Kant eine „relativ eindeutige geschichtsphilosophische Position“ bezieht, indem für ihn Geschichte etwas mit „menschlicher Talententfaltung und politischem Fortschritt zu tun hat“ (Horn 2014, 10; 239). Wie aus dem Titel *Idee zu einer allgemeinen Geschichte in weltbürgerlicher Absicht* zu entnehmen ist, steht am Ende des Geschichtsprozesses eine kosmopolitische Ordnung. Nach Horn scheint diese Leitidee nicht gut zu den sonstigen philosophischen Überzeugungen Kants zu passen, da er damit Zugeständnisse an die „stoische Naturteleologie“ und an eine „Vorsehungs- und Heilstheologie macht“ (Horn 2014, 239). Horn interpretiert Kants Geschichtskonzeption mit den oben genannten Charakteristika – „Talententfaltung und politische[r] Fortschritt“ – als „Metatheorie zur Erklärung der

Geltungsweise praktischer Vernunft für Recht und Staat". Mit ihr wird zudem zum Ausdruck gebracht, dass „die gesamte Geschichte [...] einem steuernden Prinzip, der ‚Natur', [unterliege]" (Horn 2014, 238f.; 254).

Gelingt es Horn seinen kritischen Blick auf die Kantische Philosophie zu untermauern? Es ist naheliegend, dass als Ausgangspunkt der Überlegungen Horns die Schrift *Idee zu einer allgemeinen Geschichte in weltbürgerlicher Absicht* dient, die drei Jahre nach der *Kritik der reinen Vernunft* (1781) und ein Jahr vor der *Grundlegung zur Metaphysik der Sitten* (1785) erschien. Eine Naturteleologie wird jedoch nicht nur in der *Idee*, sondern auch in der *Grundlegung* und in der erst 1790 publizierten dritten *Kritik* Kants, der *Kritik der Urteilskraft*, in ihrer Bedeutung für das endliche Vernunftwesen dargelegt, womit sie thematisch, gleichsam als roter Faden, das Werk Kants durchzieht (vgl. GMS BA 5; BA 12f.; KU § 83). Die Natur drängt sich bereits in ihrer Funktion als steuerndes Prinzip im „*Erste[n] Satz*" der *Idee* auf: „*Alle Naturanlagen eines Geschöpfes sind bestimmt, sich einmal vollständig und zweckmäßig auszuwickeln*. [...] Ein Organ, das nicht gebraucht werden soll, eine Anordnung, die ihren Zweck nicht erreicht, ist ein Widerspruch in der teleologischen Naturlehre. Denn wenn wir von jenem Grundsatze abgehen, so haben wir nicht mehr eine gesetzmäßige, sondern eine zwecklos spielende Natur; und das trostlose Ungefähr tritt an die Stelle des Leitfadens der Vernunft" (AA VIII, 18).

Mit dem Bezug zur Vernunft leitet Kant zum „*Zweite[n] Satz*" über, mit welchem er dem Menschen „als dem einzigen vernünftigen Geschöpf auf Erden" einerseits eine Sonderstellung einräumt und andererseits festlegt, dass „*diejenigen Naturanlagen, die auf den Gebrauch [der] Vernunft abgezielt sind*", nur in der Gattung „*vollständig*" entwickelt werden können (AA VIII, 18). Darüber, warum eine vollständige Entwicklung der, auf die Vernunft abzielenden, Naturanlagen durch das einzelne „vernünftige Geschöpf auf Erden" nicht möglich ist, informiert auch die Lehre „*Über die Postulate der reinen praktischen Vernunft überhaupt*", die vom Kategorischen Imperativ ausgeht, dessen vollständige Erfüllung eine „Unabhängigkeit von der Sinnenwelt", d.h. von der Natur, voraussetzt (AA VIII, 18; KpV A 238f.). Diese Postulatenlehre beschreibt mithin keine geschichtsimmanente Entwicklung, sondern den überzeitlichen Bezug eines endlichen Vernunftwesens zu einem „homo noumenon", der durch die Unabhängigkeit „von allem Empirischen", von „materiale[n] Prinzipien", in eine „intelligibele Ordnung", die durch den „*Gebrauch [der] Vernunft*" charakterisiert ist, versetzt wird (AA VI, 239; KpV A 71–A 73; AA VIII, 18). Eine „*vollständig[e]*" Entwicklung derjenigen „*Naturanlagen, die auf den Gebrauch [der] Vernunft abgezielt sind*" ist deshalb nur in der Gattung möglich, weil es der „*Unsterblichkeit der Seele*" und des „höchsten selbständigen Guts, d.i. des Daseins Gottes" bedarf, um das „moralische Gesetz" vollständig erfüllen und die „intelligibele Welt" verwirklichen zu können. Die Dauer eines menschlichen Lebens reicht mithin zur Erreichung der Moralität als dem „*höchsten abgeleiteten Gut*" nicht aus und es bedarf der „oberste[n] Ursache der Natur" qua Gott, um eine Proportionierung der Glückseligkeit und der „Würdigkeit, glücklich zu sein" herbeiführen zu können (AA VIII, 18; KpV A 220; A 226; A 238f.; KrV B 839/A 811; vgl. KpV A 234). Horn zieht aus den beiden ersten Sätzen der *Idee* den Schluss, dass sich für Kant damit die „Menschheitsgeschichte als Naturgeschichte deuten lässt" und übersieht mit dieser Interpretation den Bezug zur Vernunft, deren Gebrauch mit einer Distanzierung von der Natur einhergehen muss (Horn 2014, 244). Während Horn den „*Dritte[n] Satz*" der *Idee* auf die Aussage verkürzt, dass die Natur „nichts umsonst [tue]" und einem „Ökonomie- und Sparsamkeitsprinzip" folge, präsentiert sich für mich die Kernaussage desselben darin, dass „*der Mensch alles*", was über sein „*thierische[s] Dasein*" geht, „*gänzlich*" vermittels seiner eigenen Vernunft, frei von „*Instinct*" bewirke (AA VIII, 19; Horn 2014, 244; vgl. AA VI, 26). Nach Horn wolle die Natur dem Menschen „den Eindruck verschaffen, er habe alles, was er in der Geschichte geleistet habe, von sich aus erreicht, obwohl sie im Hintergrund [...] selbst entscheidend aktiv sei" (Horn 2014, 244). Kann die zuletzt zitierte Aussage Kants nicht als Aufforderung an das endliche Vernunftwesen, das als Überleitung zum „*Vierte[n] Satz*" angesprochen wird, verstanden werden? Diese Deutung liegt - meiner Ansicht nach - nahe, weil Thema des Folgesatzes in der *Idee* die Gesellschaft im Kontext mit den widersprüchlichen Intentionen des endlichen Vernunftwesens ist. Wie von Horn beschrieben, beeinflusst die Natur den Geschichtsverlauf im Sinne einer „*ungesellige[n] Geselligkeit*", welche bedeutet, dass der Mensch zwar den Hang hat, in eine Gesellschaft einzutreten, „sich zu *vergesellschaften*", weil er hofft, dass sich auf diesem Wege seine Naturanlagen entwickeln, aber zugleich danach trachtet, sich zu „*vereinzelnen*", weil er „alles bloß nach seinem Sinne richten [..] wolle" (AA VIII, 20f.; vgl. Horn 2014, 244). Während der Mensch „gemächlich und vergnügt leben [will]" und sich nach „Eintracht" sehnt, hat die Natur die „Gattung" im Blick und will „Zwietracht". Sie fordert vom Menschen, sich in „Arbeit und Mühseligkeiten [zu] stürzen" (AA VIII, 21). Hinter diesem, im Sinne eines Antagonismus, wirkenden Prozesses, der der Entwicklung der Naturanlagen dient, erkennt Kant „die Anordnung eines weisen Schöpfers" (AA VIII, 22). Zugegebenermaßen überraschen die Ausführungen Kants in der *Idee* den Leser seiner ersten *Kritik*, aber verweisen sie nicht gerade auf die, in dieser Kritik dargelegte, Kantische Dichotomie zwischen Natur und Freiheit, zwischen Neigung und Vernunft, mithin zwischen „*Sinnenwelt*" und „*Verstandeswelt*" (GMS BA 107)? Hinter der „Lässigkeit und unthätigen Genügsamkeit" kann nicht bloß die Natur als lenkendes Prinzip vermutet werden, sondern auch die Forderung der Vernunft an das vernünftige Wesen, der „unvollkommene[n] Pflicht", die Talente zu befördern, nachzukommen (AA VIII, 21; GMS BA 53f.). Dieser Deutung scheint jedoch die Stärkung des Stellenwerts der Natur durch die Formulierung des „allgemeine[n] Imperativ[s] der Pflicht"– „*handle so, als ob die Maxime deiner Handlung durch deinen Willen zum allgemeinen Naturgesetz werden sollte*" – und durch die Begründung der „vollkommene[n] Pflicht", sich das Leben nicht zu nehmen, entgegenzustehen (GMS BA 52–BA 54). Diese beiden Beispiele aus der *Grundlegung* zeigen jedoch, dass es Aufgabe auch des endlichen Vernunftwesens ist, gemäß einem Prinzip, dem Sittengesetz, das im Kontext mit der Selbsttötung mit dem Begriff „allgemeines Naturgesetz" ausgedrückt wird, zu handeln (GMS BA 53f.).

Auch wenn Horn seine am Naturbegriff angelehnte Auslegung der Geschichtsphilosophie Kants wie folgt zusammenfasst, schränkt er dennoch ein, dass nicht anzunehmen ist, Kant habe am Geschichtsbegriff „primär ein praktisches und kein theoretisches Interesse" (Horn 2014, 245). Gemäß Horn formuliert Kant in seiner Geschichtsphilosophie „(a) einen essentialistischen Perfektionismus im Geiste des Aristoteles, wenn auch mit dem Unterschied, dass bei ihm erst die Spezies (und nicht wie bei Aristoteles das Individuum) die Bezugsgröße der Perfektionierung bildet; (b) eine (stoisch anmutende) Naturteleologie mitsamt einem Ökonomieprinzip […]; (c) ein *invisible hand*-Prinzip, wonach die Natur im Rücken des Menschen aktiv ist […]; (d) ein Antagonismusprinzip, dem zufolge die Natur die Menschen durch eigennützige individuelle Impulse und durch soziale Turbulenzen in einer ständigen produktiven Unruhe hält […]; (e) eine explizite theologische Deutung dieses ganzen Naturgeschehens" (Horn 2014, 244f.).

Bevor die eingangs gestellte Frage nach der Fundierung der Interpretation der Geschichtsphilosophie Kants durch Horn einer Beantwortung zugeführt werden kann, gilt es, einen Blick in die *Kritik der Urteilskraft* zu werfen.

Einleitend wird das Ziel dieser *Kritik* damit bestimmt, dass sie der Vermittlung zwischen dem „Gebiete des Naturbegriffs, als dem Sinnlichen, und dem Gebiete des Freiheitsbegriffs, als dem Übersinnlichen" dienen werde (KU B/A XIX–B/A XXI). Für die beiden genannten Gebiete der Philosophie, die nach Kant durch eine „unübersehbare Kluft" getrennt sind und doch aufeinander Einfluss haben „*soll[en]*", ist eine je eigene Gesetzgebung kennzeichnend. Für die „theoretisch[e]" Gesetzgebung „durch Naturbegriffe" zeichnet der Verstand verantwortlich, während die „Gesetzgebung durch den Freiheitsbegriff" von der Vernunft, die nur im „Praktischen" gesetzgebend sein kann, „geschieht" (KU B/A XVIII–B/A XX).

Die in der dritten *Kritik* thematisierte „Physikoteleologie ist der Angelpunkt, um den sich Kants gesamtes Denken dreht", sie ist nicht Ergebnis, sondern vielmehr „Voraussetzung aller drei Kritiken" (Zeidler 2016b, 130). Das Programm, das Kant als Naturphilosoph durchgängig verfolgt, nämlich der Versuch, die Natur als „dynamisches" und „in sich zweckmäßig geordnetes Ganzes", mithin als „vernünftige Natur" zu begreifen (Zeidler 2016b, 130), verleitet ihn mehrfach zu Formulierungen, die eine Steuerung des Geschichtsprozesses durch eine, ihre eigenen Zwecke verfolgende, Natur suggerieren. Horn kann seine Argumentation auf solche Formulierungen stützen, berücksichtigt aber nicht, dass Kant die unbekümmerte Rede von „Naturzwecke[n]" in den geschichtsphilosophischen Aufsätzen der 80er Jahre in der *Kritik der Urteilskraft* selbstkritisch zurücknimmt und dort vom Naturzweck in ganz neuer Bedeutung spricht. Er versteht darunter nunmehr natürliche Organismen, die ihren Ursprung ausschließlich in den Mechanismen der Natur nehmen (vgl. KU B 284/A 280f.-B 296/A 292). Der Mensch ist jedoch im Gegensatz zu anderen „organisierte[n] Wesen" nicht bloß als „Naturzweck", sondern als der „*letzte Zweck* der Natur" zu betrachten (KU B 388/A 383f.). Mit der Bestimmung des „erste[n] Zweck[s] der Natur" als der „*Glückseligkeit*" und des zweiten Zwecks als der „*Kultur*" gelingt eine Rückbindung an die *Idee*, die Horn seinen Ausführungen zugrunde legt (KU B 388/A 383f.). In dieser ist zu lesen, dass wir „im hohen Grade durch Kunst und Wissenschaft *cultivirt* [sind]", dass wir zudem „zu allerlei gesellschaftlicher Artigkeit und Anständigkeit" zivilisiert sind. Um „uns [jedoch] für schon moralisirt zu halten", fehlt noch „sehr viel" (AA VIII, 26). Wie zur Verwirklichung der Moralität „noch sehr viel [fehlt]", so kann auch das, was der Mensch unter „Glückseligkeit" als seinem „eigene[n] letzte[n] Naturzweck" versteht, von ihm selbst „nie erreicht werden", weil ihn seine Natur nicht aufhören lässt, weiterem Besitz und Genuss nachzujagen (AA VIII, 26; KU B 389f./A 385).

Womit begründet nun Kant seine Aussage, dass der Mensch der „*letzte Zweck* der Natur" sei (KU B 391/A 386f.)? Um als „*letzte[r] Zweck* der Natur" bestehen zu können, muss der Mensch in der Lage sein, sich selbst „Zwecke" zu setzen und diese „Tauglichkeit" zu einer Zwecksetzung bedarf der Kultivierung (KU B 391/A 386–B 393/A 388). In Ansehung der beiden Zitate aus der *Idee* und der dritten *Kritik* fällt vorerst die Umdeutung des landläufigen Kulturbegriffs ins Auge. Kant fährt in seinen Überlegungen fort und bestimmt die „*Geschicklichkeit*" als die „vornehmste subjektive Bedingung der Tauglichkeit zur Beförderung der Zwecke", um sogleich einzuschränken, dass sie „nicht hinreichend [sei], *den Willen*, in der Bestimmung und Wahl seiner Zwecke, zu befördern" (KU B 392f./A 388). Im Sinne der Freiheit bedarf es mithin einer anderen Art von Kultur, nämlich jener „der Zucht (Disziplin)", die eine Befreiung des Willens von den Begierden ermöglicht (KU B 392f./A 388). Wie die Zivilisierung in der *Idee* negativ konnotiert ist, so auch die Disziplin, obwohl sie den Weg hin zur Moralität zu bereiten scheint. Auch die weiteren Ausführungen dieses Textausschnittes aus der dritten *Kritik* erinnern an die Gedanken in der *Idee*, wird doch auch hier die „*bürgerliche Gesellschaft*" als Fundament für die „größte Entwicklung der Naturanlagen" genannt (KU B 394/A 389; vgl. AA VIII, 22).

Nach diesem Exkurs in einen Ausschnitt der Geschichtsphilosophie Kants im Kontext mit seiner praktischen Philosophie und der dritten *Kritik* kann Horn insoweit beigepflichtet werden, dass sich die Vorstellung der Natur als steuerndes Prinzip für die Geschichte des Menschen aufdrängt, insbesondere wenn das endliche Vernunftwesen als Glied der empirischen Welt betrachtet wird. Nach Kant ist jedoch das endliche Vernunftwesen nicht nur Glied der empirischen Welt.

Wie Horn zieht auch Werner Flach die geschichtsphilosophischen Überlegungen Kants zur Begründung des positiven Rechts heran, setzt jedoch bei der Schrift *Muthmaßlicher Anfang der Menschengeschichte* an, gemäß welcher der „*erste Anfang*" der Menschengeschichte „von der Erfahrung hergenommen werden [muss]", ist sie doch „die Geschichte der ersten Entwicklung der Freiheit aus ihrer ursprünglichen Anlage in der Natur des Menschen" (AA VIII, 109; vgl. Horn 2014, 10; 279; Flach 2015, 268). Dieser Aspekt der Natur, die nicht nur die Basis für die Naturanlagen, die der empirischen Welt zuzuordnen sind, sondern auch für die „Freiheit" bereitstellt, bleibt in der Interpretation Horns unterbelichtet, obwohl Kant diesen wesentlichen Stellenwert der Natur nicht nur in der *Grundlegung* und der dritten *Kritik*, sondern zudem in der Religionsschrift mit der Darlegung einer moralischen Entwicklung verdeutlicht (AA VIII, 109; vgl. AA VI, 26).

> Wir können sie [die ursprüngliche Anlage zum Guten in der menschlichen Natur], in Beziehung auf ihren Zweck füglich auf drei Klassen, als Elemente der Bestimmung des Menschen, bringen:
> 1) Die Anlage für die *Thierheit* des Menschen, als eines *lebenden*;
> 2) Für die *Menschheit* desselben, als eines lebenden und zugleich *vernünftigen*;
> 3) Für seine *Persönlichkeit*, als eines vernünftigen und zugleich *der Zurechnung fähigen* Wesens (AA VI, 26).

Die von Kant angeschlossene Beschreibung der drei „Elemente der Bestimmung des Menschen" fügen sich nahtlos in die bisher gefassten Gedanken zur Bedeutung der Natur ein, weshalb sie gleichsam als Abschluss des Themas - der Stellenwert der Geschichte und der Natur für die Rechtsphilosophie Kants - skizziert werden. Kant fasst die „Anlage für die **Thierheit**" als „physische und bloß *mechanische* Selbstliebe", die der Erhaltung des Menschen selbst, seiner Fortpflanzung und der „Gemeinschaft mit andern Menschen" dient (AA VI, 26). Während bei dieser Anlage der Mensch als einzelnes Wesen im Zentrum steht, tritt bei der Anlage für die „*Menschheit*" der Mensch als Teil einer Gemeinschaft in den Vordergrund (AA VI, 26). Die Selbstliebe ist in Ansehung der Gemeinschaft nicht mehr „bloß *mechanisch*", sondern „*vergleichend*", wozu es der Vernunft bedarf, weshalb der Bestimmung des lebenden Menschen die Vernünftigkeit hinzugefügt wird (AA VI, 26f.). Die Neigung, die dem lebenden und vernünftigen Menschen eigen ist, veranlasst dazu, sich durch die Vergleichung mit den anderen „*einen Werth zu verschaffen;* und zwar ursprünglich bloß den der *Gleichheit*" (AA VI, 27). Während Kant in der *Idee* die Kultivierung mit Kunst und Wissenschaft in Verbindung bringt und im Kontext mit der „gesellschaftliche[n] Artigkeit" von Zivilisierung schreibt, werden in diesem Textabschnitt die Laster, die auf der Natur im Rahmen des „Wetteifers" gründen, „Laster der *Cultur*" genannt (AA VIII, 26; AA VI, 27). Die „*Anlage zum Guten in der menschlichen Natur* [...] für seine *Persönlichkeit*" bildet nun die Voraussetzung für die Moralisierung, indem sie der „Empfänglichkeit der Achtung für das moralische Gesetz" entspricht, welches die Willkür bestimmt (AA VI, 26f.). Unter dem Begriff „Achtung" ist in diesem Zusammenhang die „Vorstellung von einem Werte" zu verstehen, der meine „Selbstliebe" in den Hintergrund treten lässt (GMS BA 17, Anm.). Die „Idee des moralischen Gesetzes allein" ist nun keine Anlage der Natur für die Persönlichkeit, „sie ist die Persönlichkeit selbst (die Idee der Menschheit ganz intellectuell betrachtet)", das „ideale Reich der Zwecke", in welchem sich jedes Vernunftwesen als allgemein gesetzgebend betrachten kann (AA VI, 28; Eisfeld 2015, 71). Werden diese drei Anlagen „nach den Bedingungen ihrer Möglichkeit betrachtet", so gründet die erste Anlage nicht in der Vernunft, die zweite in der „praktische[n], aber nur andern Triebfedern dienstbare[n]" Vernunft und die dritte in der „für sich selbst praktische[n], d.i. unbedingt gesetzgebende[n] Vernunft" (AA VI, 28) und nur diese kann für Kant „Gesetzgeberin gültigen Rechts" sein (Eisfeld 2015, 69).

Nach diesen Überlegungen zu den Texten Kants mit – zum Teil – geschichtsphilosophischem Inhalt, die vermittels der Darlegung der (Selbst-)Disziplinierung des endlichen Vernunftwesens Mensch und der (Selbst-)Konstitution eines vernünftig organisierten Gemeinwesens die eingangs gestellte Frage, wie die Geschichte in die Rechtslehre kam, beantworten, gilt es nun, die Aufmerksamkeit der Rechtslehre selbst zuzuwenden, die anhand der „*Allgemeine[n] Eintheilung der Rechte*" in das „*Naturrecht*" und das „*positive*" Recht strukturiert wird (AA VI, 237).

> 1. Der Rechte als systematischer *Lehren*, in das *Naturrecht*, das auf lauter Principien *a priori* beruht, und das *positive* (statutarische) Recht, was aus dem Willen eines Gesetzgebers hervorgeht.
> 2. Der Rechte als (moralischer) *Vermögen* Andere zu verpflichten, [...] von denen die Obereintheilung die in das *angeborne* und *erworbene* Recht ist, deren ersteres dasjenige Recht ist, welches unabhängig von allem rechtlichen Act jedermann von Natur zukommt; das zweite das, wozu ein solcher Act erfordert wird (AA VI, 237).

Implizit geht aus dieser Einteilung der Rechte hervor, dass Kant an die „**Rechtslehre**" die Forderung stellt, dass sie „ein aus der Vernunft hervorgehendes System" sei, womit er sie „*Metaphysik des Rechts*" als einer „Erkenntnis a priori" nennen kann (AA VI, 205; Eisfeld 2015, 141). Um einer, in dieser Weise bestimmten, Wissenschaft gerecht werden zu können, muss der Rechtsbegriff einerseits von der Erfahrung unabhängig und andererseits auf diese in Form der Praxis bezogen sein (vgl. AA VI, 205; Kersting 2004, 170; 172). Kant sieht sich daher mit dem Problem konfrontiert, dass ein „*metaphysisches System* [dieses Rechtsbegriffs] [...] auch auf die empirische Mannigfaltigkeit [von] Fälle[n] Rücksicht nehmen müßte, um die Eintheilung vollständig zu machen", dass jedoch eine „Vollständigkeit der Eintheilung des *Empirischen* [...] unmöglich ist", weshalb ihm nur der Ausweg bleibt, für „den ersten Theil der Metaphysik der Sitten" die Bezeichnung „*metaphysische Anfangsgründe der Rechtslehre*" zu wählen (AA VI, 205f).

### 1.1.5 Der Kategorische Imperativ und sein juristischer Bruder – das „allgemeine Rechtsgesetz" (AA VI, 231)

In Analogie zum Kategorischen Imperativ wird ein „allgemeine[s] Rechtsgesetz" formuliert, dessen Inhalt auf die Verbindlichkeit und praktische Notwendigkeit des Gesetzes verweist und zugleich fordert, die Freiheit, gefasst als Autonomie, nicht anzutasten (AA VI, 231; vgl. Menke 2018, 58). Mithin lautet das „allgemeine Rechtsgesetz" in den Worten Kants: „[H]andle äußerlich so, daß der freie Gebrauch deiner Willkür mit der Freiheit von jedermann nach einem allgemeinen Gesetze zusammen bestehen könne, zwar ein Gesetz, welches mir eine Verbindlichkeit auferlegt, aber ganz und gar nicht erwartet, noch weniger fordert, daß ich ganz um dieser Verbindlichkeit willen meine Freiheit auf jene Bedingungen *selbst* einschränken *solle*, sondern die Vernunft sagt nur, daß sie in ihrer Idee darauf eingeschränkt *sei* und von andern auch thätlich eingeschränkt werden dürfe" (AA VI, 231).

Mit der Aussage, dass die Vernunft „in ihrer Idee" auf jene Bedingung der wechselseitigen Freiheitseinschränkung „eingeschränkt *sei*", verweist Kant auf das „*Rechtliche Postulat der praktischen Vernunft*", welches als Grundsatz a priori vorsieht, alle anderen, im Sinne einer Verbindlichkeit, vom „Gebrauch gewisser Gegenstände unserer Willkür" auszuschließen (AA VI, 231; 246f.).

Im Sinne der Beantwortung der Frage, ob eine Ableitung des „allgemeine[n] Rechtsgesetz[es]" aus dem Kategorischen Imperativ gelingt, und ob es sich in der eigentlichen Bedeutung des Wortes „Ableitung" um eine solche handelt, ist die allgemeine Formulierung des „kategorische[n] Imperativ[s]", der trotz der unterschiedlichen Formulierungen „nur ein einziger [ist]", vorauszuschicken: „*handle nur nach derjenigen Maxime, durch die du zugleich wollen kannst, daß sie ein allgemeines Gesetz werde*" (AA VI, 231; GMS BA 52).

Um die Bedeutung der Bestimmungen der beiden allgemeinen Gesetze - des „allgemeine[n] Rechtsgesetz[es]" und des Kategorischen Imperativs - erfassen zu können, müssen die „*Vorbegriffe zur Metaphysik der Sitten*" befragt werden, beginnend mit dem zentralen Begriff „Freiheit" (AA VI, 231; 221). Dieser ist ein „reiner Vernunftbegriff", der seine „Realität" durch „praktische Grundsätze" der Vernunft, die die „Willkür" unabhängig von allen empirischen Bedingungen bestimmen, beweist (AA VI, 221). Diese Freiheit, die im rechtlichen Kontext als „Unabhängigkeit von eines Anderen nöthigender Willkür" gefasst wird, ist aber auch das „einzige" Recht, das jedem Menschen „kraft seiner Menschheit" zusteht, mithin angeboren ist und - im Rahmen der „*Eintheilung der Rechte*" - mit dem „*Naturrecht*" identifiziert wird (AA VI, 237). Da es jedem möglich ist, sich auf das „angeborne Recht der Freiheit" - z.B. im Streitfall über „ein erworbenes Recht" - zu berufen, wird das angeborene Recht gegenüber dem erworbenen priorisiert (AA VI, 238). Die „Principien *a priori*", auf welchen das „*Naturrecht*" beruht, sind mit den „praktische[n] Grundsätze[n]", die die Willkür unabhängig von allem Empirischen bestimmen, mithin mit dem Sittengesetz gleichzusetzen (AA VI, 237; 221). Bei näherer Betrachtung der Verbalisierung des „allgemeine[n] Rechtsgesetz[es]" und des „kategorische[n] Imperativ[s]" fällt zweierlei auf: Im „allgemeine[n] Rechtsgesetz" ist von einer wechselseitigen Freiheitseinschränkung - „daß der freie Gebrauch deiner Willkür mit der Freiheit von jedermann nach einem allgemeinen Gesetze zusammen bestehen könne" - die Rede, während der „kategorische Imperativ" die „*Maxime*" als eine „Regel", die sich der Handelnde „selbst aus subjectiven Gründen zum Princip macht", thematisiert (AA VI, 231; 225; GMS BA 52). Damit sind im Staat Kants Freiheitseinschränkungen nicht ausgeschlossen, was auch durch die „*Befugniß*" des Rechts „*zu zwingen*" deutlich wird (AA VI, 231; vgl. Horn 2014, 85). Zudem wird dem „*handle nur*" des Sittengesetzes ein „äußerlich" im Rechtsgesetz hinzugefügt (GMS BA 52; AA VI, 231). Diese Ergänzung verweist u.a. auf die unterschiedlichen Vorgangsweisen im Rahmen der Beurteilung einer Handlung. Während

Kant unter moralischem Aspekt allein der „*intelligibele[n] That*", welche sich als „subjektive[r] Bestimmungsgrund der Willkür" der Erfahrung entzieht, Gewicht gibt, geht die Jurisdiktion in ihrer Bewertung vom Erscheinungsbild einer Handlung, mithin von der „*sensible[n] That*" - in der Diktion Kelsens vom „äußere[n] Tatbestand" als einem „Stück Natur" - aus und lässt die ihr zugrundeliegende Triebfeder als Vorsatz und Begründung für das Tun in die Überlegungen einfließen (AA VI, 31; 39, Anm.; Kelsen 2017, 25; vgl. Schnoor 1989, 28; https://www.jusline.at/5_Vorsatz_StGB.html#).

Bleibt als Abschluss der Analyse der textlichen Darlegung der beiden Gesetze noch, den Begriff „Verbindlichkeit" zu klären. Der Leser der *Metaphysik der Sitten* gewinnt *prima facie* den Eindruck, Verbindlichkeit sei an das Sittengesetz gebunden, weil diese als „die Nothwendigkeit einer freien Handlung unter einem kategorischen Imperativ der Vernunft" bestimmt wird. Sie ist aber als Begriff beiden Teilen der *Metaphysik der Sitten* „gemein" (AA VI, 222). Warum der Begriff der Verbindlichkeit sowohl der „*Rechtslehre*" wie auch der „*Tugendlehre*" gemein ist, wird klar, wenn die Definition des „Imperativ[s]" herangezogen wird (AA VI, 205; 222).

In der ersten *Kritik* werden Imperative als „*objektive Gesetze der Freiheit*" gefasst, die sagen, „*was geschehen soll*", und diese Bestimmung kann mit der Aussage Kants in der *Metaphysik der Sitten* in Einklang gebracht werden, dass „unbedingte praktische Gesetze, welche *moralisch* heißen", auf dem „positiven Begriffe der Freiheit", mithin auf der Autonomie im Sinne der Selbstgesetzgebung gründen (KrV B 831/A 803; AA VI, 221). Unsere Willkür wird jedoch auch sinnlich affiziert und ist damit - im Verständnis Kants - nicht frei, weshalb es der Imperative bedarf, die kategorisch, d.h. ohne Bedingung, gebieten oder verbieten, während die Imperative im Sinne von Kunstvorschriften, wonach - wie im Falle des öffentlichen Rechts - „gewisse Handlungen [als] *erlaubt* oder *unerlaubt*" zu klassifizieren sind, nur bedingt gebieten (AA VI, 221). Grundsätzlich repräsentiert jeder Imperativ bloß eine „Formel", die das Sittengesetz als „objektive[s] Gesetz des Wollens" in ein Verhältnis zur „subjektiven Unvollkommenheit des Willens" eines vernünftigen Wesens setzt (GMS BA 40).

Warum findet bei einem „heiligen Wesen" kein Imperativ statt (AA VI, 222)? Der Grund ist darin zu sehen, dass das „Sollen", das mit dem Imperativ ausgedrückt wird, dann ein „Wollen" ist, wenn das vernünftige Wesen gleich einem „heiligen Wesen" ausschließlich gemäß dem Sittengesetz handelte (GMS BA 102f.; AA VI, 222). Der Imperativ, der als Regel das „Subject" zu einer Handlung nötigt, die mit dieser Regel übereinstimmt, ist nun das „*Recht*", das mit der „*Befugniß zu zwingen*" ausgestattet ist (AA VI, 222; 231). Ist eine Handlung jedoch nicht nur - wie im letztgenannten Fall - „*erlaubt* oder *unerlaubt*, d.i.

moralisch möglich oder unmöglich", sondern moralisch notwendig, dann entspringt daraus die *„Pflicht"* als *„die Notwendigkeit einer Handlung aus Achtung fürs Gesetz"*, womit der „kategorische Imperativ" eine Verbindlichkeit aussagt, die eine innere „Nöthigung" und keinen von außen auferlegten Zwang enthält (AA VI, 221–223; GMS BA 14). Erklärend ist die zusammenfassende Darstellung der herangezogenen Begrifflichkeit, ehe sich Kant der *„Rechtslehre"* zuwendet (AA VI, 229).

> Gesetz (ein moralisch praktisches) ist ein Satz, der einen kategorischen Imperativ (Gebot) enthält. Der Gebietende (*imperans*) durch ein Gesetz ist der *Gesetzgeber* (legislator). Er ist Urheber (autor) der Verbindlichkeit nach dem Gesetze, aber nicht immer Urheber des Gesetzes. Im letzteren Fall würde das Gesetz positiv (zufällig) und willkürlich sein. Das Gesetz, was uns a priori und unbedingt durch unsere eigene Vernunft verbindet, kann auch als aus dem Willen eines höchsten Gesetzgebers, d.i. eines solchen, der lauter Rechte und keine Pflichten hat (mithin dem göttlichen Willen) hervorgehend ausgedrückt werden, welches aber nur die Idee von einem moralischen Wesen [die transzendentale Idee der reinen Vernunft: Gott] bedeutet, dessen Wille für alle [intelligiblen Wesen] Gesetz ist, ohne ihn doch als Urheber desselben zu denken (AA VI, 227).

Dass Kant zwischen dem Sittengesetz als einem Gebots- und Verbotsgesetz und dem Rechtsgesetz als einem Erlaubnisgesetz, mithin zwischen Moralität und Legalität vermittelt, wird zudem durch die Parallelisierung der „Idee der Pflicht" mit den „äußere[n] Pflichten", der „ethische[n]" mit der „rechtlichen Gesetzgebung", sowie durch die Gültigkeit des Kategorischen Imperativs für das positive Recht offenkundig. Ob es sich jedoch hierbei um eine Ableitung des Rechts aus dem Sittengesetz im eigentlichen Sinne handelt, soll nun behandelt werden (AA VI, 219; vgl. Schnoor 1989, 10; 16f.; Menke 2018, 84–87).

Für Kant bestehen mithin „zwei verschiedene Spielarten von vernünftiger praktischer Notwendigkeit: Ethik [als innere Gesetzesbindung] und Recht [im Sinne einer äußeren Gesetzeskonformität]" (Horn 2014, 13–15). Die Wesensmerkmale der *„ethisch[en]"* und der *„juridisch[en]"* Gesetzgebung werden an unterschiedlichen Stellen seines Werkes zwar mit differenten Worten, aber gleichem Inhalt bestimmt (AA VI, 219; vgl. KpV A 127). Bei der *„ethisch[en]"* Gesetzgebung stellt die Pflicht „unmittelbar" zugleich das Handlungsmotiv dar, während die *„juridische"* Gesetzgebung nur auf äußere Handlungen und deren Gesetzmäßigkeit geht, wie der Formulierung – „Handle äußerlich so" – des „allgemeine[n] Rechtsgesetz[es]" zu entnehmen ist (Horn 2014, 15; AA VI, 219; 231). Mithin bemisst sich der „sittliche Wert" einer Handlung daran, ob das Sittengesetz *„unmittelbar"* den Willen bestimmt. Wird nicht bloß den *„Buchstaben* des Gesetzes", sondern auch dem *„Geist"* desselben gefolgt, dann entspricht die „Triebfeder des menschlichen Willens" *zugleich* dem „moralische[n] Gesetz" als „objektive[m] Bestimmungsgrund“ und dem „subjektiv-hinreichende[n] Bestimmungsgrund der Handlung“ (KpV A 127f.; vgl. GMS BA 102f.).

Diese Beschreibung klärt nicht darüber auf, wie das Recht qua „rechtliche Gesetzgebung“ und die Moral in Gestalt der „ethische[n] Gesetzgebung“ in Beziehung zueinanderstehen (AA VI, 219). Auskunft auf diese Frage erteilt Kant wenig später: Die „ethische Gesetzgebung“ geht auf alles, „was Pflicht ist“, indem sie „innere Handlungen zu Pflichten“ macht, ohne jedoch „äußere“ Pflichten auszuschließen (AA VI, 219). Auch wenn die „ethische Gesetzgebung“ Pflichten, die auf der „äußeren“ qua „rechtlichen Gesetzgebung“ gründen, in ihre Gesetzgebung als „Triebfedern“ aufnimmt, kann sie keine „äußere“ Gesetzgebung sein (AA VI, 219).

Ist nun dieses Verwiesen-sein von „*ethisch[er]*“ und „*juridisch[er]*“ Gesetzgebung mit einer Herleitung des Rechts aus dem Kategorischen Imperativ gleichzusetzen (AA VI, 214)? In Richtung eines Abhängigkeitsverhältnisses der genannten normativen Systeme weisen – nach Horn – zwei Textstellen: Die Bestimmung, dass ein moralisch praktisches „*Gesetz*“ ein Satz ist, „der einen kategorischen Imperativ (Gebot) enthält“ und die Passage mit Bezug zu Cicero und der Frage, „[w]arum […] die Sittenlehre (Moral) gewöhnlich […] die Lehre von den *Pflichten* und nicht auch von den *Rechten* betitelt [wird]“, obwohl „doch die einen sich auf die andern beziehen“ (AA VI, 227; 239). Die Begründung Kants lautet: „Wir kennen unsere eigene Freiheit (von der alle moralische Gesetze, mithin auch alle Rechte sowohl als Pflichten ausgehen) nur durch den *moralischen Imperativ*, welcher ein pflichtgebietender Satz ist, aus welchem nachher das Vermögen, andere zu verpflichten, d.i. der Begriff des Rechts, entwickelt werden kann“ (AA VI, 239; vgl. AA VI, 237).

Diesen Aussagen ist einerseits zu entnehmen, dass ein „*Gesetz*“ nicht mit einem juridischen Gesetz gleichzusetzen ist, sondern – wie die Einschränkung „(ein moralisch praktisches)“ verdeutlicht – hier als das moralische Gesetz zu fassen ist und andererseits, dass Freiheit nicht nur das Fundament des Kategorischen Imperativs, sondern auch des Rechts bildet (AA VI, 227). Das moralische Gesetz und das „allgemeine Rechtsgesetz“ unterscheiden sich darin, dass im Rahmen des Ersten die freie Willkür nur durch die Pflicht im Sinne einer Selbstnötigung eingeschränkt werden kann, während das „*öffentliche Recht*“ und das „allgemeine Rechtsgesetz“ eine wechselseitige Freiheitseinschränkung der Glieder einer Gemeinschaft vorsieht (AA VI, 231; 242; 311). Kant erkennt den Widerspruch, welchen „*[d]er Begriff einer Pflicht gegen sich selbst*“ dem ersten Anschein nach enthält, und löst ihn auf (AA VI, 417): Die „Pflicht gegen sich selbst“ ist nur dann ein „widersprechender Begriff“, wenn das „*verpflichtende*“ und das „*verpflichtete*“ Ich miteinander identifiziert werden, verstehen wir doch unter „Pflicht“ eine „passive Nöthigung“. Das endliche Vernunftwesen Mensch wird jedoch einerseits als „vernünftiges *Naturwesen* (homo phaenomenon)“ zu Handlungen „in der Sinnenwelt“ bestimmt, womit der „Begriff einer Verbindlichkeit“ noch nicht zum Tragen kommt. Dieser Mensch kann aber zudem seiner „*Persönlichkeit* nach“ als ein „mit innerer *Freiheit* begabtes Wesen (homo moumenon)“ gedacht und damit als ein, einer Verpflichtung gegen sich selbst, fähiges Wesen – „(die Menschheit in seiner Person)“ – betrachtet werden (AA VI, 417f.; vgl. AA VI, 26). Dass ein Aufeinander-Verwiesen-sein von Moralität und Legalität gedacht werden muss, untermauert Kant dadurch, dass es ohne „*Pflichten des Menschen gegen sich selbst*“ auch keine „äußere[n] Pflichten“ gäbe, weil ich mich selbst durch das Sittengesetz verbinden muss, um mich auch gegen andere als „verbunden erkennen [zu können]“ (AA VI, 417f.).

Während alle rechtspositivistischen Theorien die „*Trennungsthese*“ vertreten, die besagt, „daß der Begriff des Rechts so zu definieren ist, daß er keine moralischen Elemente einschließt“, verfechten die Anhänger von „nichtpositivistischen“ Lehren im Sinne einer „*Verbindungsthese*“ einen Rechtsbegriff, der „moralische Elemente“ enthält (Alexy 2011, 15; 17). Horn bekennt sich zu einer „Zwischenstellung zwischen Abhängigkeits- und Trennungsthese“ und begründet diese zuallererst in Anlehnung an die Differenzierung von „*Institutionsethik*“ und „*Individualethik*“ (Horn 2014, 27; 14). Seiner Sichtweise gemäß gehört die Rechtsethik – „falls man Recht überhaupt an moralphilosophische Grundlagen binden möchte“ – zur „*Institutionsethik*“, indem die Rechtsethik jene moralischen Grundlagen thematisiert, die einer rechtlichen Regelung unterworfen sind oder unterworfen sein sollten (Horn 2014, 14). Im Vergleich dazu formuliert die „*Individualethik*“ universelle moralische Normen, die keiner Rechtsordnung unterliegen (Horn 2014, 14). Mithin kann als „normative[r] Leitbegriff der Institutionsethik“ die Legalität, der Individualethik jedoch die Moralität Anwendung finden (Horn 2014, 14). Horn vermisst bei Kant im Rahmen seiner Dichotomie zwischen „rechtliche[r]“ und „ethische[r] Gesetzgebung“, zwischen „äußere[n] Pflichten“ und der „Idee der Pflicht“ den gesellschaftlichen Kontext, woraus er schließt, dass „Kants Außen-Innen-Distinktion“ sich nicht mit „unserer Unterscheidung von Rechtsethik und Individualethik“ deckt (AA VI, 219; Horn 2014, 15). Für die Abhängigkeitsthese spricht einerseits angesichts des obigen Zitates (siehe S. 40), dass aus dem „*moralischen Imperativ*“ der Begriff des Rechts „entwickelt“ werden könne und andererseits, dass das der „KI-Prozedur“ verwandte Verfahren des „Gemeinwillenstest[s]“ „gültiges Recht“ begründet (AA VI, 239; Horn 2014, 27). Die Trennungsthese ist nach Horn trotzdem zu befürworten, weil der „Gemeinwillenstest“ – auf den noch einzugehen ist – der „KI-Prozedur“ bloß in „einigen Hinsichten“ gleicht (Horn 2014, 27). Zudem erweist sich in der

*Grundlegung* und der zweiten *Kritik* Kants das Moralische als das „Vorrangige", indem keine Normen oder Werte „auf der Welt" zu existieren scheinen, die eine der „innerlich verpflichtenden Moral" vergleichbare Kraft „entfalten könnten" (Horn 2014, 16). Für Horn ersetzt Kant die „*lex aeterna* des älteren Naturrechts" durch den „‚Gemeinwillenstest'" als einem formalen Verfahren, das der Verbesserung der „positive[n] (‚statutarische[n]') Rechtsordnung" dient (Horn 2014, 17; vgl. AA VI, 237). Dass dieser „Gemeinwillenstest", der sich „als eine pointiert nichtideale Variante der KI-Prozedur" herausstellt, in gänzlich anderer Weise gefasst werden kann, wird anhand der Ausführungen Eisfelds klar (siehe S. 177–180) (Horn 2014, 175).

Nun gilt es abschließend der Bedeutung der von Horn thematisierten „nichtideale[n] Variante der [...] Normgeltung" als einem neuen Blick auf die politische Philosophie Kants, sowie der „KI-Prozedur" nachzuspüren (Horn 2014, 9; 175; vgl. Horn 2014, 40f.). Den Anfang der Erläuterungen bilden fünf Merkmale, die „Kants Moralitätskonzept" im Wesentlichen kennzeichnen:

> Kant zufolge ist moralische Normativität (a) *a priori*, entstammt also unmittelbar der praktischen Vernunft; hinzu kommt, dass sie (b) unausweichlich in ihrer Geltung ist, (c) alle anderen Anforderungen überbietet, ja mit ihnen nicht einmal kommensurabel ist und folglich nicht mit anderen Wertaspekten verrechnet werden darf, (d) nur bei intrinsischer Motivation angemessen befolgt wird und (e) universalistisch zu verstehen ist (Horn 2014, 39).

Anhand dieser Kennzeichen von moralischer Normativität versucht Horn nun sowohl die „Nähe" als auch die „Distanz von moralischer und rechtlicher Normativität" zu verdeutlichen (Horn 2014, 39). Es sei vorausgeschickt, dass – nach Horn – der „Idee nichtidealer Normativität" insofern Bedeutung zukommt, als diese der Kantischen „Rechtsvorstellung" zugrunde gelegt und zudem eine Verbindung zum Moralischen herzustellen scheint (Horn 2014, 41). Horns Sichtweise gemäß „*konstruieren*" wir uns einen „Rechtsbegriff", der real ist und der Vorstellung folgt, „äußere individuelle Freiheitsspielräume gemäß einem Gesetz" vereinbar zu gestalten (Horn 2014, 40). Für Horn, nicht jedoch für Eisfeld, wird Recht als „regelförmige Vereinigung des freien Gebrauchs von jedermanns Willkür", mithin im Sinne eines Gemeinwillens gedacht (Horn 2014, 40). Dieser Gedanke erinnert an die „KI-Prozedur" der *Grundlegung* und der zweiten *Kritik*, indem diese „Rechtsidee" wie die Universalgesetz- und Naturgesetzformel „das Prinzip einer regelförmigen Universalisierung" enthält (Horn 2014, 40). In diesem Kontext ist die Normativität des Rechts deshalb nichtideal, weil das Recht, obgleich es *a priori* der praktischen Vernunft entstammt, einem „indirekt gewonnene[n] begriffliche[n] Konstrukt" entspricht (Horn 2014, 41).

Die „Unausweichlichkeit des Moralischen" meint, dass „der moralische Blick auf die Welt unmittelbar mit der Perspektive eines jeden Vernunftwesens verknüpft sein soll, das heißt als von ihr unablösbar gilt" (Horn 2014, 40f.). In der Diktion Kants ist die „Unausweichlichkeit des Moralischen" anhand des „Faktum[s] der Vernunft" als dem „Bewußtsein dieses Grundgesetzes", das „unleugbar" ist, aber auch anhand des *„moralische[n] Gesetz[es] in mir"* und dem „zehnjährigen Knaben", der sich ohne jegliche Unterweisung dem „redlichen Manne" im Sinne einer moralischen Entwicklung anzunähern trachtet, zu erkennen (Horn 2014, 40; KpV A 55–A 57; A 289f.; A 277f.). Das Grundgesetz, das bewusst ist, ist das der „reinen praktischen Vernunft" bzw. der Kategorische Imperativ, der besagt, dass du so handeln sollst, „daß die Maxime deines Willens jederzeit zugleich als Prinzip einer allgemeinen Gesetzgebung gelten könne" (KpV A 54).

Inwiefern überbietet die moralische Normativität alle anderen? Horn knüpft diese Frage an die Identifikation Kants als „politischer Loyalist", die er daran festmacht, dass Kant in *Die Religion innerhalb der Grenzen der bloßen Vernunft* die „biblische Passage *Römer* 13.1" zitiert. In der Übersetzung Martin Luthers ist dort zu lesen: „Jedermann sei untertan der Obrigkeit, die Gewalt über ihn hat. Denn es ist keine Obrigkeit ohne von Gott; wo aber Obrigkeit ist, die ist von Gott verordnet" (Horn 2014, 22; Luther zitiert nach Horn 2014, 18; vgl. AA VI, 99; 99, Anm.). Dagegen erläutert Kant in der Religionsschrift unter der Prämisse eines möglichen *„Sieg[es] des guten Princips über das böse"*, dass „statutarische bürgerliche Gesetze" nicht als „göttliche Gebote" zu verstehen sind, dass es aber „göttliches Gebot" ist, diesen bürgerlichen Gesetzen gemäß zu handeln, wenn sie „rechtmäßig" sind (AA VI, 93; AA VI, 99, Anm.). Ergänzend fährt er fort, dass „der Satz ‚man muß Gott mehr gehorchen, als den Menschen'" bloß darauf verweist, dass den Menschen der Gehorsam dann verweigert werden darf, wenn das Gebotene dem „Sittengesetz unmittelbar zuwider", d.h. böse ist (AA VI, 99, Anm.). Diese Gleichsetzung des Inhalts der Paulusstelle aus dem *Römerbrief* und der Ausführungen Kants in der Religionsschrift erscheint vorschnell, wenn die Zielsetzung der Schrift Kants, nämlich eine Religion innerhalb der Grenzen der bloßen Vernunft darzulegen, ad notam genommen und in diesem Zusammenhang der Titel des Abschnitts, *„Der Begriff eines ethischen gemeinen Wesens ist der Begriff von einem* ***Volke Gottes*** *unter ethischen Gesetzen"* betrachtet wird (AA VI, 98). Dann liegt es nämlich nahe, den Begriff Gott durch jenen der Vernunft zu ersetzen. Ein Blick in die erste *Kritik* unterstreicht diese Annahme. Im Rahmen der Abhandlung zu den „transzendentalen Ideen" der reinen Vernunft schließt Kant mit der Aussage, dass ich mir also „nach der Analogie der Realitäten in der Welt […] ein Wesen denken [werde], das alles dieses [*Allwissenheit, Allgütigkeit,*

*Allmacht*] in der höchsten Vollkommenheit besitzt, und, indem diese Idee bloß auf meiner Vernunft beruht, dieses Wesen als *selbständige Vernunft* […] denken könne" (KrV B 671/A 643; B 705f./A 677f.; KpV A 252; vgl. KpV A 227f.).

Anhand der Forderung nach „*intrinsischer Motivation*" lässt sich nach Horn klar zeigen, dass der „Kern der Moral" nur schwer mit der „rechtliche[n] Normativität" in Einklang zu bringen ist, weil in der Rechtsphilosophie Kants nicht nach der „intrinsischen moralischen Motivation" gefragt wird (Horn 2014, 42f.). Dass von Kant keine Übereinstimmung von intrinsischer Motivation mit dem Befolgen eines öffentlichen Gesetzes angedacht ist - wird von dem Verweis abgesehen, dass die „ethische Gesetzgebung" auf alles geht, „was Pflicht ist" - wird schon anhand der unterschiedlichen Begrifflichkeit - „Idee der Pflicht" versus „äußere Pflichten" - erkennbar, der Horn mit seiner Bestimmung der „Legalität" als „äußerer Gesetzeskonformität" und der „Moralität" als „innerer Gesetzesbindung" gerecht wird (AA VI, 219; Horn 2014, 15). Zudem legt Kant in vielfältiger Weise dar, worauf die Dichotomie von „*ethisch[er]*" und „*juridisch[er]*" Gesetzgebung gründet (AA VI, 219). Bereits am Beginn der *Rechtslehre* wird die Triebfeder als Unterscheidungskriterium thematisiert: „Alle Gesetzgebung […] kann doch in Ansehung der Triebfedern unterschieden sein. Diejenige, welche eine Handlung zur Pflicht und diese Pflicht zugleich zur Triebfeder macht, ist *ethisch*. Diejenige aber, welche das Letztere nicht im Gesetze mit einschließt, mithin auch eine andere Triebfeder als die Idee der Pflicht selbst zuläßt, ist *juridisch*" (AA VI, 218f.).

Im Anschluss an diese Erklärung wird zusätzlich konkretisiert, dass die Triebfeder, die in der „*juridisch[en]*" Gesetzgebung zum Tragen kommen kann, „von den pathologischen Bestimmungsgründen der Willkür der Neigungen", aber vor allem der „Abneigungen" hergenommen sein muss, weshalb die „rechtliche Gesetzgebung" - wie an der „*Befugniß zu zwingen*" zu vermuten ist - „nöthigend" sein soll (AA VI, 219; 231). Die Begriffe „Neigung" und „Abneigung", wie auch die Attribute „äußere" und „äußerlich", welche die Pflichten, die Gesetzgebung, aber auch die Handlung - „äußere Pflichten", „äußere Gesetzgebung", „Handle äußerlich so" - näher bestimmen, verorten das Recht in der Sinnenwelt (AA VI, 219; 231). Mit dieser Zuordnung steht Kant nicht allein, bezeichnet doch auch Kelsen den menschlichen Akt, der als „sinnlich wahrnehmbares Geschehen" in Raum und Zeit abläuft, als „Stück Natur" und Eisfeld knüpft seine Kritik an der „Umdeutung der kantischen Naturrechtstheorie in eine Theorie des positiven Rechts" an die Kantische Festlegung des Rechts als einem öffentlichen und kontingenten Recht (Kelsen 2017, 25; Eisfeld 2015, 63).

Horns Überlegungen zum Stellenwert der „*intrinsische[n] Motivation*" als Element des Naturrechts in der Kantischen Rechtslehre weisen in eine andere

Richtung, weil er beabsichtigt, die nichtidealen Elemente in der Rechtsphilosophie und in der politischen Philosophie Kants herauszuarbeiten und auch eine „Trennungsthese", mithin ein Fehlen der Abhängigkeit der Kantischen Rechtsphilosophie von seiner Moralphilosophie zu verteidigen (Horn 2014, 42; 44). Ihm gemäß gilt es, die „prekäre Frage" zu beantworten, „wie sich Kant die Einheit der praktischen Vernunft in normativer Hinsicht vorstellt" (Horn 2014, 43). Diese Frage erscheint in Ansehung des erklärten Ziels der „Kritik einer reinen praktischen Vernunft", die praktische und die „spekulative" Vernunft aus „einem gemeinschaftlichen Prinzip" darzustellen, d.h. als systematische Einheit auszuweisen, unverständlich, nicht jedoch in Hinblick auf die Verwirklichung dieses Ziels durch Kant (GMS BA XIVf.). Horn baut seine Begründungsstruktur auf Arbeiten von Marcus Willaschek auf, der „überzeugend" darlege, dass es sich beim Recht Kants weder um einen Kategorischen noch um einen hypothetischen Imperativ handle, sondern dass „Recht lediglich [beschreibt], was der Fall sein soll", woraus Horn schließt, dass das Recht Kants als „nichtideale Abschwächung der Moral zu verstehen [ist]" (Horn 2014, 43f.; vgl. Kelsen 2017, 27; 52). In Anlehnung an die Eigentumstheorie Kants, die als „*Rechtliches Postulat der praktischen Vernunft*" formuliert wird, zieht Horn das folgende Beispiel heran, um seine Trennungsthese zu untermauern: „Wenn ich ein Recht auf *F* habe, kann niemand ein Recht auf etwas besitzen, das mein Recht auf *F* unmöglich macht" (AA VI, 246; Horn 2014, 44). Die, von ihm in diesem Kontext vertretene, „Nichtidealitätsinterpretation" und „starke Trennungsthese" wird darauf gegründet, dass im Rahmen des Rechts eine wechselseitige Freiheitsbeschränkung als möglich erachtet wird, während „es für die Moral ausreichend [ist], dass für mich und alle anderen dieselben universalisierbaren Handlungsregeln gelten" (Horn 2014, 44). Meiner Ansicht nach verkennt Horn in seiner Argumentation zweierlei: Das Eigentumsrecht firmiert in der Kantischen Rechtslehre unter dem „*Privatrecht vom äußeren Mein und Dein überhaupt*", das Kant vom „*öffentlichen Recht*" unterschieden wissen will; die von Horn präsentierte Kritik thematisiert mit der „Durchsetzung […] von außen" und der „staatliche[n] Rechtsordnung" jedoch das öffentliche Recht (AA VI, 245; 311; Horn 2014, 43; vgl. AA VI, 242; Eisfeld 2015, 92f.). Dass das „*Privatrecht*" und das „*öffentliche Recht*" nicht als ein und dasselbe Recht verstanden werden dürfen, wird aus den Erläuterungen Kants zu den beiden Arten von Recht deutlich (AA VI, 242; 311). Das Eigentumsrecht wird zweifelsfrei auf der praktischen Vernunft gegründet, indem „es eine Voraussetzung *a priori* der praktischen Vernunft [ist] einen jeden Gegenstand meiner Willkür als objectiv mögliches Mein und Dein anzusehen und zu behandelt" (AA VI, 246). Der Gebrauch eines Gegenstandes meiner Willkür steht dann nicht „*rechtlich*" in meiner Macht, wenn dieser Gebrauch die „Freiheit von jedermann nach einem allgemeinen Gesetz“ nicht gleichzeitig bewahrt, womit die Wechselseitigkeit der Freiheitsbeschränkung, wie auch der Verbindlichkeit in den Blick kommt (AA VI, 246). Kant unterstützt seine Differenzierung des „*Privatrecht[s]*“ vom „*öffentlichen Recht*“ zudem durch die folgenden Bestimmungen (AA VI, 245; 311): „Man kann dieses Postulat [das rechtliche Postulat der praktischen Vernunft] ein Erlaubnißgesetz (lex permissiva) der praktischen Vernunft nennen, was uns die Befugniß giebt, die wir aus bloßen Begriffen vom Rechte überhaupt nicht herausbringen könnten: nämlich allen andern eine Verbindlichkeit aufzuerlegen, die sie sonst nicht hätten, sich des Gebrauchs gewisser Gegenstände unserer Willkür zu enthalten, weil wir zuerst sie in unseren Besitz genommen haben“ (AA VI, 247).

Im Gegensatz zu dieser Charakterisierung des „*Privatrecht[s]*“ fasst Kant das „*öffentliche Recht*“ als „Inbegriff der Gesetze, für welche eine äußere Gesetzgebung möglich ist“, die erst dann Geltung erlangt, wenn die Gesetze auch „allgemein“ bekannt gemacht wurden (AA VI, 229; 245; 311).

Bleibt mit Bezug zu den fünf Merkmalen, die „Kants Moralitätskonzept“ nach Horn kennzeichnen (siehe S. 42), noch die Frage zu klären – zum Teil erfolgte die Beantwortung bereits anhand des unterschiedlichen Stellenwerts der Freiheit in Moral und Recht – in welcher Weise die „Universalität moralischer Forderungen“ mit dem Recht in Einklang gebracht werden kann (Horn 2014, 39; 44). *Prima facie* spricht die Festlegung des Rechts durch Kant als „der Inbegriff der Bedingungen, unter denen die Willkür des einen mit der Willkür des andern nach einem allgemeinen Gesetze der Freiheit zusammen vereinigt werden kann“ für eine Annäherung zwischen Recht und Moral (AA VI, 230). Das Recht weist jedoch in Ansehung der bloß gruppenbezogenen, territorialen und zeitlich begrenzten Geltung eine „stark eingeschränkte Form von Universalität“ auf (Horn 2014, 45). Zudem ist der Adressat des Rechts in der Kantischen Rechtslehre nicht der „homo noumenon“, sondern der „homo phaenomenon“, der nicht dazu aufgefordert wird, seine Maxime mit Blick auf ein allgemeines Gesetz zu überprüfen (AA VI, 239). Die, den allgemeinen Teil der Rechtslehre abschließenden, Erläuterungen lassen keinen Zweifel aufkommen, dass Kant – wie implizit von Horn thematisiert – ein einheitliches System aus Gesetzen, moralischen wie rechtlichen, andenkt, womit – meiner Interpretation nach – eine schwache Trennungsthese, die Verbindungen zwischen Moralität und Legalität keineswegs ausschließt, vertreten werden kann. Kant führt an dieser Stelle seiner Schrift mit den folgenden Worten auf eine zugrundeliegende Einteilung hin: „Da in der Lehre von den Pflichten der Mensch nach der Eigenschaft seines Freiheitsvermögens, welches ganz übersinnlich ist, also auch bloß nach seiner *Menschheit* […] (homo noumenon), vorgestellt werden kann und soll, zum Unterschiede von eben demselben, aber als […] dem *Menschen* (homo phaenomenon), so werden Recht und Zweck, wiederum in dieser zwiefachen Eigenschaft auf die Pflicht bezogen, folgende Eintheilung geben" (AA VI, 239).

Im Anschluss an diese Hinleitung wird in Gestalt eines Diagramms eine Dichotomie zwischen „Menschheit" und „Mensch", *„vollkommene[r]" und „unvollkommene[r] Pflicht"*, sowie zwischen einer *„Pflicht gegen sich selbst"* und *„gegen Andere"*, mithin auch zwischen Tugend- und Rechtspflichten herbeigeführt (AA VI, 240). Damit ist im Anschluss an Kant grundsätzlich zwischen der ethischen Selbstgesetzgebung (Sittengesetz), dem Vernunftrecht („allgemeine[s] Rechtsgesetz") und den positiven Rechtsordnungen, die Gegenstand der nachfolgenden Abhandlung sein werden, zu unterscheiden (AA VI, 231).

### 1.1.6 Zur Möglichkeit oder Unmöglichkeit der Vereinigung des Kategorischen Imperativs und des „allgemeine[n] Rechtsgesetz[es]" (AA VI, 231)

Kant sieht sich vor die Aufgabe gestellt, den „[reinen] Begriff des Rechts", der jedoch auf jene Fälle, die in der Erfahrung vorkommen, angewandt wird, ebenso in ein System zu bringen, wie „das Recht, was zum a priori entworfenen System gehört" (AA VI, 205). Eine vollständige Einteilung des *„Empirischen"* ist aber unmöglich, weshalb er beabsichtigt, das apriorische Recht qua Vernunftrecht im Text selbst, die „Rechte aber, welche auf besondere Erfahrungsfälle bezogen werden", in Anmerkungen zu erläutern, weil andernfalls zwischen der *„Metaphysik des Rechts"* und der „empirische[n] Rechtspraxis" nicht differenziert werden könne (AA VI, 205f.). Zunächst werden in der „Einleitung in die *Rechtslehre*" die zur Anwendung gelangenden Begriffe bestimmt:

> Der Inbegriff der Gesetze, für welche eine äußere Gesetzgebung möglich ist, [mithin nicht der moralischen Gesetze], heißt die *Rechtslehre* (Ius). Ist eine solche Gesetzgebung wirklich, so ist sie Lehre des *positiven Rechts*, und der Rechtskundige derselben oder Rechtsgelehrte (Iurisconsultus) heißt *rechtserfahren* (Iurisperitus), wenn er die äußeren Gesetze auch äußerlich, d.i. in ihrer Anwendung auf in der Erfahrung vorkommende Fälle, kennt, die auch wohl *Rechtsklugheit* (Iurisprudentia) werden kann, ohne beide zusammen aber bloße *Rechtswissenschaft* (Iurisscientia) bleibt. Die letztere Benennung kommt der *systematischen* Kenntniß der natürlichen Rechtslehre (Ius naturae) zu, wiewohl der Rechtskundige in der letzteren zu aller positiven Gesetzgebung die unwandelbaren Principien hergeben muß (AA VI, 229).

Kant gelingt es mit dieser knappen Beschreibung die Eckpunkte der, von ihm konzipierten, Rechtslehre zu benennen, obwohl Letztere genügend Spielraum für unterschiedliche Interpretationen gibt, wie an geeigneter Stelle zu erörtern ist. Unzweifelhaft ist, dass die Gesetze, die Gegenstand der „*Rechtslehre*“ sind, einer „äußere[n]“ Gesetzgebung, die dem empirischen Sein zuzuordnen ist, bedürfen, während die „*ethisch[e]*“ Gesetzgebung aufgrund der „Idee [der] Pflicht, welche innerliche ist“, keine solche „äußere Gesetzgebung“ sein kann (AA VI, 229; 219). Wie aus der „*Allgemeinen Eintheilung der Rechte*“ hervorgeht, entspricht - nicht nur in der Sicht Kants - das „*positive*“ Recht einem, aus dem Willen des Gesetzgebers hervorgehenden, satzungsgemäßen qua statutarischem Recht (AA VI, 237; vgl. Alexy 2015, 474; Horn 2014, 21; Kelsen 1925, 61). Dieser Wille des Gesetzgebers impliziert im Kontext mit den Rechtspflichten, die Horn als „Loyalitätspflicht[en]“ interpretiert, dass „die Staatsbürger“ - gemäß der Lesart Horns - nach Kant dann nicht selbst für ihr Handeln „verantwortlich“ sind, sofern „es nicht direkt gegen die innere Moral verstößt“, womit ihre mithin nicht freien Handlungen dem Gesetzgeber zugerechnet werden müssen (Horn 2014, 21). Wird jedoch die Schrift *Über den Gemeinspruch: Das mag in der Theorie richtig sein, taugt aber nicht für die Praxis* herangezogen, dann entspricht die Deutung Horns nicht der Sichtweise Kants, weil der „*Bürger*“ als „Glied des gemeinen Wesens“ die Funktion eines „Mitgesetzgeber[s]“ innehat, womit der Gesetzgeber das, „*[w]as ein Volk über sich selbst nicht beschließen kann, […] auch nicht über das Volk beschließen [kann]*“ (AA VIII, 294; 304).

Der „Rechtskundige“ oder „Rechtsgelehrte“ bedient sich als Vertreter eines praktischen Teils einer Wissenschaft der „Imperative der *Geschicklichkeit*“, mithin eines hypothetischen Imperativs, der nicht danach fragt, ob „der Zweck vernünftig und gut sei […] sondern nur, was man tun müsse, um ihn zu erreichen“ (AA VI, 229; GMS BA 41f.). Im Falle, dass es zu keiner Anwendung der „äußern Gesetze“ auf Fälle der Erfahrung kommt, handelt es sich um eine „bloße *Rechtswissenschaft*“, die als „systematische *Lehre*“ des apriorischen „*Naturrecht[s]*“ zu verstehen ist (AA VI, 229; 237). Der Rechtsgelehrte vermag wohl anzugeben, „[w]as Rechtens sei (quid sit iuris)“, d.h. er ist in der Lage, über Gesetze und ihre Geltung „an einem gewissen Ort und zu einer gewissen Zeit“ Auskunft zu geben, nicht jedoch darüber, „ob das, was sie wollten, auch recht sei“, womit die Frage, „[w]as ist Recht?“ unbeantwortet bleibt (AA VI, 229). Der Rechtsgelehrte ist mithin aufgerufen, Zuflucht zu den „Urtheile[n] in der bloßen Vernunft“ zu nehmen, um eine mögliche positive Gesetzgebung fundieren und die Frage, woran man Recht wie auch Unrecht erkennen können, d.h. die Frage „[w]as ist Recht?“ beantworten zu können (AA VI, 229f.). Ohne dieses Fundament der „Quellen [der] Urtheile in der bloßen Vernunft“ bleibt die Rechtslehre eine „bloß empirische Rechtslehre“ (AA VI, 230).

Eisfeld fragt bei Kant nach diesen „Zusammenhängen zwischen Erkenntnislehre, Rechts- und Staatstheorie sowie politischer Theorie“ und drückt sein

Bedauern darüber aus, dass weder die Kantische „Erkenntnislehre" noch die „praktische Erkenntnis" im Rahmen von Untersuchungen zur Rechts- und Staatstheorie Kants Berücksichtigung findet (Eisfeld 2015, 139; 228). Zuallererst gilt es zu überlegen, worin die „rechtstheoretische Bedeutung der Erkenntnistheorie" zu sehen ist (Eisfeld 2015, 140). An diese Frage knüpft eine andere, die Kant als „transzendentalphilosophische[s] Problem" formuliert, nämlich „ob und inwiefern das erkennende Subjekt in der Lage ist, das Objekt der Erkenntnis aus reiner (apriorischer) Vernunft zu erzeugen", ein Problem, das im Zusammenhang mit der Begründung des positiven Rechts von Relevanz sein wird (Eisfeld 2015, 139).

In der ersten *Kritik* zeigt Kant auf, dass die Erkenntniskraft der reinen spekulativen Vernunft auf die „formalen Gesetzmäßigkeiten der Kategorien" restringiert ist (Eisfeld 2015, 139). Auf Basis der „eigene[n] Gesetzgebung aller Personen als Glieder" wird die Möglichkeit für eine „Welt vernünftiger Wesen (mundus intelligibilis) als ein[em] Reich der Zwecke" geschaffen, die der Erfahrungswelt als der Welt des positiven Rechts gegenübersteht (GMS BA 84). Die „*Verstandeswelt*" wird von der „*Sinnenwelt*" geschieden, womit es gelingt, einen von der „Erfahrungswirklichkeit" unabhängigen Freiheitsbegriff zu entwickeln (GMS BA 107; Eisfeld 2015, 139). Das positive Recht kann nun als Bestandteil des empirischen Seins kein wissenschaftliches System im Sinne einer Metaphysik des Rechts ausmachen, weshalb der „systematische Ausgangspunkt der Rechtswissenschaft […] außerhalb des positiven Rechts" zu suchen ist. Nur unter dieser Voraussetzung ist eine „wissenschaftlichen Theoriebildung", die gegenüber dem positiven Recht autonom ist, erreichbar (Eisfeld 2015, 140). Es ist die „Normativität oder Gültigkeit der Erkenntnis", die als „Ausgangspunkt der Rechtswissenschaft" fungiert und die „rechtstheoretische Bedeutung der philosophischen Erkenntnislehre" begründet: „Indem [nämlich] Erkenntnistheorien festlegen, unter welchen Voraussetzungen objektiv wahre und subjektiv gewisse Aussagen möglich sind, bestimmen sie demnach nicht nur die Bedingungen der Erzeugung von Wissen, sondern auch die Bedingungen der Erzeugung gültiger Normen. ‚Erkenntnis' bedeutet daher nicht zuletzt Sollenserkenntnis, mithin Normsetzung", wird doch nicht nur Wissen, sondern auch das Sittengesetz vom erkennenden Subjekt erzeugt und nicht ihm – im Sinne einer Heteronomie – oktroyiert. Dennoch mag die Deutung der Erkenntnis *auch* als „Sollenserkenntnis" befremden, sie ist jedoch gerechtfertigt, wie noch auszuführen ist (siehe S. 50f.) (Eisfeld 2015, 140).

Eisfeld verweist mithin einerseits darauf, dass sich die normative Bedeutung der Erkenntnistheorie in der Rechtstheorie als „Wissenschaftstheorie des Rechts" zeigt, und betont andererseits, dass diese Rechtstheorie nicht nur

„Rechtserkenntnistheorie“ im Sinne der Erzeugung von Wissen, sondern auch „Rechtsinhaltslehre“ ist, indem sie die Voraussetzungen für die wissenschaftliche Beurteilung von Rechtsinhalten schafft (Eisfeld 2015, 140). Sie bestimmt folglich nicht nur, ob, sondern auch wie „wissenschaftliche Rechterzeugung“ stattfindet (Eisfeld 2015, 141). Mit diesen Überlegungen kann – der Intention Eisfelds gemäß – die Erkenntnislehre Eingang in die Untersuchung der Rechtstheorie finden.

Ein kurzer Abstecher zur „Veränderung der Denkart“, die darüber aufklärt, wie eine „Erkenntnis a priori“ möglich ist, und die jene Gesetze, welche der Natur a priori zugrunde liegen, mit „genugtuenden Beweisen“ versehen kann, lohnt nicht nur in diesem Bezug, sondern auch mit Blick auf die Tragweite der „praktischen Erkenntnis“ für die Rechtserzeugung (KrV B XXf.; Eisfeld 2015, 228). Wie bereits unter dem Terminus „Metaphysik“ dargelegt, strebt Kant eine „Erkenntnis a priori (aus reiner Vernunft)“ an. Die Frage nach den Möglichkeiten einer solchen wissenschaftlichen Metaphysik stellt die „*Transzendental-Philosophie*“, indem eine Erkenntnis dann als „*transzendental*“ zu bezeichnen ist, wenn sie sich nicht nur mit den „Gegenständen“, sondern auch mit unserer „Erkenntnisart von Gegenständen, so fern diese a priori möglich sein soll“, befasst (Eisfeld 2015, 141; KrV B 26/A 13). An die Frage „*Was ist Wahrheit?*“ bindet Kant die Suche nach einem „allgemeine[n] und sichere[n] Kriterium der Wahrheit“, das dann gefunden wäre, wenn es „von allen Erkenntnissen“ ohne Ansehung der Gegenstände Gültigkeit aufwiese, wobei er die „Namenserklärung der Wahrheit“ als Übereinstimmung der Erkenntnis mit ihrem Gegenstand als „geschenkt“ voraussetzt (KrV B 82/A 58–B 84/A 60). Wird diese „Namenserklärung der Wahrheit“ im transzendentalphilosophischen Sinne auf das erkennende Subjekt übertragen, dann bedeutet dies, dass sich das Erkenntnissubjekt mit seinem Erkenntnisobjekt, das es als erkannten Gegenstand im Rahmen eines Erkenntnisprozesses aus „seiner reinen (apriorischen) Vernunft erzeugt“, identifiziert (KrV B 82f./A 58; Eisfeld 2015, 145). Wird mithin das erkannte Objekt als „Erzeugnis einer apriorischen (metaphysischen) Erkenntnisstiftung“ betrachtet, dann „*soll* dieser Gegenstand sein“, womit die so gefasste Erkenntnis, die „*Vernunfterkenntnis aus Begriffen*“ – nach Eisfeld – einen „Sollenscharakter“ trägt (Eisfeld 2015, 145; KrV B 741f./A 713f.; vgl. O'Neill 2010, 288f.). In dieser Weise findet, gemäß der Aussage Eisfelds, trotz der Kantischen Differenzierung zwischen einer „Philosophie [qua Metaphysik] der Natur“, die auf alles geht, „was da *ist*“ und jener der „Sitten“, die nur auf das geht, „was da *sein soll*“ eine Vermittlung zwischen dem empirischen Sein – „was da *ist*“ – und dem apriorischen Sollen – „was da *sein soll*“ – statt (KrV B 868f./A 840f.). Diese Dichotomie zwischen einer empirischen Welt („*Sinnenwelt*“) und einer intelligiblen, mithin subjektunabhängigen Welt

(„*Verstandeswelt*") liefert – wie bereits erwähnt – die notwendige Voraussetzung für die Entwicklung eines Freiheitsbegriffs im Sinne der Unabhängigkeit von allen „materiale[n] Prinzipien", und damit auch für die „Erkenntnis [des] Sittengesetzes durch die praktische Vernunft", indem sich das endliche Vernunftwesen „in eine intelligibele Ordnung der Dinge" versetzt (GMS BA 107; KpV A 71f.; Eisfeld 2015, 208). Mit der „Veränderung der Denkart" Kants werden die „epistemischen Eigenschaften" des Erkenntnissubjekts, das den Gegenstand aus reiner Vernunft erzeugt, festgelegt, es wird mithin ein „selbständiges Erkenntnissubjekt" konstituiert, das nicht nur als Ausgangspunkt des erkannten Gegenstandes und des Sittengesetzes, sondern auch als Erzeuger der „kantischen Rechtslehre" gesehen werden kann (KrV B XXf.; Eisfeld 2015, 208f.; vgl. Eisfeld 2015, 139). Diese Bestimmung der Erkenntnis als einer Erzeugung des Gegenstandes aus reiner, apriorischer Vernunft kann auch in den Kontext mit der *Reine[n] Rechtslehre* Kelsens gestellt werden, wie dies Carrino vornehmlich anhand der Philosophie Hermann Cohens demonstriert. Auch gemäß Cohen ruht nämlich das Sein nicht in sich selbst, sondern erst das Denken „läßt es entstehen" (Cohen zitiert nach Carrino 2011, 11; vgl. Carrino 1998, 33). Indem Cohen als Ursprung des Rechts das moralische Selbst erkennt, wird zwar die große Ferne zur Rechtslehre Kelsens – wie noch zu erläutern ist – deutlich, nicht aber zur Analyse der Kantischen Rechtslehre nach Eisfeld, sieht er doch in analoger Weise als „Ausgangspunkt der kantischen Rechtslehre" den „Mensch[en] als Ding an sich", in der Diktion Kants als „*Zweck an sich selbst*", womit der homo noumenon qua „Mensch als Ding an sich" als Vermittler zwischen dem Kategorischen Imperativ und dem öffentliche Recht zum Tragen kommt (Eisfeld 2015, 209; GMS BA 76f.; vgl. Carrino 2011, 17, Fußnote).

Nicht nur der Versuch Cohens, unter dem Eindruck des vorherrschenden Positivismus „dem philosophischen Denken Wert und Autonomie zurückzugeben", sondern auch die „Reinheit", die er betont, leiten zur Frage über, was unter einer Reinen Rechtslehre zu verstehen ist und ob diese der *Reine[n] Rechtslehre* Kelsens entspricht (Carrino 2011, 9; 12).

## 1.2 Von der *Reine[n] Rechtslehre* Hans Kelsens und der Frage, ob sie diese Bezeichnung zurecht trägt

Der Terminus „Reine Rechtslehre" bezeichnet nicht nur die „deutschsprachige Hauptschrift" Kelsens, sondern verweist auch auf den von Kelsen perfektionierten „(ideologie)kritischen Rechtspositivismus", der vor allem durch die rechtspositivistische Trennung des Rechts von der Moral und durch die strenge Distinktion zwischen Sein und Sollen in Erscheinung tritt (Jestaedt 2017, XXII;

vgl. Kelsen 2017, 11; 28; 50; 750; Dreier 2019, 194-196; GMS BA 107). Zudem ist der Begriff „Reine Rechtslehre“ mit jenem Kreis junger Rechtswissenschaftler, der unter dem Namen „Wiener Schule der Rechtstheorie“ aufgrund der von ihnen vertretenen „Spielart des Rechtspositivismus“ auf sich aufmerksam machte, verknüpft (Jestaedt 2017, XXII). Kelsen verfasste zwar zeitlebens nur zwei Fassungen der *Reine[n] Rechtslehre*, deren Erscheinen jedoch sechsundzwanzig Jahre (1934; 1960) auseinander lag, weil er fortwährend um eine Perfektionierung seines theoretischen Ansatzes bemüht war. Dennoch wurde das Bild des Rechtstheoretikers Kelsen im Nachkriegsdeutschland brüchig, während der Jurist Kelsen als „Klassiker von immenser Aktualität und globalem Interesse“, als „der Jurist des 20. Jahrhunderts“ weiterhin Anerkennung genießt (Jestaedt & Lepsius 2006, VIII; Dreier 2021, 7). Matthias Jestaedt und Oliver Lepsius führen - im Rahmen ihres Kommentars zur *Verteidigung der Demokratie* Kelsens - diesen Wandel auf ein „nach wie vor verbreitete[s] Unverständnis“ zurück, das einer fehlenden Auseinandersetzung mit den Originaltexten Kelsens geschuldet ist (Jestaedt & Lepsius 2006, XI). Eine eingehende Beschäftigung mit der Lehre Kelsens wird nämlich für unnötig erklärt, weil es ihr an Rechtsinhalten mangelt, weil die Eigengesetzlichkeit qua Autonomie des Rechts und die strikte Trennung von Sein und Sollen befremden und weil die Ausblendung von politischen Implikationen auf das Recht und der erkenntnistheoretisch motivierte Werterelativismus, der jede Gerechtigkeitsfrage aus der Rechtsordnung eines liberalen, demokratischen Verfassungsstaates ausblendet, nicht erstrebenswert erscheint (vgl. Jestaedt & Lepsius 2006, XI-XVII).

Wird der erste Kritikpunkt, das Fehlen von Rechtsinhalten im Sinne eines „formalistischen Reduktionismus“, betrachtet, dann kann diesem Einwand insofern stattgegeben werden, dass die Rechtslehre Kelsens eher einer „Rechts*formen*[lehre]“ als einer „Rechts*inhalts*lehre“ entspricht (Jestaedt & Lepsius 2006, XI; XIII). Diese Vorgangsweise hat ihren guten Grund, will Kelsen doch ein „rechtstheoretisches Instrumentarium“ entwickeln, das auf unterschiedliche Rechtsordnungen und -inhalte anwendbar ist (Jestaedt & Lepsius 2006, XIII). Unterstützend kommt hinzu, dass für Kelsen Rechtsinhalte immer als kontingent zu betrachten sind, weil sie sich auf einen bestimmten „sozio-politischen, kulturellen und/oder positivrechtlichen Kontext“ beziehen, worauf sich kein Theoriegebäude fußen lässt (Jestaedt & Lepsius 2006, XIII; vgl. Eisfeld 2015, 140; AA VI, 205; 229). Folge dieser Herangehensweise Kelsens ist, dass er Rechtsfiguren, wie die „lex-posterior-Regel“, die besagt, dass das jüngere Recht gegenüber dem älteren Vorrang besitze, und die Unterscheidung zwischen „subjektivem und objektivem“, zwischen „öffentlichem und privatem Recht“ als „rechts*inhaltliche*“ Kategorien, die nicht zum Wesen des positiven Rechts im strengen Sinne gehören, ausweisen kann (Jestaedt & Lepsius 2006, XIII). Diese Rechtsfiguren erhalten erst dann einen juristischen Wert, wenn sie durch entsprechende „positivrechtliche Verfahren" zu positivem Recht werden (Jestaedt & Lepsius 2006, XIII).

Mit Bezug zur „,Eigengesetzlichkeit'" wird Kelsen vorgeworfen, im Sinne eines „logizistischen Konstruktivismus" die Jurisprudenz durch begriffliche Abstraktion und „anschließende Deduktion", d.h. mit Mitteln der Logik zu erschaffen (Jestaedt & Lepsius 2006, XIII). Es ist zwar richtig, dass Kelsen die Rechtswissenschaft als Erkenntnis des Rechts – jedoch „im Sinne der Kantschen Erkenntnistheorie" – fasst, weshalb er hinzufügen muss, dass diese Erkenntnis des Rechts einen konstitutiven Charakter aufweist (Kelsen 2017, 143; vgl. Carrino 2011, 48, Fußnote; Olechowski 2009, 52). Eine derartige Konzeption wird von Kant unter dem Titel „*Die transzendentale Analytik*" vorgetragen, nachdem er zuvor die „*transzendentale Logik*" als jene Wissenschaft charakterisiert, die „den Ursprung, den Umfang und die objektive Gültigkeit" der Erkenntnisse des reinen Verstandes festlegt (KrV B 89f./A 65; B 82f./A 58). Aufgabe der „Analytik" ist es, unsere Erkenntnisse „a priori" in die „Elemente der reinen Verstandeserkenntnis" zu zergliedern und Bedacht darauf zu nehmen, dass 1. „die Begriffe reine und nicht empirische Begriffe [sind]", dass 2. „sie nicht zur Anschauung und zur Sinnlichkeit, sondern zum Denken und Verstande gehören", dass sie 3. „Elementarbegriffe" und nicht „abgeleitete, oder daraus zusammengesetzte" Begriffe sind, und dass 4. ihre „Tafel", die Kategorientafel, „vollständig" ist (KrV B 89f./A 65). Um die „Vollständigkeit einer Wissenschaft" gewährleisten zu können, bedarf es einer „*Idee des Ganzen* der Verstandeserkenntnis a priori", aus welcher die „Begriffe", die Letztere ausmachen, abgeleitet werden. D.h., dass eine solche Wissenschaft „nur durch ihren *Zusammenhang in einem System*" möglich ist und nicht einem zufälligen „Aggregat" entsprechen darf (KrV B 89f./A 65).

Zweifellos werden mit diesen Festlegungen Gedanken formuliert, die Kelsen aufgreift, wenn er von der Erzeugung eines Gegenstandes als Verstandesleistung und von der Konstituierung eines „sinnvolle[n] Ganze[n]" schreibt (Kelsen 2017, 143). In diese Richtung geht auch die Interpretation Carrinos, obwohl er sie nicht im Zusammenhang mit der *Reine[n] Rechtslehre*, sondern mit der *Staatslehre* Kelsens und der Frage, ob die Grundnorm mit der Verfassung zu identifizieren sei, darlegt. Carrino vermisst bei Kelsen, dass die Konstitution, die an die Grundnorm gebunden wird, nicht mit aller Deutlichkeit als „Konstitution [einer] Einheit" herausgestellt wird, „d.h. daß das ‚erzeugte', ‚erschaffene' Objekt als solches nur im Prozeß des Erkennens, im Erkenntnisakt, ist, und daß man sich in dem Maße, wie man diese Produktivität über die Theorie hinaus ausdehnt (was Kelsen in Wahrheit genau beabsichtigt), etwas ganz anderem als einer reinen ‚positiven' Wissenschaft gegenübersteht, nämlich einem logisch-formalen

Naturrechtsdenken, einem Ordnungsmodell, das einer rechtlich-normativen Methode entsprechend realisiert werden soll […]" (Carrino 2011, 48, Fußnote).

Dies bedeutet – abermals in Anlehnung an die Kantische Erkenntnistheorie – nicht, dass die Rechtswissenschaft *„tatsächlich"* Normen im Sinne von Rechtsnormen und mit diesen Verfahrensweisen und Entscheidungen erzeugt, sondern, dass sie als Wissenschaft ihren Erkenntnisgegenstand generiert (Carrino 2011, 49). Die Schlussfolgerung auf Basis dieser Überlegungen, dass sich die Rechtswissenschaft damit selbst genügt, d.h. nicht nur „begründend", sondern auch „selbstbegründend" ist (Carrino 2011, 49), wird in weiterer Folge für die vorliegende Untersuchung bedeutsam sein. Auf den ersten Blick kann die Reine Rechtlehre Kelsens auch angesichts ihrer Bestimmung der „Grundnorm" als „transzendental-logische Bedingung" für die Deutung des „subjektiven Sinn[s]" eines Rechtsaktes als „objektive[r] Sinn" als logisch-konstruktivistische Lehre interpretiert werden, was jedoch deshalb nicht zutrifft, weil sie, wie die Rechtordnung als „sinnvolles Ganzes", als in sich geschlossenes System, an die „Transzendentalität des Denkaktes bei Kant" anschließt (Kelsen 2017, 360f.; 366, Fußnote; 143; Carrino 2011, 37).

Kelsen geht einen transzendental-logischen Weg, der nicht wie die „allgemeine Logik […] von allem Inhalt der Erkenntnis [abstrahiert]", sondern sich, im Sinne der *„transzendentalen Logik"* nach Kant auch auf den Inhalt der Erkenntnis bezieht (KrV B 79/A 55–B 83/A 58). Deshalb kann Kelsen im Zusammenhang mit der „Grundnorm" von einer „transzendental-logische[n] Bedingung" sprechen, weil diese Grundnorm zwischen dem „subjektiven [empirischen] Sinn" eines Rechtsaktes qua „Willensakt" und dem „objektiven Sinn" qua Rechtsnorm vermittelt (Kelsen 2017, 360f.; 58). Dass durch diese Vermittlung die, von Kelsen durchgängig intendierte, Trennung des empirischen Seins vom apriorischen Sollen *prima facie* nicht mehr aufrecht zu erhalten ist, muss an dieser Stelle angemerkt werden.

Es kann den Kritikern, die die „konstruktive Begriffsjurisprudenz" mit den Elementen der Abstraktion und Deduktion vertreten, zugestanden werden, dass Kelsen die Deduktion in Form eines Syllogismus mit dem Ziel thematisiert, die Geltung einer positiven, durch einen „menschliche[n] Willensakt gesetzten", Rechtsnorm zu begründen (Jestaedt & Lepsius 2006, XIII; Kelsen 2017, 361): In diesem Syllogismus entspricht der Obersatz einer „als objektiv gültig angesehene[n] Norm", d.h. der „Aussage" einer solchen, wonach den „Befehlen einer bestimmten Person" gehorcht werden *soll.* Der Untersatz formuliert die „Tatsache", dass „diese Person befohlen hat, daß man sich in bestimmter Weise verhalten soll". Mit dem Schlusssatz wird die „Geltung der Norm", dass man sich in „dieser bestimmten Weise verhalten soll", ausgesagt und damit die Norm als „objektiv gültig" ausgewiesen (Kelsen 2017, 361f.). Dieser *„Grundnormsyllogismus"* kann mit der ersten „syllogistischen Figur (σχήματα)" Aristoteles', in der derzeit verwendeten Terminologie mit der Deduktion, identifiziert werden (Alexy 2011, 158; Flashar 2013, 202; vgl. An. Pr. I 4, 25b46–25b53). Kelsen erkennt jedoch, dass die Deduktion keine Letztbegründung der Geltung einer positiven Rechtsnorm leisten kann und gelangt über eine brüchige Argumentation zur Tatsachenaussage, dass die Norm, die im Obersatz als „objektiv gültig angesehene Norm" qua „Grundnorm" ausgesagt wird, als „vorausgesetzt" zu betrachten ist, um diese Festlegung dadurch abzuschwächen, dass die Voraussetzung nur im „juristischen Denken" stattfindet (Kelsen 2017, 361; 58; vgl. Olechowski 2009, 58f.). Der Versuch Kelsens, die Geltung einer Rechtsnorm vermittels einer Deduktion zu begründen, trug ihm die „irrtümliche" Zuschreibung ein, der „Schlusserbe des logizistischen Konstruktivismus" zu sein (Jestaedt & Lepsius 2006, XIV). Für die Kommentatoren der *Verteidigung der Demokratie* Kelsens ist diese Fehlinterpretation der Vertreter der „konstruktive[n] Begriffsjurisprudenz", wie Bernhard Windscheid und Carl Friedrich von Gerber, dem Umstand anzulasten, dass sowohl die *Reine Rechtslehre* Kelsens wie auch die konstruktivistische Jurisprudenz mit dem Attribut „‚rechtspositivistisch'" versehen werden, ohne zwischen dem *„kelsen*schen (Geltungs-)Positivismus" und dem „Gesetzes-, Subsumptions- und Anwendungspositivismus der Begriffsjurisprudenz" zu unterscheiden (Jestaedt & Lepsius 2006, XIIIf.). Indem Kelsen das Hauptaugenmerk darauf legt, dass von geltendem Recht nur dann gesprochen werden kann, wenn nachgewiesen wird, „dass der betreffende Sollenssatz in einem positivrechtlich vorgesehenen Verfahren zustande gekommen ist", präsentiert er sich als unerbittlicher Kritiker der letztgenannten Lehre und distanziert sich von der Annahme, „dass allein das Gesetz bereits alles Recht enthalte", mithin dass konkrete Rechtssätze auf dem Weg einer logischen Deduktion entwickelt werden können (Jestaedt & Lepsius 2006, XIV). Ausdruck seiner Sichtweise von Recht ist nicht nur „das dynamische Konzept der Rechtsordnung" als Rechtserzeugungsprozess, welches das „statische Konzept des Gesetzespositivismus" ergänzt, sondern auch die Überzeugung, dass das Recht „nach eigengesetzten Regeln" funktioniere (Jestaedt & Lepsius 2006, XIV).

Der dritte Kritikpunkt fokussiert auf Kelsens strikte Trennung des Seins vom Sollen, die – wie angemerkt – jedoch nicht durchgängig aufrecht zu erhalten ist. Kelsen führt diese Sein-Sollen-Dichotomie nicht nur deshalb ein, um das metaethische Prinzip nach Hume nicht zu verletzen, sondern vor allem deshalb, weil im Falle einer fehlenden Trennung des Seins vom Sollen „das Verhältnis zum Sein [d.h. zum positiven Recht] einseitig vom Sollen her bestimmt [würde]" (Jestaedt & Lepsius 2006, XV; vgl. Kelsen 2017, 29; Hume 1739, 458; Olechowski

2009, 48f.). Wie bereits dargelegt, ist Kelsen, entgegen der Annahme der Kritiker, die ihm einen „*[w]irklichkeitsverweigernde[n] Normativismus*“ vorwerfen, nicht der Auffassung, dass eine wechselseitige Bezugnahme zwischen Sein und Sollen ausgeschlossen wäre (Jestaedt & Lepsius 2006, XIV; vgl. Dreier 2021, 19; Avscharova & Huttar 2009, 174f.). Er thematisiert und analysiert als Vertreter einer „Rechts*formen*[lehre]“ zwar die Wirklichkeit des Rechts, leugnet aber nicht, dass auch andere „Wirklichkeitszugänge“ bestehen, die jedoch nicht auf die Rechtswirklichkeit nach Maßstäben Einfluss nehmen dürfen, die außerhalb des Rechts zu verorten sind (Jestaedt & Lepsius 2006, XIII; XV; vgl. Avscharova & Huttar 2009, 175). Folglich kommt die „[n]ormative Kraft“ dem gesetzten Recht als dem „Faktischen“ nicht aufgrund seiner „Faktizität“, sondern auf Basis der „normativen Zuschreibung“ zu (Jestaedt & Lepsius 2006, XV; vgl. Dreier 2021, 20f.). Auf welche Weise diese Bestimmung der „normativen Kraft“ in der Konzeption Kelsens verwirklicht wird, wird an geeigneter Stelle erörtert (vor allem in den Kapiteln 4.1; 4.2; 5.1).

Ähnlich dem Vorwurf der Inhaltsleere des Rechts wird moniert, dass Kelsen einen „politikflüchtigen Positivismus“ betreibe, mithin alle „politischen Implikationen und Imprägnierungen des Rechts ausblende“ (Jestaedt & Lepsius 2006, XV). Angesichts der bereits am Beginn der *Reine[n] Rechtslehre* skizzierten Charakteristika einer Reinen Rechtslehre, die „Rechtswissenschaft, nicht aber Rechtspolitik [ist]“ und die sich von allen „fremden Elementen“, wie auch politischen Theorien zu befreien sucht, kann der Eindruck eines „politikflüchtigen Positivismus“ durchaus entstehen (Kelsen 2017, 21; Jestaedt & Lepsius 2006, XV). Für Jestaedt und Lepsius ist jedoch „[d]as genaue Gegenteil der Fall“ (Jestaedt & Lepsius 2006, XV; vgl. Feichtinger & Müller 2009, 230f.). Ihre – meiner Ansicht nach – stichhaltige Argumentation fußt auf dem „dynamische[n] Rechts(ordnungs- und -erzeugungs)konzept“ Kelsens, welches politische Einflüsse nicht nur sichtbar, sondern auch formulierbar machen kann (Jestaedt & Lepsius 2006, XV). In analoger Weise zur kritisierten Trennung des Seins vom Sollen geht es Kelsen auch hier nicht darum, jeden wechselseitigen Einfluss von Recht und Politik zu leugnen, sondern darum, dass „[a]us *rechtswissenschaftlicher* Sicht“ nur das Recht über die „Zuordnung von Recht und Politik“ entscheidet, was eine Differenzierung zwischen der „Erkenntnis [des] bereits bestehenden (und anzuwendenden) Rechts“ und dem, durch die Rechtserzeugung neu zu generierenden, Rechts voraussetzt (Jestaedt & Lepsius 2006, XVf.). Politik fließt mithin im Rahmen der „selbstprogrammierte[n] Rechtserzeugung“ ein, deren stabile Grundlage die „fremdprogrammierte Rechtserkenntnis“ des bereits bestehenden und anzuwendenden Rechts ist (Jestaedt & Lepsius 2006, XVI). Diese, von Kelsen vollzogene, „Disziplinentrennung“ zwischen Rechtswissenschaft und

Politik ist zwar Kelsens Wunsch nach Methodenreinheit geschuldet, führt aber aus der Warte der Politologie insofern einen zusätzlichen positiven Aspekt mit sich, als dadurch erst für diese neue wissenschaftliche Disziplin Platz geschaffen wird (Ehs 2009, 7).

Kelsen betont zudem, dass das „Problem der Gerechtigkeit als Wertproblem außerhalb einer Rechtstheorie liegt", was ihm die Kritik eines „*[a]moralische[n] Relativismus*" einträgt (Kelsen 2017, 11; Jestaedt & Lepsius 2006, XVI). Dennoch fühlt er sich veranlasst, in der zweiten Auflage seiner *Reine[n] Rechtslehre* eine ausführliche Abhandlung zum „Problem der Gerechtigkeit" zu verfassen, weil dieses „für die Rechtspolitik von entscheidender Bedeutung ist" (Kelsen 2017, 11; vgl. Kelsen 2017, 611–754; vgl. Dreier 2021, 84–87). Die Notwendigkeit einer Trennung von Gerechtigkeit und Recht untermauert Kelsen dadurch, dass die „absolute Gerechtigkeit", im Gegensatz zur Grundnorm, einer rationalen Erkenntnis nicht zugänglich ist, die Annäherung an das Problem der Gerechtigkeit aber wissenschaftlichen Kriterien genügen muss (Kelsen 2017, 750; vgl. Kelsen 2017, 11). Mit dem Eingeständnis, dass Gerechtigkeit, auch als „Wertproblem", im Rahmen einer Rechtslehre nicht außer Acht zu lassen ist, räumt Kelsen ein, dass Gerechtigkeit in ihren unterschiedlichen Ausformungen – wie die „Gleichheit *vor* dem Gesetz" und „*im* Gesetz" im Sinne einer „*Rechtsanwendungs-* und *Rechtssetzungsgleichheit*", die politische und soziale Gerechtigkeit in Form einer Partizipations- und Verteilungsgerechtigkeit – bereits Eingang in die Rechtsordnung fand (Kelsen 2017, 11; 677; Alexy 2015, 357). Ist der Vorwurf eines „*[a]moralische[n] Relativismus*" nun gerechtfertigt und was ist unter diesem Begriff überhaupt zu verstehen (Jestaedt & Lepsius 2006, XVI)? Aus dem bereits Dargelegten geht implizit hervor, dass sich die Reine Rechtslehre der Aufgabe stellt, das Recht für einen „liberalen, demokratischen Verfassungsstaat und [für] die Regelungen eines Unrechtsregimes" zu ermöglichen (Jestaedt & Lepsius 2006, XVI). Der Vorwurf, dass die „positivistische Trennung von Recht und Moral" und die damit einhergehende Ausblendung der Gerechtigkeitsfrage auf Basis der moralischen Indifferenz die Grenzen zwischen Recht und Unrecht verwischt, ist jedoch nicht von der Hand zu weisen (Jestaedt & Lepsius 2006, XVI). Indem Kelsen aber argumentiert, dass eine Trennung von Gerechtigkeit und Recht deshalb notwendig ist, weil die „absolute Gerechtigkeit" einer rationalen Erkenntnis nicht zugänglich ist, verweist er darauf, dass sein „(Wert-)Relativismus" nicht moralisch oder ethisch, sondern erkenntnistheoretisch motiviert ist (Kelsen 2017, 750; Jestaedt & Lepsius 2006, XVI). Kelsen leugnet damit nicht die Existenz absoluter Werte, sondern bloß ihre rationale Erkenntnis und tritt, gerade aufgrund der „Pluralität möglicher Werte und Wertungen", für rationale Maßstäbe im Umgang mit diesen ein (Jestaedt & Lepsius 2006, XVI; vgl. Dreier

2021, 84–87). Der „ideologiekritische" Aspekt der Konzeption Kelsens ist darin begründet, dass Werte aufgrund ihrer Ortgebundenheit und Zeitbedingtheit immer der Diskussion ausgesetzt sind (Jestaedt & Lepsius 2006, XVII). Mit der Sichtweise, dass moralische Normen nicht aus dem gesellschaftlichen Leben wegzudenken sind, steht Kelsen selbst unter den Vertretern des Rechtspositivismus nicht allein, bestreitet doch auch Hart nicht, "that the development of law, at all times and places, has in fact been profoundly influenced both by the conventional morality and ideals of particular social groups, and also by forms of enlightened moral criticism" (Hart 2012, 185). Konsequenter Weise warnt Kelsen vor einem „naiven Legalismus" und votiert für einen „kritischen Positivismus", weil die Reine Rechtslehre zwar eine Erkenntnis geltenden Rechts, nicht aber eine Aussage darüber ermöglicht, ob dieses Recht gerecht ist, womit auch auf Basis des geltenden Rechts die Frage nicht beantwortet werden kann, ob „der Rechtsunterworfene dem konkreten Rechtsbefehl […] Gehorsam leisten oder ihn aus moralischen Gründen verweigern soll" (Jestaedt & Lepsius 2006, XVI).

Wird diesen Vorwürfen beginnend mit dem Fehlen von Rechtsinhalten gefolgt, so ist in der zweiten Auflage der *Reine[n] Rechtslehre* bereits eingangs unter „*Die ‚Reinheit'*" zu lesen:

> Die Reine Rechtslehre ist eine Theorie des positiven Rechts; des positiven Rechts schlechthin, nicht einer speziellen Rechtsordnung. Sie ist allgemeine Rechtslehre, nicht Interpretation besonderer nationaler oder internationaler Rechtsnormen. […] / […] Sie ist Rechtswissenschaft, nicht aber Rechtspolitik. / Wenn sie sich als eine „reine" Lehre vom Recht bezeichnet, so darum, weil sie nur eine auf das Recht gerichtete Erkenntnis sicherstellen und weil sie […] die Rechtswissenschaft von allen ihr fremden Elementen befreien [möchte] (Kelsen 2017, 21).

Mit diesem Eingangszitat werden die zuvor erläuterten Kritikpunkte gegen die *Reine Rechtslehre* Kelsens gegenstandslos, legt doch Kelsen selbst mit aller Deutlichkeit seine Intention fest, eine wissenschaftliche Konzeption des Rechts zu verfassen. Diese Rechtslehre muss eine *Theorie* des „positiven Rechts schlechthin" sein, weil sie ein „rechtstheoretisches Instrumentarium", das auf unterschiedliche Rechtsordnungen und -inhalte anwendbar ist, bereitstellen muss (Kelsen 2017, 21; Jestaedt & Lepsius 2006, XIII; vgl. Dreier 2019, 112). Im Verständnis Kelsens *will* seine Theorie des positiven Rechts ausschließlich ihren Gegenstand, das Recht, erkennen, womit die Abstraktion von Rechtsinhalten, die Ausklammerung von politischen und moralischen Implikationen, sowie die strenge Trennung des Seins vom Sollen zu notwendigen Voraussetzungen werden (vgl. Kelsen 2017, 21). Diese Restriktion der „‚reine[n]' Lehre vom Recht" auf ihren Gegenstand impliziert jedoch nicht, dass die Gegenstände der ausgeschlossenen

Wissenschaften (Psychologie, Soziologie, Ethik, „politische Theorie") nicht doch „in engem Zusammenhang" mit dem Recht stehen können, die Zuordnung muss aber – aus „*rechtswissenschaftlicher* Sicht" – vom Recht aus erfolgen (Kelsen 2017, 21f.; Jestaedt & Lepsius 2006, XV; vgl. Avscharova & Huttar 2009, 175; Jabloner 1998, 11).

Wird jener Philosoph, der dem „Begriff Philosophie" eine „neue und zukunftsweisende Bedeutung" gab und der der Wahrheit vermittels von Dialogen auf die Spur zu kommen versuchte, nämlich Platon, befragt, dann verwundert es nicht, dass die Sichtweise und Interpretation einer Reinen Rechtslehre, wie sie von Kelsen selbst und den bereits genannten Interpreten präsentiert wird, nicht die einzig mögliche sein kann (Erler 2006, 11).

> Da es sich nun so verhält, können wir nichts als ganz gelassen in voller Muße die Sache wieder von vorn untersuchen, ohne verdrießlich zu werden, sondern recht aufrichtig uns selbst prüfend, was doch diese Erscheinungen in uns eigentlich sind. [...] Theodoros, du Lieber, urteilst eben ganz richtig von deiner Natur, [indem du die drei Behauptungen in unserer Seele als miteinander streitend wahrnimmst]. Denn dies ist der Zustand eines gar sehr die Weisheit liebenden Mannes, das Erstaunen; ja es gibt keinen andern Anfang der Philosophie als diesen [...]. (Theaet. 154e–155d; vgl. Aristoteles, Met. I 2, 982b12).

In diesem Sinne wählt auch der Rechtsphilosoph und Rechtswissenschaftler Christoph Kletzer einen anderen Zugang zur *Reine[n] Rechtlehre* Kelsens, indem er – seiner Forderung nach einer neuen Interpretation gemäß – eine „einheitliche Idee der Reinen Rechtslehre" zu formulieren beabsichtigt (Kletzer 2013, 257). Die Suche nach dieser „einheitliche[n] Idee" der Hauptschrift Kelsens ist deshalb von entscheidender Bedeutung, weil für Kletzer außer Streit steht, dass „sich im Werk *Kelsens* eine Unzahl an Widersprüchen auftun lässt", wobei jedoch noch immer strittig ist, ob diese Widersprüche den „Kern der Reinen Rechtslehre" treffen (Kletzer 2013, 257). Ausgangspunkt der Analyse Kletzers ist der über dreißig Jahre währende Diskurs im englischsprachigen Raum mit dem Ergebnis, dass Kelsen an seinem Versuch, „einen ‚Mittelweg' zwischen Moralismus und Reduktionismus zu fahren", gescheitert sei, ein Vorwurf also, der bereits unter den Stichworten „*[f]ormalistischer Reduktionismus*", „*[w]irklichkeitsverweigernder Normativismus*" und „*[a]moralischer Relativismus*" Gegenstand meiner Überlegungen war (Kletzer 2013, 257; Jestaedt & Lepsius 2006, XIIIf.; XVI). Kletzer intendiert nun nicht, die „bisher formulierte Idee der Reinen Rechtslehre" als den genannten Mittelweg zu unterstützen, weil „diese Idee weder intellektuell sonderlich ambitioniert ist", noch Aussichten auf Erfolg verspricht, und stellt einleitend die Frage, ob es nicht bei der *Reine[n] Rechtslehre* ebenso wenig um einen Mittelweg zwischen Moralismus und Reduktionismus gehe, „wie es bei *Kant* um einen ‚Mittelweg' zwischen Rationalismus und Empirismus geht" (Kletzer 2013, 257f.). In Analogie zur Kopernikanischen Wende, die keineswegs als Mittelweg betrachtet werden kann, sondern die mit der „Veränderung der Denkart" „unser ganzes Bezogensein auf die Welt auf den Kopf stellt", ist Kelsen auch nicht daran gelegen, „einen neuen Begriff von Recht" zu formulieren, sondern vielmehr „die Möglichkeiten unseres Bezogenseins auf Recht zu überdenken und einer revolutionären Wende – [in der Diktion Kants einer „Veränderung der Denkart"] – zu unterziehen" (KrV B XXf.; Kletzer 2013, 257; vgl. AA VI, 47). Wie es dem fortwährenden Bestreben Kants entspricht, die spekulative und die praktische Vernunft zu einer systematischen Einheit aus einem „gemeinschaftlichen Prinzip" zusammenzuführen, so kann – nach Kletzer – „die Reine Rechtslehre nur dann auf Erfolg hoffen", wenn sie verdeutlicht, dass die beiden „Opponenten", Reduktionismus und Naturrechtslehre, einer falschen Sichtweise von Rechtsgeltung geschuldet sind, womit eine Überwindung der vermeintlichen Gegensätze möglich erscheint (GMS BA XIVf.; Kletzer 2013, 258; vgl. KrV B 311f./A 256; B 859f./A 831f.). Reduktionismus und Naturrechtslehre opponieren deshalb nur vermeintlich, weil *beiden* ein systemimmanenter Zugang zum Recht fehlt, indem sie von der Annahme ausgehen, „dass das Recht nicht *in sich* normativ sein kann", eine Annahme also, die gerade Kelsen mit seinem Element der Rechtserzeugung zu überwinden sucht (Kletzer 2013, 258; vgl. Kelsen 2017, 143). An die von Kelsen formulierte Konstitutionsleistung des Rechts bindet Kletzer nun auch seine „neue Lesart der Reinen Rechtslehre" und nennt als Komponenten seiner Darlegung den „*absolute[n] Positivismus,* [den] *normative[n] Monismus* und *die paradoxe Anpassungsrichtung des Rechts*" (Kletzer 2013, 258).

Der Begriff „*absoluter Positivismus*" lenkt auf die Frage hin, wodurch sich dieser vom Rechtspositivismus unterscheidet, wie er landläufig und auch von Kelsen im Rahmen seines „‚Reinheitspostulat[s]'" als einer Lehre, die „die Rechtswissenschaft von allen ihr fremden Elementen befreien [will]", bestimmt wird (Kletzer 2013, 258; Paulson 2014, 259; Kelsen 2017, 21). Diese Überlegung ist auch Ausgangspunkt der Abhandlung Kletzers.

> Wenn wir vorerst gemeinsam mit der sogenannten Quellenthese, der *sources thesis*, den Positivismus als die These fassen, dass Gültigkeit und Inhalt des Rechts nicht aus moralischen, theologischen oder naturwissenschaftlichen Prämissen hergeleitet werden können, dann ist Positivismus darin vornehmlich eine negative oder relative Haltung […]. Positivismus, so verstanden, sagt uns vor allem, was das Recht nicht ist. […] Der Versuch, auf diese Frage, [was das Recht *ist*], eine positivistische Antwort zu finden, also eine Antwort, die nicht den vom relativen Positivismus gesetzten Negativitätsvorbehalt

verletzt, kann uns nur dahin führen, die Gültigkeit des Rechts als *in sich selbst*, oder, was das selbe ist, als in *Nichts* gegründet zu verstehen (Kletzer 2013, 259).

Ob eine Begründung der „Gültigkeit des Rechts als *in sich selbst*“ mit einer Begründung „*in Nichts*“ gleichgesetzt werden kann (Kletzer 2013, 259), bleibt vorerst offen und wird Gegenstand meiner Konzeption einer Letztbegründung des positiven Rechts im Anschluss an die Philosophie Kants und die Lehre Kelsens sein. An dieser Stelle gilt es, die Vorzüge des „absoluten“ gegenüber dem relativen, anglo-amerikanischen Positivismus herauszustreichen (Kletzer 2013, 259). Während Letzterer auf die Frage, was Recht *ist*, „gar keine oder keine positivistische Antwort [geben kann]“ und stattdessen „moralische Gegebenheiten“ zur Begründung der Geltung von positivem Recht heranzieht oder diese „in soziale Fakten“ auflöst, erkennt die Reine Rechtslehre ihre Aufgabe ausschließlich in der Beschäftigung mit dem positiven Recht und unternimmt den Versuch, den „absoluten Positivismus philosophisch zu fassen“. Kletzer sieht den philosophischen Aspekt der Reinen Rechtslehre in der Betonung der „Reinheit“ als etwas „Absolute[m]“ (Kletzer 2013, 259). Meiner Ansicht nach ist der Versuch der *Reine[n] Rechtslehre*, den „absoluten Positivismus“ philosophisch zu betrachten, jedoch nicht so sehr in der genannten Terminologie, sondern vielmehr in der Erklärung zu sehen, was unter Begründung und Begründet-Werden des positiven Rechts zu verstehen ist und in welcher Weise eine solche möglich sein kann. Der „relative Positivismus“ wird immer mit dem Problem kämpfen müssen, dass „jede Rechtsnorm in ihrer Gültigkeit von der Gültigkeit einer anderen Rechtsnorm abhängt“, solange er die Gültigkeit einer Rechtsnorm daran bindet, dass sie gesetzt wird, weil dieses Gesetzt-Sein nur dann rechtskonform ist, wenn die Setzung „gemäß einer gültigen Rechtsnorm“ erfolgt (Kletzer 2013, 259f.; vgl. Olechowski 2009, 59). Deshalb muss Kelsen, ehe er die Konstitutionsleistung des Rechts zum Thema werden lässt, gemäß seiner „(hierarchisch aufgebauten) *Normenordnung*“ die Grundnorm als nur „gedachte“ und „vorausgesetzt[e]“ Norm bestimmen und verfällt mithin mit seinem Versuch, dem „*infinite[n] Regress*“ zu entgehen, einem „dogmatische[n] *Abbruch*“ des Begründungsverfahrens (Hoerster 2012, 142; Kelsen 2017, 366; 98; Kletzer 2013, 260). Kletzer gelangt angesichts der Begründungsproblematik, die dem relativen Positivismus immanent ist, zu dem nachvollziehbaren Schluss, dass „mit logischer Notwendigkeit entweder gar kein Recht oder jedes beliebige Recht gültig ist“ (Kletzer 2013, 260): „Der letztgenannte dogmatische Abbruch des Verfahrens stellt im Grunde keine Lösung des Problems dar, sondern ist einfach die Negation der Voraussetzung der universellen Begründungsbedürftigkeit oder, für unseren Fall, der Positivität des Rechts. Mit Dogmatismus lässt sich *alles* begründen: Gemäß der ersten Option [dem infiniten Regress] kann demgegenüber *keine einzige* Rechtsnorm gültig sein, [weil eine Letztbegründung nie erreicht wird]. [...] Gemäß der zweiten Option [dem *logische[n] Zirkel*] schließlich, kann wieder *jede beliebige* Rechtsnorm gültig sein“ (Kletzer 2013, 260).

In der „sogenannten Quellenthese“ findet der anglo-amerikanische, relative Positivismus seine „bündigste Formulierung“. Sie besagt, „dass die Beantwortung der Frage, ob in einem Rechtssystem eine gegebene Norm rechtlich gültig ist und ob sie daher einen Teil des Rechts dieses Rechtssystems bildet, einzig von ihren Rechtsquellen abhängt und nicht von ihrem moralischen Wert“. Folge ist, dass mit der „Quellenthese“ keine Lösung des Begründungsproblems präsentiert, sondern dieses selbst als Problem dargestellt wird (Kletzer 2013, 260). In welcher Weise Rechtspositivisten wie auch Vertreter der nicht-positivistischen Positionen, wie H. L. A. Hart, Norbert Hoerster und Robert Alexy - um nur einige zu nennen -, dem Begründungs-Trilemma entgegenzutreten versuchen, wird im Folgenden Gegenstand der Untersuchung sein. Ungeachtet der noch ausständigen Erläuterungen kann an dieser Stelle dennoch festgehalten werden, „dass es [scheinbar] aus logischer Notwendigkeit keine rechtliche Geltung geben [kann]“ (Kletzer 2013, 261). Auf diesem „Fundament“, dass es in „Begründungsketten“ keine rechtliche Geltung geben kann, baut der „absolute Positivismus“, dessen „Notwendigkeit“ sich erst nach Auseinandersetzung mit dem Begründungsskeptizismus erweisen wird, seine „Geltungsbegründung“ auf (Kletzer 2013, 261).

Die Reine Rechtslehre, auf der unser Hauptaugenmerk liegt, versucht dem Skeptizismus seine „logische Schärfe“ zu nehmen, indem sie den Versuch unternimmt, einen „absoluten Positivismus“ in der hier skizzierten Gestalt zu formulieren (Kletzer 2013, 261). Im Gegensatz zum relativen Rechtspositivismus betrachtet der „absolute Positivismus“ das Recht nicht als „Summe von Rechtsnormen, deren *Relation* [ihnen] äußerlich ist“, sondern als „Rechtsbeziehung und also [als] Rechtsprozess“ und darin ist Kelsens Bemühung zu sehen, der anregt, unser „Bezogensein auf das Recht“ zu überdenken (Kletzer 2013, 262; 257). Damit hat die Frage nach der Geltungsbegründung von Rechtsnormen das Recht selbst zu beantworten (vgl. Kelsen 2017, 143; Carrino 2011, 48, Fußnote). Von entscheidender Bedeutung ist in diesem Zusammenhang, dass der „absolute Positivismus“ gar nicht versucht, die Geltung des Rechts zu begründen, weil er dieser Anforderung nur unter Aufgabe seines Positivismus nachkommen könnte, sondern er „*lässt* [...] das Recht sein, er lässt es gelten, [und] übergibt jegliche Kompetenz an das Recht“ (Kletzer 2013, 262). Auch wenn nach Kletzer damit das Recht die Aufgabe erfüllt, an der die Philosophie „aus Notwendigkeit scheitern musste“ (Kletzer 2013, 263), wird in der vorliegenden Abhandlung dennoch der Versuch unternommen, das positive Recht im Ausgang der Kantischen Philosophie und der Rechtslehre Kelsens, sowie anhand neuerer begründungstheoretischer Konzeptionen zu begründen.

Indem Kelsen einen der Eckpunkte seiner *Reine[n] Rechtslehre* mit der strengen Trennung des Rechts von der Moral bestimmt, tritt er für einen „normativen Monismus" ein, womit der Stellenwert moralischer Normen in einem Rechtssystem in den Blick kommt (Kletzer 2013, 264; vgl. Kelsen 2017, 11; 750; Jestaedt & Lepsius 2006, XVIf.).

### 1.2.1 Moralische Normen: Stiefkinder oder gleichwertige Mitglieder eines Rechtssystems?

Kletzer positioniert sich mit Bezug auf die „Reine Rechtslehre" eindeutig:

> Wenn man die Position der Reinen Rechtslehre gegenüber der Moral dadurch zu illustrieren versucht, dass man sagt, für die Reine Rechtslehre gebe es keine notwendige, sondern nur eine kontingente Beziehung zwischen Recht und Moral, dann ist damit nicht nur das Wesentliche der Reinen Rechtslehre verfehlt, es ist auch die Einsicht in den Problemkreis der paradoxen Beziehung von Recht und Moral verstellt. Denn für die Reine Rechtslehre kann es überhaupt keine Beziehung zwischen Recht und Moral geben, oder anders formuliert, die paradoxe Beziehung zwischen Recht und Moral besteht darin, dass die Geltung des Rechts die Geltung der Moral ausschließt und umgekehrt (Kletzer 2013, 264).

Dieser unmissverständliche Standpunkt Kletzers wird anhand des „normative[n] Pluralismus" dargelegt, der es für möglich hält, dass zwei normative Systeme, mithin zwei unterschiedliche Normen (A und B) ohne *„rechtliche Beziehung"* zueinander, d.h. unabhängig voneinander, gelten können (Kletzer 2013, 264). Gehören diese beiden Normen dem gleichen Anwendungsbereich an, dann muss eine Regel darüber Auskunft geben, welche der beiden Normen zur Anwendung kommt, womit „das rechtliche Verhältnis der Normen A und B" bestimmt wird. Damit bedingt die Einheitlichkeit der Anwendung von Normen die „Einheit der Rechtsordnung" (Kletzer 2013, 264; vgl. Olechowski 2009, 51f.).

Dieser Argumentation ist nichts entgegenzusetzen. Dennoch zeigt die Praxis, dass eine vollständige Exklusion von moralischen Normen nicht nur nicht zu verwirklichen, sondern auch nicht gewünscht ist, wie anhand der folgenden Beispiele zu belegen ist. In erster Linie ist an die bereits angesprochene Gerechtigkeit in ihren unterschiedlichen Gestalten – die „Gleichheit *vor* dem Gesetz" und *„im* Gesetz", die politische und soziale Gerechtigkeit in Form einer Partizipations- und Verteilungsgerechtigkeit – zu denken, deren Eingang in die Rechtsordnung von Rechtspositivisten gleichermaßen wie von Vertretern der nichtpositivistischen Position befürwortet wird (Kelsen 2017, 677; vgl. Alexy 2015, 357).

Als Kern der Gerechtigkeit findet die Gleichheit in der „Verleugnungsformel" des Rechtspositivisten Gustav Radbruch Platz (siehe S. 75), als einer der beiden Komponente der „Radbruchsche[n] Formel" - der „Unerträglichkeitsformel" und der „Verleugnungsformel" -, mit welcher er eine Lösung des Konflikts zwischen Gerechtigkeit und Rechtssicherheit sucht (Dreier & Paulson 2003, 247f.; vgl. Radbruch 1946, 105; Dreier 2019, 178f.). Unter dem Eindruck des Nationalsozialismus und dessen Rechtsordnung legt Radbruch das Hauptaugenmerk auf die Möglichkeit eines „gesetzlichen Unrechts", das es vermittels der beiden genannten Formeln zu vermeiden gilt (Radbruch 1946, 105; vgl. Dreier & Paulson 2003, 248; Dreier 2019, 179). Mit dem „*Richtigkeitsargument*" Alexys, dessen Bemühen es ist, die „vielfältigen Stellungsnahmen im Streit um die Radbruchsche Formel" zu strukturieren, wird sowohl von Einzelnormen als auch vom Rechtssystem in seiner Gesamtheit ein Anspruch auf richtigen Inhalt erhoben, welcher dann einen notwendigen Zusammenhang zwischen dem Recht und der richtigen Moral stiftet, wenn moralische Richtigkeit gefordert ist (Alexy 2011, 64; 72).

Wie bereits angemerkt, gesteht selbst Hart als Rechtspositivist zu, dass die Moral als Gesamtheit der ethisch-sittlichen Maßstäbe einer Gesellschaft die Entwicklung des Rechts zu jeder Zeit „tief (profoundly)" beeinflusst (Hart 2011, 218; Hart 2012, 185). In diesem Sinne bestimmt er seine primären Verpflichtungsregeln als Grundelement der „allgemein anerkannten Moral (basic element in the shared or accepted morality)" und tritt für eine moralische Verpflichtung nicht nur im Zusammenhang mit der Befolgung von sittlichen Regeln, sondern auch mit dem Gehorsam gegenüber dem Gesetz ein (Hart 2011, 199; Hart 2012, 169; vgl. Hart 2011, 185).

Offenkundig werden Moral und Recht beispielsweise auch in Ansehung des § 138 BGB (BRD; vgl. § 879 ABGB, Österreich), gemäß welchem ein Rechtsgeschäft für nichtig erklärt wird, wenn es gegen die guten Sitten verstößt, verquickt (vgl. Hoerster 2012, 71).

Die, in unterschiedlichen Kontexten dargelegten, moralischen Normen, wie Gerechtigkeit, Gleichheit und Freiheit, verweisen auf die Menschenrechte. Während diese in Österreich durch die „Europäische Konvention zum Schutz der Menschenrechte und Grundfreiheiten" in den Verfassungsrang erhoben wurden, ist das *Grundgesetz für die Bundesrepublik Deutschland* ein gutes Beispiel für die Inkorporation von Menschenrechten als vor- und überpositiv gültige Rechtsansprüche in das positive Recht (vgl. Alexy 2011, 121; https://www.menschenrechtskonvention.eu/; https://www.bmeia.gv.at/europa-aussenpolitik/

-menschenrechte/bedeutung-der-menschenrechte/). Während das *Grundgesetz* allen drei Gewalten die Kompetenz zuspricht, die Menschenrechte im Rechtssystem zu verwirklichen, sind mit der „Unerträglichkeitsformel" und mit der „Verleugnungsformel" Radbruchs, mit der „Gleichheit *vor* dem Gesetz" und „*im* Gesetz" die Richter und die Gesetzgeber gefragt (vgl. https://www.gesetze-im-internet.de/gg/GG.pdf, 1; Dreier & Paulson 2003, 248; Kelsen 2017, 677; vgl. Alexy 2015, 357–359). Als Beispiele für eine Begrenzung der Befugnisse der Exekutive können zudem die Artikel 5 und 9 der *Allgemeine[n] Erklärung der Menschenrechte* genannt werden, welche die Folter und die Inhaftierung thematisieren (vgl. http://www.un.org/depts/german/menschenrechte/aemr.pdf, 2f.).

Auch wenn der „normative Monist" Kelsen bestreitet, dass es zwei normative Systeme in ein und demselben Anwendungsbereich geben kann, sieht er sich dennoch mit den zuvor skizzierten realen Gegebenheiten konfrontiert. Seiner Konzeption treu bleibend, legt er fest, dass eine Norm genügt, die das Verhältnis der beiden normativen Systeme bestimmt und sie mithin zu einer „einheitliche[n] Rechtordnung" zu vereinen vermag (Kletzer 2013, 265; vgl. Somek 2007, 425). Kelsen kann nicht davon ausgehen, dass es eine „objektiv gültige moralische Ordnung" gibt, weil diese dann dem Recht als „Meta-Ordnung" übergeordnet wäre, womit die Rechtsordnung überflüssig würde (Kletzer 2013, 265; vgl. Kelsen 2017, 750; Hoerster 2012, 70; 75). Folglich müsste die „Meta-Moral" eine Norm enthalten, welche die „höchste rechtliche Autorität" ermächtigt, „positives Recht zu setzen", und eine solche Norm formuliert Kelsen unter dem Begriff „„Ermächtigung"", die als „Funktion der Rechtsordnung" vorgibt, wie sich ein Mensch gegenüber anderen „verhalten *soll*", die jedoch nicht wie andere Rechtsnormen gebietet oder erlaubt, sondern Befugnisse erteilt (Kletzer 2013, 265; Kelsen 2017, 268; 27). In diesem Sinne kann die Rechtsordnung einem bestimmten Individuum die „Rechtsmacht", d.h. die Fähigkeit verleihen, „Rechtsnormen zu erzeugen", aber auch „Zwangsakt[e]" zu setzen (Kelsen 2017, 269). Auf Basis der „Ermächtigung" konnte auch die „Europäische Konvention zum Schutz der Menschenrechte und Grundfreiheiten" die Menschenrechte zu Bundes-Verfassungsgesetzen erklären, womit die Menschenrechte gleichsam „die Rechtssetzungsbefugnis an das positive Recht delegier[en]" (Kelsen 2017, 269; Kletzer 2013, 266; vgl. https://www.bmeia.gv.at/themen/menschenrechte/bedeutung-der-menschenrechte/).

Kletzer zieht einen zweifachen Schluss: „Erstens kann es immer nur ein einziges, einheitliches normatives System geben. Zweitens aber kann in einem solchen normativen System nicht Moral und Recht zusammen gelten. Daraus folgt nun, dass, „insofern Recht gilt, Moral nicht gelten kann, und umgekehrt" (Kletzer 2013, 266; vgl. Olechowski 2009, 51f.). Es kann Kletzer insoweit zugestimmt werden, dass mit der Inkorporation der Menschenrechte in das Bundes-Verfassungsgesetz – um bei diesem Beispiel zu bleiben – „nur ein einziges, einheitliches [aber vielgestaltiges] normatives System“ konstituiert wurde, wodurch den Menschenrechten als normative Ordnung *innerhalb* des Rechtssystems zur Geltung im Sinne eines positiven Rechts verholfen wurde (Kletzer 2013, 266). Diesen Überlegungen muss hinzugefügt werden, dass auch die Moral als normsetzend, mithin als normative Ordnung, verstanden werden muss, ein Umstand, dem Hart dadurch Rechnung trägt, dass er – wie bereits angesprochen – die primären Verpflichtungsregeln als Grundelement der „allgemein anerkannten Moral (basic element in the shared or accepted morality)” bestimmt und nicht nur die Befolgung von sittlichen Regeln, sondern auch den Gehorsam gegenüber dem Gesetz als moralische Verpflichtung betrachtet (Hart 2011, 199; Hart 2012, 169; vgl. Hart 2011, 185; Dreier 2019, 196).

In starkem Kontrast zu dieser Sichtweise Harts steht jene Kelsens, der eine Rechtsnorm deshalb als verpflichtend bestimmt, weil sie vom Willen des Staates hervorgebracht wird und nur in diesem Sinne sozial wirksam, mithin auch gültig ist. Nach Carrino liegt dieser Charakterisierung einer verpflichtenden Rechtsnorm zugrunde, dass Kelsen aus der Sicht eines Juristen „die Anerkennungstheorie, die Theorie der Norm als Imperativ und die Theorie des Gesellschaftsvertrages als […] sinnlos zurück[weist]“ (Carrino 1998, 28f.).

Unter dem Titel „Die paradoxe Anpassungsrichtung (direction of fit) des positiven Rechts“ widmet sich Kletzer der Frage, ob sich die Welt den „Rechtsnormen *als Normen*, [die] zweifellos einen den Wünschen verwandten Charakter [aufweisen]“, anzupassen hat (Kletzer 2013, 266f.): „Wenn ich sage: ‚Der Teppich ist rot‘ und der Teppich ist nicht rot, sondern blau, dann muss ich meine Aussage ändern. Die Aussage impliziert das als Aussage. Wenn ich hingegen sage: ‚Der Teppich soll rot sein‘ und der Teppich ist nicht rot, sondern blau, dann muss ich den Teppich [die Welt] ändern“ (Kletzer 2013, 366).

Wird die Ansicht vertreten, dass die realen Gegebenheiten gemäß den Rechtsnormen zu verändern sind, dann wird von der „phänomenalen Form der Rechtsnormen und nicht von ihrer eigentlichen Grundform“ ausgegangen (Kletzer 2013, 267). Die Aussage Kelsens, dass „jeder beliebige Inhalt Recht sein [kann]“, entspricht einer Sichtweise des Rechts als Form und nicht als Inhalt und verweist zudem nicht nur darauf, dass das Recht als „Deutungsschema“ funktioniert, sondern auch darauf, dass diese Doktrin in der *Reine[n] Rechtslehre* als universell zu verstehen ist (Kelsen 2017, 354; 25; Kletzer 2013, 267; Dreier 2021, 22). Während im Rahmen der Moral die Norm – Du sollst nicht stehlen – mit dem sinnlich wahrnehmbaren Akt in Form des Diebstahls als einem „Stück Natur“ verglichen wird und eine Anpassung der Realität an die Vorstellung von moralischem

Handeln versucht wird, sagt uns die Rechtsnorm nicht, was sein soll, sondern was ist (Kelsen 2017, 25). Die Rechtsnorm sagt uns, „dass der Umstand, dass eine Frau einer anderen Frau Geld aus der Tasche genommen hat, *Diebstahl* ist" und dass das, was ein Richter sagt, „ein *Urteil* ist", womit uns das Recht darüber Auskunft gibt, was wir getan haben und daran eine „Rechtsfolge" in Gestalt eines „als gesollt gesetzten Zwangsaktes" knüpft (Kletzer 2013, 267; Kelsen 2017, 269).

Kletzer hält zwar seine „hier angedeutete Lesart der Reinen Rechtslehre [für] äußerst prekär", sieht aber ihre Berechtigung in dem Versuch, „eine einheitliche Idee zu formulieren" (Kletzer 2013, 268). Dieses Unterfangen greift Kletzer fünf Jahre später in seinem Text *The Idea of a Pure Theory of Law* erneut auf und reiht sich folglich mit einem neuen Blick auf die Reine Rechtslehre Kelsens unter die Interpreten derselben ein (siehe Abschnitt 2.3.2).

# 2 Hans Kelsens „diskursprägendste[s]" Werk – die *Reine Rechtslehre* (Jestaedt 2017, X)

Die von Kelsen selbst verfassten Vorworte zur ersten und zweiten Auflage seiner *Reine[n] Rechtslehre* (1934; 1960) geben Auskunft über die Höhen und Tiefen, die sein Leben prägten, beginnend mit dem Vorwurf, dass er in seiner Habilitationsschrift *Hauptprobleme der Staatsrechtslehre. Entwickelt aus der Lehre vom Rechtssatze* (1911) die Konzeption Cohens herangezogen habe, ohne auf ihn Bezug zu nehmen. In der Vorrede zur zweiten Auflage dieser Schrift, die zwölf Jahre danach erschien (1923), argumentiert Kelsen die Nähe seiner Methode zu jener Cohens damit, dass er erst durch „[e]ine 1912 in den Kantstudien erschienene Besprechung [seiner] ‚Hauptprobleme'", die sein Werk als „Versuch" ausweist, „die transzendentale Methode auf die Rechtwissenschaft anzuwenden", auf die Parallelen zwischen seinem „Begriffe des juristischen Willens und den [ihm] bis dahin nicht bekannten Aufstellungen COHENS" aufmerksam wurde (Kelsen 1923, XVII).

*Prima facie* genießen die Lehren und Schriften Kelsens in der akademischen und wissenschaftlichen Welt hohes Ansehen. Wird jedoch hinter die Kulissen geblickt, dann ist diese Wertschätzung bloß regional festzustellen und erhält durch die „Opposition gegen die Reine Rechtslehre" Brüche (Kelsen 2017, 5; vgl. Jestaedt & Lepsius 2006, XI–XVII; Aliprantis & Olechowski 2014, VII; Dreier 2021, 36f.). Als Grund für die „feindselige[n] Vorurteile oder Urteile über KELSEN", die sich nicht auf die *Reine Rechtslehre* beschränken, kann die Distanzierung vom Neukantianismus eines Cohen und Paul Natorp, an welchen Kelsen jedoch die „erkenntnistheoretischen Fundamente seiner reinen Rechtslehre" knüpfen wollte, gesehen werden (Carrino 1998, 14). Auch die Kritik Carrinos reiht sich in diesen Chor ein, der gegen die *Hauptprobleme der Staatsrechtslehre* Kelsens angestimmt wird, indem er konstatiert, dass es dieser Theorie an den „*Indizien*-Verfahren des methodischen Zweifels und einer Reflexion [fehle], die sich ihrer eigenen Problematik bewußt ist" (Carrino 1998, 15). Unbestritten ist im Vergleich dazu die Hochachtung, die der Rechtswissenschaftler Jestaedt Kelsen entgegenbringt, indem er ihn als den „Einstein der Rechtswissenschaft" und die *Reine Rechtslehre* als **„‚Kränkung' [der] traditionelle[n] Jurisprudenz"** bezeichnet und damit – im doppelten Sinne zutreffende – Parallelen zwischen Kelsen, Albert Einstein und Sigmund Freud herstellt (Jestaedt 2014, 4; 11). Wie

Einstein durch seine Arbeiten zur speziellen und „‚allgemeinen Relativitätstheorie‘“ das von der Newtonschen Physik geprägte, naturwissenschaftliche Weltbild des frühen 20. Jahrhunderts revolutionierte, so kann auch die *Reine Rechtslehre* Kelsens als eine „auf das Recht und die Rechtswissenschaft bezogene Relativitätstheorie“ betrachtet werden (Jestaedt 2014, 3f.; Einstein 1916, 769; vgl. Einstein 1905, 891–921). Der Paradigmenwechsel, der in der Rechtswissenschaft durch die *Reine Rechtslehre* herbeigeführt wird, besteht darin, dass Kelsen die „überkommene Rechtwissenschaft einer radikalen methodologischen Revision“ unterzieht, deren Ziel es ist, sie gemäß dem Reinheitsgebot durch „Entmythologisierung“ und „Entideologisierung“ zu verwissenschaftlichen (Jestaedt 2014, 4; vgl. Jabloner 1998, 12). Es ist denkbar, dass die Anfechtungen gegen diese neuartige Rechtslehre den Fehldeutungen geschuldet sind, welche die Reinheit auf den Gegenstand der Rechtswissenschaft, mithin auf das positive Recht, nicht jedoch auf die Wissenschaft des Rechts selbst beziehen, obwohl „Kelsen nicht müde wird“, beständig gegen diese Fehlinterpretation anzukämpfen (Jestaedt 2014, 4; vgl. Jabloner 1998, 4f.). Es ist die „Lehre vom Recht“ und nicht das Recht selbst, die von „allen ihr fremden Elementen“, wie von „sachfremden politischen Übergriffen“ und von „disziplinfremden“, etwa ethischen, psychologischen, soziologischen, aber auch ökonomischen „Beimengungen“ zu befreien ist (Kelsen 2017, 21; Jestaedt 2014, 5).

Im Wesentlichen sind es drei wissenschaftliche Prämissen, die der Erlangung der Reinheit zugrunde gelegt werden: die strenge Trennung des Seins vom Sollen, die nonkognitivistische Haltung, die in einem „(Wert-)Relativismus“ ihren Ausdruck findet, und die Nähe zur Erkenntnistheorie Kants – möglicher Weise auch Cohens –, die in Gestalt der „‚Eigengesetzlichkeit‘“ des Rechts in Erscheinung tritt (Jestaedt & Lepsius 2006, XVI; XIII; vgl. Kelsen 2017, 143; Jestaedt 2014, 5). Damit sind die Gründe für eine Kritik an der Kelsenschen Methode jedoch nicht erschöpft, ist es doch den ideologiekritischen Überlegungen Kelsens zu verdanken, dass die bisherigen „Grundkategorien rechtswissenschaftlichen Denkens wie Staat und Person, Wille und Geltung, Unrecht und Kausalität“ ihre Absolutheit einbüßen und damit, analog zur dreifachen Kränkung der Menschheit, wie sie Freud konstatiert, zu einer ebensolchen der Jurisprudenz führt (Jestaedt 2014, 9).

> Sigmund […] Freud (1856–1939) deutet den Widerstand gegen die von ihm propagierte Psychoanalyse als Reaktion auf eine Kränkung der Menschheit. Im Laufe der Neuzeit habe die Menschheit drei nachhaltige Kränkungen ihrer naiv-unaufgeklärten Eigenliebe erlitten: An der Schwelle zum 16. Jahrhundert habe der Mensch einsehen müssen, dass die Erde nicht den Mittelpunkt des Universums bilde […] (kopernikanische oder kosmologische Kränkung); im 18. Jahrhundert sei die kreationistisch gedachte

Gottebenbildlichkeit des Menschen durch die Einsicht paralysiert worden, dass der Mensch, die Krone der Schöpfung, vom Affen abstamme (darwinsche oder biologische Kränkung); im 20. Jahrhundert schließlich habe der Mensch lernen müssen, dass er weniger durch Bewusstsein und Vernunft als durch das Unbewusste und Triebhafte gesteuert werde (freudsche oder psychologische Kränkung) (Jestaedt 2014, 11; vgl. Freud 1917, 3–6).

In Anlehnung an diese drei Kränkungen ist eine „rechtsmoralistische Kränkung“ der Jurisprudenz durch die strenge Scheidung des Rechts von der Moral, eine „rechtsnaturalistische Kränkung“ durch die Differenzierung der Norm als dem Sollen vom Sein, und eine „rechtspolitische Kränkung“ durch die Trennung der „Rechtswissenschaft“ im Sinne eines „statischen Konzept[s] des Gesetzespositivismus“ von der „Rechtserzeugung“ als „dynamische[s] Konzept der Rechtsordnung“ zu konstatieren (Jestaedt 2014, 11; Jestaedt & Lepsius 2006, XIV). Kelsen spricht selbst diese Kränkung der Jurisprudenz, die sich auch gegen seine eigene Person wandte, an, nicht jedoch ohne anzumerken, dass er „[m]it Genugtuung“ nach dem Erscheinen der ersten Auflage der *Reine[n] Rechtslehre* feststellen durfte, mit seinen Anstrengungen, „die Jurisprudenz […] auf die Höhe einer echten Wissenschaft, einer Geistes-Wissenschaft zu heben“, nicht allein geblieben zu sein (Kelsen 2008, 3). Neben dieser „Anerkennung und Nachahmung“ durch Anhänger, die die „Brauchbarkeit“ seiner Lehre bezeugen, kam es auch zu einem leidenschaftlichen Widerstand gegen seine Lehre, der nicht durch die „sachlichen Gegensätze“ erklärbar ist (Kelsen 2008, 4; vgl. Dreier 2021, 36). Kelsen glaubt den Grund für die „Opposition gegen die Reine Rechtslehre“ in der von ihm geforderte Trennung der Rechtswissenschaft von der Politik zu erkennen, da diese „an die vitalsten Interessen der Gesellschaft [rührt]; und damit nicht zuletzt an die berufsständischen Interessen de[r] Juristen“, die versuchen glauben zu machen, dass sie die Interessenskonflikte in der Gesellschaft „‚richtig‘“ zu lösen vermögen (Kelsen 2008, 5).

Kelsen und Einstein, aber auch Freud eint zudem, dass Konflikte und Anfeindungen nicht nur ihr wissenschaftliches, sondern auch ihr persönliches Leben nachhaltig beeinflussten (vgl. Stadler 2004; Jestaedt 2014, 3). Kelsen bringt diese Erschütterungen seines Lebens mit den Worten zu Papier, dass er es in einer Zeit des politischen Umbruchs, in welche die Wirkung der ersten Auflage der *Reine[n] Rechtslehre* hineinreicht, dennoch wage, das „Problem des Rechts zusammenzufassen“, weil er hofft, „daß die Zahl derer, die den Geist höher schätzen als die Macht, größer ist, als es heute scheinen möchte“ (Kelsen 2008, 8). 1960 muss Kelsen jedoch erkennen, dass sich diese Hoffnung auch nach dem Zweiten Weltkrieg nicht erfüllte, weil sich nämlich wider Erwarten durch diesen „nicht viel geändert“ habe (Kelsen 2017, 10).

## 2.1 Von Hans Kelsen, den Ideologien und der Philosophie

Im Gegensatz zu Jestaedt findet der Rechtswissenschaftler und Philosoph Otto Pfersmann im Zusammenhang mit der *Reine[n] Rechtslehre* Kelsens harte Worte, wenn er feststellt, dass die beiden Konzeptionen, die das Rückgrat dieser Theorie bilden – die Ontologie und die Epistemologie – „falsch sind“ (Pfersmann 2014, 54). Seiner Ansicht nach untersucht die „Ontologie der Rechtssysteme“ die „Natur der Normen“, die als Gegenstände gefasst und von anderen Normen, wie auch von „nicht-normativen Gegenständen“ differenziert werden, während die Epistemologie auf „eine Erkenntnis dieser Normen“ abzielt (Pfersmann 2014, 53). Kelsen fasst jedoch – auf Basis der Sein-Sollen-Dichotomie – Normen eben nicht als Gegenstände qua Sein, sondern als „Sinn“ eines „Willensakte[s]“, mithin als „Sollen“ (Kelsen 2017, 27f.). Während also die Kelsensche Norm im Sinne eines „Sollen[s]“ bezeichnet, „daß sich ein Mensch in bestimmter Weise verhalten *soll*“ (Kelsen 2017, 27f.), entspricht der „Willensakt“ einem „in Zeit und Raum ablaufende[n], sinnlich wahrnehmbare[n] Geschehen, ein[em] Stück Natur“, das mithin „kausal-gesetzlich“ bestimmt und – in Analogie zu Pfersmann – nicht Gegenstand einer spezifisch juristischen Erkenntnis ist (Kelsen 2017, 25-27). Erst durch den „objektive[n] Sinn“, d.h. durch die Bedeutung, die dieser Tatbestand hat, wird er zu einem „Rechts-(oder Unrechts-)Akt“. Diese rechtliche Bedeutung erhält der Akt qua Tatbestand durch eine „Norm“, die ihn deutet, indem sie sich „mit ihrem Inhalt auf ihn bezieht“ (Kelsen 2017, 25).

Dass die an Kant und Cohen angelehnte Erkenntnislehre Kelsens das Recht, mithin die rechtlichen Normen zum Gegenstand der Erkenntnis wählt, entspricht der Aussage Pfersmanns, womit die „Epistemologie“ als Rückgrat der Kelsenschen Theorie nicht als „falsch“ interpretiert werden kann (Pfersmann 2014, 54). Die Frage, ob die „Ontologie der Rechtssysteme“ – wie sie Pfersmann verstanden wissen will – eine statische Struktur aufweist, kann angesichts der von Kelsen dargelegten „Rechtsdynamik“, gemäß welcher „jeder Rechtsakt zugleich die Anwendung einer höheren Norm und die durch diese Norm bestimmte Erzeugung einer niederen Norm [ist]“, nicht uneingeschränkt bejaht werden (Pfersmann 2014, 53; Kelsen 2017, 346; 420). Kelsen differenziert nämlich ausdrücklich zwischen einer „statische[n]“ und einer „dynamische[n] Theorie des Rechts“, d.h. zwischen einem „Recht in seinem Ruhezustand“ und einem „Rechtsprozeß, in dem das Recht erzeugt und angewendet wird“ (Kelsen 2017, 140).

Nun wurde wiederholt auf die kritische Haltung Kelsens gegenüber Ideologien Bezug genommen, ohne im Detail darzulegen, was unter diesem Begriff zu verstehen ist. Gemäß Pfersmann ist „*Ideologie*“ im Sinne der Reinen Rechtslehre als „falsche Jurisprudenz oder falsche Rechtsdogmatik [d.h. als] Gegenbegriff zu reiner Rechtswissenschaft" zu begreifen (Pfersmann 2014, 54). Pfersmann deutet eine „Theorie der juristischen Ideologien" als „Satzmenge", die die „Erkenntnisse der Reinen Rechtslehre auf Sätze der traditionellen Rechtsdogmatik überprüfend [anwendet]", wobei die Reine Rechtslehre die rechtsdogmatischen Theorien nicht bloß zu widerlegen, sondern sie als eine Verletzung des metaethischen Prinzips nach Hume und damit als „methodologisch *unrein*" auszuweisen sucht (Pfersmann 2014, 55). Damit präsentiert sich das Humesche Gesetz als Trennlinie zwischen Reiner und ideologischer Rechtslehre, je nachdem, ob dieses eingehalten oder verletzt wird. Es wird folglich mit dem Humeschen Gesetz zwar zwischen „normativen und nicht-normativen Entitäten" unterschieden, nicht jedoch ein Zugang zum „Normenmaterial" thematisiert (Pfersmann 2014, 56). Wird davon ausgegangen, dass bestimmte Normensysteme den Gegenstand einer Rechtswissenschaft konstituieren, dann versucht die Reine Rechtslehre nicht nur die Erzeugung dieser Normen im Rahmen des hierarchischen Gefüges der Rechtsordnung aufzuzeigen, sondern auch „in statischer Analyse […] mögliche normative Strukturen" zu beschreiben (Pfersmann 2014, 56). Die Annahme, dass es der Reinen Rechtslehre nicht um konkrete Probleme der Jurisprudenz, sondern um die Analyse von möglichen Strukturproblemen wie Normenkonflikten gehe, ist richtig, ob diese Analyse „ontologischer Natur" und nur zum Teil von epistemologischer Relevanz ist (Pfersmann 2014, 56), berührt das ureigenste Thema der vorliegenden Arbeit, weshalb weitere Erläuterung folgen werden.

Pfersmann regt an, den Ideologiebegriff aufgrund seiner Vielgestaltigkeit – „Ideologie als organisierte Präferenzordnung", „Ideologie als außernormative Normentransformationsmechanismen" – zu verabschieden und stattdessen beispielweise den Bezeichnungen „methodologische Fehlerkorrektur", „subjektive Präferenzordnungen" oder „kollektive kognitive Mechanismen der Veränderung" den Vorzug zu geben (Pfersmann 2014, 57f.; 60). Mit den „subjektiven Präferenzordnungen" kommen Sitte und Moral dann in den Blick, wenn die Rechtsordnung als „Zwangsordnung" betrachtet wird. Diese Rechtsordnung enthielte dann Elemente, „die gemäß den Anforderungen der Reinen Rechtslehre" außerhalb der vorgesehenen „Regelproduktion" zu verorten sind, womit ein neues System „auf revolutionärem Weg" begründet würde (Pfersmann 2014, 60; 63). Ob der Weg der Begründung eines neuen Rechtssystems als „revolutionär" zu bezeichnen ist, sei dahingestellt (Pfersmann 2014, 63). Offensichtlich ist jedoch, dass Kelsen die „Rechtswissenschaft" von „Ethik" und „Soziologie" zu distanzieren sucht, mithin diese Wissensgebiete der „Regelproduktion" entzieht, die „*Grundnorm als transzendental-logische Voraussetzung*" für die Begründung von Rechtsnormen jedoch nicht „außerhalb einer sonst vorgesehenen Regelproduktion“ konzipiert (Kelsen 2017, 21; 359; Pfersmann 2014, 63), bezieht sie sich doch „unmittelbar auf eine bestimmte, tatsächlich gesetzte, […] im großen und ganzen wirksame Verfassung“ und „mittelbar“ auf die Zwangsordnung, die gemäß der Verfassung erzeugt wird, womit sie sowohl die Geltung dieser Verfassung als auch der Zwangsordnung „begründet“ (Kelsen 2017, 359).

Im Rahmen der, anlässlich der Verfassung, angesprochenen „Satzung“ werden Rechtssätze formuliert, die der Beschreibung einer Rechtsordnung dienen, die ihrerseits festlegt, dass unter bestimmten Bedingungen, Zwangsakte „gesetzt oder nicht gesetzt werden soll[en]“ (Kelsen 2017, 359; 369). Nun führt nach Kelsen die Frage nach dem Geltungsgrund der Normen, die die Erzeugung der Gesetze regeln, zur „ältere[n] Staatsverfassung“ als einer „historisch ersten Staatsverfassung“, deren Geltung nicht auf eine „von einer Rechtsautorität gesetzte[n]“ Norm zurückgeführt werden kann, womit sie vorausgesetzt und mithin der Regelproduktion entzogen wird (Kelsen 2017, 357f.). Dieser Exkurs zum Stellenwert der Verfassung bei Kelsen ist deshalb geboten, weil Pfersmanns Überlegungen zur Zwangsordnung im Zusammenhang mit der Reinen Rechtslehre ihren Ausgang von einer Verfassung mit einem „Prüfungsrecht“ nehmen, welches auf Basis einer Prüfung durch Vertreter der Rechtsordnung eine Veränderung von Teilen der Verfassung zuließe (Pfersmann 2014, 61; vgl. Dreier 2021, 27f.). Pfersmanns zusammenfassende Interpretation kommt zu dem – meiner Ansicht nach – nicht nachvollziehbaren Schluss, dass Kelsen als Philosoph, nicht jedoch als Ideologiekritiker, nur marginal in Erscheinung tritt, widmet sich Kelsen doch im Rahmen seiner *Reine[n] Rechtslehre* sehr wohl philosophischen Themen, wie der Methodologie, der Erkenntnistheorie und auch der Sitte und Moral. Als Ideologiekritiker gelangte Kelsen ins Zentrum von Diskussionen, für welche die „Kelsenforschung“ verantwortlich zeichnet, die sich in Verkennung der Intention Kelsens, „eine ideologiekritische, methodenbewusste und in diesem Sinne ‚reine‘ Jurisprudenz zu formulieren“, auf „die politische Theorie des Autors“ bezog, während es Kelsen selbst um die „Stelle“ der Ideologie innerhalb der Rechtswissenschaft geht (Pfersmann 2014, 53; Jestaedt & Lepsius 2006, XVII).

Nachdem nun die ideologiekritische Haltung Kelsens in der Deutung Pfersmanns in aller Kürze dargelegt wurde, gilt es zu untersuchen, wie sich der Verfasser der *Reine[n] Rechtslehre* gegenüber der Moral und damit der Gerechtigkeit positioniert, die nicht nur in Radbruchs Rechtsphilosophie zum zentralen Element wird und in nichtpositivistischen Lehren Teil des Rechts ist, sondern auch als „*austheilende Gerechtigkeit*“ den „bürgerlichen Zustand“ bei Kant charakterisiert (AA VI, 306; 312). Kelsen legt unmissverständlich fest, dass „das Problem der Gerechtigkeit" nicht Gegenstand seiner Rechtstheorie sein kann, lässt sich doch die *Reine Rechtslehre* den Wissenschaftstheorien zuordnen, während „das Problem der Gerechtigkeit als Wertproblem [zu betrachten ist]" (Kelsen 2017, 11). Für einen Rechtswissenschaftler wie Kelsen erscheint diese Haltung plausibel, sie muss jedoch nicht jede positivistische Rechtstheorie prägen, wie Radbruch mit seiner Rechtsphilosophie und insbesondere mit der „‚Radbruchschen Formel'" demonstriert (Dreier & Paulson 2003, 247; vgl. Radbruch 1946, 105; Dreier 2019, 178–180). Anhand dieser 1946 publizierten Formel entbrannte eine Diskussion, ob Radbruch sich unter dem Eindruck des Unrechtsregimes des Nationalsozialismus vom Rechtspositivismus abgewandt und dem Naturrecht zugewandt habe, eine Annahme, die angesichts seiner bereits 1932 veröffentlichten *Rechtsphilosophie* zu hinterfragen ist. Wird die „Radbruchsche Formel" in der Originalversion analysiert, dann sind zwei der drei Komponenten der Radbruchschen „Rechtsidee" – „*Rechtssicherheit*", „*Gerechtigkeit*" im Sinne der Gleichheit, „*Zweckmäßigkeit*" – unschwer zu erkennen (Radbruch 2003, 73).

> Der Konflikt zwischen der Gerechtigkeit und der Rechtssicherheit dürfte dahin zu lösen sein, daß das positive, durch Satzung und Macht gesicherte Recht auch dann den Vorrang hat, wenn es inhaltlich ungerecht und unzweckmäßig ist, es sei denn, daß der Widerspruch des positiven Gesetzes zur Gerechtigkeit ein so unerträgliches Maß erreicht, daß das Gesetz als ‚unrichtiges Recht' der Gerechtigkeit zu weichen hat. Es ist unmöglich, eine schärfere Linie zu ziehen zwischen den Fällen des gesetzlichen Unrechts und den trotz unrichtigen Inhalts dennoch geltenden Gesetzen; eine andere Grenzziehung aber kann mit aller Schärfe vorgenommen werden: wo Gerechtigkeit nicht einmal erstrebt wird, wo die Gleichheit, die den Kern der Gerechtigkeit ausmacht, bei der Setzung positiven Rechts bewußt verleugnet wurde, da ist das Gesetz nicht etwa nur ‚unrichtiges' Recht, vielmehr entbehrt es überhaupt der Rechtsnatur. Denn man kann Recht, auch positives Recht, gar nicht anders definieren als eine Ordnung und Satzung, die ihrem Sinne nach bestimmt ist, der Gerechtigkeit zu dienen (Radbruch 1946, 105).

Mit diesem Kunstgriff gelingt es Radbruch das moralische Element „Gerechtigkeit" in das positive Recht zu inkorporieren, ohne die „*Rechtssicherheit*" zu gefährden, indem er dem gesetzten Recht grundsätzlich den Vorrang eingeräumt (Radbruch 1946, 105; Radbruch 2003, 73). Es verwundert nicht, dass Alexy – er wird im Zusammenhang mit der „Grundnorm" Kelsens noch ausführlich zu Wort kommen – als Vertreter einer nichtpositivistischen Konzeption im Rahmen seines „*Unrechtsargument[s]*" auf die „‚Radbruchschen Formel'" rekurriert, der er sich „vom Standpunkt eines Teilnehmers", mithin aus der Position eines Richters, widmen will (Kelsen 2017, 354; Alexy 2011, 70f.; Dreier & Paulson 2003, 247). Bezogen auf einzelne Normen, nicht aber auf eine Rechtsordnung als Ganzes, besagt das „*Unrechtsargument*", „daß einzelne Normen eines

Rechtssystems bei Überschreiten einer bestimmten [hoch angesetzten] Schwelle des Unrechts oder der Ungerechtigkeit den Rechtscharakter verlieren" (Alexy 2011, 70f.). Konkludierend plädiert Alexy dafür, die „schwache Verbindungsthese" Radbruchs heranzuziehen, welche das positive Recht dann priorisiert, wenn es nicht aufgrund eines unerträglichen Unrechts mit der Moral in Konflikt gerät (Alexy 2011, 83). Das „dominierende Kriterium" für die rechtliche Geltung bleibt mithin die ordnungsgemäße Gesetztheit von Einzelnormen, weshalb die strikte positivistische Ablehnung des „*Unrechtsargument[s]*", zumal in Ansehung der Menschenrechte, unverständlich erscheint (Alexy 2011, 153; 70; vgl. Alexy 2011, 121). In gleicher Weise nicht unerwartet wie die Stärkung der Bedeutung der „‚Radbruchschen Formel'" durch Alexy ist die Kritik der Rechtspositivisten an ihr, indem sie entsprechend dem „(Wert-)Relativismus" Kelsens einwenden, dass eine erkenntnistheoretische Unterscheidung zwischen gerechtem und ungerechtem Recht nicht möglich ist (Dreier & Paulson 2003, 247; Jestaedt & Lepsius 2006, XVI; vgl. Dreier 2021, 86).

Kelsen leugnet nicht die „Existenz [...] absoluter Werte, er ist insofern kein Wertnihilist", aber er bestreitet die „rationale Erkenntnis" derselben und tritt deshalb dafür ein, „im wissenschaftlichen Diskurs rationale Maßstäbe für den Umgang mit Wert(ung)en zu finden" (Jestaedt & Lepsius 2006, XVI; vgl. Dreier 2021, 87). Nicht nur Radbruch, sondern auch Kelsen fußt seine Auseinandersetzung mit der Gerechtigkeit auf die Philosophie Aristoteles', indem er sich im Rahmen eines philosophischen Relativismus und in Abwendung von einem „*(Wert-)Absolutismus*" dieser anzunähern sucht (Jestaedt & Lepsius 2006, XVII).

> Since the time Aristotle presented his *Politics* as the second part of a treatise of which the first one was his *Ethics*, it is a truism that political theory and that part of philosophy which is called "ethics", have been in close connection. But there exists also a certain affinity, less generally recognized, between theory of politics and other parts of philosophy, such as epistemology, that is, the theory of cognition, and the theory of values. The main problem of political theory is the relationship between the subject and the object of domination; the main problem of epistemology is the relationship between the subject and the object of cognition. The process of domination is not so different from that of cognition by which the subject tries to be master of his object by bringing some order into the chaos of sensual perceptions; and it is not too far from the process of evaluation by which the subject declares an object as good or evil and thus sits in judgement upon the object (Kelsen 1955, 269f.).

Kelsen erkennt, dass das Problem der „absolute[n] Gerechtigkeit" nicht aus dem Leben der Menschen wegzudenken ist, weil sie „das Bedürfnis haben und vermutlich immer haben werden, ihr Verhalten als absolut gut, absolut gerecht zu rechtfertigen" (Kelsen 2017, 750). Die Wissenschaft kann jedoch zeigen, dass dieses Bedürfnis nicht „im Wege rationaler Erkenntnis“ zu lösen ist, weil die „absolute Gerechtigkeit“ ein „für die menschliche Erkenntnis unlösbares Problem“ bleiben wird (Kelsen 2017, 750). Mithin legt Kelsen eine plausible Begründung für seine Aussage vor, dass „das Problem der Gerechtigkeit als Wertproblem außerhalb einer [wissenschaftlichen] Rechtstheorie liegt“, ohne die Bedeutung der Gerechtigkeit im Leben der Menschen zu bestreiten (Kelsen 2017, 11).

Carrino sieht diese Stärkung des Stellenwerts der Gerechtigkeit in den Werken Kelsens nicht und begründet seine Sichtweise damit, dass Kelsen das Recht als eine „rein logische Abstraktheit“ betrachtet, womit dem Umstand, dass sich in diesem Recht die Bedürfnisse und Ansprüche „wirklicher Menschen spiegeln“, nicht Rechnung getragen wird (Carrino 1998, 18). Entgegen der Interpretation Carrinos „spiegeln“ sich die Bedürfnisse und Ansprüche „wirklicher Menschen“ jedoch in der Reinen Rechtslehre insofern, als diese als Theorie dem positiven Recht dient, das als „normative Ordnung“ das menschliche Verhalten zu regeln sucht (Carrino 1998, 18; Kelsen 2017, 26). Das positive Recht vermittelt mithin zwischen dem Sollen in Gestalt der Normen und dem Sein in Form der „Willensakte“, die gesetzt und bewertet werden, und strebt die Verwirklichung eines Gerechtigkeitsideals an, ohne jedoch die Gültigkeit des Rechts von diesem abhängig zu machen (Kelsen 2017, 27; 49; vgl. Losano 2014, 68; 70).

In ähnlicher Weise verfährt auch Aristoteles in seinem Bestreben, die Gerechtigkeit als „die vorzüglichste unter den Tugenden“ herauszustellen, und wählt die menschlichen Handlungen zum Ausgangspunkt seiner Überlegungen, wenn er in der *Nikomachischen Ethik* schreibt: „In bezug auf die *Gerechtigkeit* und die *Ungerechtigkeit* ist zu untersuchen, mit was für Handlungen sie es zu tun hat“, wobei es zu bedenken gilt, dass von „Gerechtigkeit und Ungerechtigkeit in mehrfachem Sinne zu sprechen [ist]“ (EN V 3, 1129b; V 1, 1129a; V 2, 1129a). Nun ist aber das Ideal des Juristen in der Rechtssicherheit, d.h. im Schutz des Untertanen vor der Willkür des Herrschers zu sehen, während Philosophen, Politiker, aber auch der Gesetzgeber das gerechte Recht zu realisieren trachten (vgl. Losano 2014, 71). Es ist daher mit einer Kritik des Rechtswissenschaftlers Kelsen an den philosophischen Gerechtigkeitskonzeptionen zu rechnen.

Wie für Kelsen gibt es offensichtlich auch für Aristoteles die „absolute Gerechtigkeit“ nicht, wenn bedacht wird, „wie viele Bedeutungen der Ausdruck ‚der Ungerechte‘ hat“ (Kelsen 2017, 750; EN V 2, 1129a): „Ungerecht scheint [nämlich] zu sein: einmal der *Gesetzesübertreter*, sodann zweitens der *Habsüchtige*, der andere übervorteilt, endlich drittens der *Feind der Gleichheit*. Hieraus erhellt denn auch, daß gerecht der sein wird, wer die Gesetze beobachtet und Freund der Gleichheit ist. Mithin ist das Recht das Gesetzliche und das der Gleichheit Entsprechende, das Unrecht das Ungesetzliche und das der Gleichheit

Zuwiderlaufende“ (EN V 2, 1129a–1129b). Diese Bestimmung erinnert nicht nur an die „Gleichheit“ als „Kern der Gerechtigkeit“ in der „‚Radbruchschen Formel‘“, sondern auch an die Differenzierung Kelsens zwischen absoluten und relativen Gerechtigkeitswerten, die allerdings zueinander auch im Konflikt stehen können, was zur Folge hat, dass die Rechtsordnung aufgrund ihrer Beziehung zu der einen „Gerechtigkeitsvorschrift“ zwar als gerecht, zu einer anderen jedoch als ungerecht zu beurteilen ist (Radbruch 1946, 105; Dreier & Paulson 2003, 247; Losano 2014, 69). Es kann mithin – gemäß der Sichtweise Kelsens – zwar eine Rechtsordnung anhand eines Gerechtigkeitswertes evaluiert werden, die Geltung derselben muss jedoch von diesem Gerechtigkeitswert unabhängig bleiben und wird durch eine hypothetische, im „juristischen Denken vorausgesetzt[e]“, Norm, nämlich durch die „Grundnorm“ begründet, in der „kein dem positiven Recht transzendenter Wert bejaht [wird]“ (Kelsen 2017, 58; 360). Wie bei Aristoteles bezieht sich auch bei Kelsen die Beurteilung „gerecht“ oder „ungerecht“ auf einen Tatbestand, auf das Erscheinungsbild einer Handlung – in der Diktion Kants auf die *„sensible That“* – nicht jedoch auf den „Vergleich zwischen einer Gerechtigkeitsnorm und einer Norm des positiven Rechts“ (AA VI, 39, Anm.; Losano 2014, 70).

Während hier eine gewisse Übereinstimmung zwischen der Sichtweise Kelsens und Aristoteles’ zu erkennen ist, fühlt sich Kelsen jedoch berufen, die „berühmte Lehre der *Mesotes*“ zu kritisieren, weil diese „als Unrecht ganz selbstverständlich voraus[setzt], was nach der positiven Moral und dem positiven Recht Unrecht ist“ (Kelsen 2017, 643f.). Kelsen stellt an den Beginn seiner Kritik einen Vergleich: Wie der Geometer, der den, eine Linie in zwei gleiche Teile halbierenden, Punkt aufsucht, scheint auch der „Moralphilosoph“ das Wesen der Tugend – beispielsweise der Gerechtigkeit – bestimmen zu können (Kelsen 2017, 643). Wie der Geometer eine Teilung der Linie nur unter der Voraussetzung vornehmen kann, dass die beiden Endpunkte der Linie, mithin auch der Mittelpunkt bereits gegeben sind, so überlässt Aristoteles die Beantwortung der Frage, was gut oder böse ist, der „positiven Moral und dem positiven Recht“ und damit der gegebenen „Gesellschaftsordnung“ (Kelsen 2017, 644f.). Diese Interpretation ist in Ansehung des Originaltextes zutreffend: Der Ungerechte verletzt, wie das Unrecht, die „Gleichheit“, welche das „Mittlere zwischen dem Ungleichen“ vorstellt. Da das „Unrecht ungleich“, das Recht aber „gleich“ ist, muss das Recht auch das Mittlere repräsentieren. Aristoteles legt schließlich die Mitte zwischen Nachteil und Vorteil als das „ausgleichende und wiederherstellende Recht“ fest (EN V 2, 1129a–1129b; V 6, 1131a; V 7, 1131b–1132a). Diesem gemäß wird das Recht im Sinne einer *„austeilende[n]“* und *„ausgleichende[n]“* Gerechtigkeit dargelegt und die Gleichheit als Charakteristikum der Gerechtigkeit thematisiert (Radbruch 2003, 36; EN V 7, 1131b; vgl. Kelsen 2017, 677; Alexy 2015, 357).

Kelsen setzt seine Kritik am zentralen Gedanken der *Mesotes*-Lehre an, der die „Gerechtigkeit [als] die Mitte zwischen Unrecht tun und Unrecht leiden", d.h. als Mitte zwischen zwei Lastern oder Übeln bestimmt, und schließt, dass es sich dabei „gar nicht [um] zwei Laster", sondern um „ein und dasselbe Unrecht" handle, womit die „*Mesotes*-Formel" die Frage: „Was ist Unrecht" nicht beantwortet, sondern bloß das Unrecht voraussetzt (EN V 9, 1133b; Kelsen 2017, 644). Zudem geht für Kelsen die „*Mesotes*-Lehre" nicht dem Wesen der Gerechtigkeit auf den Grund, sondern sucht die „in der positiven Moral und dem positiven Recht etablierte Gesellschaftsordnung zu bekräftigen" (Kelsen 2017, 644f.). In dieser Hinsicht kann Kelsen nur zum Teil beigepflichtet werden, weil Aristoteles sehr wohl darlegt, was unter Gerechtigkeit im „Verkehr" der Menschen untereinander zu verstehen ist, indem er am Beginn des fünften Buches der *Nikomachische[n] Ethik* betont, die Gerechtigkeit und die Ungerechtigkeit nicht im Sinne eines „Habitus [...] vermöge dessen man fähig und geneigt ist, gerecht zu handeln", sondern im Kontext mit menschlichen Handlungen zu untersuchen (EN V 7, 1131b; V 1, 1129a).

Angesichts der eingehenden Auseinandersetzung Kelsens mit der Ethik des Aristoteles verwundert es, dass Mario Giuseppe Losano nur Platon als Bezugspunkt im Rahmen der Gerechtigkeitsdebatte Kelsens nennt, dem am Ende des ersten Teils des „Problem[s] der Gerechtigkeit" einige Überlegungen gewidmet werden (Losano 2014, 68; vgl. Losano 2014, 70). An dieser Stelle darf jedoch nicht unerwähnt bleiben, dass Kelsen dieses *Versäumnis* in der *Reine[n] Rechtslehre* in Form eines umfassenden Manuskriptes mit dem Titel *Die Illusion der Gerechtigkeit. Eine kritische Untersuchung der Sozialphilosophie Platons* (1985) nachholt.

Für Platon ist – gemäß Kelsen – „das Problem der Gerechtigkeit" von essenzieller Bedeutung für das „gesellschaftliche Leben der Menschen", weil ohne Gerechtigkeit das „unzerstörbare Verlangen nach Glück" nicht befriedigt werden könne (Kelsen 2017, 685). Platon knüpft die Suche nach der Gerechtigkeit an die „Begründung [eines] Staates" und findet sie im Zusammenklang der drei Seelenteile, dem „Vernünftige[n]", dem „Begehrliche[n]" und dem „Eifrige[n]", nachdem im ersten Buch der *Politeia* festgestellt wird, dass die „gerechte Seele [...] und der gerechte Mann [...] gut leben [...] und glückselig" sein werden und mit diesem gerechten Mann auch die „ganze Stadt" (Rep. IV, 443b; IV, 440e–441a; I, 353e–354a; IV, 420b). Die Gerechtigkeit bemisst sich nicht an „äußeren Handlungen" mit Bezug zum Besitz, sondern an der „wahrhaft inneren Tätigkeit in Absicht auf sich selbst und das Seinige" (Rep. IV, 443c–443e;

vgl. Kelsen 2017, 657). Kelsen schließt aus den Ausführungen Platons, dass eine „relative Gerechtigkeit“ dieses Ziel nicht zu erreichen vermag, weshalb die Gerechtigkeit, „nach der die Welt schreit, […] die absolute Gerechtigkeit“ ist, die nur von einer „transzendenten Autorität, nur von Gott ausgehen [kann]“ (Kelsen 2017, 685f.; vgl. Olechowski 2009, 52). Damit wird der Ursprung und die „Verwirklichung“ der absoluten Gerechtigkeit ins Jenseits verlagert, womit „auf Erden mit einer bloß relativen Gerechtigkeit vorliebgenommen werden [muss]“ (Kelsen 2017, 686). Beruhigend ist der Gedanke, dass selbst die „bloß relative Gerechtigkeit“ eine positive Rechtsordnung in Gestalt einer Friedenssicherung und eines „Sicherheitszustandes“ zu realisieren vermag (Kelsen 2017, 686). Mit diesen, sehr optimistischen Überlegungen und dem Blick auf das Jenseits gelingt eine Verbindung zur Philosophie Kants, der Kelsen – vor allem in seiner späteren Schaffensperiode – zahlreiche Überlegungen zueignet.

Wie eingangs thematisiert, beabsichtigt Kant auf Basis des „Gebotgesetze[s] (lex praeceptiva, lex mandati)“ und des „Verbotgesetze[s] (lex prohibitiva, lex vetiti)“ ein „Erlaubnißgesetz (lex permissiva)“ zu formulieren, wobei ihm das „moralisch-praktische *Gesetz*“, der „kategorische Imperativ“, als Vorlage dient (AA VI, 222f.; 247; vgl. GMS BA 37). Auch wenn im Rahmen des Erlaubnisgesetzes eine Handlung „weder geboten noch verboten, [sondern] bloß *erlaubt* [ist]“, wird dennoch mit diesem Gesetz nicht die Befugnis zu einer „sittlich-gleichgültig[en]“ Handlung erteilt, denn für eine derartige Handlung ist kein, die Freiheit einschränkendes, Gesetz vonnöten (AA VI, 223).

Dass Kant der Festlegung von Begriffen große Bedeutung beimisst, ist daran zu erkennen, dass er dieser einen eigenen Abschnitt in *Die Metaphysik der Sitten* widmet, weshalb es geboten scheint, ihm in dieser Hinsicht – auszugsweise – zu folgen. So ist unter „*That*“ eine Handlung zu verstehen, die „unter Gesetzen der Verbindlichkeit steht“, die dem Handelnden deshalb „*zugerechnet*“ werden kann, weil er als „*Urheber* der Wirkung [der Handlung]“ zu betrachten ist, womit diese Imputabilität auch in die Bestimmung eines „*Verbrechen[s]*“ einfließen muss (AA VI, 223f.; vgl. AA VI, 26; https://www.help.gv.at/Portal.Node/-hlpd/public/content/99/Seite.991263.html). Folglich ist eine Tat „*[r]echt* oder *unrecht* (rectum aut minus rectum) […] sofern sie pflichtmäßig oder pflichtwidrig […] ist“, wobei dem Inhalt und dem Ursprung der Pflicht kein Gewicht zukommt (AA VI, 223). Die „*Übertretung* (reatus)“ qua pflichtwidrige Tat wird weiter differenziert: „Eine *unvorsätzliche* Übertretung, die gleichwohl zugerechnet werden kann, heißt bloße *Verschuldung* (culpa). Eine *vorsätzliche* (d.i. diejenige, welche mit dem Bewußtsein, daß sie Übertretung sei, verbunden ist) heißt *Verbrechen* (dolus). Was nach äußeren Gesetzen recht ist, heißt *gerecht* (iustum), was es nicht ist, *ungerecht* (iniustum)“ (AA VI, 224).

Angesichts der Reinen Rechtslehre Kelsens, die jede Gerechtigkeitsfrage exkludiert, verwundert Kants Bestimmung, dass, „[w]as nach äußeren Gesetzen recht ist, [...] *gerecht* (iustum), was es nicht ist, *ungerecht* (iniustum) [heißt]", weshalb sich die Frage aufdrängt, ob Kant mit den Beurteilungen „*gerecht*" und „*ungerecht*" ausschließlich eine Verbindung zum positiven Recht herstellt. Die Differenzierung der Arten von Gesetzen ist in diesem Zusammenhang hilfreich:

> Überhaupt heißen die verbindenden Gesetze, für die eine äußere Gesetzgebung möglich ist, äußere Gesetze (leges externae). Unter diesen sind diejenigen, zu denen die Verbindlichkeit auch ohne äußere Gesetzgebung a priori durch die Vernunft erkannt werden kann, zwar äußere, aber *natürliche* Gesetze; diejenigen dagegen, die ohne wirkliche äußere Gesetzgebung gar nicht verbinden [...] heißen *positive* Gesetze. Es kann also eine äußere Gesetzgebung gedacht werden, die lauter positive Gesetze enthielte; alsdann aber müßte doch ein natürliches Gesetz vorausgehen, welches die Autorität des Gesetzgebers (d.i. die Befugniß durch seine bloße Willkür andere zu verbinden) begründete (AA VI, 224).

Aus diesen Aussagen Kants folgt vorerst, dass die Attribute „*gerecht*" und „*ungerecht*" sich nicht ausschließlich auf das positive Recht, sondern auf die „äußere[n] Gesetze", zu denen auch die „*natürliche[n]* Gesetze" zählen, beziehen (AA VI, 224; vgl. AA VI, 242). Es ist daher anzunehmen, dass Kant von zweierlei Gerechtigkeit ausgeht, nämlich von der „Strafgerechtigkeit", die bei Beantwortung der Frage, was beispielsweise in den Fällen der Verletzung der „*Kriegsehre*" oder des „*Kindesmord[es]*" rechtens ist, in Bedrängnis kommt, und von der „göttliche[n] *Gerechtigkeit*", die dem „göttlichen Recht" als Prinzip zugrunde liegt und im „Urtheile unserer eigenen Vernunft" zu suchen ist (AA VI, 336; 488f.; vgl. AA VI, 229).

Die Kritik Kelsens an der Konzeption Kants richtet sich gegen den Kategorischen Imperativ selbst, den Kant – nach Kelsens Interpretation – „als selbstverständlich voraus[setzt]", sowie gegen die Formalität desselben, fragt doch jede Ethik nach dem „Inhalt des allgemeinen Gesetzes [...], dem die Maxime gemäß sein soll". In Ermangelung eines solchen Inhalts könne nämlich vom Kategorischen Imperativ keine „moralische" Norm, die ein bestimmtes Verhalten vorschreibt, abgeleitet werden (Kelsen 2017, 637; 639). Zudem bedauert Kelsen, dass Kant nur in einer Fußnote Gedanken zum „Gerechtigkeitsprinzip als einem speziellen Prinzip der Moral" äußert, um danach die Überlegungen Kants in deutlicher Verknappung dahingehend zusammenzufassen, dass sich Kant 1. „in seiner Ethik" mit dem Gerechtigkeitsprinzip nicht „näher" auseinander setzt, dass er 2. „Gerechtigkeit in der empirischen Welt nicht eigentlich für möglich hält" und dass es 3. in Ansehung des „empirischen Charakters" des Menschen keine Freiheit gäbe (Kelsen 2017, 632f., Fußnote). Das Ende der Beweisführung

Kelsens orientiert sich an der Abhandlung Kants in der „*Schlußanmerkung*“ der *Metaphysik der Sitten* mit dem Hauptaugenmerk auf dem Prinzip des „göttlichen Rechts“ qua „*Gerechtigkeit*“ (AA VI, 488): Gemäß Kelsen spricht Kant an dieser Stelle des Textes „nur von der göttlichen Gerechtigkeit, [die] für uns unerforschlich ist“. Zudem werde das „Prinzip, daß die Freiheit des Einen mit der Freiheit aller anderen vereinbar sein soll, nicht als Gerechtigkeits-, sondern als ‚Rechtsprinzip‘ bezeichnet“ (Kelsen 2017, 633, Fußnote).

Kelsen befördert meiner Ansicht nach durch das Herauslösen einzelner Gedanken Kants aus dem textlichen Kontext Missverständnisse. So geht der „*Schlußanmerkung*“ ein Abschnitt voraus, welcher schon mit dem Titel – „*Die Religionslehre als Lehre der Pflichten gegen Gott, [die] außerhalb den Grenzen der reinen Moralphilosophie [liegt]*“ – auf die Grenzziehung zwischen „*Religionslehre*“ und „*reine[r] Moralphilosophie*“ verweist und der mit der unmissverständlichen Erklärung endet, dass selbst die „„Religion *innerhalb den Grenzen* der bloßen Vernunft““ nicht als „*reine*“, sondern als eine auf eine Geschichte „*angewandte* Religionslehre“ zu verstehen ist, die in einer „*Ethik* als reiner praktischen Philosophie“, keinen Platz findet (AA VI, 486–488). Außerdem legt Kant eine eindeutige Unterscheidung der göttlichen Gerechtigkeit vom „Begriff aller Strafgerechtigkeit“, auf die sich die Vereinbarkeit der „Freiheit des Einen mit der Freiheit aller anderen“ bezieht, vor (Kelsen 2017, 633, Fußnote; AA VI, 489; vgl. AA VI, 230): „Es ist aber doch in der Idee einer Gerechtigkeitsausübung eines Wesens, was über allen Abbruch an seinen Zwecken erhaben ist, etwas, was sich mit dem Verhältniß des Menschen zu Gott nicht wohl vereinigen läßt: nämlich der Begriff einer *Läsion*, welche an dem unumschränkten und unerreichbaren Weltherrscher begangen werden könne; [H]ier ist nicht von den Rechtsverletzungen, die Menschen gegen einander verüben […], sondern von der Verletzung, die Gott selber und seinem Recht widerfahren solle, die Rede, wovon der Begriff *transcendent* ist, d.i. über den Begriff aller Strafgerechtigkeit […] ganz hinaus liegt […]“ (AA VI, 489).

In Ansehung der Schlussfolgerungen Kelsens mit Bezug auf Kants Auseinandersetzung mit dem Gerechtigkeitsprinzip (siehe S. 81) wird deutlich, dass Kelsen die fehlende Trennung des Rechts von der Moral bzw. des Rechts von der Gerechtigkeit in der Philosophie Kants nicht mitbedenkt, weshalb sich seine Kritik ausschließlich an der „Ethik“ orientiert (Kelsen 2017, 632, Fußnote; vgl. Eisfeld 2015, 69). Zudem hält Kant auch in der „empirischen Welt“ Gerechtigkeit für möglich, wie beispielhaft die Ausführungen zur „öffentliche[n] Gerechtigkeit“, zur „Strafgerechtigkeit“, aber auch die Aussage Kants, dass es „keinen Werth mehr [hat], daß Menschen auf Erden leben“, wenn die Gerechtigkeit „untergeht“, demonstrieren (Kelsen 2017, 632, Fußnote; AA VI, 306; 489; 332).

Dass es angesichts des „empirischen Charakters“ des Menschen keine Freiheit gibt, ist richtig, ist dieser Umstand doch aus der Dichotomie zwischen der „*Metaphysik der Natur*“ und der „*Metaphysik der Sitten*“, mithin aus der Differenzierung zwischen dem „*spekulativen* und *praktischen* Gebrauch der reinen Vernunft“ zu erklären (Kelsen 2017, 633, Fußnote; KrV B 870/A 842).

## 2.2 Hans Kelsens Rechtspositivismus: Seine Eckpunkte, sein Wandel

In gleicher Weise wie „der Terminus ‚Reine Rechtslehre‘ mehrdeutig [ist]“, so auch jener des Rechtspositivismus, der bei Kelsen als perfektionierter, „(ideologie)kritische[r] Rechtspositivismus“ vor allem durch die rechtspositivistische Trennung des Rechts von der Moral und durch die Distinktion zwischen Sein und Sollen in Erscheinung tritt (Jestaedt 2017, XXII; vgl. Kelsen 2017, 11; 28; 50; 750; Jestaedt & Lepsius 2006, XVI; GMS BA 107). Der Begriff „Positivismus“, der auf August Comte und seine damals aufsehenerregende Textsammlung aus den Jahren 1830 bis 1842 unter dem Titel *Cours de philosophie positive* zurückgeht, wurde an der Wende vom 19. zum 20. Jahrhundert von unterschiedlichen philosophischen Strömungen beansprucht. Als einer der Vertreter des Positivismus kann Ernst Mach genannt werden, der als „Quelle aller menschlichen Erkenntnis“ das „Gegebene als eine Mannigfaltigkeit von Sinneseindrücken“ bestimmt (Gálvez 2014, 39).

### 2.2.1 Von Kausalität und Zurechnung – vom Sein und Sollen – vom Rechtssatz und der Rechtsnorm

Nun ist es einer inflationären Verwendung eines Begriffs immanent, dass seine Bedeutungsgrenzen verschwimmen, und dessen war sich Kelsen bewusst, indem er der Frage nachging, wie der „‚funktionale Zusammenhang‘“, d.h. Bedingungen und Folgen von Verknüpfungen so „korrekt“ dargelegt werden können, „dass Fehler im normativen Bereiche vermieden werden“ (Gálvez 2014, 40). Derartige Überlegungen stellt Kelsen erst in der zweiten Auflage der *Reine[n] Rechtslehre* an und versucht damit, den „*Unterschiede[n] zwischen dem Kausal- und dem Zurechnungsprinzip*“ auch in Auseinandersetzung mit der Möglichkeit oder Unmöglichkeit der „*Willensfreiheit*“ auf den Grund zu gehen (Kelsen 2017, 175; 177; vgl. Olechowski 2009, 53f.). In Kantischer Manier kontextualisiert Kelsen die Kausalität mit der „in der Natur herrschenden Notwendigkeit“ und die Zurechnung mit der „Freiheit, die innerhalb der Gesellschaft besteht und die für die normativen Beziehungen der Menschen wesentlich ist“, wobei im Rahmen der Argumentation eine Betonung der *Reine[n] Rechtslehre* als Rechtswissenschaft nicht fehlen darf (Kelsen 2017, 178; vgl. KrV B 472f./A 444f.). Wie Kant die „Metaphysik [des Rechts]" von der „empirische[n] Rechtspraxis" unterscheidet (AA VI, 206), warnt auch Kelsen vor einer Verwechslung der „Rechtserkenntnis" mit der „Rechtsberatung". Eine „Rechtsordnung" kann zwar in Sätzen beschrieben werden, die – wie „Naturgesetze" – „gewisse Bedingungen" mit „gewisse[n] Folgen" verknüpfen, es ist aber nicht die Intention der „Rechtswissenschaft" derartige Kausalzusammenhänge zu formulieren, denn sie will mit den „von ihr formulierten Rechtssätzen" ausschließlich den „Zurechnungs-Zusammenhang zwischen den Elementen ihres Gegenstandes aufzeigen". Während das „Prinzip der Kausalität besagt, daß, wenn *A* ist, so *B* ist (oder sein wird)", besagt das „Prinzip der Zurechnung, daß, wenn *A* ist, *B* sein soll" (Kelsen 2017, 174f.). Damit gibt Kelsen klar zu verstehen, dass ein Positivismus, der die menschliche Erkenntnis auf die Interpretation von Gegebenem beschränkt, nicht für das Recht gelten kann. Er begründet dies damit, dass die Kausalität eine Beziehung zwischen Ursache und Wirkung, die Zurechnung aber jene zwischen einer Bedingung als einem getanen Unrecht und der Folge als einer „von der Rechtsordnung bestimmte[n] Unrechtsfolge", beispielweise einer Strafe, herstellt (Kelsen 2017, 175). Wie mit dem „soll" in „wenn *A* ist, [soll] *B* sein" ausgedrückt wird, bezeichnet die Zurechnung eine „normative Beziehung", während die Kausalität „zwei in eine Ordnung gebrachte Tatbestände" verknüpft (Kelsen 2017, 175f.; Gálvez 2014, 41). Daraus folgt, dass die „Zahl der Glieder einer Zurechnungsreihe" begrenzt sein muss, weil erst eine bestimmte Handlung diese in Gang setzt. Zudem findet die „Zurechnungsreihe" ihr Ende in der Deutung menschlichen Verhaltens als „Verdienst, Sünde oder Unrecht", während im Rahmen einer Kausalreihe „die Kette von Ursache und Wirkung […] nach beiden Richtungen hin unendlich ist", kann doch „jede konkrete Ursache als Wirkung einer anderen Ursache und jede konkrete Wirkung als Ursache einer anderen Wirkung" fungieren (Kelsen 2017, 176–178). Mit der Differenzierung zwischen Kausalität und Zurechnung wird auch eine Trennung zwischen der Normbeschreibung in Form von „deskriptiven Rechtssätzen" und der Normsetzung in Gestalt von „präskriptiven Rechtsnormen", die in den Rechtssätzen ihren sprachlichen Ausdruck finden, vollzogen, womit ein weiteres Kennzeichen des Rechtspositivismus, nämlich die Dichotomie zwischen Sein und Sollen erfüllt ist (Gálvez 2014, 43). Dieser Dualismus spiegelt sich zudem in der Unterscheidung „zwischen Geltung und Wirksamkeit der Rechtsordnung und ihrer Normen" wider, ist doch die Existenz einer Rechtsnorm mit ihrem je spezifischen normativen Charakter in der Sphäre des Sollens, die soziale Wirksamkeit derselben aber in jener des Seins zu verorten (Gálvez 2014, 43). Dies bedeutet auch – wie an anderer Stelle noch im Detail darzulegen ist (siehe Kapitel 5) –, dass gemäß dem metaethischen Prinzip nach Hume die Geltung einer Rechtsnorm nur durch die Geltung einer höheren Norm begründet werden kann, womit ein infiniter Regress droht, der mit der dogmatischen Voraussetzung der „Grundnorm" abgebrochen wird (Kelsen 2017, 58). In seinem Bestreben, das metaethische Prinzip Humes nicht zu verletzen, versucht Kelsen die Kopula „ist" zu vermeiden und wählt mithin – in Anlehnung an „[w]enn A ist, soll X sein" – die für einen Rechtssatz charakteristische Formulierung: „‚Wenn ein Mensch Mord begeht, soll das hiezu ermächtigte Gericht über ihn Todesstrafe verhängen'" (Kelsen 2017, 63; 117; vgl. Kelsen 2017, 45–47). Jesús Padilla Gálvez prägt für dieses Sollen den Terminus „Bedingte[s] Soll" oder auch „Bedingungsnorm", die formalisiert in Form eines „faktische[n] Vordersatz[es]" als „bestimmte Bedingungen, [einer] Implikation (⊃) und einem Nachsatz mit einer nicht-tautologischen deontischen Bejahung (d.i. Zwang)" dargestellt werden kann (Gálvez 2014, 45). Als Quelle für diese Formulierung einer „Bedingungsnorm" kann die folgende Passage aus der *Reine[n] Rechtslehre* dienen:

> [Die] Formulierung des das Recht beschreibenden Rechtssatzes [– Wenn ein Mensch Mord begeht, soll das hiezu ermächtigte Gericht über ihn Todesstrafe verhängen –] zeigt, daß die Normen der Verfassung, die zur Erzeugung von generellen Normen [qua Gesetzen] ermächtigen, indem sie die Organisation und das Verfahren der Gesetzgebung regeln, und die Normen der Strafprozeßordnung, die zur Erzeugung der individuellen Normen der strafgerichtlichen Entscheidungen ermächtigen, indem sie die Organisation und das Verfahren der Strafgerichte regeln, unselbständige Normen [‚faktischer Vordersatz' als die ‚bestimmte Bedingung'] sind, da sie nur Bedingungen bestimmen, unter denen die Strafsanktionen zu vollstrecken sind [‚Nachsatz mit einer nicht-tautologischen deontischen Bejahung (d. i. Zwang')] (Kelsen 2017, 115f.; Gálvez 2014, 45).

Kelsen betont, dass damit „das Wort ‚ermächtigen' in einem weiteren Sinne gebraucht [wird]", indem nicht nur die Rechtsmacht verliehen wird, generelle und individuelle Rechtnormen zu erzeugen, sondern auch die Befugnis erteilt wird, „die von Rechtsnormen statuierten Zwangsakte zu setzen", womit eine Rechtsordnung auch dann als Zwangsordnung zu verstehen ist, wenn nicht jede Rechtsnorm einen Zwangsakt statuiert (Kelsen 2017, 116; vgl. Feichtinger & Müller 2009, 221). Für Kelsen ist in diesem Zusammenhang von Bedeutung, dass mit dem Nachsatz auch eine Verpflichtung formuliert wird, wobei er selbst diesen Begriff der Verpflichtung nicht präzisiert (vgl. Gálvez 2014, 46–47). Konkludierend erfüllt das Verb „sollen", das vorschreibt, wie sich ein Mensch gegenüber anderen verhalten *soll*, „drei normative Funktionen der Folge", nämlich das „Gebotensein", das „positive Erlaubtsein" und das „Ermächtigtsein", wobei gemäß Kelsen dem „üblichen Sprachgebrauch“ nach nur dem „Gebieten ein ‚Sollen‘“ korrespondiert (Gálvez 2014, 50; Kelsen 2017, 27).

Nachdem nun einige Eckpunkte des Rechtspositivismus – wie er von Kelsen vertreten wird – erläutert wurden und bevor seine *Reine Rechtslehre* im Detail analysiert wird, gilt es, sich dem Wandel des Kelsenschen Rechtspositivismus in der gebotenen Kürze zuzuwenden. Wir folgen damit der Intention Kelsens, der im Vorwort zur zweiten Auflage der *Reine[n] Rechtslehre* implizit dazu auffordert, ihn auf seiner gedanklichen Reise zu begleiten, die bei einem zentralen Element seiner Lehre, nämlich der Norm, vornehmlich in der Interpretation durch Carrino, Alexy und Hoerster ihren Ausgang nimmt.

Der Titel, unter dem sich Carrino dem Spätwerk Kelsens zuwendet – „Das Problem der Souveränität zwischen Ursprungslogik und positivistischem Mythos“ – hätte bei Kelsen keine Bekundung großer Freude ausgelöst (Carrino 1998, 41). Ob meine Einschätzung zutrifft und in welcher Weise Carrino seine These untermauert, ist Gegenstand dieses Textabschnittes.

Kelsen betont in seiner späten Schaffensperiode, dass es das Sollen, das einer Norm entspricht, nicht ohne Wollen gibt (vgl. Carrino 1998, 41). Gemäß dieser Bestimmung des Sollens qua Norm als Sinn des Wollens wird – nach Carrino – die Norm zu einem „*Gehäuse*“, zu einer „bloße[n] *Schale* des Willens“ (Carrino 1998, 41; vgl. Kelsen 2017, 27). Dieser Bedeutungswandel der Norm als einem Sinn des Wollens ist jedoch nicht erst in den späten Texten Kelsens, sondern bereits in der zweiten Auflage der *Reine[n] Rechtslehre* zu erkennen, in welcher die „‚Norm‘“ als der „Sinn, den gewisse menschliche Akte haben, die intentional auf das Verhalten anderer gerichtet sind“, bestimmt wird. Diese Akte sind insofern auf „das Verhalten anderer gerichtet“, als sie dieses Verhalten „gebieten“, aber auch „erlauben“ und insbesondere „ermächtigen“. Mithin äußert ein Mensch mit einer Norm seinen Willen, „daß ein anderer Mensch sich in bestimmter Weise verhalte“, wobei der Sinn dieses „Willensakte[s]“ qua Norm „nicht mit der Aussage beschrieben werden [kann], daß sich der andere so verhalten wird, sondern nur mit der Aussage, daß sich der andere so verhalten soll“ (Kelsen 2017, 27). Folge dieser Festlegung der Norm als Sinn eines Willensaktes, mithin eines Wollens ist, dass es keine Norm ohne „einen normsetzenden Willen, d.h. keine Norm ohne eine normsetzende Autorität“ gibt (Kelsen zitiert nach Carrino 1998, 41). Diese Auffassung Kelsens impliziert zwei wesentliche Probleme: erstens gerät *prima facie* die strikte Trennung des Sollens qua Norm vom Sein qua Willensakt ins Wanken und zweitens droht ein infiniter Regress, bedarf es doch der „‚Ermächtigung‘“ einer Person, die sie autorisiert, „Rechtsnormen zu erzeugen“ (Kelsen 2017, 268; 114). Diesen Punkt greift Alexy im Rahmen seiner Grundnormdiskussion auf und legt im Vorfeld fest, dass die Grundnorm

„eine *gedachte Norm*“ sein muss, „weil sie als gewollte Norm eine weitere Norm voraussetzen müßte, die den Inhalt des Wollens allererst in den Inhalt eines Sollens transformiert“, kann doch gemäß dem metaethischen Prinzip nach Hume aus einem „bloßen Wollen“ kein „Sollen“ folgen (Alexy 2011, 177). Kelsen verlässt mithin in seinen späteren Texten die Konzeption, dass die Grundnorm bloß „im juristischen Denken vorausgesetzt [wird]“ (Kelsen 2017, 58; vgl. Alexy 2011, 177f.). Hinter diesem konzeptuellen Wandel steht der Wunsch, den drohenden infiniten Regress im Kontext mit der Begründung von Normen, aber auch den dogmatischen Abbruch in Ansehung der vorausgesetzten Grundnorm zu verhindern. Gemäß Alexy ist mit dem infiniten Regress jedoch sowohl unter der Annahme der Grundnorm als gewollte Norm, als auch angesichts einer bloß gedachten Norm zu rechnen, weil auch in diesem Fall eine „noch höhere - wenn auch nur fingierte - Autorität“ mitgedacht werden müsste (Alexy 2011, 178; vgl. Alexy 2011, 177). D.h., dass auch die, der Abschwächung der Aussage dienende, Bestimmung, dass die Voraussetzung der Grundnorm nur im „juristischen Denken“ stattfindet, den infiniten Regress nicht verhindern kann (Kelsen 2017, 58), weil „die höchste Autorität [dann] nicht die höchste Autorität ist. Auch müßte eine weitere Grundnorm fingiert werden, die die fingierte Autorität zur Setzung der Grundnorm ermächtigt, was erstens der ursprünglichen Grundnorm ihren Grundnormcharakter nähme und zweitens, da auch die weitere Grundnorm nur Inhalt eines Willensaktes sein könnte, weitere fingierte Autoritäten und sie ermächtigende fingierte Grundnormen ad infinitum voraussetzen würde“ (Alexy 2011, 178).

Kelsen erkennt dieses erkenntnistheoretische Dilemma, indem er die Vorstellung der Grundnorm selbst als widersprüchlich bewertet, wählt aber nicht den nach Alexy einzigen Ausweg, nämlich, die Abhängigkeit des Sollens vom Wollen aufzugeben (vgl. Alexy 2011, 178f.).

Indem die Rechtswissenschaft ihren Gegenstand in Form der Rechtsnormen selbst schafft, konstituiert sie ihren Sinn oder in anderen Worten: das Erkennen bringt die Bedeutung der Rechtsnormen - „im Sinne der Kantschen Erkenntnistheorie“ - hervor, womit „jeder Inhalt, jede psychologische Realität, aber auch jeder Bezug zur Realität aus der rein normativen Betrachtungsweise […] ausgeschlossen ist“ (Kelsen 2017, 143; Carrino 1998, 43; vgl. Carrino 2011, 48, Fußnote). Nun ist die Rechtsordnung zwar eine normative Ordnung, die jedoch der Regulierung menschlichen Verhaltens dient und damit zweifelsfrei einer „soziale[n] Realität“ entspricht, die ihrerseits aber in einer wissenschaftlichen Rechtstheorie ohne Bezug zum Faktischen unerheblich sein muss (Carrino 1998, 43). Nach Carrino war daher „[f]ür den *österreichischen* KELSEN […] die Positivität eine ideelle Qualität [und] kein Faktum […]“ (Carrino 1998, 43). Dennoch versucht Kelsen in Ablehnung einer Rechtslehre, die „einerseits in einen Idealismus, andererseits aber in die Naturrechtslehre eines logisch-formalen Typs münde[t]“, weiterhin die Verbindung zum Rechtspositivismus zu bewahren, womit die Brüche im Denken Kelsens „unauflöslich“ bleiben (Carrino 1998, 44). In Ansehung dieser Überlegung und des Vergleichs der *Reine[n] Rechtslehre* mit den späten Texten Kelsens scheint dieser Wandel in seinem Denken nicht so beträchtlich zu sein wie jener, der mit seiner Emigration in die Vereinigten Staaten von Amerika einherging. Nach Carrino war nämlich der Kelsen „der ersten amerikanischen Epoche [...] klar am neoempiristischen Kriterium der Grenzziehung zwischen Wissenschaft und Metaphysik“ orientiert, mit der Folge, dass die „normative Rechtswissenschaft“, die als Zusammenhang von an die Realität gebundenen Urteilen zu verstehen ist, nur insofern Ähnlichkeit mit den Naturwissenschaften aufweist, als sie eine analytische Beschreibung des positiven Rechts liefert (Carrino 1998, 47). Es kann jedoch nicht aufgrund dieser Wende auf eine Zurücknahme der früheren Überzeugungen geschlossen werden, handelte es sich doch viel eher um ein Aufpfropfen der – beispielsweise – soziologischen Perspektiven „auf den originären Stamm des reinen Normativismus“, womit die Widersprüche keiner Lösung zugeführt werden (Carrino 1998, 51). Offen ist damit auch die Frage, wie die Rechtsnormen von anderen Normtypen zu unterscheiden sind, „ohne in die Sphäre des Seins einzutreten“, was Kelsen deshalb zu vermeiden sucht, weil die Rechtswissenschaft „keinen operativen, sondern einen rein kognitiven Wert haben soll“ (Carrino 1998, 51f.). Carrino legt als Einstieg in seine Argumentation fest, dass „der Gegenstand der Theologie oder der Moral“, aber auch der Rechtswissenschaft etwas „Ideelles, Pflichtmäßiges, ein rein Gedachtes“, mithin ein „Sollen“, d.h. eine Norm ist, „die nicht *ist*, sondern *gilt*“ (Carrino 1998, 53). Die Norm ist eine Vorschrift, die festlegt, „was *rechtens* (gesollt, normativ) ist“. In den *Hauptproblemen,* d.h. in einem Frühwerk Kelsens, differenziert er zwischen „ethischem und rechtlichem Wert“, indem er das „moralische Sollen“ nicht als „wirklich reines Sollen“ fasst, weil die Moral „auf die Überwindung der Entgegensetzung von Sein und Sollen“ ausgerichtet ist (Carrino 1998, 53).

Wird diese Beschreibung der Kelsenschen Norm durch Carrino analysiert, fällt einerseits auf, dass Kelsen nicht, wie Kant, zwischen der Frage, was „Rechtens“ und was „recht“ ist unterscheidet, obwohl Kelsen – wie auch Kant – seiner Konzeption den Sein-Sollen-Dualismus zugrunde legt (AA VI, 229; vgl. Eisfeld 2015, 229; AA VI, 242). In Analogie zur Philosophie Kants sieht jedoch auch Kelsen das Ziel der Moral in der „Überwindung der Entgegensetzung von Sein und Sollen“ im Sinne eines Einklangs der Maxime als dem „subjektive[n] Prinzip des Wollens“ qua Sein mit den „objektive[n] Gesetze[n] des Wollens“ qua

Sollen, dessen Verhältnis die Imperative als bloße Formeln darlegen (Carrino 1998, 53; GMS BA 15f., Fußnote; BA 40). Anklänge an die Kantische Philosophie sind auch darin zu erkennen, dass für Kelsen jede „Art des Erkennens" nur formal sein kann, weshalb auch der Rechtserkenntnis nicht der Vorwurf des Formalismus gemacht werden darf (Carrino 1998, 55). Folglich kümmert sich die „juristische Erkenntnistheorie" im Sinne der Reinen Rechtslehre nicht um konkrete Normen, sondern untersucht das *positive* Recht „vielmehr im Hinblick auf seine Möglichkeit, hinsichtlich der Bedingungen und logischen Voraussetzungen seiner Existenz" und geht damit ähnlich wie Kant vor, der in seiner ersten *Kritik* mit den synthetischen Urteilen a priori den „Bedingungen der *Möglichkeit der Erfahrung* überhaupt" nachspürt (Carrino 1998, 56; KrV B 197f./A 158f.).

Mit der Distanzierung Kelsens von der neukantianischen und Kantischen Philosophie im Jahr 1939, die bis dahin seiner Rechtslehre als Grundlage diente, beginnt das Thema des Verhältnisses zwischen „Geltung und Wirksamkeit", mithin zwischen Norm und Faktum virulent zu werden (Carrino 1998, 94). Mit dem Begriff „Wirksamkeit" wird - zusätzlich zur Trennung des Seins vom Sollen und der Differenzierung des Rechts von der Moral - ein weiteres Bestimmungsmerkmal einer Rechtstheorie im Sinne des Rechtspositivismus eingeführt. Nach Hoerster bezeichnet der „Begriff der *Wirksamkeit*" die Eigenschaft einer Rechtsordnung, „in einem bestimmten Gebiet souverän [zu sein]", d.h. „in diesem Gebiet jedenfalls im großen und ganzen Dominanz [zu besitzen] und sich mit Hilfe ihrer Zwangsakte gegenüber konkurrierenden Formen von Gewalt [durchzusetzen]" (Hoerster 2012, 48).

Die Wirksamkeit von einzelnen Rechtsnormen, wie dem „Diebstahlsverbot" oder dem „Verbot, bei Rot eine Straßenkreuzung zu überqueren" bedeutet nun zweierlei: erstens, dass die betreffende Rechtsnorm zu normkonformen Verhalten anleitet und damit von den Normadressaten im Großen und Ganzen „*befolgt* wird" und zweitens, dass ein Normverstoß von Sanktionen gefolgt sein kann (Hoerster 2012, 48f.). Für Hoerster besitzen vor allem jene Rechtsnormen, die sich an „Amtsträger" richten und diese „zur Setzung von Zwangsakten dem Bürger gegenüber verpflichten" aufgrund ihrer Akzeptanz ein hohes Maß an Wirksamkeit, wobei es für die Wirksamkeit einer Rechtsnorm unerheblich ist, ob diese aus Furcht vor einer Sanktion oder auf Basis einer „freiwillige[n] Akzeptanz der Norm" befolgt wird (Hoerster 2012, 50; vgl. Kelsen 2017, 104f.). Es ist auch Hoerster, der gleich im Anschluss an diese Festlegung der Wirksamkeit einer Rechtsnorm an Kelsens Wirksamkeitsbegriff deshalb Kritik übt, weil Kelsen unter der Wirksamkeit einer Norm zwar die Tatsache versteht, „daß man sich tatsächlich so verhält", wie die betreffende Norm es vorschreibt, ohne aber das Motiv des normkonformen Verhaltens in Betracht zu ziehen (Kelsen 2017, 99;

vgl. Hoerster 2012, 50). Kelsen wählt diese knappe Definition der Wirksamkeit jedoch bewusst, um eine Abgrenzung derselben von der „Geltung einer Norm“, die bereits besagt, dass man sich der Norm gemäß verhalten *soll*, herbeiführen zu können, womit das Motiv des normgemäßen Agierens für die Wirksamkeit einer Norm von untergeordneter Bedeutung zu sein scheint (Kelsen 2017, 99). Zudem wendet Hoerster ein, dass die Norm, die sich an Amtsträger richtet, nicht dieselbe sein kann, wie jene, welche die, der Rechtsordnung unterworfenen, Bürger befolgen, „wie Kelsen ausdrücklich behauptet“ (Hoerster 2012, 50). In Ansehung von Kelsens Ausführungen zum „Sinn“ gewisser menschlicher Akte als der Normen, die ein „Verhalten gebieten (befehlen)“, verbieten, erlauben, aber auch „ermächtigen“, erscheint Hoersters Kritik unbegründet, werden doch erst durch die ermächtigenden Normen die Bürger des Staates zu Amtsträgern, indem sie autorisiert werden, Zwangsakte gegenüber anderen Bürgern zu setzen, wobei sie aber gemäß ihrem Status als Bürger weiterhin als der Rechtsordnung unterworfene Personen zu betrachten sind (Kelsen 2017, 27).

Mit der Norm im Sinne des Ermächtigens kommt ein weiteres zentrales Element der Kelsenschen Rechtslehre in den Blick, nämlich der „Zwangsakt“, indem der Bürger eines Staates nicht nur ermächtigt wird, „generelle“ und „individuelle“ Rechtsnormen zu erzeugen, sondern auch Zwangsakte zu vollstrecken (Kelsen 2017, 116; 420; 52). Carrinos Überlegungen zur Notwendigkeit einer Zwangsordnung erinnern an die Unterscheidung Kants zwischen dem „homo phaenomenon“ und dem „homo noumenon“ und an seine Darlegung der „*ursprünglichen Anlage zum Guten*“ und des „*Hange[s] zum Bösen in der menschlichen Natur*“ (AA VI, 418; 26; 28), indem er schreibt: „Die Existenz einer Zwangsordnung folgt aus einem anthropologischen Datum. Der Mensch ist widersprüchlich, unvollkommen, in seiner Doppelnatur zwischen dem Instinkt zu Gewalt und Herrschaft und dem Trieb zur Erkenntnis und zum Wissen zerrissen“ (Carrino 1998, 122; vgl. Carrino 1998, 141). Nach Carrino ist „KELSENs Individualismus […] tief pessimistisch“, die Idee der Freiheit ist in dieser Welt nicht mit dem Sein des Menschen zu versöhnen, weshalb Kelsen – im Sinne der Reinheit seiner Rechtstheorie – gezwungen ist, „jedes Moment organischer Gemeinschaft“ aus seiner Konzeption zu exkludieren und auf ein Menschenbild in Gestalt einer „abstrakten Person“ zu rekurrieren (Carrino 1998, 125; 123; vgl. AA VI, 418).

Im Gegensatz zum Menschenbild Kelsens glaubt Hoerster an eine „freiwillige Akzeptanz“ von Rechtsnormen, die die Adressaten zu normkonformem Verhalten veranlasst, indem die „meisten Individuen, die tatsächlich nie stehlen“, sich so verhalten, „weil sie es einfach für unmoralisch halten, zu stehlen“ (Hoerster 2012, 50; 48). In analoger Weise nennt Alexy als „einzige Prämisse einer Begründung des rechtlichen Sollens", dass die „Teilnehmer am Rechtssystem" die Verfassung akzeptieren und damit praktizieren (Alexy 2011, 160). Auch wenn Kelsen – in Anlehnung an Thomas Hobbes – aufgrund des menschlichen Drangs zu Gewalt und Herrschaft dazu tendiert, die Rechtsordnung in Gestalt einer Zwangsordnung zu konstituieren, betont er dennoch das Prinzip der Freiheit im Sinne der Selbstbestimmung, indem er „zwei Typen" von Normen, die Rechtspflichten statuieren, unterscheidet (Kelsen 2017, 491; vgl. Carrino 1998, 122; Dreier 2021, 92): „Faßt man jene Rechtsnormen ins Auge, die den Hauptbestandteil einer Rechtsordnung bilden, nämlich die an ein bestimmtes menschliches Verhalten einen Zwangsakt als Sanktion knüpfen, und erkennt man, daß ein Mensch dadurch zu einem bestimmten Verhalten rechtlich verpflichtet wird, [...] kann man zwei Typen solcher Rechtspflichten statuierender Rechtsnormen unterscheiden: Solche, an deren Erzeugung der zu verpflichtende Mensch beteiligt ist, und solche, die ohne seine Beteiligung zustande kommen. Das dieser Unterscheidung zugrunde liegende Prinzip ist das der Freiheit im Sinne der Selbstbestimmung" (Kelsen 2017, 491). Aus diesem Zitat geht implizit hervor, dass für Kelsen – wohl im Sinne Kants – Freiheit „im Kern" Autonomie, d.h. Selbstbestimmung, mithin „Selbstgesetzgebung" meint, deren Realisierung jedoch in einer gesellschaftlichen Ordnung an ihre Grenzen stößt (Dreier 2021, 44; vgl. Dreier 2021, 42f.; Ehs 2009, 107).

Kelsen löst – wie Kant – „das Rechtssubjekt [...] in die Reinheit des normativen Satzes [...] auf" und dieser „reine normative Satz" vermag es, die individuelle Freiheit – im Sinne eines Versetzens „in eine intelligibele Ordnung der Dinge" durch die Unabhängigkeit „von allem Empirischen" – hervorzubringen (Carrino 1998, 171; KpV A 72f.). Diese Freiheit ist nicht Voraussetzung, sondern Ergebnis der Schuldfähigkeit und Verantwortlichkeit des Einzelnen, womit Kelsen im Rahmen seiner *Reine[n] Rechtslehre* von einem konkreten Individuum Abstand nehmen kann. Die durch Kelsen vertretene Deontologie fußt nicht auf einer Ontologie konkreter Individuen, sondern ist „den logischen Bedürfnissen einer Metaphysik der (modernen) Wissenschaft" geschuldet (Carrino 1998, 172), womit es an der Zeit ist, sich der Rechtswissenschaft aus der Perspektive Kelsens zuzuwenden, die das menschliche Verhalten nur als „Inhalt von Rechtsnormen" begreift und sich einer „normative[n] Deutung" der Tatbestände bedient (Kelsen 2017, 141).

So einfach diese Aufgabenstellung der Rechtswissenschaft auch klingen mag, so vielfältig ist sie, weil die Tätigkeit der Rechtswissenschaftler nicht nur auf einer, sondern auf unterschiedlichen Ebenen zum Tragen kommt. Die Rechtswissenschaft „beschreibt" nämlich nicht nur Rechtsnormen, die durch „Akte menschlichen Verhaltens" erzeugt, angewandt und befolgt werden, sondern sie legt damit auch „die durch diese Rechtsnormen konstituierten Beziehungen zwischen den von ihnen bestimmten Tatbeständen“ dar (Kelsen 2017, 141). Diese Beschreibung der Beziehungen zwischen Tatbeständen – beispielsweise der Tat und des Zwangsaktes – ist Inhalt von „Rechts*sätze[n]*“ – z.B. „Diebstahl wird mit Gefängnis bestraft“ – womit die Rechtsnorm „Diebstahl [soll] bestraft werden“ in Form einer Aussage, mit der „Tatsachen festgestellt werden“, verbalisiert wird (Kelsen 2017, 141f.). Kelsen betont, dass nicht „die Sprachform“, sondern der „Sinn“ des normsetzenden Aktes, der das Recht erzeugt, von Bedeutung ist, wobei der Sinn des Aktes vom Sinn des, „das Recht beschreibenden Rechtssatzes“ zu unterscheiden ist (Kelsen 2017, 142). Während die Rechtswissenschaft das Recht „gleichsam von außen her“ zu erkennen und auf Basis dieser Erkenntnis zu beschreiben beabsichtigt, muss das „Rechtsorgan“ in seiner Eigenschaft als „Rechtsautorität“ das Recht zuallererst erzeugen, „damit es dann von der Rechtswissenschaft erkannt und beschrieben werden kann“ (Kelsen 2017, 142f.).

Rechtsnormen werden jedoch nicht nur beschrieben, sondern auch angewandt, womit die das Recht anwendenden Organe das „von ihnen anzuwendende Recht vorerst – gleichsam von innen her – zu erkennen haben“ (Kelsen 2017, 143). Folglich muss der Gesetzgeber, der sich im Rahmen seines Gesetzgebungsaktes der Verfassung bedient, diese ebenso kennen wie der Richter die Gesetze, die er für sein Urteil heranzieht. Die Kenntnis der Verfassung beziehungsweise der Gesetze muss daher Voraussetzung für die Erzeugung von generellen Rechtsnormen qua Gesetzen und individuellen Rechtsnormen qua Urteilssprüchen sein.

Nicht nur hinsichtlich des Sinns muss die Rechtsnorm vom Rechtssatz differenziert werden, sondern auch deshalb, weil Letzterer – im Gegensatz zu den Rechtsnormen – als „hypothetische[s] Urteil“ zu verstehen ist (Kelsen 2017, 141). Der Rechtssatz sagt als hypothetisches Urteil aus, dass im Sinne einer „nationalen oder internationalen“ Rechtsordnung unter bestimmten Bedingungen bestimmte, von dieser Rechtsordnung festgelegte, Folgen „eintreten sollen“, während Rechtsnormen „ihrem Sinn nach“ Geboten, mithin „Befehle[n]“ und „Imperative[n]“ entsprechen (Kelsen 2017, 141). Die Identifizierung einer Rechtsnorm mit einem Gebot oder Befehl greift jedoch zu kurz, schreibt doch eine Rechtsnorm vor, wie sich ein Mensch gegenüber anderen verhalten *soll*, womit sie nicht nur gebietet, sondern verbietet, erlaubt und ermächtigt, sie lehrt hingegen nicht, wie zuweilen von jenen behauptet wird, die Recht mit Rechtswissenschaft gleichsetzen (vgl. Kelsen 2017, 27; 141). Gemäß der Intention Kelsens, eine reine Rechtstheorie im Sinne einer Rechtswissenschaft vorzulegen, warnt er eindrücklich davor, die Begriffe „Recht“ und „Rechtswissenschaft“ als „synonyme Ausdrücke“ zu verwenden, weil die Rechtswissenschaft, die sich die Erkenntnis des Rechts auf ihre Fahnen heftet, „das Recht nur *be*schreiben [kann], sie kann [hingegen] nicht, wie das von der Rechtsautorität (in generellen und individuellen Normen) erzeugte Recht, etwas *vor*schreiben" (Kelsen 2017, 144f.; vgl. Jabloner 1998, 4). Folglich unterscheiden sich Rechtssätze und Rechtsnormen hinsichtlich ihres logischen Charakters, kann doch „[k]ein Jurist [...] den wesentlichen Unterschied leugnen, der zwischen einem im offiziellen Gesetzblatt publizierten Gesetz und einem rechtswissenschaftlichen Kommentar zu diesem Gesetz, zwischen dem Strafgesetzbuch und einem Lehrbuch des Strafrechts besteht". Während die Rechtswissenschaft nämlich „Sollsätze" formuliert, die das Recht beschreiben und „wahr oder unwahr sein können", setzt die „Rechtsautorität" Sollnormen, die „Rechtssubjekte" verpflichten, aber auch berechtigen, und „weder wahr noch unwahr, sondern nur gültig oder ungültig" sind (Kelsen 2017, 145; vgl. Kelsen 2017, 52).

Die bisherigen Überlegungen zum Wahrheitswert von Rechtssätzen und zur Geltung von Rechtsnormen führt zur Frage, in welcher Weise „logische Prinzipien" wie „der Satz vom Widerspruch" auf das „Verhältnis zwischen Rechtsnormen", die keinen Wahrheitswert aufweisen, anzuwenden sind (Kelsen 2017, 147). Für Kelsen steht offensichtlich außer Zweifel, dass eine Applikation von logischen Prinzipien nur auf den Rechtssatz, der wahr oder unwahr sein kann, gelingt. Die Aussage, dass sich zwei Rechtsnormen dann „widersprechen" und mithin nicht „zugleich als gültig" betrachtet werden können, „wenn die beiden sie beschreibenden Rechtssätze sich widersprechen", impliziert jedoch, dass Kelsen die Anwendung von logischen Prinzipien vermittels der Rechtssätze auch auf die Rechtsnormen vorsieht (Kelsen 2017, 147). Diese Intention rechtfertigt er damit, dass ein Rechtssatz selbst mit der Formulierung „wenn jemand Diebstahl begeht, [soll] er bestraft werden" trotz Verwendung des Wortes „sollen" keine vorschreibende, sondern eine beschreibende Funktion hat (Kelsen 2017, 148). Kelsen lenkt damit den Blick auf die „Doppeldeutigkeit des Wortes ‚Sollen'", die übersehen wird, wenn Sollsätze bloß mit Imperativen gleichgesetzt werden (Kelsen 2017, 148). Mit Bezug zu Christoph Sigwart wird der Unterschied zwischen einem Imperativ und einem Urteil in der Weise hergeleitet, dass ein Imperativ nicht – wie anhand der Rechtsnorm bereits dargelegt (oben, S. 92f; vgl. Kelsen 2017, 52; 145) – den Anspruch auf Wahrheit erhebt, sondern jenen des Befolgt-werdens und dies trifft für Imperative, welche im Rahmen von Religionsgemeinschaften gegenüber den Mitgliedern geäußert werden, in gleicher Weise zu wie für jene eines Gesetzgebers gegenüber den Bürgern des Staates. Der Gebietende verhält sich zu den Mitgliedern einer Religionsgemeinschaft oder zu den Bürgern eines Staates „wie der Einzelne zu dem Einzelnen", dessen Absicht es nicht ist, eine Wahrheit zu übermitteln, die geglaubt, sondern ein Gebot zu verkünden, das befolgt werden soll (Sigwart zitiert nach Kelsen 2017, 148, Fußnote; vgl. Kelsen 2017, 51f.). Dabei ist es ohne Belang, „ob der Befehlende als wirkliches Individuum oder als Collectivum auftritt, ob das vorausgesetzte Motiv des Gehorsams Unterwerfung unter die persönliche Autorität oder unpersönliche Staatsordnung ist“ (Sigwart zitiert nach Kelsen 2017, 148, Fußnote). Die Doppeldeutigkeit des Wortes „Sollen“ kommt auch dann zum Tragen, wenn dieses Verb die Funktion eines „eigentlichen Prädikats“ in der Weise erfüllt, dass mit ihm eine Verpflichtung ausgesprochen wird, mit welcher eine Verbindung zwischen dem subjektiven Wollen des Subjekts und dem Sollen einer objektiven Norm hergestellt wird, wie dies auch der Bestimmung der Imperative in der *Grundlegung* Kants entspricht, die als bloße „Formeln das Verhältnis objektiver Gesetze des Wollens überhaupt [Sittengesetz] zu der subjektiven Unvollkommenheit des Willens“ eines vernünftigen Wesens ausdrücken (Sigwart zitiert nach Kelsen 2017, 148, Fußnote; GMS BA 40). Der Rechtssatz – „wer Diebstahl begeht, wird so und so bestraft“ – erfüllt zwar die Kriterien eines Aussagesatzes (λόγος ἀποφαντικός), beschreibt jedoch nicht, was tatsächlich geschieht, sondern was geschehen soll (vgl. Zekl 1998, XVI; Flashar 2013, 201). Mithin enthält der Rechtssatz in Ansehung der Geltung einer Rechtsordnung einerseits eine Vorschrift und andererseits eine Aussage. Kelsen rekurriert auch hier auf Sigwart, der diese Soll-Sätze als „Urteile“, die wahr oder falsch sein können, interpretiert. Folglich kann man der Norm, die „ein bestimmtes Verhalten als gesollt [statuiert]“, die aber keinen Wahrheitswert aufweist, „sondern nur gültig oder ungültig sein kann, nicht nur ein tatsächliches Verhalten beschreibendes Seins-Urteil, sondern auch ein, eine Norm beschreibendes Soll-Urteil entgegensetzen, das ebenso wahr oder unwahr sein kann wie das Seins-Urteil“ (Kelsen 2017, 149, Fußnote; vgl. Kelsen 2017, 51f.; Eisfeld 2015, 140).

Werden diese Überlegungen zusammengeführt, dann präsentiert sich das Recht als „normative Ordnung“, die sich aus – gemäß einem „Gesetzgebungsprozeß“ erzeugten – generellen und individuellen Normen konstituiert und deren Aufgabe darin besteht, menschliches Verhalten zu regeln (Kelsen 2017, 26; 31; Kelsen 1923, 98; vgl. Kelsen 2017, 52). Dieses menschliche Verhalten ist als „äußere[r] Tatbestand“ sinnlich wahrnehmbar und kann dem durch die Norm gesollten Verhalten ent- oder widersprechen. Folglich wird das konkrete Verhalten gemäß seiner „objektiven Bedeutung“ als „Rechts-(oder Unrechts-) Akt“ beurteilt (Kelsen 2017, 25). In den Worten Kelsens: „[Dieses] Urteil, daß ein in Raum und Zeit gesetzter Akt menschlichen Verhaltens ein Rechts-(oder Unrechts-)Akt ist, ist das Ergebnis einer spezifischen, nämlich normativen Deutung“, die im Sinne eines „positive[n] Werturteil[s]“ eine Handlung als gut, im

Sinne eines „negative[n] Wert-Urteil[s]" eine andere Tat als böse oder schlecht klassifiziert (Kelsen 2017, 25; 47).

Basierend auf dem erkenntnistheoretisch motivierten „(Wert-)Relativismus" und der nonkognitivistischen Haltung Kelsens sind die durch Akte menschlichen Willens gesetzten Normen, die Werte wie „gut"/"böse" etablieren, „willkürlich" und somit „relativ". Damit schließt die Geltung einer Norm, die ein bestimmtes Verhalten gebietet, nicht die Geltung einer, „das entgegengesetzte Verhalten als gesollt setzenden [...] Norm" aus (Jestaedt & Lepsius 2006, XVI; Kelsen 2017, 49; vgl. Dreier 2021, 84). Auf „rationalem Wege" ist nämlich nicht zu beweisen, „daß nur die eine, nicht aber die andere [Norm] als gültig angesehen werden könne", es kann mithin die eine oder die andere Norm als gültig betrachtet werden, nicht jedoch beide „zugleich" (Kelsen 2017, 50). Auf den Punkt gebracht, wird mit einem positiven oder auch negativen Werturteil ein Vergleich zwischen einem „äußere[n] Tatbestand" qua Sein, beispielsweise in Form eines Diebstahls und einer Norm qua Sollen herbeigeführt (Kelsen 2017, 25). Es sind die Bereiche, anhand welcher eine Gleichheit oder Ungleichheit erkannt wird, die das Werturteil von einem „Wirklichkeitsurteil" zu differenzieren erlauben, wird doch bei Letzterem eine Beziehung zwischen zwei „Seins-Tatsache[n]", wie einem Objekt und dem auf das Objekt „gerichteten Wunsch oder Willen" festgestellt (Kelsen 2017, 52).

Die Aussage, dass eine Norm „gültig oder nicht gültig" ist, verweist auf die „*Geltung*", nach Kelsen auf die „spezifische Existenz" der Norm (Kelsen 2017, 52; 35). Der wesentliche Unterschied zwischen der Existenz des Willensaktes und jener der Norm tritt in besonderem Maße zu Tage, wenn bedacht wird, dass die Norm auch dann gilt, wenn „der Willensakt, dessen Sinn sie ist, aufgehört hat, zu existieren" (Kelsen 2017, 36; vgl. Olechowski 2009, 49): D.h., dass das „Individuum", das vermittels seines „auf das Verhalten anderer gerichteten Akt[es] eine Rechtsnorm erzeugt hat", die Fortsetzung dieses Verhaltens nicht wollen muss, „damit die Norm, die der Sinn seines Aktes ist, gelte". Die von diesen Menschen beschlossenen und „in Geltung gesetzten Gesetze können [nämlich] gelten, wenn diese Menschen längst gestorben sind, also überhaupt nichts wollen können" (Kelsen 2017, 36).

Es ist daher unzutreffend, wie anhand der *Hauptprobleme* zu zeigen ist, in der Rechtsnorm den „psychischen Willensakt" des Gesetzgebers oder Staates erblicken zu wollen, weil einerseits der Staat nicht als Erzeuger des Gesetzes zu betrachten ist und zudem das Gesetz seine Geltung auch dann nicht verwirkt, wenn der Gesetzgeber nicht mehr am Leben ist, mithin diese Rechtsnorm nicht mehr wollen kann (Kelsen 2017, 36; vgl. Kelsen 1923, 98f.).

Mit den Gesetzen, die eine normative Ordnung in Form der Rechtsordnung gestalten, wird das Ziel verfolgt, das Verhalten der Bürger eines Staates zu regeln, weshalb Gesetze nicht nur „tatsächlich gesetzt“, sondern auch „sozial wirksam“ sein müssen. Erst dann ist es „rechtlich geboten“, sich gemäß diesen Gesetzen zu verhalten (Alexy 2011, 158). Nach Kelsen besteht zwar zwischen „Geltung und Wirksamkeit“ ein „gewisser Zusammenhang“, der jedoch nicht zur Gleichsetzung von Geltung und Wirksamkeit verleiten darf, weil die Geltung einer Norm dem Bereich des Sollens, die Anwendung und Befolgung derselben aber der Sphäre des Seins angehört (Kelsen 2017, 37). Ein Auseinanderklaffen von Geltung und Wirksamkeit ist auch darin zu erkennen, dass die Geltung einer Rechtsnorm durch ihr Gesetzt-werden ihrer Wirksamkeit im Sinne der Anwendung und Befolgung vorangeht. Da jedoch ein Minimum an Wirksamkeit für die Geltung der Rechtsnorm vorausgesetzt werden muss, fasst Kelsen eine Rechtsnorm dann als nicht gültig, wenn sie „nirgends und niemals angewendet und befolgt wird“ (Kelsen 2017, 37). Diese Annahme, dass eine Rechtsnorm ihre Geltung verliert, wenn sie „dauernd unwirksam bleibt“, impliziert nun insofern einen Zusammenhang zwischen Wirksamkeit und Geltung, als die Wirksamkeit zur Bedingung der Geltung erklärt wird (Kelsen 2017, 37f.).

Die Anwendung und die Befolgung der Rechtsnorm als Komponenten ihrer Wirksamkeit verweisen auf die beiden Adressaten derselben, namentlich auf die, die Rechtsnormen anwendenden, Rechtsorgane und auf die der Rechtsordnung unterworfenen Subjekte, die zur Befolgung der Normen aufgerufen sind. „[D]as heißt: daß die Sanktion in einem konkreten Fall angeordnet und vollstreckt wird [und] daß das Verhalten an den Tag gelegt wird, durch das die Sanktion vermieden wird“ (Kelsen 2017, 38). In anderen Worten bedeutet dies, dass ein Verhalten, das als Delikt qualifiziert wird, die Bedingung für die darauffolgende Sanktion darstellt, womit der „Idealfall der Geltung einer Rechtsnorm“ dann vorliegt, wenn die Sanktion gar nicht zur Anwendung kommt, weil ihre Wirksamkeit auf die Befolgung der Rechtsnorm zusammenschrumpft (Kelsen 2017, 38).

Mit der Differenzierung der Geltung von der Wirksamkeit distanziert sich Kelsen von Sigwart, der gemäß der „traditionellen Jurisprudenz“ beide Funktionsweisen einer Norm miteinander identifiziert, weil für Sigwart der Satz „Wer das und das thut, wird so und so bestraft“, nicht nur eine Vorschrift abgibt, sondern zudem eine „wirkliche Aussage“ dann enthält, „wenn das Gesetz in seiner Wirksamkeit geschildert wird“ (Sigwart zitiert nach Kelsen 2017, 149, Fußnote). Was Kelsen jedoch unter dem „gewisse[n] Zusammenhang“ zwischen der Geltung und der Wirksamkeit des Rechts versteht (Kelsen 2017, 37), bedarf noch der Klärung. Fest dürfte stehen, dass es sich um einen „Spezialfall des

Verhältnisses zwischen dem Sollen der Rechtsnorm und dem Sein der Naturwirklichkeit“ handelt, weshalb die Bestimmung dieses Verhältnisses nicht nur zu den wichtigsten, sondern auch zu den schwierigsten Problemen einer „positivistische[n] Rechtstheorie“ zählt (Kelsen 2017, 378). Die „positivistische Rechtstheorie“ muss sich der Aufgabe stellen, „den richtigen Mittelweg“ zwischen den beiden Extremen zu finden, d.h., dass entweder keine Beziehung zwischen der Geltung als einem Sollen und der Wirksamkeit als einem Sein besteht oder dass die Geltung des Rechts und seine Wirksamkeit als identisch zu betrachten sind (Kelsen 2017, 378). Wie bereits aufgrund der bisherigen Ausführungen zu vermuten, sind beide Sichtweisen unhaltbar: „Die erste ist falsch, denn es kann nicht geleugnet werden, daß eine Rechtsordnung als Ganzes ebenso wie eine einzelne Rechtsnorm ihre Geltung verliert, wenn sie aufhört wirksam zu sein; und daß auch insofern eine Beziehung zwischen dem Sollen der Rechtsnorm und dem Sein der Naturwirklichkeit besteht, als die positive Rechtsnorm, um zu gelten, durch einen Seinsakt gesetzt werden muß. Die zweite Lösung ist falsch, denn es kann nicht geleugnet werden, daß es […] zahlreiche Fälle gibt, in denen Rechtsnormen als gültig angesehen werden, obgleich sie nicht oder noch nicht wirksam sind“ (Kelsen 2017, 378–383).

Auf Basis der „Reinen Rechtslehre“ löst Kelsen das thematisierte Problem damit, dass sowohl die Wirksamkeit einer „Rechtsordnung als Ganzes“ oder einer einzelnen Rechtsnorm, wie auch der „Normsetzungsakt“ die Voraussetzungen für die Geltung darstellen (Kelsen 2017, 383). Es muss betont werden, dass die in dieser Weise charakterisierte Wirksamkeit nur dann Bedingung für die Geltung einer Rechtsordnung als Ganzes und für einzelne Rechtsnormen sein kann, wenn mit der Wirksamkeit auch die Geltung endet.

Warum wird eine Rechtsnorm angewendet und befolgt, d.h. wodurch wird ihre Geltung begründet? Zum „Grund der Geltung“ der in Frage stehenden Rechtsordnung wird die „vorausgesetzte Grundnorm [erklärt], der zufolge man einer tatsächlich gesetzten, im großen und ganzen wirksamen Verfassung und daher den gemäß dieser Verfassung tatsächlich gesetzten, im großen und ganzen wirksamen Normen entsprechen soll“ (Kelsen 2017, 383f.). Das hiermit festgelegte Verhältnis zwischen Geltung und Wirksamkeit kommt nicht nur im Rahmen von generellen, sondern auch von individuellen Normen, d.h. von „Gerichtsentscheidung[en]“ und „Verwaltungsbescheid[en]“ zum Tragen (Kelsen 2017, 386).

Ausführlich und mit Nachdruck tritt Kelsen gegen die „realistische Rechtslehre“ (vgl. Dreier 2021, 20), wie sie von Alf Ross, einem dänischen Rechtsphilosophen und Juristen vertreten wird, auf und zwar deshalb, weil Ross einerseits die Geltung mit der Wirksamkeit identifiziert und betont, dass nur auf die

Erfahrung zu vertrauen sei – ist doch „das Recht nicht Sollen und daher nicht in Geltung stehende Norm, sondern nur tatsächliches Verhalten“ – und andererseits, weil er die Geltung im Sinne einer „‚Soll‘-Geltung“ als „wesentliches Element des Rechtsbegriffs“ unter der Annahme ablehnt, dass sich Normen nicht an die Bürger eines Staates, sondern nur an die Richter wenden (Kelsen 2017, 378–381, Fußnote). Nach Ross ist das Motiv für ein gesetzeskonformes Verhalten im Glauben an die „Autorität [und Kompetenz] der rechtssetzende[n] Instanz“ und in der „Furcht vor den Sanktionen des Rechts“ zu suchen (Kelsen 2017, 381f., Fußnote). Kelsen sieht hinter den Aussagen Ross’ keine Eliminierung des Normbegriffs, sondern dessen Umdeutung, indem „das dem Recht wesentliche Element der ‚Geltung‘ nicht ein ‚Sollen‘, also nicht etwas Normatives, sondern eine Seins-Tatsache ist“, gefasst als die psychologische Tatsache, dass an die Autorität und Kompetenz der rechterzeugenden Organe geglaubt wird (Kelsen 2017, 380, Fußnote). Dass Kelsen dieser Sichtweise nicht beipflichten kann, ist aus seinem beständigen Festhalten an der Trennung des Sollens vom Sein zu verstehen. Zudem ist die durch Ross dargelegte Konzeption insofern inkonsistent, dass mit der Bestimmung der „Soll-Geltung“ als „Seins-Tatsache“ Erstere eliminiert wird, obwohl Ross zwar den Begriff der Soll-Geltung umdeuten, nicht aber beseitigen will (Kelsen 2017, 380, Fußnote). Die abschließende Argumentation Kelsens gegen die Konzeption Ross’ präsentiert sich – meiner Ansicht nach – als stichhaltig:

> [W]enn das Recht nicht Sollen, nicht Norm, sondern Sein […] und daher tatsächliches Verhalten ist, können Aussagen über das Recht, sofern sie sich auf das Verhalten beziehen, das in den Rechtsnormen bestimmt ist, nur Aussagen über ein Verhalten sein, das wahrscheinlich in Zukunft stattfinden wird. […] Wenn der Sinn dieser Aussagen gerichtet ist […], kann es keine Aussage über eine Tatsache sein, denn eine Seins-Tatsache ist nicht gültig. Es kann nur die Aussage über eine Soll-Norm sein, nicht die Aussage, daß die Menschen irriger Weise glauben, sich rechtmäßig verhalten zu sollen, sondern, daß sie sich rechtmäßig verhalten sollen (Kelsen 2017, 382, Fußnote).

Angesichts der Vielzahl der „generelle[n] Norm[en]“ in Gestalt der Gesetze des Straf- und Zivilrechts wie der „individuelle[n] Norm[en]“ als richterliche Entscheidungen wird die Frage nach der Möglichkeit von Normenkonflikten laut (Kelsen 2017, 45). Es kann zwar ein Widerspruch zwischen den Normen ein und derselben Rechtsordnung durch die „Grundnorm“ als Geltungsgrund aller zu dieser „Rechtsordnung gehörigen Normen“ insofern verhindert werden, dass diese „Grundnorm“ eine „Einheit in der Vielheit dieser Normen“ konstituiert (Kelsen 2017, 368). Es kann aber nicht ausgeschlossen werden, dass Rechtsorgane Normen setzen, die konfligieren, wobei es sich bei diesem Konflikt aufgrund des fehlenden Wahrheitswertes einer Norm nicht um einen „logische[n] Widerspruch im strengen Sinne des Wortes" handelt (Kelsen 2017, 368; vgl. Kelsen 2017, 147f.). Der Satz vom Widerspruch als eines der logischen Prinzipien ist nur auf Aussagen anwendbar, die wie Rechtssätze wahr oder unwahr sein können. Wie bereits angemerkt, *konstruiert* Kelsen jedoch eine indirekte Anwendbarkeit des Satzes vom Widerspruch via der die „Rechtsnormen beschreibende[n] Rechtssätze" auf Normen, zwischen welchen beispielweise dann ein Widerspruch bestünde, wenn die eine Norm besagt, „daß Ehebruch bestraft, die andere, daß Ehebruch nicht bestraft werden soll" (Kelsen 2017, 368f.).

Das Widerspruchsprinzip bahnt den Weg zur „Erkenntnis des Rechts", die ihren Gegenstand als „sinnvolles Ganze[s] zu begreifen und in widerspruchslosen Sätzen zu beschreiben sucht", weshalb Voraussetzungen zu schaffen sind, die „im Wege der Interpretation" eine Lösung von Normenkonflikten zulassen (Kelsen 2017, 369). Der auf Adolf Julius Merkl zurückgehende Stufenbau der Rechtsordnung als wesentliches Element der Konzeption der Reinen Rechtslehre bedingt, dass mit zwei Modi von Normenkonflikten zu rechnen ist: mit dem Widerspruch zwischen Rechtsnormen unterschiedlicher Stufen und demjenigen zwischen Rechtsnormen auf gleicher Stufe. Letzteren gebührt nun die Aufmerksamkeit (vgl. Kelsen 2008, XXXVII; 94ff.; 144; 146; 153).

Werden zwei widersprechende generelle Rechtsnormen entweder von ein und demselben oder von unterschiedlichen Rechtsorganen, aber zu differenten Zeitpunkten gesetzt, tritt der Grundsatz „*lex posterior derogat priori*" in Kraft, der in der ersten Auflage der *Reine[n] Rechtslehre* noch keine Entsprechung findet (Kelsen 2017, 370; vgl. Jestaedt 2017, LV). Werden jedoch generelle, konfligierende Rechtsnormen gleichzeitig gesetzt oder enthält ein und derselbe Rechtssatz widersprechende Aussagen, wie „daß, wer Ehebruch begangen hat, bestraft, und: daß, wer Ehebruch begangen hat, nicht bestraft werden soll; oder daß jeder, der ein in dem Gesetz bestimmtes Delikt begangen hat, bestraft werden soll, und: daß Personen unter 14 Jahren nicht bestraft werden sollen" (Kelsen 2017, 370), gestaltet sich die Lösung des Normenkonflikts schwieriger. Zuallererst muss darauf hingewiesen werden, dass die beiden divergierenden Rechtsnormen im „das Recht beschreibende[n] Rechtssatz" nicht mit „*und*", sondern mit „*oder*" verknüpft werden (Kelsen 2017, 371). Im Falle, dass eine Bestrafung an die Zurechnungsfähigkeit der Rechtsperson im Sinne einer Altersbegrenzung gebunden ist, wird die Formulierung des Gesetzes lauten: „jeder, der ein in dem Gesetz bestimmtes Delikt begangen hat, mit Ausnahme von Personen unter 14 Jahren, soll bestraft werden", womit diese Rechtsnorm die erste, d.h. jene ohne Altersbegrenzung, einschränkt (Kelsen 2017, 371). Im Rahmen des Beispiels des Ehebruchs kommt der Abwägung als mögliche Strategie des „zur Anwendung des Gesetzes ermächtigten Organ[s]", des Gerichts, Bedeutung zu, indem eben diesem die Wahl zwischen den beiden Gesetzen – im Sinne eines „freien Ermessens“ – überlassen wird (Kelsen 2017, 371; Kelsen 1923, XIII). Mit Kelsen kann nun die Frage nach der Möglichkeit eines Normenkonflikts, wie folgt, beantwortet werden: Kelsen vertritt die Auffassung, dass der „Gesetzgeber etwas Sinnloses vor[hat]“, wenn keine der beiden Interpretationsmöglichkeiten – der Grundsatz „*lex posterior derogat priori*“ oder die Abwägung – Anwendung findet, weil in diesem Fall „überhaupt kein Akt vor[liegt], dessen subjektiver Sinn [durch die Grundnorm] als sein objektiver Sinn gedeutet werden kann“, womit keine „objektiv gültige Rechtsnorm“ gegeben ist (Kelsen 2017, 370f.).

Ein Widerspruch ist nicht nur zwischen zwei generellen, sondern auch zwischen zwei individuellen Normen möglich, „insbesondere, wenn die beiden Normen von verschiedenen Organen gesetzt werden“ (Kelsen 2017, 372). Dabei ist es einer „unzulängliche[n] Rechtstechnik“ anzulasten, wenn ein Gesetz „zwei Gerichte ermächtig[t], denselben Fall zu entscheiden“, ohne dass das eine Gericht befugt ist, die Entscheidung des anderen Gerichts aufzuheben (Kelsen 2017, 372). Folge der möglicher Weise widersprechenden gerichtlichen Entscheidungen ist, dass „das Exekutivorgan die Wahl hat, der einen oder der anderen Entscheidung zu entsprechen“, womit jedoch jene Norm, die keine Berücksichtigung bei der Ausführung des Gesetzes findet, „dauernd unwirksam“ bleibt und so ihre Geltung verliert (Kelsen 2017, 372). Wesentlich ist in diesem Zusammenhang, dass es – nach Kelsen – immer die Grundnorm ist, die eine Rechtsnorm in der Weise deutet, dass sie bestimmt, ob ein „Zwang“ unter den Bedingungen einer „wirksamen Verfassung“ und damit gemäß den „wirksamen generellen und […] individuellen Normen“ geübt werden soll (Kelsen 2017, 372f.). Ist der Normenkonflikt in ein und derselben richterlichen Entscheidung zu suchen, dann ist für Kelsen der Richter als „geistesgestört“ zu betrachten (Kelsen 2017, 373).

Abschließend bleibt die scheinbar einfache Frage zu klären, ob zwischen Rechtsnormen unterschiedlicher Stufen der Rechtsordnung Konflikte vorstellbar sind. Da der Norm „niederer Stufe“ die Geltung durch eine Norm „höherer Stufe“ zukommt, ist ein Geltungskonflikt zwischen Rechtsnormen unterschiedlicher Hierarchie ausgeschlossen. Diesen möglichen Widerspruch zwischen „zwei gültigen Normen verschiedener Stufe“ löst das Recht im Sinne seiner „*Eigengesetzlichkeit*“ qua „Autonomie“ nämlich selbst (Kelsen 2017, 373; Kelsen 2008, 99; Kelsen 1923, VI; Jestaedt & Lepsius 2006, XIII; vgl. Dreier 2021, 23f.). Für Kelsen ist klar, dass die „Einheit im Stufenbau der Rechtsordnung“ durch keinen „logischen Widerspruch“ gefährdet sein kann, weil die „normative Erkenntnis“ einen solchen nicht duldete, führte er doch zur Bedrohung der Einheit des betreffenden Rechtssystems (Kelsen 2008, 99). Um einer solchen Bedrohung entgegenzuwirken, werden entweder Rechtsakte zur Vernichtung einer der beiden widersprechenden Rechtsnormen gesetzt, oder die „Rechtserkenntnis" negiert eine der beiden Normen und erklärt sie damit für „nichtig" (Kelsen 2008, 98f.).

### 2.2.2 Vom Weg zum perfektionierten Theorieansatz

Im Vorwort zur zweiten Auflage der *Reine[n] Rechtslehre* verweist Kelsen darauf, dass der erste Entwurf der Theorie in seinen 1911 erschienen *Hauptprobleme[n] der Staatsrechtslehre* vorliegt und dass er auf die Modifikationen, welche die *Hauptprobleme* von der zweiten Auflage der *Reine[n] Rechtslehre* unterscheiden, in „Fußnoten ausdrücklich aufmerksam [macht]". Er betont, dass die Lehre selbst „im wesentlichen unverändert geblieben" und dass die Veränderungen einer „konsequentere[n] Durchführung von Prinzipien" geschuldet seien und fordert die Leser dazu auf, das „Unternehmen" durch „Ergänzungen und sonstige Verbesserungen" fortzuführen (Kelsen 2017, 9f.). Um den Rahmen meiner Abhandlung nicht zu sprengen, erscheint es sinnvoll, die Fortentwicklung der Theorie Kelsens vornehmlich an den beiden zuletzt genannten Schriften festzumachen.

Kelsen legt zwar zwölf Jahre nach dem Ersterscheinen der *Hauptprobleme* eine zweite Auflage derselben vor, die jedoch von „unveränderter Gestalt" ist, weil „eine Neubearbeitung [...] ein anderes Werk ergeben hätte" (Kelsen 1923, V). Wie aus dem vollständigen Titel der *Hauptprobleme der Staatsrechtslehre. Entwickelt aus der Lehre vom Rechtssatze* zu vermuten ist, wird dem Rechtssatz mit Bezug zu seinen „objektive[n]" und „subjektive[n] Erscheinungsformen" besondere Aufmerksamkeit zuteil, wobei im ersten Fall der Wille und im zweiten die Pflicht zum Gegenstand der Untersuchung wird (Kelsen 1923, 95; 309). Kelsen nimmt die mögliche Kritik an der Bestimmung des „objektive[n] Recht[s]" als „Wille des Staates" bereits vorweg, indem er argumentiert, dass diese „Anschauung [...] weder die einzig herrschende [ist] noch [...] zu allen Zeiten bestanden [hat]" (Kelsen 1923, 97). Zweifellos rückt damit – im Unterschied zur *Reine[n] Rechtslehre* – der Staat ins Zentrum der Betrachtung. Im Einklang mit der *Reine[n] Rechtslehre* steht jedoch, dass mit der Identifizierung des Rechts mit dem Willen des Staates, Letzterer trotzdem nicht zum Rechtserzeuger wird, weil nicht ein „Gesetzgebungsprozeß" im Sinne eines „Staatsakt[es]" den Inhalt der Rechtsordnung generiert, sondern ein „soziale[r] Prozeß" (Kelsen 1923, 98). Ganz ohne Bedeutung ist der Staat dennoch nicht, weil der genannte „soziale Prozeß" insofern einer „staatliche[n] Regelung" unterworfen ist, „als die Rechtsnormen ihn [den Staat] als *Voraussetzung* des Rechtes feststellen" (Kelsen 1923, 98f.). Kelsen wird diese „*Eigengesetzlichkeit*" des Rechts, die implizit eine Einheit der Rechtsordnung miterfasst, später mit den Worten ansprechen, dass die Rechtswissenschaft als Erkenntnis des Rechts „ihren Gegenstand insofern ‚erzeugt', als sie ihn als ein sinnvolles Ganzes begreift" (Kelsen 1923, VI; Kelsen 2017, 143; vgl. Carrino 2011, 48, Fußnote; Eisfeld 2015, 210; 214; Menke 2018, 404). Im Kontrast zum „allgemein vereinigte[n] [gesetzgebenden] Volkswille[n]" Kants will Kelsen nicht „[v]on einem Willen des Volkes […] als einem Gesamtwillensakte der das Staatsvolk bildenden Menschen" reden, weil damit das objektive Recht dualistisch – im Sinne des Volkswillens und des Staatswillens – formuliert würde, womit das „Postulat der Einheitlichkeit" der Rechtsordnung nicht mehr erfüllt wäre (AA VI, 314; Kelsen 1923, 99; vgl. Jestaedt & Lepsius 2006, XIXf.). Der Frage, was unter dem Willen des Staates als einer rechtlichen Person zu verstehen ist, will sich Kelsen deshalb nicht stellen, weil „es sich hiebei um ein Problem handelt, das auf den ersten Blick gar nicht in das Gebiet der Jurisprudenz gehört" (Kelsen 1923, 107). Im Sinne der Einheitlichkeit der Rechtsordnung und der Sicherung der Objektivität des Rechts distanziert sich Kelsen sowohl von einer Trennung zwischen *„öffentlichem und privatem Recht"*, wie auch von jener zwischen *„objektive[m]* und *subjek[t]ive[m]"* Recht, wobei jedoch Letzteres in der *Reine[n] Rechtslehre* vor allem im Kontext mit der Berechtigung und der Ermächtigung als „bloßes Reflexrecht" und als „subjektives Privatrecht" Gegenstand von Erläuterungen wird (Kelsen 1923, VIII; Kelsen 2017, 267; vgl. Kelsen 2017, 236–268).

Im Einklang mit der Einheit der Rechtsordnung, mithin auch mit der Konzeption der *Reine[n] Rechtslehre*, steht die zentrale Bedeutung der „*Grundnorm* als der die Einheit der Rechtsnorm begründenden Voraussetzung", die jedoch in der Habilitationsschrift mit der „Verfassung im rechtslogischen Sinne" identifiziert und noch nicht – in Anlehnung an die Transzendentalphilosophie – als „transzendental-logische Bedingung" für die Deutung des „subjektiven Sinn[s]" eines Rechtsaktes als „objektive[r] Sinn" bestimmt wird (Kelsen 1923, XV; Kelsen 2017, 355; 360f.; vgl. Carrino 2011, 37). Kelsen, der im Zusammenhang mit den Plagiatsvorwürfen gegen ihn, beteuert, die „Aufstellungen COHENS" zum Zeitpunkt der Abfassung der *Hauptprobleme* nicht gekannt zu haben, erklärt seine Festlegung der Grundnorm als Fiktion und nicht als „transzendental-logische Bedingung" wie folgt (Kelsen 1923, XVII; Kelsen 2017, 361): „Nunmehr ergab sich mir als bewußte Konsequenz der erkenntnistheoretischen Grundeinstellung COHENS, der zufolge die Erkenntnisrichtung den Erkenntnisgegenstand bestimmt, der Erkenntnisgegenstand aus einem Ursprung logisch erzeugt wird, daß der Staat, soferne er Gegenstand juristischer Erkenntnis ist, nur Recht sein kann […]. Dazu brachte mir auch VAIHINGERS Analyse der personifikativen Fiktionen (Philosophie des ALS-OB) manche Aufklärung […]" (Kelsen 1923, XVII).

Nach Carrino droht jedoch die Grundnorm als Fiktion den „ganze[n] Bau der reinen Rechtslehre in ihrer Spätphase" zum Einsturz zu bringen (Carrino 2011, 30), worauf im Kapitel 4.2 noch einzugehen ist. Zudem widerspricht die im Textausschnitt beschriebene Identität von Staat und Recht der „traditionelle[n] Staats- und Rechtslehre", die auf den „Dualismus von Staat und Recht" deshalb nicht verzichten kann, weil der Staat als Person vom Recht unterschieden werden muss, „damit das Recht den - dieses Recht erzeugenden und sich ihm unterwerfenden - Staat rechtfertigen könne" (Kelsen 2017, 500). Kelsen hält dennoch in der *Reine[n] Rechtslehre* an dem Staat als einer Rechtsordnung mit der Begründung fest, dass der Staat als „politische Organisation" zu betrachten und als „Ordnung menschlichen Verhaltens" und damit auch als eine „Zwangsordnung" zu begreifen ist (Kelsen 2017, 501): „Denn das spezifisch ‚politische' Element dieser Organisation besteht in dem von Mensch zu Mensch geübten, von dieser Ordnung geregelten Zwang, in den Zwangsakten, die diese Ordnung statuiert" (Kelsen 2017, 501f.; vgl. Feichtinger & Müller 2009, 221).

Die bereits mehrfach angesprochene Einheit versucht Kelsen auch mit einem *„einheitlichen Personenbegriff"* zu verwirklichen und schickt voraus, dass *„für juristische Betrachtung nur juristische Personen"* von Belang seien, wenn auch die *Hauptprobleme* „nachdrücklichst" den Gegensatz zwischen *„Person* und *Mensch"* herausstellen (Kelsen 1923, XVIII). Dieses Unterfangen stößt jedoch an seine Grenzen, weil der Staat als Träger der Rechtsordnung nicht mit den Personen identifiziert werden kann, die dieser Rechtordnung unterworfen sind. Die Bestimmung des Staates als Person, mithin als „Subjekt von Pflichten und Rechten" kommt hingegen der Beschreibung einer Rechtsperson als Bürger eines Staates nahe. Es kann daher gefolgert werden, dass „der Staat als Rechtssubjekt den anderen Personen, insbesondere den physischen Personen, gleichgeordnet sein muß, während der Staat als Rechtsordnung diesen Subjekten [...] übergeordnet scheint". Nach Kelsen werden in diesem Sinne „nur Menschen von der Rechtsordnung verpflichtet, [...] ‚haben' nur Menschen Pflichten oder Rechte, soferne eben menschliches Verhalten den Inhalt der Rechtsnormen bildet. Die ‚Person' - die physische wie die juristische - ist [daher] nichts anderes als die Personifikation eines Komplexes menschliches Verhalten statuierender Normen" (Kelsen 1923, XVIII; vgl. Ehs 2009, 159).

In der *Reine[n] Rechtslehre* legt Kelsen seinen Begriffsbestimmungen von „Rechtssubjekt" und *„Person"* die „traditionelle Rechtswissenschaft" zugrunde, die das Rechtssubjekt „in erster Linie als Subjekt von Berechtigungen und nur in zweiter Linie als Subjekt von Rechtspflichten [betrachtet]" und setzt diesen Begriff mit jenem der „Person" gleich (Kelsen 2017, 306; 308; 312): Der Begriff „Person" bedarf jedoch in Ansehung von „andere[n] Wesenheiten" wie

„Vereine[n]", „Aktiengesellschaften" und „Stadtgemeinden", die ebenso als Personen zu betrachten sind, einer Erweiterung insofern, als unter einer Person der „‚Träger' von Rechten und Rechtspflichten" zu verstehen ist (Kelsen 2017, 312). Als „*physische Person*" gilt ein Mensch als Träger von Rechten und Pflichten, während bei den „andere[n] Wesenheiten" von „juristischen Personen" die Rede ist (Kelsen 2017, 312). Mithin lässt sich - wie auch anhand der noch folgenden Elemente der Theorie Kelsens - eine Übereinstimmung zwischen den beiden Schriften *Hauptprobleme* und *Reine Rechtslehre* zweifelsfrei erkennen.

Mit nahezu identem Wortlaut wird in beiden Texten die reine Rechtlehre zur „*Theorie* des positiven Rechts [Hervorhebung, C.A.]" erklärt, die im Sinne der Reinheit, „die Rechtswissenschaft von allen ihr fremden Elementen [zu] befreien [sucht]" (Kelsen 2017, 21; vgl. Kelsen 1923, V). Das Spektrum der fremden Elemente wird 1960 dahingehend ergänzt, dass es nicht nur gilt, die Rechtswissenschaft von einer „‚*soziologischen*' Betrachtung" zu reinigen und von der „*Naturrechtslehre*", mithin von „ethisch-politische[n] Postulate[n]" zu distanzieren, sondern auch eine Vermengung der „Jurisprudenz mit Psychologie" zu vermeiden (Kelsen 1923, V; Kelsen 2017, 21).

Wie in der *Reine[n] Rechtslehre* geht es Kelsen bereits in den *Hauptproblemen* darum, „die *Eigengesetzlichkeit des Rechtes* gegenüber der *Natur* oder einer nach Art der Natur bestimmten sozialen Realität zu gewinnen", womit der „fundamentale *Gegensatz zwischen Sollen und Sein*" zu einem Kernstück der beiden Schriften wird (Kelsen 1923, VI; vgl. Kelsen 1923, 7f.; 14; KrV B 868f./A 840f.; GMS BA 107; Kelsen 2017, 11; 27f.; 50; 143; 750; Olechowski 2009, 48f.; Gálvez 2014, 50). Folge der Dichotomie zwischen Sein und Sollen ist die Differenzierung zwischen Kausalität und „*Zurechnung*", die Kelsen als „spezifische Gesetzlichkeit des Rechts" einführt, der „Kausalgesetzlichkeit der Natur" entgegenstellt und im Vergleich zur *Reine[n] Rechtslehre* in detailreicher Weise erörtert (Kelsen 1923, IX). Während sich vom teleologischen Standpunkt aus die „*kausale* Wirkung" einer Norm als „tatsächliches Verhalten der Subjekte" präsentiert, ist die Verbindung zwischen den „Elementen" einer Norm von ganz anderer Natur (Kelsen 1923, 71). Diese Verbindung wird „grammatisch durch das ‚soll' hergestellt" und schafft eine Beziehung zwischen dem „*Soll-Subjekt*" als demjenigen, das soll und dem „*Soll-Objekt*" als dasjenige, „was gesollt wird" (Kelsen 1923, 71f.). Die mit der Norm übereinstimmende Handlung ist dabei keine gesollte, sondern eine „mit der gesollten inhaltlich übereinstimmende" Handlung, weshalb ein Widerspruch zwischen der gesollten und der tatsächlichen Handlung die Frage aufwirft: „Wer ist schuld daran?" (Kelsen 1923, 72). Folglich kann die Zurechnung als die, durch eine Norm herbeigeführte, „Verknüpfung" zwischen einer Handlung als einem Tatbestand und einem „Subjekt" definiert werden, weshalb das

Subjekt als „Soll-Subjekt“ im Falle einer gesetzwidrigen Handlung „mit Strafe bedroht ist“ (Kelsen 1923, 72f.). Bei der Zurechnung wird nicht gefragt „was das Subjekt getan oder unterlassen hat, sondern lediglich, was *gesollt* war und wer *gesollt* hat“ (Kelsen 1923, 73). Wie auch in der Religionsschrift Kants zu lesen ist, dass die „[moralische] *Persönlichkeit*“ ein vernünftiges und zugleich „*der Zurechnung fähige[s]* Wesen“ bezeichnet, wird auch bei Kelsen „der Mensch erst durch die Zurechnung zur Person“ (AA VI, 26; Kelsen 1923, 83).

Dass Kelsen die Schrift *Hauptprobleme* seinen beiden Schülern, dem Völkerrechtslehrer und Rechtsphilosophen Alfred Verdross und dem Rechtswissenschaftler Merkl widmet, kommt nicht von Ungefähr, verhalfen doch die beiden Wissenschaftler einerseits durch die Auseinandersetzung mit der Grundnorm und dem Völkerrecht und durch den Stufenbau der Rechtsordnung der *Reine[n] Rechtslehre* zum Erfolg, womit ich beim letzten, den *Hauptproblemen* und der *Reine[n] Rechtslehre* gemeinsamen Element angekommen bin. Kelsen bezeichnet es als „bedeutsame Änderung“, „daß zu der statischen Rechtserkenntnis [...] eine *dynamische Betrachtung* [im Sinne eines „arbeitsteilig-gestufte[n]“ Rechtserzeugungsprozesses] ergänzend hinzugetreten ist“ (Kelsen 1923, XII; Jestaedt & Lepsius 2006, XIV). Er erklärt die Notwendigkeit dieser konzeptuellen Erweiterung damit, dass in einem einheitlichen Rechtssystem zwischen „genereller und individueller Rechtsnorm“, d.h. zwischen Gesetz und Gerichtsurteil zu unterscheiden ist, wobei die individuelle Rechtsnorm nicht in statischer Weise „in der generellen Norm gleichsam in nuce beschlossen [zu denken ist]“ (Kelsen 1923, XIV). Die „individuelle Norm“ wird deshalb nicht in statischer Weise von der generellen Norm miterfasst, weil sie „voraussetzungsgemäß in ihrem Inhalt weit über den Inhalt der generellen Norm hinaus[geht]“. Deshalb muss hier „eine dynamische Betrachtung“ einsetzen, womit die „gesuchte Einheit [...] nur die *Einheit einer Erzeugungsregel* sein [kann]“ (Kelsen 1923, XIV). Diese Erzeugungsregel wird als „*Grundnorm*“ festgelegt, die als „oberste“ Regel die „Einheit des Gesamtsystems“ begründet und nicht als „rechtsnormgemäß *gesetzt*“, sondern als „*vorausgesetzt*“ angenommen werden muss (Kelsen 1923, XIV). Dieser Gedanke der Selbsterzeugung des Rechts kehrt nicht nur in der *Reine[n] Rechtslehre* wieder, sondern wird auch Jahre später in *Foundations of Democracy* formuliert: “The method of creating the order is always regulated by the order itself if the order is a legal order. For it is characteristic of the law that it regulates its own creation and application” (Kelsen 1955, 253). Mithin hat das Recht die Möglichkeit im Sinne einer „rechtlichen Selbstbestimmung des Erzeugungsprozesses“ seine Erzeugung in Gestalt eines gestuften dynamischen Vorganges „selbst zu normieren“ (Kelsen 1923, XIV; vgl. Carrino 2011, 49; Kelsen 2017, 143).

Am Ende der „Vorrede zur zweiten Auflage“ der *Hauptprobleme* werden, trotz vieler Gemeinsamkeiten mit der *Reine[n] Rechtslehre*, zwei Intentionen, die die zuerst genannte Schrift verfolgt, auf den Punkt gebracht, welche auch im Sinne einer Entwicklung der Konzeption einer Rechtswissenschaft gelesen werden können. Kelsen betont einerseits, dass er sich mit den „Untersuchungen der ‚Hauptprobleme'“ nur auf die „einzelstaatliche Rechtsordnung“ beziehen und das „*Verhältnis der einzelnen Staaten zueinander sowie zur Völkerrechtsordnung*“ nicht erörtern wolle und verfolgt – möglicher Weise – damit nicht das Ziel der *Reine[n] Rechtslehre*, welche eine Theorie für die Rechtswissenschaft und damit für den Staat, wie auch immer er gestaltet ist, zu konzipieren sucht (Kelsen 1923, XXII). Ausdruck des letztgenannten Vorhabens ist die „Grundnorm“, die festlegt, „welche Tatsachen als rechtserzeugend anzusehen sind“, wobei als Kriterium eine „im großen und ganzen wirksame Verfassung“ fungiert, mithin die Kriterien eines geltenden Rechts denjenigen einer Verfassung entsprechen (Alexy 2011, 171; Kelsen 2017, 359). Kelsen gelingt es damit, die Grundnorm als eine Norm zu formulieren, die auf „alle entwickelten Rechtssysteme anwendbar ist“ (Alexy 2011, 171; vgl. Dreier 2019, 112; Jabloner 1998, 10).

Schlussendlich verleiht Kelsen seiner Hoffnung Ausdruck, dass es gelänge, mit der „reine[n] Rechtstheorie, zu der die ‚Hauptprobleme' einen Grundstein legen durften“, die Probleme der Rechts- und Staatslehre „philosophisch zu vertiefen, [und] mit den analogen Problemen anderer Wissenschaften zu verbinden“, mit dem Ziel, die Rechtswissenschaft „aus ihrer ungesunden Isolierung zu befreien und als vollwertiges Glied in das Wissenschaftssystem einzustellen“ (Kelsen 1923, XXIII). Dieser Wunsch Kelsens scheint jedoch, wie das „*Vorwort* zur zweiten Auflage“ der *Reine[n] Rechtslehre* zu erkennen gibt, unerfüllt geblieben zu sein, stößt doch seine „objektive, ihren Gegenstand nur beschreibende Rechtswissenschaft“ weiterhin auf den „hartnäckigen Widerstand“ derjenigen, die glauben, ein gerechtes Recht „und damit ein Wertmaß für das positive Recht bestimmen zu können“ (Kelsen 2017, 10).

## 2.3 Die *Reine Rechtslehre* diskursiv – Kritiker und Befürworter

Der Rechtswissenschaftler und Leiter der Hans-Kelsen-Forschungsstelle in Freiburg im Breisgau Matthias Jestaedt bezeichnet Kelsens „reifes Altershauptwerk“ zusammen mit dem, nur ein Jahr später von Hart veröffentlichten, Text *The Concept of Law* aufgrund seiner „Verbreitung und Wirkung im globalen Maßstab“ als das „bedeutendste rechtstheoretische Buch des 20. Jahrhunderts“ (Jestaedt 2017, XV). Der Umstand, dass die *Reine Rechtlehre* in zahlreiche Sprachen übersetzt wurde, lässt nicht darauf schließen, dass sich dieses Werk auch „gleichhoher Wertschätzung" zu jeder Zeit und an jedem Ort erfreute, wie auch von Kelsen bedauernd festgestellt wird (Jestaedt 2017, XVI; vgl. Kelsen 2017, 10; Dreier 2021, 36f.). So kann die „zeitgenössische Aufnahme der Zweitauflage der ‚Reine[n] Rechtslehre' in der bundesdeutschen Rechtswissenschaft getrost als unterkühlt bis ablehnend, die Auseinandersetzung damit als desinteressiert, oberflächlich und/oder vorurteilsbehaftet bezeichnet werden" (Jestaedt 2017, XVI). Ob die zögerliche Anerkennung der Theorie Kelsens darin begründet ist, dass die *Reine Rechtslehre* „niemals ein einfaches und eingängiges" Buch gewesen ist, das „Intuitionen" und „Denkgewohnheiten" bestätigt, und ob die reine Rechtstheorie – dem Wunsch Kelsens folgend – zur philosophischen Vertiefung der „Probleme der Rechts- und Staatslehre" gereichen kann (Jestaedt 2017, XIX; Kelsen 1923, XXIII), wird Thema der weiterführenden Überlegungen sein.

### 2.3.1 Ist Kelsens Deutung des Rechts die Einzige? Zu Norbert Hoerster, Robert Alexy und H. L. A. Hart

Der Rechtsphilosoph Norbert Hoerster thematisiert die Sonderstellung des Gerichts, nach „freie[m] Ermessen" entscheiden zu können, anhand einer von fünf Thesen, die dem Rechtspositivismus zugeschrieben werden, nämlich der „Subsumtionsthese", die besagt, dass „[d]ie Anwendung des Rechts [...] im Wege wertungsfreier Subsumtion [erfolgt]" (Kelsen 1923, XIII; Hoerster 2012, 70; vgl Dreier 2019, 309–312). Wie Hoerster und Kelsen distanziert sich auch Hart von der Subsumtionsthese, weil es für „rechtsanwendende Entscheidungen" unterschiedliche aus den „vorgegebenen Rechtsnormen logisch deduzierbare Lösung[en] gibt", weshalb die Rechtsanwendung nicht in jedem Fall „wertungsfrei" erfolgen wird (Hoerster 2012, 70; 74; vgl. Kelsen 2017, 45; 52; 115; Dreier 2019, 338). Nach Hoerster wird durch eine Wertung, die der Amtsträger in seine Entscheidung einfließen lässt, die „Neutralitätsthese", die für eine neutrale Definition des Rechts plädiert, nicht verletzt, weil auch die richterliche Entscheidung „vollkommen neutral" dargestellt werden kann (Hoerster 2012, 70; 75). Der Brite Hart drückt seine Distanzierung von der „Subsumtionsthese" in bekannt pointierter Weise aus: "A supreme tribunal has the last word in saying what the law is and, when it has said it, the statement that the court was 'wrong' has no consequences within the system: no one's rights or duties are thereby altered. The decision may, of course, be deprived of legal effect by legislation, but the very fact that resort to this is necessary demonstrates the empty character, so far as the law is concerned, of the statement that the court's decision was wrong" (Hart 2012, 141).

Würde dieser Gedanke weiter gesponnen und auf Basis des Zweifels an der Richtigkeit der richterlichen Entscheidung ein „Appell an eine höhere Autorität (appeal to a higher authority)” gerichtet, diese Entscheidung zu korrigieren, dann muss dieser Prozess dennoch in einem „abschließenden und autoritative[m] Urteil (final, authoritative judgement)” enden, das jedoch seinerseits durch ein „fehlbare[s] menschliche[s] Wesen gefällt wird und deshalb ebenso das Risiko eines ernsten Fehlers, des Mißbrauchs oder der absichtlichen Verletzung trägt“ (Hart 2011, 169; Hart 2012, 143). Nur wenn die Letztentscheidung als solche anerkannt und die Tatsache, dass nicht jedem Regelbruch mit einer „Korrektur-Regel (rule for the correction)” zu begegnen ist, ad notam genommen wird, kann dem drohenden infiniten Regress, mit welchem jegliche Letztentscheidung vereitelt wird, entgegengetreten werden (Hart 2011, 169; Hart 2012, 143).

Alexy, der einen nichtpositivistischen Begriff des Rechts darzulegen sucht, analysiert die positivistische „*Trennungsthese*“, die besagt, dass es keinen „begrifflich notwendigen“ Zusammenhang zwischen dem Recht, „wie es ist“, und dem Recht, „wie es sein soll“, gibt, aus der „*Beobachterperspektive*“ und unter dem Aspekt des Teilnehmers und kommt zum Schluss, dass die „Trennungsthese von der Beobachterperspektive aus im wesentlichen richtig ist“ (siehe S. 41) (Alexy 2011, 15; 51; 63). Inadäquat ist die Trennungsthese jedoch aus der Warte eines „Teilnehmers, etwa eines Richters“, weil – wie auch von Hart betont wird – jedes positive Recht „eine offene Struktur“ aufweist (Alexy 2011, 64; 117; vgl. Hart 2012, 124).

> Whichever device, precedent or legislation, is chosen for the communication of standards of behaviour, these, however smoothly they work over the great mass of ordinary cases, will, at some point where their application is in question, prove indeterminate; they will have what has been termed an *open texture*. // In a community of people who understood the notions of a decision and a prediction of a decision, but not the notion of a rule, the idea of an *authoritative* decision would be lacking and with it the idea of a court (Hart 2012, 127f.; 136).

Den Regeln kommt im Zusammenhang mit den Gerichten deshalb besondere Bedeutung zu, weil die „Existenz eines Gerichts die Existenz von sekundären Regeln, [als der “‘rule of recognition’”, der “‘rules of change’” und der “‘rules of adjudication’”], voraussetzt“ (Hart 2012, 94–97; Hart 2011, 162).

Da uns die drei Regeln noch mehrfach beschäftigen werden, ist es sinnvoll, die Funktion dieser “*secondary* rules” zu skizzieren (Hart 2012, 94; vgl. Hart 2011, 115). Die „‚Erkenntnisregel‘ (‘rule of recognition’)” dient der „schlüssige[n] Identifizierung der primären Verpflichtungsregeln“ und wirkt mithin der „*Unbestimmtheit* des Regimes der primären Regeln“ entgegen (Hart 2011, 116; Hart

2012, 94). Im Vergleich dazu lösen die „,Änderungsregeln' ('rules of change')" das Problem der „eigentümliche[n] *Statik* des Regimes primärer Regeln", indem neue Regeln eingeführt und „veraltete Regeln" abgeschafft werden, während die „,Entscheidungsregeln' ('rules of adjudication')" das Verleihen der Befugnis an Individuen ermöglichen, „autoritativ festzustellen, ob bei einer besonderen Gelegenheit eine primäre Regel gebrochen wurde", womit die primären Regeln sozial wirksam sein können (Hart 2011, 117f.; Hart 2012, 95-97). Es bleibt nicht verborgen, dass mit den drei sekundären Regeln indirekt die drei Gewalten eines Rechtsstaates thematisiert werden, nämlich die „Jurisdiktion" ("'rule of recognition'"), die „Legislative" ("'rules of change'") und die „Exekutive" ("'rules of adjudication'") (Hart 2012, 94-97; vgl. Hart 2011, 116-118; Zeidler 2016b, 186).

Alexy sieht den Grund für den „,Offenheitsbereich'" des positiven Rechts in der „Vagheit der Sprache des Rechts", in der „Möglichkeit von Normwidersprüchen", aber auch im Fehlen einer Norm, auf die sich eine Entscheidung stützen könnte, woraus rechtspositivistische Theorien den Schluss ziehen, dass im „Offenheitsbereich" Entscheidungen nicht auf Basis des positiven Rechts zu treffen sind (Alexy 2011, 118). Folglich muss der Richter ausgehend von der Annahme, dass „nur das positive Recht Recht ist", anhand von „außerrechtlichen Maßstäben" sein Urteil fällen (Alexy 2011, 118). Das unbefriedigende Ergebnis dieser Überlegungen könnte in eine zufriedenstellende Lösung des Problems münden, wenn das „Prinzipienargument" herangezogen wird, das eine Trennung zwischen Regeln und Prinzipien vorsieht, welche gleichermaßen das Rechtssystem konstituieren. Mithin kann der Richter im Rahmen seiner Entscheidungen weiterhin an das „gesetzte und wirksame Recht rechtlich gebunden [bleiben]" (Alexy 2011, 119). Nach Alexy wird dann eine „notwendige Verbindung von Recht und Moral" hergestellt, wenn die Regeln als „,*definitive Gebote*'", die „definitiv etwas gebieten, verbieten, oder erlauben oder [...] zu etwas ermächtigen" gefasst werden, während die Prinzipien als „*Optimierungsgebote*" zu verstehen sind, deren Anwendung nicht, wie bei den Regeln gemäß einer „Subsumtion", sondern gemäß einer „Abwägung" erfolgt (Alexy 2011, 119f.).

Sind die Positionen der beiden Rechtspositivisten Kelsen und Hart - wie verbreitet wahrgenommen - „einander ausschließende [und] inkompatible" Sichtweisen von Recht (Jestaedt 2017, LXXXVII)? Ein Vergleich der beiden Konzeptionen drängt sich gleichsam auf, erschienen doch die beiden „wohl wichtigsten Gesamtentwürfe eines modernen Rechtspositivismus", die *Reine Rechtslehre* Kelsens und *The Concept of Law* Harts, bloß im Abstand eines Jahres (Jestaedt 2017, LXXXV). *Prima facie* bleiben dem Leser der beiden Werke der unterschiedliche „philosophisch-methodische Ausgangspunkt" - man denke an die zahlreichen Bezüge Kelsens zu Kant, die bei Hart nahezu vollständig fehlen

– und der unterschiedliche Denkstil, der sich in den Formulierungen niederschlägt, nicht verborgen (Jestaedt 2017, LXXXVI). Einen Eindruck der unterschiedlichen Denkstile vermittelt die Beschreibung Jestaedts:

> Mit gehöriger Vereinfachung lässt sich der unterschiedliche Zugriff *Kelsens* und *Harts* wie folgt charakterisieren: Während *Hart*, ganz „britisch“, seinen Leser mit einladender Bewegung abholt und an die Hand nimmt, ihm mittels anschaulich-eingängiger Beispiele (die nicht selten mit der Spiel-Metapher arbeiten) das ungewohnte Terrain erschließt, […] schont *Kelsen*, ganz „deutsch“, seinen Leser nicht; sein ideologiekritischer Furor […] zielt […] auf die Verunsicherung des Lesers und macht diesem, das eine um das andere Mal […] bewusst, dass er dem Vordergründigen und den Alltagstheorien, dass er seinen Intuitionen und Denkgewohnheiten nicht trauen darf. […] *Kelsen* schreibt typisches (Rechts-)Wissenschaftsdeutsch; […] Sein […] gepflegter Stil will nicht primär einladend und leicht verständlich […] sein; […] Ganz anders das elegante, eingängige und Leichtigkeit vermittelnde Englisch, das aus *Harts* Feder fließt (Jestaedt 2017, LXXXVIIIf.).

Abseits dieser Unterschiede will Jestaedt eine Ähnlichkeit vornehmlich zwischen dem Text *The Concept of Law* und der Erstauflage der *Reine[n] Rechtslehre* erkennen, die sich nicht in den Leitideen, wohl aber in der Gewichtung der Themen von der zweiten Auflage – die Rechtsdynamik wird erst in dieser entfaltet – unterscheidet (vgl. Jestaedt 2017, LXXXVI; Olechowski 2009, 56). Hart und Kelsen kommen darin überein, dass das Recht weder auf die Moral noch auf Fakten zu reduzieren sei. Beides wird anhand der Auseinandersetzung Kelsens mit dem Problem der Gerechtigkeit und mit dem Programm von Ross deutlich (vgl. Kelsen 2017, 708f; 709, Fußnote; Jestaedt 2017, XXXVI, Fußnote).

Im Sinne des Rechtspositivismus kann für beide Autoren „alles Recht nur positives, von Menschen gesetztes (gesatztes) Recht [sein]“, wobei die „[n]ormative Kraft“ dem im Recht beschriebenen menschlichen Verhalten, als dem Faktischen, nur aufgrund der normativen Zuschreibung zukommt, indem eben dieses menschliche Verhalten, die Tat, als „Rechts-(oder Unrechts-)Akt“ gedeutet wird (Jestaedt 2017, LXXXVI; Jestaedt & Lepsius 2006, XV; Kelsen 2017, 25; vgl. Dreier 2021, 20). Beide, Kelsen und Hart, vertreten den Standpunkt, dass auf eine „Letztbegründung“ des Rechts verzichtet werden muss, verfolgen aber dennoch im Sinne einer solchen Letztbegründung eine Konzeption des Rechts als einheitliche Normenordnung und nicht als bloßes Aggregat einzelner Rechtsnormen (Jestaedt 2017, LXXXVII). Wird den beiden Verfassern einer Rechtstheorie die Frage gestellt, auf welche Weise eine Begründung des Rechts vorzustellen ist, folgt die Antwort, dass sich „Rechtsgeltung allein systemimmanent begründen lasse“ (Jestaedt 2017, LXXXIX). Die Verbalisierung dieser „systemimmanent[en]“ Begründung durch Kelsen, für den die „Grundnorm“

- selbst Teil des Systems der Rechtsordnung - die „gemeinsame Quelle für die Geltung aller zu einer und derselben Rechtsordnung gehörigen Normen [ist]“, unterscheidet sich in den Grundzügen nicht von jener Harts, für welchen die „Erkenntnisregel […] die Kriterien für die Gültigkeit anderer Regeln des Systems [der *primären* Verpflichtungsregeln] liefert“ und analog zur „Grundnorm“ als „*letzte Regel* (*ultimate* rule)” zu verstehen ist (Jestaedt 2017, LXXXIX; Kelsen 2017, 349; Hart 2011, 128; Hart 2012, 105).

Die anhand der genannten Eckpunkte demonstrierte Einigkeit zwischen Kelsen und Hart wird allerdings angesichts der unterschiedlichen Bestimmung der Rechtsordnung brüchig. Während Kelsen betont, dass das Recht als „eine normative Ordnung menschlichen Verhaltens“, mithin als Soll-Ordnung, gesehen werden muss, identifiziert Hart die „Erkenntnisregel (rule of recognition)” mit dem Recht, welches er nicht als Soll-Ordnung, sondern als „‚Tatsache‘ (‘fact’)” verstanden wissen will, die „am besten in der Vereinigung von primären und sekundären Regeln erkannt werden kann“ (“union of primary and secondary rules”) (Kelsen 2017, 26; Hart 2011, 133-135; Hart 2012, 110f.).

> The case for calling the rule of recognition “law” is that the rule providing criteria for the identification of other rules of the system may well be thought a defining feature of a legal system […]; the case for calling it “fact” is that to assert that such a rule exists is indeed to make an external statement of an actual fact concerning the manner in which the rules of an “efficacious” system are identified. Both these aspects claim attention but we cannot do justice to them both by choosing one of the labels “law” or “fact”. Instead, we need to remember that the ultimate rule of recognition may be regarded from two points of view: one is expressed in the external statement of fact that the rule exists in the actual practice of the system; the other is expressed in the internal statements of validity made by those who use it in identifying law (Hart 2012, 111f.).

Bevor Alexys Interpretation dieser Konzeption einer Erkenntnisregel thematisiert werden kann, bedarf es im Sinne der Erläuterung des zitierten Textausschnittes noch einiger Anmerkungen. Hart differenziert, wie auch Alexy, zwei Perspektiven, den „internen Aspekt (internal aspect)” der Regel aus der Perspektive des Teilnehmers und den „externen Aspekt (external aspect)” aus der Position des Beobachters (Hart 2011, 73; Hart 2012, 56; vgl. Alexy 2011, 47). Hart erläutert die beiden Perspektiven am Beispiel des Verhaltens eines Schachspielers, der die Spielregeln als Standard anerkennt und mithin - im Sinne eines „‚internen‘ Gesichtspunkt[s]“ - nicht nur den Spielregeln gemäß seine Figuren auf dem Spielfeld bewegt, sondern auch eine „reflektierte, kritische Haltung gegenüber [seinem] Verhaltensmuster ein[nimmt]“, während der „externe Aspekt“ sich in der Beobachtung eines „regelmäßigen uniformen Verhalten[s]“ ausdrückt, die eine Anerkennung der Spielregeln nicht voraussetzt (Hart 2011,

110; 73). Mitglieder einer Gruppe, die einen „externe[n] Gesichtspunkt“ einnehmen, verbalisieren diesen damit, dass sie „genötigt (obliged)” wurden, eine bestimmte Handlung zu setzen, und betonen die Furcht vor einer möglichen Sanktion, während Personen das Anerkennen einer Regel im Sinne einer „‚internen‘“ Perspektive, wie das Abnehmen des „Hut[s]“ beim Eintritt in die Kirche, als Verpflichtung bezeichnen (Hart 2011, 107; 110f.; Hart 2012, 90; vgl. Hart 2011, 132). Für die Einsicht in das Recht, aber auch für das Funktionieren einer Gesellschaft bedeutet dieser unterschiedliche Umgang mit Regeln das Entstehen von Konflikten zwischen den beiden genannten Gruppen der Gesellschaft. Während die Mitglieder der einen Gruppe einen „‚internen‘“ Gesichtspunkt einnehmen und sich verpflichtet fühlen, gemäß den Regeln zu handeln, beobachten jene der zweiten Gruppe die Verhaltensregelmäßigkeiten bloß aus der Warte eines „externe[n] Gesichtspunkt[s]“ und reflektieren nicht, „wie die Regeln als Regeln im Leben derjenigen fungieren, die normalerweise die Mehrheit der Gesellschaft bilden“ (Hart 2011, 111f.). Nach Hart begibt sich die Mehrzahl der Mitglieder einer Gesellschaft – „Beamte, Juristen und Privatpersonen (officials, lawyers, or private persons)” – in die Position eines Teilnehmers am gesellschaftlichen Leben, womit für sie die Verpflichtung gegenüber den Regeln zum tragenden Motiv für die Befolgung derselben wird (Hart 2011, 112; Hart 2012, 90). Werden diese Überlegungen auf ein Rechtssystem transponiert, dann muss – nach Hart – derjenige, der eine „interne Aussage“ über die Gültigkeit einer Rechtsnorm macht, bereits die „Wahrheit der externen Aussage *voraussetzen*, daß nämlich das System allgemein wirksam ist“, womit beide Aussagen „sehr eng miteinander verbunden [sind]“ (Hart 2011, 126f.). Erklärend für das Zusammenspiel von interner und externer Perspektive ist die Tätigkeit eines Richters, ausgehend von der Frage, welche Funktion die Aussage eines Richters, dass eine Regel gültig ist, für seine Entscheidung hat. Mit der „interne[n] Aussage“, dass eine Regel gültig ist, setzt der Richter zuallererst die Wirksamkeit des gesamten Systems voraus und nimmt damit eine externe Perspektive ein, trifft jedoch keine Vorhersage, welcher Art seine Entscheidung sein wird (Hart 2011, 127; vgl. Hart 2012, 105). “His statement that a rule is valid is an internal statement recognizing that the rule satisfies the tests for identifying what is to count as law in this court, and constitutes not a prophecy of but part of the *reason* for his decision” (Hart 2012, 105). Die Anerkennung einer Regel qua Rechtsnorm – in welcher Weise diese Gleichsetzung zwischen Rechtsnorm und Regel Bestand hat, bleibt noch zu erörtern – impliziert, dass die „‚Erkenntnisregel‘ (‘rule of recognition’)”, die den Geltungsgrund der „primären Verpflichtungsregeln (*primary* rules of obligation)” darstellt, selbst anerkannt wird (Hart 2011, 116; Hart 2012, 94). Die Ergänzung der „*primäre[n] Verpflichtungsregeln*“ durch die „*sekundäre*“ „‚Erkenntnisregel‘“

dient, wie aus dem zuvor Gesagten zu entnehmen ist, der Begründung der Anwendung der eher inhomogenen Gruppe von *„primäre[n] Verpflichtungsregeln"*, welche soziale, moralische und rechtliche Regeln in gleicher Weise umfasst (Hart 2011, 113-116). Die Notwendigkeit einer solchen Erkenntnisregel wird damit erklärt, dass sie einerseits „den Grund für einen möglichen Zwang identifizier[t]", und andererseits rechtliche Befugnisse im Sinne der „„Ermächtigung"" Kelsens erteilt, wie das Erstellen eines Testaments und das Schließen von Verträgen (Hart 2011, 329; Kelsen 2017, 268).

Wie Alexy stellt auch Hart - beispielsweise im Zusammenhang mit dem „internationale[n]" und dem „staatliche[n]" Recht, zwischen welchen er eine Analogie vermutet - verschiedentlich Bezüge zwischen seiner „„Erkenntnisregel"" und der „Grundnorm" Kelsens her (Hart 2011, 274; 116; Kelsen 2017, 360): "Kelsen and many modern theorists insist that, like municipal law, international law possesses and indeed must possess a 'basic norm', or what we have termed a rule of recognition, by reference to which the validity of the other rules of the system is assessed, and in virtue of which the rules constitute a single system" (Hart 2012, 233).

Es besteht mithin kein Zweifel, dass die „„Grundnorm"" mit der „Erkenntnisregel ('rule of recognition')" gleichgesetzt und die Rechtsordnung als einheitliches System von Regeln verstanden wird, dessen konstituierender und die Geltung begründender Faktor die „„Grundnorm"" qua „Erkenntnisregel" ist (Hart 2011, 274; Hart 2012, 233). Diesen Umstand drückt Kelsen mit den Worten aus, dass die Grundnorm nicht nur „die gemeinsame Quelle" für die Geltung aller Normen *einer* Rechtsordnung ist, sondern, dass sie zudem „die Einheit einer Vielheit von Normen konstituiert" (Kelsen 2017, 349). Für Hart ist die Frage nach einer Grundnorm jedoch nur im Zusammenhang mit einem „reicheren System, nämlich des staatlichen Rechts", gerechtfertigt, während diese „letzte und höchste Erkenntnisregel" in einfachen Systemen, bestehend aus „Verpflichtungsregeln", wie beispielsweise den „Regeln des guten Benehmens", als „Luxus (luxury)" zu sehen ist, weil in diesem Fall ohnehin auf Basis der „„internen"" Perspektive, diesen Regeln konform gehandelt wird (Hart 2011, 275f.; 144; 110; Hart 2012, 235; vgl. Hart 2011, 135). Eine Analogie zwischen der Erkenntnisregel und der Grundnorm Kelsens ist auch darin zu erblicken, dass beide Normen im Rahmen der Frage nach der Geltung des Rechts am Ende des Stufenbaus der Rechtsordnung stehen. In der Sprache Harts bedeutet dies, dass die „Königin im Parlament [...] als eine einzige kontinuierliche legislative Entität" zu betrachten ist, dass das, „was die Königin im Parlament erläßt, Recht ist" und dass die „Erkenntnisregel ('rule of recognition')" als *„letzte Regel* (*ultimate* rule)" fungiert (Hart 2011, 85; 130; 128; Hart 2012, 94; 105).

Trotz dieser Übereinstimmungen zwischen Grundnorm und Erkenntnisregel bringt Hart die Unterschiede zwischen diesen beiden Regeln in einem Anhang zu seinem Text *The Concept of Law* auf den Punkt:

> 1. The question whether a rule of recognition exists and what its content is, i.e. what the criteria of validity in any given legal system are, is regarded throughout this book as an empirical, though complex, question of fact. […]
> 2. [N]o question concerning the validity or invalidity of the generally accepted rule of recognition as distinct from the factual question of its existence can arise. […]
> 3. It seems a needless reduplication to suggest that there is a further rule to the effect that the constitution (or those who "laid it down") are to be obeyed [entspricht doch bereits die Grundnorm der Regel, dass man der Verfassung oder denen, die sie aufstellten, gehorchen soll]. […]
> 4. One reason for using the expression "rule of recognition" instead of a "*basic* norm" is to avoid any commitment to Kelsen's view of the conflict between law and morals (Hart 2012, 292f.).

Alexys Abhandlung zur Erkenntnisregel Harts setzt bei dem, von Hart unter Punkt 1 ausgeführten Argument an, „daß es sowohl bei der Frage, ob eine rule of recognition existiert, als auch bei der Frage, was ihr Inhalt ist, um empirische Fragen geht“, mithin nicht nach der Gültigkeit dieser höchsten Regel zu fragen ist (Punkt 2), die ihrerseits jedoch die Geltung der „primären Verpflichtungsregeln“ begründet (Alexy 2011, 196; Hart 2011, 116; vgl. Hart 2012, 95; 292). Die Faktizität der Erkenntnisregel findet ihren Ausdruck auch darin, dass sich „ihre Existenz [in der Weise] *zeigt* […], wie besondere Regeln identifiziert werden, nämlich entweder von Gerichten oder Beamten, oder aber von Privatpersonen und ihren rechtskundigen Beratern“, womit Hart auf die „Praxis der Normanwender“ verweist, an die er zwei „Minimalbedingungen“ knüpft (Hart 2011, 123; 140; Möllers 2011, 374): "There are therefore two minimum conditions necessary and sufficient for the existence of a legal system. On the one hand, those rules of behaviour which are valid according to the system's ultimate criteria of validity must be generally obeyed, and, on the other hand, its rules of recognition specify the criteria of legal validity and its rules of change and adjudication must be effectively accepted as common public standards of official behaviour by its officials" (Hart 2012, 116).

Nach Hart findet mit der Anwendung einer Rechtsnorm ein Positionswechsel von der „‚internen‘“ zur „‚externen‘“ Perspektive, von der Teilnehmer- zur Beobachterposition, statt, indem nicht mehr gesagt wird, „daß ein besonderer Erlaß gültig ist, weil er der Regel entspricht, daß, was die Königin im Parlament erläßt, Recht ist, sondern […], daß die letztere Regel […] als letzte Erkenntnisregel verwendet wird“, womit jedoch implizit eine Anerkennung der Erkenntnisregel, mithin auch der, von ihr in der Geltung begründeten Verpflichtungsregeln durch die Normanwender vorausgesetzt wird (Hart 2011, 110; 130). Für Alexy scheint die Konzeption Harts eine „bestechend einfache Lösung des Grundnormproblems“ zu sein, jedoch nur auf den ersten Blick, weil sich in ihrem Hintergrund eine Verletzung des metaethischen Prinzips nach Hume verbirgt, welches besagt, „daß daraus, daß etwas ist, nicht folgen kann, daß etwas sein soll“ (Alexy 2011, 197; Kelsen 2017, 29; vgl. Jestaedt & Lepsius 2006, XV; Hume 1739, 458). Wird nämlich eine Regel, die „ihren Ausdruck in einer gemeinsamen Praxis findet“, akzeptiert, bedeutet dies, von der Existenz dieser Praxis „zu dem Urteil, daß es geboten ist, sich gemäß dieser Praxis zu verhalten“, überzugehen, womit eine „empirische Grundnormtheorie“ am Übergang vom Sein zum Sollen scheitern muss (Alexy 2011, 197).

In Punkt 3 des obigen Zitates (siehe S. 114) äußert Hart – wie auch Alexy und Pfersmann – Kritik an Kelsens Theorieelement „ältere Staatsverfassung“, die sich in dem immer gleichen Inhalt der Grundnorm widerspiegelt, wonach dieser Staatsverfassung zu gehorchen sei (Kelsen 2017, 357; vgl. Alexy, 2011, 171; Pfersmann 2014, 61; Hart 2012, 293). Hart betont in diesem Zusammenhang, dass die Verfassung eines Staates einerseits als lebendige Realität, die in Anwendung der Gesetze akzeptiert wird, betrachtet werden muss und, dass es andererseits einer sinnlosen Verdoppelung (“needless reduplication”) entspricht, zusätzlich zur Grundnorm eine Regel einzuführen, der in gleicher Weise Gehorsam geschuldet ist (Hart 2012, 293). Für Diskussionsstoff sorgt zudem der transzendental-logische Ansatz Kelsens, der die Rechtsordnung aus der Warte der Rechtswissenschaft als „sinnvolles Ganzes“, mithin als Einheit begreift, womit das geltende Rechtssystem zu einer *conditio sine qua non* für die Geltung seiner Rechtsnormen wird (Kelsen 2017, 143). Hart entgegnet “[that] [t]he general efficacy of the system is not a criterion of validity provided by the rule of recognition of a legal system, but is presupposed though not explicitly stated whenever a rule of the system is identified as a valid rule of the system”, womit die Wirksamkeit und nicht die Einheit des Rechtssystems die Geltung seiner Normen begründet (Hart 2012, 295).

Mit der sozialen Wirksamkeit einer Rechtsnorm wird implizit die Bedeutung der Sanktion in einem rechtsstaatlichen Gefüge thematisiert (vgl. Alexy 2011, 139). Hart distanziert sich durch seine Ablehnung eines sanktionstheoretischen Ansatzes von Kelsen und bezeichnet die Sichtweise, “that the key to the understanding of law is to be found in the simple notion of an order backed by threats”, als Mangel jeder Rechtstheorie, der sich seit John Austin nicht ausmerzen lässt (Hart 2012, 16). Seine Argumentation fußt auf der Annahme, “[that] not all laws order people to do or not to do things”, erweist sich doch die Funktion von

Rechtsnormen auch darin "to [...] confer powers on private individuals to make wills, contracts, or marriages, and [...] [to] give powers to officials, e.g. to a judge to try cases, to a minister to make rules, or a county council to make by-laws" (Hart 2012, 26). Auch wenn die „*sekundäre[n]* Regeln (*secondary* rules)", deren Funktion es ist, der „*Unbestimmtheit*", dem „*statische[n]* Charakter" und der „*Unwirksamkeit* des diffusen sozialen Drucks" der „*primären* Verpflichtungsregeln (*primary* rules of obligation)" entgegenzuwirken, auf Letztere verweisen, die ihrerseits in Gestalt von sittlichen, moralischen und rechtlichen Normen das Verhalten von Menschen regeln, sind sie nicht als sanktionsbewehrt, d.h. als „durch Drohungen unterstütze Befehle (orders backed by threats)" zu betrachten (Hart 2011, 114f.; 26; Hart 2012, 94; 13). Da den „*primären* Verpflichtungsregeln" zudem die Aufgabe zukommt, Befugnisse zu erteilen ("confer powers on"), die zum Abschließen von Verträgen, zum Abfassen von Testamenten befähigen, oder einen Richter ermächtigen, einen Fall verhandeln und entscheiden zu können, sind auch sie nicht ausschließlich als „durch Drohungen unterstützte Befehle (orders backed by threats)" zu fassen (Hart 2012, 26; 28; Hart 2011, 115; 42). Die von Hart anhand von Verträgen, Testamenten, oder richterlichen Entscheidungen angeführten Beispiele rufen die „*Ermächtigung*" Kelsens ins Gedächtnis (Kelsen 2017, 236). Es kann in Ansehung dieser „*Ermächtigung*", die auch gemäß Kelsen Befugnisse erteilt, Hart Recht gegeben werden, liegt es doch auf der Hand, dass hier keine Befehle im Spiel sind (Kelsen 2017, 236).

Lassen wir die Diskussion, die Gálvez zum Thema „unselbständige Norm[en]" im Kontext mit der Rechtslehre Kelsens führt, Revue passieren, dann zeigt sich eine Parallele seiner Argumentation zu jener Harts, der von der Annahme ausgeht, "that [...] 'Law is the primary norm which stipulates the sanction'" (Kelsen 2017, 114; Hart 2012, 35; vgl. Gálvez 2014, 45f.). Zur Erinnerung: Kelsen bestimmt die „Normen der Verfassung, die zur Erzeugung von generellen Normen ermächtigen [...] und die Normen der Strafprozeßordnung, die zur Erzeugung der individuellen Normen der strafgerichtlichen Entscheidungen ermächtigen", als „unselbständige Normen", da sie die Bedingung zur Vollstreckung einer „Strafsanktion" liefern (Kelsen 2017, 115f.). In analoger Weise bezeichnet Gálvez die „unselbständige[n] Normen" als „faktischer Vordersatz" im Sinne einer „„bestimmten Bedingung"" und das Vollstrecken einer Strafsanktion als „Nachsatz mit einer nicht-tautologischen deontischen Bejahung (d.i. Zwang)" (siehe S. 85) (Kelsen 2017, 116; Gálvez 2014, 45). Harts Ausführungen zeigen hierbei keine Diskrepanzen zu jenen Kelsens und Gálvez', weshalb Möllers zu dem Schluss gelangen kann, dass die „ausführliche Kritik Harts an einer Sanktionstheorie des Rechts" wenig überzeugt, weil auch in der Theorie Harts „Sanktionen in seinen Kriterien für eine soziale Regelordnung eine wesentliche

Rolle spielen" (Möllers 2011, 378f.). An dieser Interpretation Möllers ist in Ansehung der Darlegungen Harts nichts zu beanstanden: Hart stellt nämlich im Vorfeld fest, dass es kein Recht gibt, das Mord verbietet, sondern das Recht fordert offizielle Organe auf, gewisse Sanktionen an jenen Personen zu vollziehen, die einen Mord begangen haben. Das Recht hat damit die Aufgabe – wie auch bei Kelsen zu lesen ist – das menschliche Verhalten zu regulieren (vgl. Hart 2012, 35f.; Kelsen 2017, 26f.). Nach Hart ist folglich der Inhalt des Rechts "merely the antecedent or 'if-cause' in a rule which is directed [...] to officials, and orders them to apply certain sanctions if certain conditions are satisfied", d.h., dass jedes ursprüngliche Recht auf die Formel zurückzuführen ist: "If anything of a kind X is done or omitted or happens, then apply sanction of a kind Y" (Hart 2012, 36). Mithin ist geklärt, dass nicht nur die Bürger eines Staates, sondern auch offizielle Organe dazu aufgerufen sind, dem Gesetz Folge zu leisten.

Mit der Sanktionstheorie muss auch nach der zeitlichen Geltung von Gesetzen gefragt werden. Werden nämlich Gesetze als Befehle begriffen, die von einer Person erlassen und von einer anderen Person befolgt werden, ist nicht zu erklären, warum auch Gesetze, deren Gesetzgeber nicht mehr am Leben ist, weiterhin eine soziale Geltung aufweisen, womit die Frage zu beantworten ist, "how can law made by an earlier legislator, long dead, *still* be law for a society that cannot be said habitually to obey him" (Hart 2012, 62). Nun ist es nicht möglich, das Interesse an Gesetzen von der Lebenszeit des Gesetzgebers abhängig zu machen, weil es zu den Charakteristika von Gesetzen gehört, den Gesetzgeber zu überleben. Würde das Gesetz novelliert, könnte der Grundsatz „*lex posterior derogat priori*" in Ansatz gebracht werden, bleibt das ursprüngliche Gesetz jedoch in Geltung, ist dieser Grundsatz nicht anwendbar und es wird von einem gewohnheitsmäßigen Befolgen von Gesetzen ausgegangen (Kelsen 2017, 370). Hart nimmt Anleihe bei Thomas Hobbes, Jeremy Bentham und Austin, um die letztgenannte Voraussetzung für den Gehorsam gegenüber dem Gesetz zu begründen und liefert eine plausible Erklärung: "It is not immediately clear, if we dispense with the notion of a rule in favour of the simpler idea of habit, what the 'authority' as distinct from the 'power' of a legislator can be. But the general argument expressed by this quotation is clear. It is that, though as a matter of history the source or origin of a law [...] was the legislative operation of a past sovereign, its present status as law [...] is due to its recognition as law by the present sovereign" (Hart 2012, 63f.).

Die Überlegungen Harts münden in die Unterscheidung zwischen einem ausdrücklichen Befehl, der nur zu Lebzeiten des Gesetzgebers möglich ist und der stillen Zustimmung des Souveräns, dass das in der Vergangenheit erlassenen Gesetz weiterhin zur Anwendung gebracht wird.

Auf die wohl bedeutsamste Diskrepanz zwischen seiner Konzeption und jener Kelsens macht Hart mit der Erklärung, warum er den Terminus „Erkenntnisregel“ dem der „Grundnorm“ vorzieht, aufmerksam: Er beabsichtigt mit dieser Strategie nämlich “to avoid any commitment to Kelsen's view of the conflict between law and morals” (siehe S. 114, Punkt 4) (Hart 2012, 293). Für Hart ist es nämlich – im Gegensatz zu Kelsen – unbestritten, “that the development of law, at all times and places, has in fact been profoundly influenced both by the conventional morality and ideals of particular social groups” (Hart 2012, 185). Unter dem Titel “*Legal validity and resistance to law*” fasst Hart das „große Kriegsgeschrei“ der Rechtspositivisten Austin, John Chipman Gray und Kelsen zusammen, um eine nachdrückliche Kritik zu formulieren (Hart 2012, 207; Hart 2011, 244): “[T]he concern of the great battle-cries of legal positivism [was]: ‘The existence of law is one thing; its merit or demerit another’; ‘The law of a State is not an ideal but something which actually exists … it is not that which ought to be, but which is’; ‘Legal norms may have any kind of content’” (Hart 2012, 207; Austin, Gray und Kelsen zitiert nach Hart 2012, 207).

Alle drei Aussagen der hier genannten Rechtspositivisten zielen auf eine klare Sein-Sollen-Differenz ab. Unter Heranziehung von Beispielen aus der Ära des Nationalsozialismus in Deutschland gelangt Hart zu zwei Sichtweisen, die einander widerstreiten, da die eine unmoralische Regeln nicht als Recht gelten lässt, die andere diese ungerechten Regeln jedoch als Recht akzeptiert (vgl. Hart 2012, 208f.). Folglich gibt es auch alternative Möglichkeiten, moralische Entscheidungen zu formulieren, sich jedoch auf die bloße Verwendung der Sprache zurückzuziehen, erscheint zu einfach, weshalb es eines Konzepts bedarf, das eine Klassifikation von Regeln, die für ein gesellschaftliches Leben wirksam sind, ermöglicht. Harts Unterscheidung läuft auf eine weite und eine engere Sichtweise von dem, was als Recht anzusehen ist, hinaus, wobei die engere Perspektive als in der weiten enthalten zu denken ist. Wird das weite Konzept anerkannt, dann werden alle Regeln als Recht zusammengefasst, die gemäß den formalen Voraussetzungen des Rechts als Einheit von *„primäre[n] Verpflichtungsregeln“* und *„sekundäre[n]* Regeln“ gelten, auch wenn sie gegen die Moral der Gesellschaft verstoßen (Hart 2011, 113; 115; vgl. Hart 2011, 246; Hart 2012, 209). Entscheiden wir uns hingegen für die enge Sichtweise, dann müssen alle Regeln, die der Moral widerstreiten, aus dem Recht exkludiert werden (vgl. Hart 2011, 246; Hart 2012, 209). Das engere Konzept ist aus dem theoretischen und wissenschaftlichen Blickwinkel zu verwerfen, weil mit diesem auch Regeln, die andere Merkmale des Rechts aufweisen, ausgeschlossen würden. Mit der Favorisierung der weiten Perspektive ist möglicher Weise auch ein praktischer Nutzen in Hinblick auf ethische Überlegungen geltend zu machen. Es gilt nämlich im Sinne der

Ablehnung der Sanktionstheorie, die Menschen insofern klarsichtiger werden zu lassen, als auch gültige Rechtnormen einer moralischen Prüfung zu unterziehen sind, ehe diesen Regeln Folge geleistet wird (vgl. Hart 2012, 210; vgl. Dreier 2019, 326f.). Stichhaltiger für die Bevorzugung der weiten Sichtweise von Recht ist jedoch das Argument, dass mit dieser die Gültigkeit von Gesetzen von deren „Immoraliltät" unterschieden werden kann. Hart, der sich, wie Radbruch, gegen rückwirkende Rechtsnormen ausspricht, führt den Grundsatz *„nulla poena sine lege"* ins Treffen, der besagt, dass eine Person nur dann zur Rechenschaft gezogen werden darf, wenn zum Zeitpunkt der Tat diese auch gesetzlich verboten ist (Hart 2012, 211; Hart 2011, 248; vgl. Hart 2012, 208; Radbruch 2003, 202).

Da Hart intendiert, das „gesellschaftliche Phänomen Recht" begrifflich zu beschreiben, unterscheiden sich Kelsens und Harts Theorie vom Recht in einem entscheidenden Punkt: Während Kelsen vermittels eines transzendentalphilosophischen Arguments im Sinne Kants die „Bedingung der Möglichkeit einer wissenschaftlichen Betrachtung des positiven Rechts" zu entwickeln sucht und deshalb der Grundnorm bedarf, versucht Hart, vermittels der „Erkenntnisregel" ein „empiriefähiges Modell" zu entwerfen, das freilich dem Theoriegebäude Kelsens nicht unähnlich ist (Möllers 2011, 369). Hart verzichtet, wie Kelsen, nicht auf einen normativen Anspruch des Rechts, will jedoch die Normativität des Rechts von der Normativität „moralischer oder religiöser Vorschriften" unterschieden wissen, indem er sowohl „*primäre* Verpflichtungsregeln (*primary* rules of obligation)" als auch „*sekundäre* Regeln (*secondary* rules)" zu zentralen Momenten seiner Rechtstheorie macht (Möllers 2011, 369; Hart 2011, 115; Hart 2012, 94). Versucht man die Bedeutung der Philosophie für die Lehre Kelsens und Harts zu bestimmen, dann kann die Reine Rechtslehre als eindeutig rechtsphilosophischer Ansatz interpretiert werden, während Hart ein „weicheres Verständnis von Philosophie" zu haben scheint, beabsichtigt er doch, das Recht in der Weise begrifflich zu klären, dass auch empirische Wissenschaften wie die „Rechtssoziologie und die Rechtsgeschichte" damit arbeiten können, wodurch das von Kelsen aufgestellte Reinheitspostulat in Gefahr geriete (Möllers 2011, 378).

### 2.3.2 Christoph Kletzers Neuinterpretation der „Reine[n] Rechtslehre" Kelsens (Kelsen 2017, 21)

Obwohl bisher bereits unterschiedliche Lesarten der *Reine[n] Rechtslehre* und Interpretationen des Terminus „Reine Rechtslehre" dargelegt wurden, darf nicht angenommen werden, dass damit ihre Betrachtungsweisen erschöpft sind. Davon zeugt der 2018 erschienene Text Kletzers *The Idea of a Pure Theory of Law*, den er mit den Worten einleitet:

> IN THIS BOOK, I want to convince the reader that the law is an order of force or violence. I will also argue that this claim forms the doctrinal core of the Pure Theory of Law. / The book thus contains two sets of claims: a set of strong substantive claims and a set of weak exegetical ones. The strong claims take centre stage and come in the form of a theory of law which I try to clarify and present as being both defensible and superior to others. The weak claims are subsidiary and argue that this theory of law can be seen as comprising the core insight of the historical Pure Theory of Law (Kletzer 2018, 1).

Lässt man die, von Kletzer im Jahre 2013 präsentierte, Interpretation der Reinen Rechtslehre Revue passieren, so wird man feststellen, dass "force or violence" nicht Thema der Auseinandersetzung war, außer es wird die Rechtsfolge in Form eines „als gesollt gesetzten Zwangsaktes" damit identifiziert (Kletzer 2018, 1; Kelsen 2017, 269). Erkennend, dass es sich bei "force" und "violence" um mehrdeutige Begriffe handelt, klärt Kletzer den Leser nicht nur darüber auf, dass beide Worte "are used more or less interchangeable", sondern auch darüber, dass er sie im Sinne des lateinischen *vis* verstanden wissen will, dessen Übersetzung mit „*Kraft*; *Gewalt*", aber auch mit „Bedeutung, Sinn [und] Wesen" wiedergegeben wird (Kletzer 2018, 5, Fußnote; Stowasser & Petschenig & Skutsch 1994, 554). Jedoch auch der Bezug auf das lateinische *vis* trägt nicht zur Klärung der Semantik von "force" und "violence" bei, weshalb es sinnvoll erscheint, sich dieser gemäß der beiden von Kletzer formulierten Ziele anzunähern.

Die Frage "WHAT IS THE PURE THEORY OF LAW?" wird mit sechs kanonischen Doktrinen beantwortet:

> 1. The doctrine of normativity (semantic anti-reductionism) [verweist auf das Recht als normative Ordnung, die nicht mit Tatsachenaussagen erklärbar ist]; 2. The doctrine of the double purity of legal theory [fordert eine strenge Trennung des Rechts von der Moral und der Soziologie]. 3. The doctrine of the basic norm [besagt, dass die Grundnorm immer schon vorausgesetzt ist, wenn wir uns auf das Recht beziehen]. 4. The doctrine of the complete legal norm [bestimmt eine Norm als vollständig, wenn sie alle Bedingungen eines gesetzmäßigen Gewaltaktes festlegt]. 5. The doctrine of the hierarchical structure of the legal system [verfolgt das Ziel, den Inhalt des Rechts vermittels eines hierarchisch gestuften Aktes zu erzeugen und damit die Bedingungen einer gesetzeskonformen Gewaltanwendung zu individualisieren]. 6. The doctrine of alternative authorisation [verlangt nach der Möglichkeit einer Gesetzesänderung, womit die Legalität von gesetzeswidrigem Recht als provisorisch zu betrachten ist] (Kletzer 2018, 5).

Diese Doktrinen können als Gerüst für die noch folgende Auseinandersetzung mit der *Reine[n] Rechtslehre* Kelsens gefasst werden, weshalb an dieser Stelle keine weiteren Erläuterungen hinzugefügt, sondern das Hauptaugenmerk auf die Bestimmung des Rechts als "order of force or violence" gerichtet wird, die es nicht nur zu verteidigen, sondern auch als überlegen gegenüber anderen

Konzeptionen des Rechts auszuweisen gilt (Kletzer 2018, 1; 12). Der Argumentationsstrang, der den Text Kletzers durchzieht, nimmt den Ausgang von der Aufgabe des Rechts, die Gesellschaft durch das Auferlegen von Pflichten zu regulieren. Die Erzeugung von Pflichten bedarf ihrerseits der Regulierung von Gewalt, indem die Gewaltanwendung durch das Recht legitimiert wird und diese Erlaubnis zur Gewaltanwendung im Rahmen des Rechts durch eine strukturierende Interpretation ("by schematising interpretations") erfolgt (Kletzer 2018, 6). Wird die *Grundlegung* Kants befragt, was unter einer durch ein Gebot auferlegten Pflicht zu verstehen ist, dann ist von Nötigung des Willens zu lesen. Das „Gebot (der Vernunft)" entspricht in diesem Kontext der „Vorstellung eines *objektiven* Prinzips", wenn dieses für „einen *Willen* nötigend ist [Hervorhebung, C.A.]". Wird das Gebot als „Formel" präsentiert, handelt es sich um einen „*Imperativ*", womit hinter dem Auferlegen einer Pflicht durch ein Gebot ein Befehl im weitesten Sinne zu vermuten ist (GMS BA 37; vgl. Kelsen 2017, 31). Deshalb kann Kletzer die Ablehnung eines sanktionstheoretischen Ansatzes, wie sie durch Hart mit den folgenden Argumenten vertreten wird, nicht zur Gänze unwidersprochen lassen: "If we compare the varieties of different kinds of law to be found in a modern system as English Law with the simple model of coercive orders […] a crowd of objections leap to mind. Surely not all laws order people to do or not to do things. Is it not misleading so to classify laws which confer powers on private individuals to make wills, contracts or marriages, and laws which give powers to officials, e.g. to a judge to try cases […]? Do not statutes often bind the legislators themselves?" (Hart 2012, 26; vgl. Möllers 2011, 370f.)

Für Kletzer ist Recht ohne Sanktionen gut vorstellbar, nicht jedoch ohne "force or violence", wird doch mit der "Pure Theory" eine Theorie vorgestellt, die unterschiedliche Rechtsnormen in einheitlicher Form erklärt, ohne jedoch Bezug zu Sanktionen zu nehmen (Kletzer 2018, 14). Eine Annäherung an den Inhalt der Termini "force" und "violence" gelingt, indem deren Bestimmung als physische Gewalt, wie Töten, Schlagen und Angreifen, nicht jedoch als Akte des Sprechens und Denkens herangezogen wird (vgl. Kletzer 2018, 21, Fußnote). Dennoch bedarf es nicht der Gewalt, damit Recht *Recht* sein kann, sondern die Zielsetzung des Rechts besteht in der Reduktion oder Eradikation von Gewalttaten, weshalb es sich mit einem Armamentarium von Sanktionen ausstatten muss, die jedoch nur dann zum Tragen kommen, wenn die Rechtsnormen ihre soziale Wirksamkeit vermissen lassen, d.h. wenn die menschlichen Handlungen nicht den gebotenen Akten entsprechen (vgl. Kletzer 2018, 21). "So first there is the law, then there is force, and even though enforcement will regularly take place, it does not need to take place for the law to be law", d.h. dass Gewalt als akzessorisch zum Recht betrachtet wird (Kletzer 2018, 21). Dieser Beschreibung des

Verhältnisses zwischen Recht und Gewalt steht jene gegenüber, die – im Sinne der Reinen Theorie – Gewalt als Attribut des Rechts fasst, womit das Recht mit einer „*Gewaltordnung*“ identifiziert wird (Kletzer 2018, 22). In diesem Fall zieht das Recht Gewalt nicht als Mittel zur Erreichung eines Zweckes heran, sondern ist selbst Gewalt. Während die erste Interpretation des Aufeinander-Bezogenseins von Recht und Gewalt (“the moralistic model”) die Arbeitsweise des Rechts beschreibt und die Anwendung von Gewalt als Rechtsfolge begreift, erklärt das zweite Modell – “[t]he aristocratic attitude model” – die Gewaltanwendung einer Person im Sinne der Selbstverteidigung zu einem gesetzeskonformen Akt (Kletzer 2018, 23; vgl. Kletzer 2018, 30). Die Überlegenheit des aristokratischen Modells gegenüber dem moralistischen wird damit begründet, dass Ersteres eine Differenzierung einer Rechtsordnung von anderen normativen Systemen ermöglicht und auch die Logik, der das Recht folgt – unter bestimmten Bedingungen ist Gewaltanwendung gesetzeskonform –, klar darzustellen vermag (vgl. Kletzer 2018, 32; 41). Es muss an dieser Stelle betont werden, dass nicht das Recht Gewalt generiert, sondern irgendjemand, wie ein Familienmitglied, das auf Rache sinnt oder ein Polizeibeamter, der seiner Aufgabe nachkommt.

Anhand der Frage “What has the judge said and is he really a judge?” lässt sich die von Kelsen dargelegte hierarchische Struktur des Rechtssystems, die eine Rechtsnorm als Teil dieser Normenordnung festlegt, nachvollziehen (Kletzer 2018, 42). Zu den Bedingungen, die Gewaltanwendung als rechtskonform klassifizieren, kommen jene hinzu, die ausweisen, dass Gewaltanwendung durch einen Richter zu autorisieren ist. Dieser Richter muss seinerseits durch die Gesetzgebung zum Richteramt ermächtigt werden, womit er befugt ist, einen distinkten Gebrauch von Gewalt zu legitimieren. Letztlich bestimmt die Verfassung, in welcher Weise die genannten Anforderungen zu ändern sind. Mithin sind als Schlüssel für die gesamte Hierarchie an Normen die Bedingungen zu sehen, die Gewaltanwendung für gesetzeskonform erklären (vgl. Kletzer 2018, 42).

Welche erkenntnistheoretischen Probleme dieser Hierarchie einer Normenordnung innewohnen und welche Bedeutung dabei der „Grundnorm“ Kelsens zukommt, wird Gegenstand weitere Überlegungen sein (Kelsen 2017, 58; 360). Für Kletzer ist klar, dass ungeachtet der Komplexität des Rechtssystems eine Grundnorm gegeben sein muss, weil sie das Offensichtliche festlegt, nämlich, dass Recht *Recht* ist und weil sie Ausdruck jener Konzeption von Recht ist, die als Reine Theorie entwickelt wird (vgl. Kletzer 2018, 43). Diese Grundnorm wird jedoch dann zu einem Mysterium, wenn sie an der Spitze des hierarchischen Gebäudes angesiedelt und aus den grundlegenden Operationen des Rechts entfernt wird (vgl. Kletzer 2018, 43; vgl. Olechowski 2009, 59f.).

Gemäß dem gedanklichen Duktus Kletzers ist nun die Frage zu klären, wie das Recht via Erlaubnis Verpflichtungen erzeugen kann. Seine Überlegungen lassen die Konzeption Kants, der analog zum Kategorischen Imperativ als einem „Gebots- und Verbotsgesetz" das Rechtsgesetz als „Erlaubnisgesetz" formuliert, vor dem geistigen Auge erscheinen (Kersting 2004, 170; vgl. AA VI, 247; GMS BA 37). Wird die *Reine Rechtslehre* Kelsens den Erläuterungen zugrunde gelegt, dann trifft der Leser jedoch nicht auf den Terminus „Erlaubnis", sondern auf die „Ermächtigung" als einer „Funktion der Rechtsordnung", die sich nur auf „menschliches Verhalten" bezieht und – wie in Kletzers Konzeption – in den Kontext sowohl mit der Rechtspflicht als auch mit der Rechtsfolge gestellt wird (Kelsen 2017, 268f.). In diesem Zusammenhang unterscheidet Kelsen drei Arten von Recht: 1. Das „subjektive Recht eines Individuums", auf welches in Form eines „Reflex[es]" reagiert wird, besteht doch eine Rechtspflicht gegenüber dem Individuum. 2. Das „subjektive Privatrecht", das einem Individuum die „Rechtsmacht" gewährt, „individuelle Norm[en]" zu erzeugen, an die eine Sanktion geknüpft werden kann, und 3. Das „politische Recht", das ein „Mitglied der gesetzgebenden Volksversammlung" ermächtigt, an der „Erzeugung" von Gesetzen mitzuwirken (Kelsen 2017, 267f.). Mithin wird zuallererst darauf aufmerksam gemacht, dass nicht nur der Bürger eines Staates den Rechtspflichten unterliegt, sondern dass auch der Staat gegenüber dem Bürger bestimmten Rechtspflichten nachkommen muss, wie Kelsen unter dem Begriff „bloßes Reflexrecht" (1.) darlegt (Kelsen 2017, 267). Es ist beispielsweise die Pflicht eines Wohlfahrtsstaates, „Gesundheitsfürsorge, Bildung und Renten" zu gewährleisten oder wie von Robert Nozick anhand seines „Minimalstaat[es]" dargelegt wird, vor „Gewalt, Diebstahl und Betrug" zu schützen (Margalit 2012, 216; Nozick 2011, 53; vgl. Walzer 2006, 139; Nozick 2011, 218). Der Terminus „subjektives Privatrecht" könnte zu Missverständnissen Anlass geben, weil er weder das „*Privatrecht*" im Kantischen Sinne anspricht noch von einem, von der übrigen Rechtsordnung abgesonderten, Rechtsbereich handelt (Kelsen 2017, 267; AA VI, 242; 245). Vielmehr differenziert Kelsen mit dem „subjektive[n] Privatrecht" und dem „politische[n] Recht" die „individuelle Norm" von der „generelle[n] Norm" (Kelsen 2017, 267f.; 45).

Kletzer kann daher die Ermächtigung, die erst die Voraussetzung für einen Richterspruch und für die Gesetzgebung schafft, als Möglichkeit interpretieren, den normativen Status einer Person dahingehend zu verändern, dass sie – als eine ihrer Pflichten – Rechtsnormen erlassen kann, womit sich die Frage aufdrängt, "[w]hy should we think we have gained anything if we have explained obligation in terms of empowerment?" (Kletzer 2018, 62) Folglich ist nach Kletzer der deontische Operator nicht in der Ermächtigung, sondern in der Erlaubnis zu sehen, weshalb die formalisierte Aussage, “If citizen C fails to do x, then a certain legal official A is empowered to impose a certain sanction y on C” gemäß der Reinen Theorie in “If A does X, then someone else is allowed to use force against A” umzuformulieren ist (Kletzer 2018, 62). Es ist offenkundig, dass mit dieser veränderten Verbalisierung eines Gesetzes die Gewalt erlaubt, d.h. legalisiert wird, indem erklärt wird, dass im Falle der Anwendung von Gewalt nicht mit rechtlichen Konsequenzen gerechnet werden muss (vgl. Kletzer 2018, 65). In dieser Erlaubnis zur Gewaltanwendung erkennt Kletzer jedermanns rechtliche Freiheit, welche dadurch ermöglicht wird, dass das Recht die Sphäre seiner Geltung absteckt und damit auch das Terrain, “where everyone is legally free to do what he wants” bestimmt (Kletzer 2018, 65).

Bisher wurde zwar der Stellenwert der Erlaubnis in einer, der Reinen Theorie gemäßen, Rechtsordnung dargelegt, jedoch die Frage, wie das Recht via Erlaubnis Verpflichtungen zu generieren im Stande ist, nicht beantwortet, was anhand des folgenden Beispiels versucht wird:

(3) Killing someone who has killed someone else unlawfully is lawful.
(a) If I do not want to be killed, I ought not to kill someone.
(b) If I do not want the killing of me to be lawful, I ought not to kill someone (Kletzer 2018, 73f.).

Die Aussagen (a) und (b) unterscheiden sich in ihrer Zielsetzung: diejenige von (a) besteht in der Vermeidung der Tötung meiner Person, jene von (b) jedoch darin, dass die Tötung meiner Person nicht als gesetzeskonformer Akt beurteilt werden darf. Zudem gründet die Aussage (a) auf meinem Motiv und dem Für-möglich-halten einer Rechtsfolge, während (b) ausschließlich auf meinem Motiv, d.h. der Verhinderung, dass die Tötung meiner Person ohne Rechtsfolge bleibt, fußt. Dieses Beispiel verdeutlicht zweierlei, nämlich, dass das Recht nicht im Sinne einer Imperativtheorie operiert, ist doch in den Feststellungen kein Befehlscharakter, wie „Töte nicht“, zu erkennen und dass die Verpflichtung Folge der Erlaubnis zur Gewaltanwendung ist, in anderen Worten: Ich bin verpflichtet, von einem Tötungsakt Abstand zu nehmen, weil andernfalls meine eigene Tötung keine Rechtsfolge nach sich zieht. Den zentralen Stellenwert, der der Grundnorm von Kletzer beigelegt wird, im Gedächtnis, kann abschließend die rechtskonforme Anwendung von Gewalt dahingehend bestimmt werden, dass Gewalt dann gesetzeskonform ist, wenn sie in Übereinstimmung mit dem Recht erfolgt, welches nur dann Recht ist, wenn es im Einklang mit der Grundnorm steht (vgl. Kletzer 2018, 112). Dem kann hinzugefügt werden, dass “[b]eing in accordance with the basic norm here means only that the law is actually law, which means […] that it is real or effective, ie that it is generally used or applied as law" (Kletzer 2018, 112).

Nach diesen Erläuterungen zu *The Idea of a Pure Theory of Law* bleibt zu beurteilen, ob die Konzeptionen, wie sie von Kletzer in den Jahren 2013 und 2018 vorgelegt werden, einen gemeinsamen Kern aufweisen und das tun sie, wenn die abschließende Aussage Kletzers herangezogen wird:

> In this chapter [entitled *Absolute Positivism*], I have tried to present the Pure Theory as a way to formulate an absolutely positivistic theory of law. In so doing, I moved the analysis away from the middle way and towards an understanding of the Pure Theory as a philosophical grappling with the radical self-constitution of legal validity. / However, since the Pure Theory not only attempts to deal with legal validity but also tries to present a programme of legal scientific work, and since absolute positivism with its anti-philosophical tendency is an unpopular position, the proposed reading of it is precarious. It is, however, both promising and much needed, since it defends the Pure Theory against the charge of inconsistency and tries to formulate a coherent idea of the Pure Theory (Kletzer 2018, 137; vgl. Kletzer 2013, 268).

Kletzer intendiert in seiner Gedenkschrift zum vierzigsten Todestag Kelsens aus dem Jahr 2013, „eine einheitliche Idee der Reinen Rechtslehre“ zu formulieren und betitelt sein 2018 erschienenes Werk *The Idea of a Pure Theory of Law*, womit er offensichtlich dem Kantischen Theorieelement „Idee“ in der Lehre Kelsens Bedeutung beimisst (Kletzer 2013, 257; vgl. KrV B 672f./A 644f.). Abschließend sei angemerkt, dass auch Paulson mit seiner Frage, ob die Reine Rechtslehre Kelsens durch das „regulative Prinzip“ zu retten sei, implizit die „transzendentalen Ideen“ der reinen Vernunft Kants thematisiert (siehe Abschnitt 4.3) (Paulson 2014, 259; KrV B 671/A 643).

## 2.4 Zu den Begriffen „Regel“ und „Norm“ als Synonyme?

Die Kernfragen – „Was ist Recht?“; „Was ist unter einer Regel zu verstehen?“ –, ohne deren Beantwortung eine fundierte Rechtslehre aussichtslos erscheint, werden von Hart seinem Text *The Concept of Law* vorausgeschickt:

> Few questions concerning human society have been asked with such persistence and answered by serious thinkers in so many diverse, strange, and even paradoxical ways as the question "What is law?" // At first sight it might seem that the statement that a legal system exists, in general at any rate, of *rules* could hardly be doubted or found difficult to understand. […] Yet dissatisfaction, confusion, and uncertainty concerning this seemingly unproblematic notion underlies much of the perplexity about the nature of law. What *are* rules? (Hart 2012, 1; 8).

Die Frage, was eine Regel ist, impliziert auch jene, was eine Regel zu einer Regel werden lässt. Unbefriedigend ist es, bloß die große Vielfalt von Regeln darzulegen und zu beschreiben, dass es offenbar „rechtliche Regeln (legal rules)", Regeln des „Benehmens und der Sprache (rules of etiquette and of language)", aber auch „Spiel- und Clubregeln (rules of games and clubs)" gibt, denn damit werden die unterschiedlichen Arten von Regeln innerhalb dieser Sphären verdeckt (Hart 2011, 20; Hart 2012, 9). Wird nach der landläufigen Begriffsbestimmung von „Regel" gesucht, so lässt sich die folgende Definition finden: „Eine **Regel** ist eine aus bestimmten Regelmäßigkeiten abgeleitete, aus Erfahrungen und Erkenntnissen gewonnene, in Übereinkunft festgelegte, für einen bestimmten Bereich als verbindlich geltende Richtlinie. […] Beispiele dafür sind Regeln für das soziale Verhalten (Verhaltensnorm), zum Beispiel Verkehrsregeln, Benimm- oder Spielregeln und Maximen. […] In der Nebenbedeutung Konvention, Standard, bezeichnet *Regel* eine Übereinkunft, an die man sich nach allgemeiner Auffassung halten soll" (https://de.wikipedia.org/wiki/Regel_(Richtlinie)).

In ähnlicher Weise erfolgt auch die von Hart vollzogene Differenzierung unterschiedlicher Regeln, die jedoch im Kontext mit dem Recht über die, auf der zitierten Plattform dargestellte, Unterscheidung deshalb hinausgeht, weil „einige Regeln insofern zwingend sind, als sie von den Leuten verlangen, sich auf gewisse Weise zu verhalten, zum Beispiel keine Gewalt zu üben oder Steuern zu zahlen, ob sie es nun wollen oder nicht" (Hart 2011, 21). Der an die letztgenannten Regeln geknüpfte Zwang besteht darin, dass bei einem Verstoß gegen sie mit einer Sanktion in Form einer Strafe oder einer sozialen Ausgrenzung zu rechnen ist. Dieses Kriterium zieht Hart für eine eher hypothetische Unterscheidung zwischen der „Existenz einer Regel, für die die Worte ‚müssen', ‚sollen' usw. oft ein Zeichen sind" und einem bloß gleichartigen „habituellen Verhalten in einer Gruppe (convergent habitual behaviour in a social group)" heran (Hart 2011, 22; Hart 2012, 10).

Die Differenzierung unterschiedlicher Regeltypen und das Thematisieren des Zwangs bei einem der Regel widersprechenden Verhalten leiten zu weiteren Fragen über, um welche die Überlegungen in diesem Abschnitt des Textes kreisen, wie: Gibt es eine Unterscheidung zwischen dem Recht und den „durch Drohungen unterstützten Befehlen (orders backed by threats)"?; Ist die rechtliche mit der moralischen Verpflichtung gleichzusetzen?; und letztlich „Was sind Regeln, und inwieweit hat das Recht etwas mit Regeln zu tun?" (Hart 2011, 26; Hart 2012, 13). Gemeinsam ist den implizit und explizit gestellten Fragen die Suche nach einer Definition, weshalb Harts Begriffserklärung für „Definition" voranzustellen ist.

Eine Definition „*per genus et differentiam*“ liefert einerseits einen „Code“, um ein Wort in ein anderes, verständliches Wort zu übersetzen und sie „lokalisiert“ mit Bezug zur Realität ein Ding, indem sie die „Merkmale angibt, die das Ding mit einer größeren Familie von Dingen gemeinsam hat, aber auch die Merkmale, die das Ding von anderen Dingen derselben Familie unterscheiden“ (Hart 2011, 27). Diese Art von Definition kann jedoch deshalb nicht der Bestimmung des Begriffs „Recht“ dienen, weil es keine „allgemeinverständliche und generelle Kategorie“ gibt, der das Recht zuzuordnen ist (Hart 2011, 28). Zudem machen die drei Fragen aufgrund ihrer Unterschiedlichkeit eine Suche nach einem Universale schwierig. Um ein, den Fragen gemeinsames, Element finden zu können, gilt es – nach Hart – „die Mängel der Theorie [zu] betrachten, die die englische Jurisprudenz seit Austin beherrschte“, wonach das Recht als ein „von Drohungen unterstützte[r] Befehl“ gefasst wird (Hart 2011, 29). In diese Richtung weist auch die Konzeption Kletzers, die zu klären sucht, was unter einer “*Pure Theory of Law*” zu verstehen ist. Kletzer bestimmt nämlich das Ziel der Reinen Theorie, als “order of force or violence” in Erscheinung zu treten, wobei er betont, die beiden Termini “force” und “violence” in der Bedeutung des lateinischen „*vis*“ als wechselseitig austauschbar verwenden zu wollen (siehe Abschnitt 2.3.2) (Kletzer 2018, 5; Kletzer 2018, 5, Fußnote). Wie zu vermuten, wendet sich Hart gegen die Auffassung des Rechts als ein „von Drohungen unterstützte[r] Befehl“ und lehnt mithin die „Imperativtheorie (imperative theory)” ab (Hart 2011, 29f.; Hart 2012, 17).

Inwieweit hat nun das Recht – aus der Warte Harts – etwas mit Regeln zu tun? Zuallererst könnte vermutet werden, dass Hart anstelle des Begriffs „Rechtsnorm“ jenen der „Regel“ heranzieht, wird doch „‚Recht‘ am besten in der Vereinigung von primären [Verpflichtungsregeln] und sekundären Regeln erkannt“ (“union of primary and secondary rules”) (Hart 2011, 133; Hart 2012, 110; vgl. Hart 2011, 115). Dennoch bereitet nicht nur die Definition „*per genus et differentiam*“ mit Bezug zum Begriff „Recht“, sondern auch bezüglich des Wortes „Regel“ Schwierigkeiten, weil beide gleichermaßen aufgrund des Fehlens eines eindeutigen gemeinsamen Merkmals „verwirrend“ sind (Hart 2011, 27f.).

Für Hart ist der „am meisten geeignete Kandidat“ für eine Bestimmung des Rechtsbegriffs „die Familie der *Verhaltensregeln*“, die sich vor allem in Gestalt der „*primäre[n] Verpflichtungsregeln*“ präsentieren, die jedoch in Ermangelung eines „gemeinsame[n] Identifizierungsmerkmal[s]“ nicht als einheitliches System, sondern als „Komplex einzelner Standards“, die eine Gruppe von Menschen anerkennt, gesehen werden müssen (Hart 2011, 28; 113). Aus dieser Charakterisierung der „*primäre[n] Verpflichtungsregeln*“ sind bereits ihre Mängel in Gestalt der „*Unbestimmtheit* (*uncertainty*)”, des „*statische[n]* Charakter[s] (*static* quality)” und der „*Unwirksamkeit* (*inefficiency*)” abzuleiten (Hart 2011, 113-115; Hart 2012, 94-96). Unbestimmt sind die „*primären Verpflichtungsregeln*“, weil es in „primitive[n] Gemeinschaften“ - diese bilden den Bezugspunkt der Überlegungen Harts - kein Verfahren gibt, das den Zweifel betreffend Inhalt und Absicht einer solchen Regel beheben könnte (Hart 2011, 112f.). Die „primären Verpflichtungsregeln“ weisen einen „*statische[n]* Charakter“ auf, weil primitive Gemeinschaften kein Mittel kennen, das es ermöglicht, diese Benimm-Regeln im weitesten Sinne den veränderten Umständen dadurch anzupassen, dass „alte Regeln abgeschafft oder neue eingeführt werden“ (Hart 2011, 114). Die „*Unwirksamkeit*“ ist darin begründet, dass es einerseits keine Stelle gibt, die autoritativ einen Regelbruch feststellen und entsprechende Folgen an diesen knüpfen kann und, dass andererseits der soziale Druck nicht ausreicht, diese sozialen Regeln aufrechtzuerhalten (Hart 2011, 115). Während in „primitive[n] Gemeinschaften (primitive communities)” die Behebung der drei genannten Mängel der Gruppe selbst überlassen bleibt, gelingt es, diesen in entwickelten Gesellschaften durch drei „*sekundäre* Regeln“ - durch die „‚Erkenntnisregel‘ (“rule of recognition’)”, die „‚Änderungsregeln‘ (“rules of change’)” und durch die „‚Entscheidungsregeln‘ (“rules of adjudication’)” - zu begegnen (siehe S 108f.) (Hart 2011, 112-118; Hart 2012, 91; 94-97). Wie bereits angemerkt, verbergen sich hinter den drei „*sekundäre[n]* Regeln“ die drei Gewalten eines Rechtsstaates, indem die „Jurisdiktion“ in der Person des Richters „etwas als Fall der Regel *identifiziert*“ und damit die Regel qua Gesetz auslegt („‚Erkenntnisregel‘“), indem die „Legislative“ die „Fälle [der] Anwendung [einer Regel] *antizipiert*“ und damit eine Regel qua Gesetz „*formuliert*“ („‚Änderungsregeln‘“) und, indem „ein Fall unter die Regel *subsumiert*“ wird, womit die Regel qua Gesetz durch die „Exekutive“ ausgeführt wird („‚Entscheidungsregeln‘“) (Hart 2011, 115; Zeidler 2016a, 26f.; Zeidler 2016b, 186). Mithin wählt die Konzeption Harts die „primitive Gemeinschaft“ als Ausgangspunkt, um die Sphäre des Rechts zu erschließen und zudem dem Problem nahezutreten, was eine Regel zu einer Regel werden lässt, dessen Lösung mit den oben skizzierten „*drei logische[n] Grundhandlungen*“ der Regeletablierung - der Auslegung, der Formulierung und der Ausführung einer Regel - gelingt, die nicht allein „sorgfältig“ voneinander geschieden, sondern ebenso „sorgfältig miteinander [zu] vermittel[n]“ sind (Hart 2011, 112; Zeidler 2016a, 26f.).

Was jedoch unter einer Regel zu verstehen ist und ob diese einer Norm entspricht, bedarf weiterer Betrachtungen. Wie aus den Skizzen zur *Reine[n] Rechtslehre* Kelsens und zu Harts Text *Der Begriff des Rechts* (*The Concept of Law*) zu schließen ist, decken sich die Intentionen der beiden Rechtswissenschaftler deshalb nicht, weil Kelsen das Recht im Sinne einer Rechtswissenschaft, gereinigt von moralischen und sozialen Elementen darzulegen beabsichtigt, während

Hart eine „begriffliche Beschreibung des gesellschaftlichen Phänomens Recht“ als Grundanliegen seiner Konzeption versteht (Möllers 2011, 369). Hart sieht mithin den Zweck seines Buches darin, “to advance legal theory [Rechtsphilosophie] by providing an improved analysis of the distinctive structure of a municipal legal system and a better understanding of the resemblances and differences between law, coercion, and morality, as types of social phenomena” (Hart 2012, 17; Hart 2011, 30).

Angesichts dieser Zielsetzung ist der Ausgangspunkt der Abhandlungen Harts, der zweifelsfrei mit der sozialen Gemeinschaft identifiziert werden kann, verständlich, aber auch, dass er der konventionellen Moral und den Idealen einer bestimmten sozialen Gruppe einen Stellenwert in der Entwicklung des Rechts einräumt (vgl. Hart 2011, 218). Dass die Leitidee Harts durch einen Komplex von „*primären* Verpflichtungsregeln“ geprägt ist, in dessen Rahmen die „*sekundäre[n]* Regeln“ *ein* System von Regeln konstituieren, darf nicht darüber hinwegtäuschen, dass „das soziale Phänomen Recht [damit] auf die Regularität sozialer Praktiken“ reduziert wird (Hart 2011, 115; Möllers 2011, 372). Soziale Regeln unterscheiden sich aber von bloßen Gewohnheiten dadurch, dass die Gemeinschaft auf Regelverstöße zumindest mit Sanktionen oder Kritik reagiert. Pointiert ausgedrückt, bedarf es des regelwidrigen Verhaltens, damit die Existenz einer sozialen Regel spürbar wird (vgl. Möllers 2011, 372). Wie aufgrund des Terminus' „Verpflichtungsregel“ zu vermuten ist, fordert Hart – „zumindest [von] ein[em] Teil der Regeladressaten“, namentlich von den Richtern und Beamten – einen „‚internen‘ Gesichtspunkt“ des Regelbezugs, d.h., dass diese Personen die Regel als „allgemeingültigen verpflichtenden Teil der Rechtsordnung anerkennen“, sich mithin verpflichtet fühlen, den Regeln konform zu agieren (Hart 2011, 110; Möllers 2011, 373). Damit bedarf jede Rechtsordnung einer „qualifizierten Minderheit“, die eine Regel als verpflichtend anerkennt, womit die rechtliche Verpflichtung – sind doch explizit Richter und Beamte angesprochen – in die Nähe einer moralischen Verpflichtung rückt (Möllers 2011, 373; vgl. Kelsen 2017, 268). Mithin gelingt es Hart, die drei oben gestellten Fragen (siehe S. 126) hinreichend anhand seiner Konzeption von Recht zu beantworten.

Harts *The Concept of Law* ist vor dem Hintergrund eines „wirkmächtigen Regelskeptizismus in der amerikanischen Rechtstheorie“ entstanden, dessen Überzeugung es war, „daß Rechtsregeln über keine eigene Normativität verfügen“ (Möllers 2011, 375). Hart stellt sich dieser Strömung mit der „offene[n] Struktur des Rechts“ (“OPEN TEXTURE OF LAW”), die darauf aufmerksam macht, dass sich selbst bei Anwendung „verbal formulierte[r] allgemeine[r] Regeln“ in konkreten Fällen eine „Unbestimmtheit hinsichtlich der verlangten Verhaltensform ergeben [kann]“ (Hart 2011, 148; 150; Hart 2012, 124). Dennoch muss sich die „soziale Kontrolle“ in einer Großgruppe „allgemeine[r] Regeln, Standards und [der] Prinzipien“ bedienen, die grundsätzlich durch zwei Mitteln, erstens vom Typus der Gesetzgebung und zweitens vom Typus des „Präzedenzfalles“ kommuniziert werden (Hart 2011, 148): “We can see the distinguishing features of these [legislation and precedent] in the following simple non-legal cases. One father before going to church says to his son, ‘Every man and boy must take off his hat on entering a church’. Another baring his head as he enters the church says, ‘Look: this is the right way to behave on such occasions’” (Hart 2012, 124).

Die hier skizzierte Situation ähnelt dem juristischen Präzedenzfall, der ein Beispiel eines Verhaltensstandards mit der Gefahr gibt, dass trotz der konkreten verbalen Anweisung durch den ersten Vater Möglichkeiten in der Vorgangsweise und damit Zweifel betreffend derselben offengelassen werden wie beispielsweise, welche Hand zum Abnehmen des Huts herangezogen werden soll, ob dieser auf der Bank niederzulegen ist und ob der Kopf während des gesamten Aufenthaltes in der Kirche entblößt bleiben muss (vgl. Hart 2011, 149).

Ludwig Wittgenstein versucht in *Über Gewissheit* dem Regelbegriff nahezukommen:

> Was ist ‚eine Regel lernen‘? – *Das.*
> Was ist ‚einen Fehler in ihrer Anwendung machen‘?
> – *Das.* Und auf was hier gewiesen wird, ist etwas Unbestimmtes (Wittgenstein 1970, § 28).

Das vom Vater instruierte Kind wird das beschriebene Verhalten vor dem Hintergrund seines „Alltagswissen[s] über die allgemeine Art der Dinge und Zwecke“ interpretieren; es wird auf einen Aspekt mehr Augenmerk legen als auf einen anderen und wird das Vorgehen des Vaters im Kontext mit der Situation beurteilen (Hart 2011, 149). Während die Demonstration des zweiten Vaters im genannten Beispiel einen weiten Spielraum des Zweifels, welches Benehmen wünschenswert ist, schafft, führen „allgemeine und explizite Sprachformen“ in der Verbreitung von Verhaltensstandards zu mehr Gewissheit (Hart 2011, 149). Eine Regel qua Gesetz, das jede Unsicherheit in der Anwendung ausschlösse, bleibt dennoch eine Illusion, weil derjenige, der die Regel erlässt, nicht „alle möglichen Kombinationen von Umständen“, die die Zukunft bringen mag, kennen und damit bei der Formulierung der Regel berücksichtigen kann (Hart 2011, 153). Zusammengefasst bestehen die wesentlichen Hindernisse, die einer eindeutigen Bestimmtheit der Regel entgegenstehen, darin, dass von den Tatsachen zu wenig gewusst und dass die Ziele zu wenig bestimmt sind. Wird beispielsweise das Ziel verfolgt, „Ruhe und Friede“ in einem Park aufrecht zu erhalten, und aus diesem Grund die Verordnung formuliert, „daß kein Fahrzeug in den Park mitgenommen werden darf“, so bleibt diese Regel so lange unbestimmt, bis die Art der Fahrzeuge spezifiziert wird, wobei auch der Fall eintreten könnte, dass ein Fahrzeugtypus - wie ein elektrisch angetriebenes Spielzeugauto - nicht in den Fokus gerät und damit die Ruhe im Park nicht gänzlich zu erreichen ist (Hart 2011, 153). Die österreichische Rechtsordnung hält für eine derartige Situation den Begriff „Rechtslücke“, landläufig als Gesetzeslücke bekannt, bereit (vgl. Kelsen 2008, 110-116): „Eine Rechtslücke ist eine planwidrige Unvollständigkeit innerhalb des positiven Rechts, gemessen am Maßstab der gesamten geltenden Rechtsordnung. Das Gesetz ist in einem solchen Fall, gemessen an seiner eigenen Absicht und immanenten Teleologie, ergänzungsbedürftig, ohne dass seine Ergänzung einer vom Gesetz gewollten Beschränkung widerspricht“ (https://www.ris.bka.gv.at/JustizEntscheidung.wxe?-Abfrage=Justiz&Dokumentnummer=JJT_19911218_OGH0002_009OBA00194_9100000_000&IncludeSelf=False).

Während im Zusammenhang mit der Bestimmung der „Rechtslücke“ auf den § 7 des österreichischen „Allgemeine[n] bürgerliche[n] Gesetzbuch[es]“ verwiesen wird, das einen Lösungsvorschlag insofern unterbreitet, als bei strittigen Rechtsfällen auf „ähnliche, in den Gesetzen bestimmt entschiedene Fälle“ und in letzter Konsequenz auf „nach den natürlichen Rechtsgrundsätzen“ entschiedenen Fällen zu rekurrieren sei (https://www.jusline.at/gesetz/abgb/paragraf/7), setzt Hart bereits bei der Antizipation des Anwendungsfalls des Gesetzes an und schlägt vor, die verschiedenen Standpunkte zu „konfrontieren“, um danach „zwischen den einander widerstreitenden Interessen [zu] wählen, und zwar so, wie es uns am meisten befriedigt [“satisfies”]“ (Hart 2011, 153; Hart 2012, 129). Folge der „offene[n] Struktur des Rechts“ ist somit, „daß es in der Tat Verhaltensgebiete gibt, wo man das meiste den Gerichten oder den Beamten überlassen muß, die je nach den Umständen zwischen den widerstreitenden Interessen, die von Fall zu Fall verschiedenes Gewicht haben, ein Gleichgewicht herstellen“, womit die Gerichte eine „rechtsschöpfende Funktion (creative function)” übernehmen (Hart 2011, 161; Hart 2012, 136; vgl. Kelsen 2017, 45; 52; 115). Nach Wittgenstein würde die mit dem Fall befasste Person nach „etwas Regelartige[m]“ suchen und die Worte „‚unter normalen Umständen‘“ verwenden, wobei „die normalen Umstände“ zwar erkannt, aber nicht „genau“ beschrieben werden können, weshalb es eher gelingt, eine „Reihe von abnormalen [Umständen]“ darzulegen (Wittgenstein 1970, § 27). Dieser, dem Anschein nach, außerordentliche Status der Gerichte darf jedoch nicht darüber hinwegtäuschen, dass „sowohl ihr allgemeiner Bezugsrahmen“ als auch das richterliche Urteil mit der Folge einer Sanktion den „Charakter allgemeiner Regeln haben“, andernfalls wäre eine „soziale

Kontrolle“ auf Basis von „Rechtsregeln“ nicht möglich (Hart 2011, 162; 243). Gekennzeichnet sind diese Verhaltensstandards dadurch, dass sie bestimmten Personengruppen mit der Forderung mitgeteilt werden, sich „ohne weitere öffentliche Anleitung nach ihnen [zu] richten“, weil sie sie verstehen, mit der Konsequenz, dass diese allgemeinen Regeln distinkte Bedingungen erfüllen müssen: “they must be intelligible and within the capacity of most to obey, and in general they must not be retrospective, though exeptionally they may be” (Hart 2011, 243; Hart 2012, 207; vgl. Hart 2012, 211f.; Radbruch 2003, 202).

Unter dem Titel „Verschiedene Regelskeptizismen“ beleuchtet Hart die Standpunkte des Regelskeptizismus unter dem Aspekt seiner Konzeption, wonach das Recht „am besten in der Vereinigung von primären und sekundären Regeln erkannt werden kann“ (Hart 2011, 161; 133). Nach Hart erscheint es „befremdlich“, dass der zentrale Platz der Regeln in einem Rechtssystem überhaupt „ernsthaft bezweifelt [wird]“, weshalb bloß mit Erstaunen die „mächtige Anziehungskraft [des Regelskeptizismus] auf die Juristen“ beobachtet werden kann, die behaupten, „von Regeln zu sprechen sei ein Mythos, der die Wahrheit des Rechts beschmutzt“ (Hart 2011, 162). Die Inkohärenz des Regelskeptizismus zeigt sich dann deutlich, wenn behauptet wird, dass es zwar Gerichtsentscheidungen gibt, aber keine Regeln, bedarf es doch der Regeln qua Normen, um – in der Diktion Kelsens – Personen zu ermächtigen, ein Richteramt bekleiden zu können. In analoger Weise betont Hart, dass erst die Existenz von sekundären Regeln, also der „‚Erkenntnisregel‘ (‘rule of recognition’)” u.s.f. die „Existenz eines Gerichts“ überhaupt ermöglicht (Hart 2011, 116; 162; Hart 2012, 94; vgl. Hart 2011, 117f.; Hart 2012, 95–97). *Schmerzlicher* Weise untermauern die Skeptiker ihre Argumentation mit der „offene[n] Struktur” der Regeln, der Hart im Gegensatz zu anderen Rechtspositivisten einen besonderen Stellenwert in einem Rechtssystem zuweist und welche aufgrund der „im voraus nicht erschöpfend zu spezifizierende[n] Ausnahmen“ ein sanktionsfreies Abweichen eines Richters von einer Regel zulässt (Hart 2011, 161; 165; vgl. Hart 2012, 135; Kelsen 2008, 110; 112). Regelskeptiker rekurrieren nun auf diese Tatsache, weil sie die einzige Funktion einer Regel darin sehen, Voraussagen bezüglich der Vorgangsweise eines Richters treffen zu können, abseits dieser Funktion die Regel aber bloß als „‚ein hübsches Spielzeug‘“ interpretieren wollen (Llewellyn zitiert nach Hart 2011, 165). Wird die nun beschriebene skeptische Beweisführung auf den Punkt gebracht, dann binden uns Regeln entweder wie Fesseln oder es gibt keine Regeln, sondern nur „voraussagbare Entscheidungen und Verhaltensmuster“ (Llewellyn zitiert nach Hart 2011, 165). Hart bedient sich eines Beispiels, um das „Dilemma“, vor welches uns der Skeptiker stellt, als falsch auszuweisen (Hart 2011, 165): “We promise to visit a friend the next day. When the day comes it turns out that keeping the promise would involve neglecting someone dangerously ill. The fact that this is accepted as an adequate reason for not keeping the promise surely does not mean that there is no rule requiring promises to be kept, only a certain regularity in keeping them” (Hart 2012, 139).

Dieses Beispiel thematisiert einerseits, dass die Ausnahme mit der Regel untrennbar verbunden ist und, dass nicht jede Ausnahme „umfänglich und ausführlich beschrieben werden [kann]“ und zeigt andererseits, dass trotz des Abweichens von der Regel, das Versprechen zu halten, diese Regel weiterhin besteht, weshalb nicht in jeder Situation eine neuerliche Entscheidung bezüglich der Vorgangsweise eingefordert wird (Hart 2011, 166; vgl. Wittgenstein 1970, § 27). Folglich legt Hart fest, dass auch eine Regel, die mit „dem Wort ‚es sei denn …‘ endet, […] stets eine Regel [ist]“ (Hart 2011, 166).

Regeln dringen dann explizit ins Bewusstsein, wenn sie zitiert werden, wenn wir unsere eigenen Handlungen rechtfertigen oder die Tat eines anderen kritisieren. Die Suche nach einer Regel setzt nicht nach stattgehabter Tat ein, sondern sie ist Voraussetzung derselben (vgl. Hart 2011, 166f.). Den beiden Formen des Regelskeptizismus, der als Argument den „offenen Charakter der Rechtsregeln (open character of legal rules)” oder den „intuitiven Charakter [von] Entscheidungen (intuitive character of […] decisions)” heranzieht, kann nach Hart eine dritte, als „interessanteste Form“, hinzugefügt werden (Hart 2011, 167; Hart 2012, 141). Die Skepsis gegenüber der Regel fußt in diesem Fall auf der Tatsache, dass eine richterliche Entscheidung autoritativ gefällt wird und dass das oberste Gericht befugt ist, in ebenso autoritativer Weise eine Letztentscheidung zu formulieren, womit prinzipiell die Frage nach der Unfehlbarkeit richterlicher Entscheidungen im Raum steht (vgl. Hart 2011, 167). In conclusione bleibt in jedem Rechtssystem „ein großes und wichtiges Feld der freien Beliebigkeit der Gerichte und anderer offizieller Stellen überlassen“, weshalb diesen Institutionen eine herausragende Bedeutung innerhalb eines rechtsstaatlichen Systems zukommt, die aus der Perspektive der prinzipientheoretischen Begründung des positiven Rechts noch zu beleuchten ist (Hart 2011, 161; vgl. Dreier 2019, 338).

Die Abhandlungen Harts zur Existenz einer Regel lassen zwei Fragen unberührt: Wie kann mich eine Regel lehren, „was ich an *dieser* Stelle zu tun habe“ und was nennen wir „‚einer Regel folgen‘“ (Wittgenstein 2003, §§ 198f.). „*[D]iese* Stelle“ bezeichnet eine Wegkreuzung mit einem Wegweiser, auf den wir reagieren und der die nächste Frage folgen lässt, nämlich, ob „was immer ich tue, […] doch durch irgend eine Deutung mit der Regel zu vereinbaren [ist]?“ (Wittgenstein 2003, § 198) Der fortgeführte Wittgensteinsche Dialog nimmt eine sokratische Charakteristik an und endet in der Feststellung, dass wir uns an diesem Wegweiser orientieren, weil „es einen ständigen Gebrauch, eine Gepflogenheit, gibt“, d.h., dass wir „zu einem bestimmten Reagieren auf dieses Zeichen abgerichtet [wurden]" (Wittgenstein 2003, § 198). Folglich verstehen wir unter „‚einer Regel folgen'" etwas, was ein Mensch nicht nur einmal im Leben tun könnte, einer Regel folgen ist eine *„Gepflogenheit"* wie auch „eine Schachpartie [zu] spielen" (Wittgenstein 2003, § 199; vgl. Hart 2011, 167). Aufgrund der Kontingenz von Gepflogenheiten ist die folgende Situation vorstellbar, zu der Wittgenstein den Leser gleichsam als Gedankenexperiment einlädt: „Es ist [...] denkbar, daß in einem Volke, das Spiele nicht kennt, zwei Leute sich an ein Schachbrett setzen und die Züge einer Schachpartie ausführen; [...] Und sähen *wir* dies, so würden wir sagen, sie spielten Schach. Aber nun denk dir eine Schachpartie nach gewissen Regeln in eine Reihe von Handlungen übersetzt [...] etwa ein Ausstoßen von Schreien und Stampfen mit den Füßen. [...] Wären wir nun noch geneigt, zu sagen, sie spielten ein Spiel; und mit welchem Recht könnte man das sagen?" (Wittgenstein 2003, § 200)

Würde, so Wittgenstein, „einer Regel folgen" implizieren, dass die Regel – z.B. der Wegweiser – gedeutet wird, dann ließe eine Deutung die nächste folgen „als beruhigte uns eine jede wenigstens für einen Augenblick bis wir an eine Deutung denken, die wieder hinter dieser liegt", weshalb es bei Hart der „Erkenntnisregel" als einer *„letzte[n] Regel* (*ultimate* rule)" und bei Kelsen der „Grundnorm" als einer nicht gesetzten, sondern „vorausgesetzt[en]" Norm bedarf, um dem infiniten Regress, wie von Wittgenstein beschrieben, zu begegnen (Wittgenstein 2003, §§ 199; 201; Hart 2011, 128; Hart 2012, 105; Kelsen 2017, 355). Es muss daher nach Wittgenstein eine von der Deutung unterschiedene Auffassung des Folgens einer Regel geben und diese ist die „Praxis" (Wittgenstein 2003, § 202). „Darum ist ‚der Regel folgen' eine Praxis. Und der Regel zu folgen *glauben* ist nicht: der Regel folgen. Und darum kann man nicht der Regel ‚privatim' folgen, weil sonst der Regel zu folgen glauben dasselbe wäre, wie der Regel folgen" (Wittgenstein 2003, § 202). Damit sind für Wittgenstein, aber auch für Kelsen und Hart, Normen qua Gesetze qua Regeln Verhaltensstandards, die in einer Gemeinschaft als Regulative des menschlichen Verhaltens gelten (vgl. Hart 2011, 149; 152; 162; Kelsen 2017, 26).

Die Auseinandersetzung mit dem Begriff „Regel" war nicht nur notwendig, um der Konzeption Harts nahetreten zu können, sondern sie liefert auch eine der Grundlagen für die prinzipientheoretische Begründung des positiven Rechts, die im Teil 2 des vorliegenden Textes in Angriff genommen wird (siehe Abschnitt 5.5.2).

### 2.4.1 Harts und Kelsens Antwort auf die Frage: Sind Regeln notwendige oder überflüssige Übel?

Die bisherigen Erläuterungen implizieren, dass Regeln in Gestalt von sozialen, moralischen und rechtlichen Normen aus dem gesellschaftlichen Dasein nicht wegzudenken sind. Dennoch muss es erlaubt sein, die Frage nach der Notwendigkeit der Existenz und - in weiterer Folge - nach der Begründung derselben - vornehmlich rechtlicher Regeln - in einer „liberalen Gesellschaft“ und in einem verwirklichten „Rechtsstaat“ zu stellen (Somek 2019, 34).

Für Hart, dessen “Concept of Law” bereits in den vorangehenden Abschnitten (siehe Kapitel 2.3.1; 2.4) erörtert wurde, ist die Antwort klar: Es bedarf der Regeln, weil das Recht als “union of primary and secondary rules” zu verstehen ist (Hart 2012, 79). Hart stellt sich entschieden gegen die Auffassung, dass das Recht ausschließlich als System von durch „Drohungen unterstützten Befehlen” zu betrachten ist, weil einem Rechtssystem auch Regeln angehören, die - in Anlehnung an Kelsens „‚Ermächtigung‘“ - die Bürger eines Staates mit „Befugnisse[n]“ ausstatten, weshalb zwischen den zwei bereits beschriebenen Arten von Regeln zu unterscheiden ist (Hart 2011, 99; 101; Kelsen 2017, 268; vgl. Hart 2012, 79).

> The root cause of failure [to regard law as orders backed by threats] is that the elements out of which the theory was constructed, viz. the ideas of orders, obedience, habits, and threats, do not include [...] the idea of a rule, without which we cannot hope to elucidate even the most elementary forms of law. [...] Under rules of the one type, which may well be considered the basic or primary type, human beings are required to do or abstain from certain actions [...]. Rules of the other type [...] provide that human beings may by doing or saying certain things introduce new rules of the primary type, extinguish or modify old ones, or [...] determine their incidence or control their operations (Hart 2012, 80f.).

Hart unterscheidet also zwischen den „*primären* Verpflichtungsregeln“ und den „*sekundäre[n]* Regeln“ und erinnert mit der Funktionsbeschreibung dieser beiden Typen von Regeln an den „statischen und [den] dynamischen Typus“ der Normensysteme Kelsens (Hart 2011, 115; Kelsen 2017, 349). Wird den weiterführenden Erläuterungen Harts gefolgt, dann entwickelt sich ein in sich geschlossenes Rechtssystem, dessen unabdingbare „Elemente“ diese beiden Typen von Regeln darstellen (Hart 2011, 112). Gäbe es bloß die „*primäre[n] Verpflichtungsregeln*“, wäre nur eine „simple Form der sozialen Kontrolle“ gewährleistet, die sich in größeren Gemeinschaften, deren Zusammenhalt nicht auf „familiäre[n] Bande[n], gemeinsame[n] Gefühle[n] und Vorstellungen“ fußt, als unzureichend erwiese (Hart 2011, 113). Zudem bildeten diese „*primäre[n]*

*Verpflichtungsregeln*" kein System, sondern entsprächen nur einem Aggregat „einzelner Standards ohne jedes gemeinsame Identifizierungsmerkmal" (Hart 2011, 113). Ein „Schritt von der vorrechtlichen zur rechtlichen Periode" ist dann gesetzt, wenn die „‚Erkenntnisregel'" eine „schlüssige Identifizierung der primären Verpflichtungsregeln" als Regeln *eines* Systems ermöglicht, wenn durch die „‚Änderungsregeln'" neue Gesetze geschaffen und alte Regeln qua Gesetze für nichtig erklärt werden, und falls zudem durch die „‚Entscheidungsregeln'" Personen die Befugnis erteilt wird, einen Regelverstoß „autoritativ festzustellen", und der dazu erforderliche Prozess festgelegt wird (Hart 2011, 116–118). Der Schritt zur „rechtlichen Periode" wird durch die drei sekundären Regeln deshalb gangbar, weil sich hinter ihnen die drei „*logische[n] Grundhandlungen*" (Zeidler 2016a, 26), die eine Regel erst als Regel etablieren, und mit ihnen die drei Gewalten eines Rechtsstaates verbergen (siehe S. 128 und vor allem Abschnitt 5.5.2) (Hart 2011, 116; vgl. Hart 2011, 113; 116–119; Zeidler 2016b, 186). Im Sinne der Rechtstaatlichkeit bedarf es also der Regeln. Für die „Existenz eines Rechtssystems" nennt Hart als Voraussetzung zudem, dass die „*primäre[n] Verpflichtungsregeln*", die aufgrund der „‚Erkenntnisregel'" gelten, generell zu befolgen sind, und dass die „‚Änderungsregeln'" und die „‚Entscheidungsregeln'" „wirksam (‘effectively')" von den Beamten als „öffentliche Standards des offiziellen Verhaltens" anerkannt werden müssen (Hart 2011, 140; 113; 116-118; Hart 2012, 116; vgl. Dreier 2019, 196).

Die geforderte uneingeschränkte Akzeptanz der Erkenntnisregel als gegebene Tatsache, die „ein Beobachter des Systems selbst dann machen könnte, wenn er sie nicht annähme", ist der Argumentation Kelsens im Zusammenhang mit der Begründung der „Grundnorm" nicht unähnlich, schreibt er doch, dass die Suche nach dem „Geltungsgrund einer Norm" nicht ins „Endlose" gehen kann. Sie muss bei jener Norm enden, die als „letzte, höchste vorausgesetzt wird", mithin bei der „Grundnorm" (Hart 2011, 130; Kelsen 2017, 348).

Sind nun Regeln notwendige oder überflüssige Übel? Mit Hart ist diese Frage gemäß den obigen Erörterungen eindeutig zu beantworten, er fügt jedoch hinzu, dass die Art und Anzahl der notwendigen Regeln von der Art und Größe der Gemeinschaft abhängt (vgl. Hart 2011, 99; Hart 2011, 112–121). Selbst in „primitive[n] Gemeinschaften", deren „soziale Kontrolle" durch eine „allgemeine Gruppeneinstellung" im Wesentlichen gewährleistet wird, ist nämlich nicht ohne „*primäre Verpflichtungsregeln*" und zusätzliche Vorgaben, wie eine „Beschränkung der freien Gewaltausübung, des Diebstahls und des Betrugs" auszukommen (Hart 2011, 112f.). Hart begründet die Notwendigkeit der letztgenannten Voraussetzungen für ein konfliktfreies Zusammenleben damit, dass die Menschen andernfalls ihren Neigungen, anderen Gewalt anzutun und sich fremdes Eigentum anzueignen, nachkämen. Mit den Worten Kants müssen die Mitglieder einer Gemeinschaft also nicht nur „durch Kunst und Wissenschaft *cultivirt*", sondern auch vermittels der „*primären Verpflichtungsregeln*", die im weitesten Sinne „Regeln des guten Benehmens" entsprechen, „zu allerlei gesellschaftlicher Artigkeit und Anständigkeit" zivilisiert werden (AA VIII, 26; Hart 2011, 275). Wenn die „natürliche und soziale Umwelt" jedoch wie in Gemeinschaften ohne „familiäre Bande" und gemeinsame „Vorstellungen" nicht homogen ist, erweisen sich die genannten Regeln und Voraussetzungen mit Blick auf die soziale Kontrolle als unzureichend, weshalb die „*sekundäre[n]* Regeln" das *Kontrollsystem* vervollständigen müssen (Hart 2011, 113-118). Diese Analyse einer „primitive[n]" und einer entwickelten Gemeinschaft veranschaulicht, dass sowohl Regeln der Sittlichkeit wie auch jene in Gestalt von Gesetzen dann als notwendige Übel zu betrachten sind, wenn die (Selbst-)Disziplinierung des endlichen Vernunftwesens Mensch und wenn die (Selbst-)Konstitution eines vernünftig organisierten Gemeinwesens gemäß den drei „Maximen des gemeinen Menschenverstandes" Kants nicht realisiert werden (Hart 2011, 112; KU B 158f./ A 156f.). In anderen Worten: Handelten die Menschen - in der Bestimmung Kants - als zivilisierte Akteure, d.h. als „Menschen von guten Sitten (bene moratus)", deren Taten zwar nicht immer, „vielleicht nie", mit dem Sittengesetz, aber mit den Regeln der Sittlichkeit übereinstimmen, dann bedürfte es keiner expliziten „*primäre[n] Verpflichtungsregeln*" und auch nicht der zusätzlichen Beschränkungen der Handlungsfreiheit (AA VI, 30; Hart 2011, 113; vgl. AA VIII, 26).

Mit Kelsens Forderung nach der „*Eigengesetzlichkeit des Rechtes*" kommt der Grundnorm, die eine Regel in Form eines „normerzeugenden Tatbestandes" enthält, indem sie bestimmt, „wie die generellen und individuellen Normen [...] erzeugt werden sollen", zentrale Bedeutung zu (Kelsen 1923, VI; Kelsen 2017, 351). Da Kelsen nicht nur die Grundnorm als „Regel" präsentiert, sondern auch das Recht als „System von menschliches Verhalten regelnden Normen" bestimmt, sind Regeln auch aus einer „Reine[n] Rechtslehre" im Sinne einer „Rechtswissenschaft" nicht wegzudenken, wobei - im Vergleich zu Harts "Concept of Law" - *naturgemäß* soziale Regeln in Kelsens Methodologie des Rechts in den Hintergrund treten (Kelsen 2017, 351; 26f.; 21).

Regeln sind notwendig, aber sind sie auch Übel? Der Ruf nach dem „starken Mann" erregt den Verdacht, dass manche Menschen Vorschriften nicht als Übel klassifizieren, weil sie ihr Leben durch Richtlinien geregelt wissen wollen (https://www.derstandard.at/story/-2000105209029/sehnsucht-nach-dem-starken-mann; vgl. Dreier 2021, 65f.), andernfalls wären sie nämlich aufgerufen, nicht nur eine „*vorurteilsfreie*", sondern zudem eine „*erweiterte*" und „*konsequente* Denkungsart" walten zu lassen, um ihr „Urteil [...], welches zur allgemeinen Regel dienen soll“, selbst finden zu können (KU B 158f./A 156f.). Nicht nur aus der Perspektive des zur „allgemeinen Regel“ dienenden „Urteil[s]“, welches es gilt zu suchen, sondern auch mit Blick auf die „*Maxime*“ als einer „Regel“, die sich der Handelnde „selbst aus subjektiven Gründen zum Princip macht“, präsentiert sich die Regel nicht als Übel, weil sich das endliche Vernunftwesen Mensch diese Regel selbst setzt und sie ihm nicht im Sinne einer Heteronomie oktroyiert wird (KU B 158f./A 156f.; AA VI, 225; vgl. GMS BA 52; Fußnote; AA VI, 222).

## 2.5 Christoph Möllers und das Phänomen Norm: Formalisierung, Autorisierung, Verschriftlichung

Der Diktion Harts, der den Begriff der Regel als „verwirrend (perplexing)” tituliert, nicht unähnlich ist die Herangehensweise Christoph Möllers an das *Phänomen* Norm, von welcher wir deshalb so wenig wissen, „weil wir so sehr damit beschäftigt sind, sie zu rechtfertigen“ (Hart 2011, 28; Hart 2012, 15; Möllers 2018, 9). „Unsere Rede von Normen ist [nämlich] von Intuitionen geleitet, von normativen und von anderen. Wenn wir an Normen denken, denken wir an angemessene Normen oder an das, was sie angemessen macht oder machen könnte. Es fällt uns schwer, unsere Vorstellung von dem, was eine Norm ist, von dem zu trennen, was sie sein sollte. […] Die Rede von einer ‚Norm‘ ist [offensichtlich] so unanschaulich, dass wir zu Beispielen greifen, die den Begriff illustrieren sollen“ (Möllers 2018, 9).

Damit wird eine Schwierigkeit im Umgang mit Normen thematisiert, eine andere vermutet Möllers in der „Diversität“ von Normen. Viele Normen erfahren wir nämlich „weniger als Fakten denn als Artefakte“, da sie sich als „Produkte sozialer oder kulturellen Leistungen“ präsentieren. Erschwerend kommt hinzu, dass sich „normative Aussagen“ zwar auf Fakten beziehen, aber zugleich die normative Ebene bedienen (Möllers 2018, 11). Eben diese Doppelung kennzeichnet die Jurisprudenz, indem ein Sachverhalt, wie die Tat einer Rechtsperson, mit einer Norm, der Rechtsnorm qua Gesetz, in Verbindung gesetzt wird. Für Möllers ist es aufgrund der diversen Gruppe von Normen – „rechtliche, religiöse, ästhetische, politische und moralische Normen“ – nicht zwingend, einen einheitlichen Begriff für *die* Norm zu finden, von dem jedoch nur ungerne Abstand genommen wird (Möllers 2018, 11).

Der Text Möllers bietet sich im Anschluss an die Ausführungen Harts deshalb an, weil sich Möllers der Frage widmet, was eine Norm als Norm auszeichnet und bei Beantwortung dieser Frage eine Beschränkung auf „einen Begriff *sozialer* Normen" – in der Begrifflichkeit Harts „*primäre[r]* Verpflichtungsregeln" – vornimmt (Möllers 2018, 12; Hart 2011, 115). Zudem gelingt eine Parallelisierung zwischen der sozialen Regel Harts, deren Existenz erst durch das regelwidrige Verhalten ersichtlich wird und der Norm Möllers, zu welcher – als einer ihrer „praktisch erfolgreichsten Eigenschaften" – die Möglichkeit gehört, „von der Norm abzuweichen" (Möllers 2018, 18; vgl. Möllers 2011, 372f.).

Nach Möllers greifen wir zu Beispielen, mithin zu Faktischem, um den Begriff „Norm" zu illustrieren, von dem wir keine hinreichende Vorstellung haben (vgl. Möllers 2018, 9). Könnte daher eine Konzeption, die „Normativität nicht internalisiert, sondern als Faktum betrachtet, das sich von anderen Fakten nicht grundsätzlich unterscheidet und dadurch empirisch zugänglich wird", unsere Vorstellung von einer Norm konkretisieren und damit den Umgang mit ihr erleichtern (Möllers 2018, 93)? Die Folgen einer derartigen Deutung einer Norm wären, dass normative Aussagen wahrheitsfähig würden, womit es sowohl unerheblich wäre, „inwieweit uns moralische Fakten [wie grausame Taten] subjektiv berühren können" als auch, ob uns Fakten überhaupt als Person erreichen. Wie unsere Blindheit an der Farbe eines Gegenstandes nichts ändern kann, weil diese ein Charakteristikum des Gegenstandes ist und ungeachtet der Tatsache, ob wir sie wahrnehmen oder nicht, bestehen bleibt, so änderte auch der Perspektivenwechsel im Zusammenhang mit der Norm nichts an der Norm selbst (Möllers 2018, 94). Wenn jedoch gefordert wird, dass das Faktum Normativität wie die Farbe eines Gegenstandes zur Kenntnis genommen werden muss, dann verlässt das Modell – im Sinne eines „moralischen Realismus" – die epistemologische Ebene und wird auf eine ontologische Basis gestellt, womit die Plausibilität der Konzeption verlorengeht (Möllers 2018, 94). Das Wahrnehmen von sozialen Normen wird nämlich angesichts des Fehlens eines verlässlichen Kriteriums, anhand welches eine soziale Norm als eine solche identifiziert werden könnte, erschwert; zudem sind für eine „Theorie sozialer Normen" die Normen – im Gegensatz zu moralischen Normen – „nicht notwendig Ergebnisse rationalen Handelns" (Möllers 2018, 95).

Durch die Formalisierung, der sich das Recht, aber auch die Gesellschaft im Rahmen der Benimmregeln bedient, bleibt die epistemologische Ebene als Basis erhalten und es wird ein normativer Anspruch ausgedrückt, was Möllers zur Aussage verleitet, dass „Normen in der sozialen Praxis *als Normen markiert* [sind]" (Möllers 2018, 96). Spricht Möllers mit dieser Markierung das Gebieten, Verbieten, Erlauben und Ermächtigen Kelsens an (vgl. Kelsen 2017, 27)? Er beantwortet diese Frage nicht explizit, überlegt aber, wo sich die Normen – selbst, wenn sie in der sozialen Praxis beispielsweise sprachlich durch das Wort „sollen" „*als Normen markiert*" sind – befinden, wenn „in einem Wohnzimmer […] alle mit

Messer und Gabel essen, oder [wenn] in einem Gerichtsurteil […] im Namen des Volkes nach dem Selbstverständnis der Richterin ein Gesetz auf einen Fall angewendet wird“ (Möllers 2018, 96; 121). Die mögliche Replik auf diese Frage, dass sich rechtliche Normen im „Allgemeine[n] bürgerliche[n] Gesetzbuch“ oder im „Strafgesetzbuch“, dass sich soziale Normen in *Der neue große Knigge. Gutes Benehmen und richtige Umgangsformen* auffinden lassen, verweist in erster Linie auf die Verschriftlichung und damit auf die Autorenschaft dieser im weitesten Sinne als Richtlinien zu fassenden Sätze, die festschreiben, in welcher Weise unter bestimmten Gegebenheiten zu verfahren ist (vgl. https://www.jusline.at/-gesetz/abgb; https://www.jusline.at/gesetz/stgb; Schneider-Flaig 2009, 1–352). Angesichts der zahlreichen schriftlichen Festlegungen von Normen verschiedenster Art besteht offensichtlich ein Bedürfnis nach Formalisierung, die vor allem der Lösung kognitiver Fragen dient.

Wie lange können normative Ordnungen ohne Formalisierung auskommen, wenn „die Wiederholbarkeit kein Desiderat“ darstellt und wenn der Ruf nach dem Explizit-machen der Norm, d.h. nach dem Festschreiben, „was ‚die Norm‘ ist“, noch nicht laut wurde (Möllers 2018, 272)? Kelsen bringt die von Möllers thematisierten, kognitiv zu lösenden Unklarheiten auf den Punkt, indem er bestimmt, wann von einer Norm gesprochen und wie eine solche gesetzt werden kann, und wer autorisiert ist, eine solche Norm zu setzen und sich ihr zu bedienen.

Rechtsnormen und „Rechts*sätze*“ sind insofern aufeinander verwiesen, dass sich die Rechtswissenschaft letzterer bedient, um die Beziehungen zwischen den, von den Rechtsnormen bestimmten, Tatbeständen zu beschreiben, was jedoch nicht dazu veranlassen darf, Rechtsnormen, „die von den Rechtsorganen erzeugt, von ihnen anzuwenden und von den Rechtssubjekten zu befolgen sind“, mit Rechtssätzen zu identifizieren, wenn auch das Wort „Gesetz“ den „Rechtssatzbegriff“ mit anderen Termini verbindet (Kelsen 2017, 141; Kelsen 1923, 3). Wir pflegen das „Naturgesetz“, das „das tatsächlich Bestehende erklär[t]“, dem „Sittengesetz“ gegenüberzustellen und vom „Rechtsgesetz“, das „ein Sollen statuier[t]“, zu differenzieren. Der „Normbegriff“ wird jedoch mitunter „für alle Arten von Gesetzen gemeinsam verwendet“ und ihm damit die „doppelte Bedeutung“ des Faktischen und des Normativen qua des Seins und des Sollens verliehen (Kelsen 1923, 3f.).

Die Rechtsnorm wird in Gestalt des Rechtssatzes gesetzt und füllt in dieser Form die Gesetzbücher. Mit der Autorisierung einer Person zur Setzung und Anwendung von Rechtsnormen kann die „‚Ermächtigung‘“ Kelsens in Erinnerung gerufen werden, mit welcher die Rechtsnorm nicht ein „Sollen“, sondern ein „‚Können‘“ im Sinne eines Zuerkennens einer Befugnis ausdrückt (Kelsen

2017, 268; 27). Es sind die Richter, die einen Rechtssatz qua Gesetz auf einen zu verhandelnden Fall anwenden und dieses richterliche Urteil muss als „individuelle" Norm von der „generellen" Norm als dem Gesetz geschieden werden (Kelsen 2017, 52).

Nach diesen Erläuterungen zum Verständnis der Begriffe „Norm" und „Rechtssatz" gilt es, die Bedeutung der „*Formalisierung*", der „*Autorisierung*" und der „*Verschriftlichung*" für die Operabilität von Normen zu klären (Möllers 2018, 271). „Formalisierung operiert stets vor dem Hintergrund einer informalen sozialen Praxis", die einer Verdeutlichung im Sinne einer Bestimmung ihrer Elemente und einer Abgrenzung von anderen normativen Ordnungen bedarf, um einerseits wiederholbar zu werden und andererseits eine Verbindung zu anderen Verfahren, wie der Verschriftlichung und der Zuschreibung von Zurechnung, herstellen zu können. D.h., dass ich „[d]urch eine Zurechnung […] ein Ereignis als eine Handlung aus[weise] und diese Handlung einem Autor zu[weise] [vgl. AA VI, 223]. Zur wiederholten Bewältigung dieser Aufgabe bedarf es [der] Regeln, und die Formalisierung dieser Regeln stellt Mechanismen bereit, um die Anwendung des Autorbegriffs konsistent und praktisch einfach zu halten". Im Falle, dass wir „die Unterschrift einer Person unter einem Dokument oder ihren Namen auf einem Buchrücken sehen", „rechnen" wir – in formalisierter Weise – dieser Person eine Entscheidung zu (Möllers 2018, 272).

Die Zurechnung begegnete uns bereits im Zusammenhang mit der Zurechenbarkeit einer Handlung bei Kant wie bei Kelsen, erscheint jedoch aufgrund des vereinfachten, elektronischen Zugangs zu Texten, aber auch aufgrund der Möglichkeit auf elektronischem Wege Texte zu veröffentlichen, die unter Umständen eine klare Autorenschaft vermissen lassen, unter neuem Licht (vgl. AA VI, 26; 223; Kelsen 2017, 175; 177f.; Kelsen 1923, 83). Welche Bedeutung dem Plagiat als einer „Anmaßung fremder geistiger Leistungen" zugewiesen wird, verdeutlicht die im Rahmen der Wissenschaft geforderte Plagiatsprüfung eingereichter Texte (https://de.wikipedia.org/wiki/Plagiat#Eigen-_und_Selbstplagiat; vgl. https://mtbl.univie.ac.at/storage/media/-mtbl02/02_pdf/20060131.pdf). Mit der Zurechnung wird der Weg hin zur Autorisierung als einer der „wichtigsten Aufgaben von Formalisierung" beschritten, die der Festlegung der normativen Quelle dient, mit welcher der Akt der Autorisierung abgeschlossen wird (Möllers 2018, 274). Nach Möllers entscheidet sich, ob eine Norm vorliegt oder nicht, danach, ob „sie einer Normquellen entstammt oder nicht", womit die „Quellenmetapher" zwei Funktionen übernimmt (Möllers 2018, 275; vgl. Kletzer 2013, 259): Sie führt den Autorisierungsprozess zu einem Ende und ermöglicht eine Unterscheidung zwischen „autorisierten und nichtautorisierten Beiträgen" (Möllers 2018, 275).

Bis hierher wurde die Notwendigkeit der Formalisierung unkritisch hingenommen, es wurden Funktionen derselben benannt und beschrieben, ohne jedoch auf ihre Zielsetzung einzugehen. Kelsens pointierte und einiger Kritik ausgesetzte Aussage, dass „jeder beliebige Inhalt Recht sein [kann]“, bringt die Intention des Formalisierungsaktes auf den Punkt, indem sie darauf verweist, dass von jeglichem Inhalt zu abstrahieren ist (Kelsen 2017, 354). Mit der Formalisierung wird einem Text eine strenge Form gegeben und genau das beabsichtigt Kelsen mit seiner *Reine[n] Rechtslehre*, die er nicht bloß in „typische[m] (Rechts-)Wissenschaftsdeutsch“ verfasst, sondern auch der „*‚Reinheit‘*“ verpflichtet (Jestaedt 2017, LXXXIX; Kelsen 2017, 21).

Für Möllers liefert die Schrift eine der bedeutsamsten Arten, „Normen darzustellen und zu formalisieren“, womit implizit die Verschriftlichung mit der Formalisierung gleichgesetzt zu werden scheint (Möllers 2018, 278). Den – meiner Ansicht nach – erwartbaren Widerspruch, der darin zu sehen ist, dass zwar der Darstellung einer Norm durch die Schrift, aber nicht der Formalisierung durch diese zugestimmt werden kann, versucht Möllers durch die Frage, wie sich die Norm „zu ihrer textlichen Fixierung“ verhält, abzufangen (Möllers 2018, 279). Zur Analyse des Verhältnisses zwischen Norm und ihrer sprachlichen Formulierung eignet sich der „Art. 1 Abs. 1 Satz 1 des Grundgesetzes“ mit dem Wortlaut (Möllers 2018, 279): „Die Würde des Menschen ist unantastbar“ (https://www.gesetze-im-internet.de/gg/GG.pdf). Aus philosophischer Sicht kann – angesichts des obigen Beispiels – eine Identifikation der sprachlichen Präsentation mit der Norm bezweifelt werden, handelt es sich doch um einen Aussagesatz, der dem Subjekt desselben, nämlich der „Würde des Menschen“, eine Eigenschaft in Form der Unantastbarkeit zuordnet, jedoch nicht gebietet, die Menschenwürde zu achten. Aus der Warte des Rechtswissenschaftlers wird der Rechtsnorm, dass „Diebstahl bestraft werden soll“, mit dem Rechtssatz „Diebstahl wird mit Gefängnis bestraft“ Ausdruck verliehen, die nun als Aussage erscheint und mithin eine „Tatsache fest[..]stellt“ (Kelsen 2017, 142).

Wie bereits dargelegt, wird im juristischen Kontext der Autorisierung besondere Bedeutung gezollt, mit der Folge, dass sich der Jurist nur mit dem Gesetzestext in der Originalsprache – mit Bezug zum *Grundgesetz* in der deutschen Sprache – im Sinne einer Identifizierung der Norm mit ihrer sprachlichen Formulierung zufriedengeben kann (vgl. Kelsen 2017, 27; 268; Möllers 2018, 279). „Die Übersetzung einer nationalen Norm in eine andere Sprache führt [nämlich] zu einem Autorisierungsverlust des Textes“, weil er nicht mehr „von der dazu autorisierten Stelle“, dem Verfassungs- oder Gesetzgeber des entsprechenden Staates, niedergeschrieben wurde (Möllers 2018, 279f.).

Die Schrift dient also der Darstellung und Formalisierung von Normen, aber müssen Normen überhaupt verschriftlicht werden? Entbehrt das „Vereinigte Königreich" einer Verfassung, weil sie nie „geschrieben" wurde (Hart 2011, 298)? Möllers bindet die Notwendigkeit der Verschriftlichung von Texten an die „*Textsicherung*" und an die Möglichkeit einer Vervielfältigung: „Für moderne Rechtsordnungen ist die Integrität ihrer Normtexte wichtig. Rechtssysteme operieren auch als autorisierte Vervielfältigungsoperatoren. Sie sehen Verfahren vor, in denen durch Amtsblätter, autorisierte Herstellung und formalisierte Korrekturverfahren die Texte von Verfassungen, Gesetzen, Verordnungen, Urteilen und Verwaltungsakten eindeutig identifizierbar bleiben" (Möllers 2018, 281).

Im Rahmen der Justiz steht die Notwendigkeit der Textsicherheit von Rechtsnormen außer Streit, obwohl auch Skepsis geäußert werden muss, ob sie durch schriftliches Niederlegen und Veröffentlichung von Gesetzestexten überhaupt zu gewährleisten ist und welche Gefahren diese Verfahren in sich bergen. Diese Auseinandersetzung mit der Kulturtechnik Schrift währt seit mehr als zwei Jahrtausenden und findet in besonderer Weise im Platonischen Dialog *Phaidros*, der viel eher Kritik an der schriftlichen Publikation als an der Verschriftlichung selbst übt, ihren Niederschlag.

> Wer also eine Kunst in Schriften hinterläßt, und auch, wer sie aufnimmt, in der Meinung, daß etwas Deutliches und Sicheres durch die Buchstaben kommen könne, der ist einfältig genug […]. Denn dieses Schlimme hat doch die Schrift […]: Du könntest glauben, sie [die Schriften] sprächen, als verständen sie etwas, fragst du sie aber lernbegierig über das Gesagte, so bezeichnen sie doch nur stets ein und dasselbe. Ist sie aber einmal geschrieben, so schweift auch überall jede Rede gleichermaßen unter denen umher, die sie verstehen, und unter denen, für die sie nicht gehört, und versteht nicht, zu wem sie reden soll und zu wem nicht. Und wird sie beleidigt […] so bedarf sie immer ihres Vaters Hilfe; denn selbst ist sie weder sich zu schützen noch zu helfen imstande (Phaedr. 275c–e).

Hiermit erteilt Platon der Textsicherheit durch die Schrift eine Absage und thematisiert zudem, dass der geschriebene und vor allem veröffentlichte Text Lebendigkeit vortäuscht, selbst aber tot ist, womit dem Leser die Verantwortung der Interpretation des Textinhaltes übertragen wird, ohne – in der überwiegenden Anzahl der Fälle – den Autor befragen zu können, weil er, wie bei Gesetzestexten, entweder nicht explizit in Erscheinung tritt oder nicht mehr am Leben ist (vgl. Ferber 2007, 30f.; Olechowski 2009, 49). Diesem Umstand trägt auch Möllers in gewisser Weise unter dem Titel „*Normative Nähe*" Rechnung und vergleicht die Operabilität von Normen, die als „spezifische und informelle, vielleicht sogar nicht verbalisierte" Normen im Vergleich zu „abstrakte[n] und formalisierte[n]" Normen „‚[n]ah'" und nicht „‚fern'" sind (Möllers 2018, 344f.).

Während die Abstraktion den Gegenstand der Norm in den Hintergrund rückt, womit dieser verfehlt werden kann, ist es durch „normative Nähe“ möglich, den Gegenstand, der mit der Norm reguliert wird, besser einzusehen und damit auch zu verarbeiten, weil beispielsweise soziale Regeln, wie jene eines Clubs, durch direkten Austausch der Clubmitglieder festgelegt, aber auch hinterfragt werden können (Möllers 2018, 346). Die Ferne und die Nähe einer Norm bestimmt die Bedingungen ihrer Verwirklichung, was sich daran zeigt, dass „Normen, die im Zentrum eines Reiches gemacht werden, an den Rändern eine andere Behandlung zu erfahren [scheinen]“ (Möllers 2018, 347). Dennoch darf nicht geschlossen werden, dass „die Ursache für räumlich divergierende Anwendungspraktiken […] in der räumlichen Distanz von der Normquelle“ zu suchen ist, „weil der Ort der Normsetzung nicht einfach als ‚Zentrum‘ der Ordnung verstanden werden kann“ (Möllers 2018, 348): „Wenn Brüssel [- beispielsweise -] der Ort europäischer Rechtsetzung ist, so ist dieser Ort nicht in einem substantiellen Sinn als Zentrum zu verstehen, schon weil der Gehalt der europäischen Rechtsetzung nicht von dem Ort abhängig sein soll, an dem sie stattfindet. […] Zudem lässt sich eben nicht beobachten, dass Normen aus Brüssel in einem Ort deswegen akkurater angewendet werden als in einem anderen, weil der erste Ort näher an Brüssel liegt“ (Möllers 2018, 348f.).

Möglicher Weise bedingt nicht die räumliche Distanz der gesetzgebenden Institution als vielmehr das Gefühl der Zugehörigkeit die Anwendungspraxis von Normen, d.h., dass eher den Gesetzen des Staates, zu dem man sich als Bürger bekennt, gemäß gehandelt wird, als den Rechtsnormen einer Ordnung, die von einer Institution eines Staatenbundes, wie der Europäischen Union, festgeschrieben werden.

# 3 Vom Rechtsphilosophen Immanuel Kant

Die Widerstände gegen die Leitideen der Kantischen Rechtslehre, die durch lautstarke und abfällige Urteile über sie geschürt wurden - beispielsweise durch Arthur Schopenhauer, der die fehlende „Weite, Klarheit und Schärfe" des Textes der „Altersschwäche" des Autors zuschrieb -, können vor allem der Entwicklung der Rechtsphilosophie in Richtung eines „immer mächtiger werdenden Rechtspositivismus" angelastet werden, gegen den sich die vernunftrechtliche Konzeption der Kantischen Rechtslehre nicht behaupten konnte (Höffe 2007, 213; Kersting 2007, 14). Kerstings einleitende Worte am Beginn seiner Abhandlung *Wohlgeordnete Freiheit. Immanuel Kants Rechts- und Staatsphilosophie* gehen in diese Richtung, wenn er die Frage, was zum „Ableben der politischen Philosophie geführt" und wann ihr „Niedergang" begonnen habe, damit beantwortet, dass sich die Philosophie mit dem 19. Jahrhundert aufgrund ihrer Entwicklung in Richtung eines Rechtspositivismus, eines „Logischen Empirismus" und einer „analytische[n] Sprachphilosophie" von der „politischen Welt entfremdete" (Kersting 2007, 14; 16). Möglicher Weise entspricht diese Begründung für den „Tod der politischen Theorie" jedoch nicht der ganzen Wahrheit, möglicher Weise wurden von den Positivisten nur „Totengräberdienste" geleistet, um „einen Leichnam, wie es sich gehört, unter die Erde [zu bringen]", nämlich den Leichnam der politischen Theorie, nach der aufgrund von kultureller und politischer „Selbstgewißheit" in einer Periode ohne Unruhen kein Bedürfnis mehr aufkam (Kersting 2007, 16f.; vgl. Kelsen 2008, 8). Während mit dieser Erläuterung eine gewisse, jedoch wenig überzeugende Erklärung für die Ablehnung der rechts- und staatsphilosophischen Schriften Kants gefunden werden kann, steht eine Erklärung für das missachtende Urteil Schopenhauers über die kognitive Leistung des Philosophen noch an, lässt dieses doch außer Acht, dass die Grundlage für die Rechtsphilosophie Kants zuallererst in der *„transzendentalen Dialektik"* der ersten *Kritik* zu suchen ist (KrV B 369f./A 312f.). Kant argumentiert an dieser Stelle - in der Absicht, Platon zu verteidigen - so, als wüsste er von den zukünftigen Anfechtungen seiner Person:

> Die *platonische Republik* ist, als ein vermeintlich auffallendes Beispiel von erträumter Vollkommenheit, die nur im Gehirn des müßigen Denkers ihren Sitz haben kann, zum Sprichwort geworden [...]. Allein man würde besser tun, diesem Gedanken mehr nachzugehen, und ihn [...] durch neue Bemühungen in Licht zu stellen, als ihn, unter dem sehr elenden und schändlichen Vorwande der Untunlichkeit, als unnütz bei Seite zu setzen. Eine Verfassung von der *größten menschlichen Freiheit* nach Gesetzen, welche

> machen, *daß jedes Freiheit mit der andern ihrer zusammen bestehen kann* [...] ist doch wenigstens eine notwendige Idee, die man nicht bloß im ersten Entwurfe einer Staatsverfassung, sondern auch bei allen Gesetzen zum Grunde legen muß [...] (KrV B 372f./ A 316-B 374/A 317).

Zweifellos ist in der Formulierung des „allgemeine[n] Rechtsgesetz[es]“ mit dem Gebot „Handle äußerlich so, daß der freie Gebrauch deiner Willkür mit der Freiheit von jedermann nach einem allgemeinen Gesetze zusammen bestehen könne“ eine nahezu idente „Idee“ zu erkennen (AA VI, 231; KrV B 374/A 317). Kant führt diesen Gedanken, der sich für eine „Politik der Freiheit“ einsetzt, zudem in kleineren Schriften aus, die in der Zeit zwischen 1784 und 1795 der ersten *Kritik* folgten, namentlich in der *Idee zu einer allgemeinen Geschichte in weltbürgerlicher Absicht* (1784), in *Über den Gemeinspruch: Das mag in der Theorie richtig sein, taugt aber nicht für die Praxis* (1793), sowie in der Schrift *Zum ewigen Frieden* (1795), die die Charta der Vereinten Nationen wesentlich beeinflussen sollte (Höffe 2007, 214). Wie bereits aus den detaillierten Erörterungen zur *Idee* zu entnehmen ist (siehe Abschnitt 1.1.4), wird das Ende des Geschichtsprozesse in einer kosmopolitischen Ordnung gesehen, die es vermag, den „ewigen Frieden“ als höchstes politisches Gut zu sichern, wobei die Menschheitsgeschichte als ein von der Natur gesteuerter Prozess gedeutet wird, der der Freiheit im Sinne der Selbstbestimmung entgegenzustehen scheint (AA VIII, 360; vgl. Horn 2014, 244; AA VIII, 27). Im *Gemeinspruch* kehrt die Freiheit als zentrales Element zurück, indem einerseits der „*Bürger*“ als „Glied des gemeinen Wesens“ selbstständig, d.h. unabhängig von jeglicher nötigenden Willkür eines anderen sein muss, um als „Mitgesetzgeber“ fungieren zu können, und indem andererseits der Gesetzgeber nur das „*über das Volk beschließen [kann]*“, was das Volk über sich selbst beschließt (AA VIII, 294; 304).

Höffe kommt, wie auch Horn anlässlich seines „*neue[n] Blick[s] auf Kants politische Philosophie*“, zum Schluss, dass die „negative Einschätzung“ der Kantischen Rechts- und Staatsphilosophie zwar „weit verbreitet“ ist, aber dennoch „Kant nicht gerecht [wird]“ (Horn 2014, 3; Höffe 2007, 213; vgl. Horn 2014, 84-98). Während Höffe „Vormeinungen“, die sich in die politische Philosophie Kants einmengen – man denke an „das Übergewicht der Eigentumssicherung in der Staatsbegründung, die Vorrangstellung des Mannes [und] die Diskriminierung des unselbständig Erwerbstätigen“ – als „weder philosophisch noch politisch überzeugen[d]“ kritisiert, entschuldigt Horn Kant „für seine moralisch bedenklichen Urteile“ mit seiner „gefährdete[n] Stellung im Preußischen Staatsdienst“ und „mit Blick auf zeittypische Standardmeinungen“, sowie mit der „Marginalität“ und Seltenheit derartiger Äußerungen (Höffe 2007, 213; Horn 2014, 84f.).

Im Sinne einer Relativierung der Kritikpunkte Höffes erscheint es notwendig, darauf zu verweisen, dass erstens das *„Rechtliche Postulat der praktischen Vernunft“* als die textliche Bestimmung des Eigentumsrechts dem *„Privatrecht“* und nicht dem *„öffentliche[n] Recht“* zuzuordnen ist, dass zweitens die Gleichstellung der Frau als Bürgerin erst 1918 in Österreich und 1971 in der Schweiz mit dem Frauenwahlrecht öffentlich wurde und dass drittens die „Diskriminierung der unselbständig Erwerbstätigen“ unter dem Aspekt zu betrachten ist, dass deren Unselbstständigkeit und Besitzlosigkeit nach Kants Auffassung eine unabhängige Gesetzgebung möglicher Weise vereitelt (AA VI, 246; 242; Höffe 2007, 213; vgl. https://de.wikipedia.org/wiki/-Frauenwahlrecht_in_Europa#Geschichte). Kant merkt im § 46 der Rechtslehre dazu an, dass nur jene Personen zur Gesetzgebung qua „Stimmgebung“ und damit zum *„Staatsbürger“* qualifiziert sind, die in dem Sinne selbstständig sind, dass „[ihre] Existenz und Erhaltung nicht der Willkür eines Anderen im Volke, sondern seinen eigenen Rechten und Kräften als Glied des gemeinen Wesens [qua Staat] [zu verdanken ist]“ (AA VI, 314). Der hiermit abgegrenzte Kreis von Personen ist nicht „bloß Theil des gemeinen Wesens“, sondern „Glied desselben“, womit der *„passive“* vom *„activen“* Staatsbürger differenziert wird, Kant aber offensichtlich den *„passiven“* Staatsbürger gar nicht als „Staatsbürger“ im Sinne der Begriffsbestimmung verstanden wissen will (AA VI, 314), wie die folgenden Beispiele verdeutlichen: „[D]er Geselle bei einem Kaufmann oder bei einem Handwerker; der Dienstbote (nicht der im Dienste des Staates steht); der Unmündige (naturaliter vel civiliter); alles Frauenzimmer, und überhaupt jedermann, der nicht nach eigenem Betrieb, sondern nach der Verfügung Anderer (außer der des Staates) genöthigt ist, seine Existenz [...] zu erhalten, entbehrt der bürgerlichen Persönlichkeit [...]“ (AA VI, 314).

Zusammengefasst muss der *„active“* Staatsbürger die „Qualität des Menschen, sein *eigener Herr* (sui iuris) zu sein“ erfüllen, eine Qualifikation, der ein „Geselle“, ein „Dienstbote“ oder ein „Frauenzimmer“ aufgrund der fehlenden Selbstständigkeit entbehrt (AA VI, 238; 314).

## 3.1 Von der Kantischen Rechtslehre und ihren Quellen

Den im vorhergehenden Abschnitt genannten Quellen für die Rechtslehre Kants wird nun besondere Aufmerksamkeit zuteil, wobei die Frage, ob überhaupt eine direkte Derivation der Rechtslehre Kants von seiner Sitten- und Geschichtslehre postuliert werden kann, im Auge zu behalten ist. Dies erscheint angesichts der Aussage Werner Flachs geboten, der betont, dass „Kants Lehre zur Gründung von Recht und Rechtswissenschaft [...] wie eh und je in der Diskussion“ steht, wobei zwei Behauptungen aufeinanderprallen: die eine Interpretation hält an der direkten Ableitbarkeit der Rechtslehre von der Moralphilosophie fest, während die andere zur Auffassung einer „gänzlich unabhängigen Gründung der Rechtslehre" gelangt (Flach 2015, 267). Möglich wird diese „kontroverse Beurteilungslage" zur Grundlegung der Rechtslehre Kants dadurch, dass die Freiheitsidee als ein Angelpunkt der praktischen Philosophie Kants bloß unter dem Praxisaspekt und nicht als etwas Wissbares verstanden wird, obwohl Kant bereits in seiner ersten *Kritik* anhand des „*Dritte[n] Widerstreit[s] der transzendentalen Ideen*" ausdrücklich auf die Dichotomie zwischen Naturkausalität, „aus welcher die Erscheinungen der Welt insgesamt abgeleitet werden können", und der „*Freiheit*" als einer „besondere[n] Art von Kausalität" verweist (Flach 2015, 267; KrV B 471/A 443–B 475/A 447). Unmissverständlich legt Kant an dieser Stelle dar, dass die „*Freiheit*" im „transzendentalen Verstande" zu suchen ist und somit nicht nur praktische Bedeutung hat, steht doch der Verstand nicht nur zum „Begehrungsvermögen", das mithin als „Wille" bezeichnet wird, in einem Verhältnis, sondern auch „zu Gegenständen (im theoretischen Erkenntnisse)" (KrV B 475/A 447; KpV A 96f.).

Die Freiheit wird von Kant grundsätzlich in zweierlei Weise bestimmt: als Selbstgesetzgebung qua Autonomie und als Unabhängigkeit von den „Gesetzen der Natur", d.h. von allem Empirischen, deren Möglichkeit Kant in der dritten Antinomie mit den Worten, dass diese „zwar eine *Befreiung* vom *Zwange*, aber auch vom *Leitfaden* aller Regeln" bedeute, nicht uneingeschränkt zu begrüßen scheint. In der Rechtslehre wird die Freiheit zudem als Handlungsfreiheit, d.h. als „Unabhängigkeit von eines Anderen nöthigende[n] Willkür" gefasst (KrV B 471/A 443–B 475/A 447; AA VI, 237).

Wird die „Freiheitsidee" Kants in einer „Welt vernünftiger Wesen (mundus intelligibilis) als ein[em] Reich der Zwecke" verortet und gleichzeitig eine Verbindung zur „Beschreibung und Schätzung wirklicher Handlungen" hergestellt – das ist jedoch genau das von Kant nicht gelöste Problem, nämlich, wie die „Einheit" der Verstandeswelt mit der Sinnenwelt „in einem gemeinschaftlichen Prinzip" zu denken ist –, dann erweist sich nach Flach die Argumentation Kants zur „Gründung von Recht und Rechtswissenschaft" als „völlig stringent" (GMS BA 84; Flach 2015, 267; BA XIVf.; vgl. KrV B 311f./A 256). In welcher Weise die These, dass die „Rechtsverfasstheit der Welt des Menschen" der geschichtlichen Entwicklung „eingezeichnet" ist (Flach 2015, 268), mit Ansätzen anderer Philosophen – man denke an Horn, Eisfeld und Kersting – in Einklang zu bringen ist, wird im Folgenden dargestellt.

Noch vor dem Erscheinen der zweiten Auflage der *Kritik der reinen Vernunft* verfasst Kant einen kurzen Aufsatz mit dem Titel „*Muthmaßlicher Anfang der Menschengeschichte*", der den Freiheitsgedanken aufgreift (AA VIII, 107). Im

*Anfang* wie in der *Idee* wird die Natur im Zusammenhang mit der Entwicklung der Menschengattung, „die die Geschichte ausmacht", zu einem Angelpunkt und damit auch zum Ausgangspunkt der Überlegungen Flachs (Flach 2015, 268). Nach Kant muss der „*erste Anfang*" der Menschengeschichte „von der Erfahrung hergenommen werden", ist sie doch „die Geschichte der ersten Entwicklung der Freiheit aus ihrer ursprünglichen Anlage in der Natur des Menschen" (AA VIII, 109). Der wesentliche Zug dieser Entwicklung ist die Ausrichtung auf einen „*weltbürgerliche[n] Zustand*" als „höchste Absicht" der Natur, der über die „*Errichtung einer vollkommnen bürgerlichen Verfassung*" als durchgängige rechtliche Ordnung erreichbar erscheint (AA VIII, 28; 24; vgl. Flach 2015, 268). Es muss an dieser Stelle - auch bezüglich der Abhandlungen Horns zur Bedeutung der Natur bei Kant (siehe Abschnitt 1.1.4) - angemerkt werden, dass Kant zwar in den geschichtsphilosophischen Aufsätzen der 80er Jahre in physiko-telelogischer Weise von der „Absicht", mithin von einem „*Plan*" der Natur spricht und eine gedankliche Verbindung zu den physiko-theologischen Ansätzen der Lehre vom „höchsten Gut" und der Postulatenlehre herstellt, die physiko-teleologische Argumentation jedoch in der zweiten Hälfte der 80er Jahre selbstkritisch zurücknimmt (AA VIII, 27f.; KrV B 832/A 804; vgl. KpV A 238f.). Die einschlägigen Überlegungen sind daher primär unter vernunfttheoretischem Aspekt - als Überlegungen zu einer möglichst umfassenden und vollständigen Realisierung der Vernunft - zu lesen.

Diese Entwicklung der „*allgemeine[n] Weltgeschichte nach einem Plane der Natur*", mithin die Entwicklung der „*Geschichte der Menschengattung*", bezeichnet Kant als „*philosophische[n] Versuch*", den er in der *Idee* anhand von neun Sätzen ausführt (AA VIII, 29; 27). Auf den ersten Blick wirkt die Benennung der „*Geschichte der Menschengattung*" als „*philosophischer Versuch*" befremdlich (AA VIII, 27; 29). Es wäre jedoch nicht Kant, fänden sich in seinem Text nicht Erklärungen für die Wahl seiner Bezeichnung als „*philosophischer Versuch*" (AA VIII, 29). Erste Hinweise liefert der „*Neunte Satz*", wonach „*die allgemeine Weltgeschichte nach einem Plane der Natur, der auf die vollkommene bürgerliche Vereinigung in der Menschengattung abziele, zu erarbeiten* [beabsichtigt wird]" und dieser Versuch wird nicht nur als möglich, sondern auch als für die „*Naturabsicht beförderlich*" angesehen, jedoch nicht im Laufe des Lebens eines Individuums, sondern erst im Rahmen der Entwicklung der am Gebrauch der Vernunft orientierten „*Naturanlagen*" in der Menschengattung (AA VIII, 29; 18). Mit diesen Gedanken knüpft Kant an das „*Ideal des höchsten Guts*" in der ersten *Kritik* an, welches die Beantwortung der Frage „*Was darf ich hoffen?*" intendiert, die insofern praktisch und theoretisch zugleich ist, weil „das Praktische" die Beantwortung der „theoretischen" Frage erst ermöglicht (KrV B 832/A 804–B 834/A

806): „Denn alles *Hoffen* geht auf Glückseligkeit, und ist in Absicht auf das Praktische und das Sittengesetz eben dasselbe, was das Wissen und das Naturgesetz in Ansehung der theoretischen Erkenntnis der Dinge ist. Jenes läuft zuletzt auf den Schluß hinaus, daß etwas *sei* (was den letzten möglichen Zweck bestimmt), *weil etwas geschehen soll*; dieses, daß etwas *sei* (was als oberste Ursache wirkt), *weil etwas geschieht*" (KrV B 833f./A 805f.).

Unter Glückseligkeit ist die „Befriedigung aller unserer Neigungen" zu verstehen; wir bedienen uns zur Erreichung dieses Ziels einer „Klugheitsregel" im Sinne eines „pragmatisch[en]" praktischen Gesetzes, während das „moralisch[e]" praktische Gesetz qua Sittengesetz nichts anderes als die „*Würdigkeit, glücklich zu sein*" zu ihrem Beweggrund hat (KrV B 833/A 805–B 835/A 807). Es gilt daher im Sinne der Entwicklung der „*Naturanlagen, die auf den Gebrauch [der] Vernunft abgezielt sind*" der Aufforderung „*Tue das, wodurch du würdig wirst, glücklich zu sein*" zu folgen (AA VIII, 18; KrV B 836f./A 808f.). Denn die „Würdigkeit, glücklich zu sein" kann nur dann erhofft werden, wenn eine „*höchste Vernunft*" nach moralischen Gesetzen gebietet und diese zugleich „als Ursache der Natur [die durch die Glückseligkeit, mithin durch die Neigungen repräsentiert wird] zum Grunde gelegt wird" (KrV B 839/A 811).

Nur unter dieser Voraussetzung ist „*das Ideal des höchsten Guts*" zu realisieren, wenn die „Glückseligkeit" und „die Würdigkeit, glücklich zu sein" qua Sittlichkeit in „genauem Verhältnisse" stehen und im Einklang sein können (KrV B 839/A 811). Dieses Ideal ist das „praktische Interesse" der reinen Vernunft, zu dessen Erreichung ein menschliches Leben jedoch nicht ausreicht, weshalb die reine Vernunft es in ihrem praktischen Gebrauch mit zwei Fragen zu tun hat – „ist ein Gott? Ist ein künftiges Leben?" –, die auf die Realisierung der beiden transzendentalen Ideen der reinen Vernunft, auf das „Dasein Gottes" und die „Unsterblichkeit der Seele" verweisen (KrV B 832/A 804; B 826f./A 798f.). In Analogie zu diesem „*letzten Zwecke des reinen Gebrauchs unserer Vernunft*", der als „Interesse der Menschheit" in der ersten *Kritik* thematisiert wird, spricht Kant in seiner geschichtsphilosophischen Schrift *Idee* von einer „Idee einer Weltgeschichte, die gewissermaßen einen Leitfaden *a priori* [vermittels des Gebrauchs der Vernunft] hat", ohne damit die „bloß *empirisch* abgefaßte" Geschichte verdrängen zu wollen (KrV B 825/A 797–B 827/A 799; AA VIII, 30).

Damit sind die Eckpunkte, die die Entwicklung einer „*vollkommene[n] bürgerliche[n] Vereinigung*" in der Menschengattung markieren, mit dem empirischen Geschichtsbegriff und der „*moralischen* Welt" festgelegt, in deren Rahmen nun die einzelnen Schritte der Heranbildung des Individuums zu skizzieren und die politischen und rechtsphilosophischen Implikationen der Quellentexte mit Blick auf die Rechtslehre Kants darzulegen sind (AA VIII, 29; KrV B 839/A 811).

### 3.1.1 Von den politischen und rechtsphilosophischen Implikationen der Quellentexte und von der Rechtslehre Kants

Die Argumentation Kants fußt auf der Grundannahme, dass die Natur den Menschen mit der Entwicklung, die die Geschichte ausmacht, in eine künstliche Rolle zwingt, in der er „Subjekt" ist, und zwar ein Subjekt, dessen Natur die Entfaltung von Talenten zulässt und auch befördert, das aber andererseits als Subjekt die Aufgabe hat, sich über diese Heteronomie der Natur nicht nur als Individuum, sondern auch als Glied einer Gemeinschaft, emporzuheben (Flach 2015, 268). Die „Rolle des Menschen" ist deshalb „künstlich", weil das „höchste Oberhaupt [der öffentlichen Gerechtigkeit als Repräsentant eines allgemeingesetzgebenden Willens] gerecht *für sich selbst* und doch ein Mensch sein [soll]" (Flach 2015, 268; AA VIII, 23, Fußnote; 23; vgl. AA VI, 315f.). Diese Aufgabe mag nach Kant zwar für Individuen auf anderen Planeten erfüllbar sein; uns kann jedoch die Natur nur die Annäherung an diese „Idee" auferlegen, weshalb nicht das einzelne Individuum, sondern nur die „Gattung" die Erfüllung der Aufgabe erhoffen kann (AA VIII, 23, Fußnote; 23; vgl. KrV B 832/A 804; B 826f./A 798f.). Der Mensch muss sich einerseits selbst bestimmen und dies auch durch Begrenzung der Einflüsse seiner Natur und er muss andererseits seiner Intersubjektivität im Rahmen der Gemeinschaft gerecht werden, d.h. er ist gefordert, sein Agieren mit dem der anderen Glieder der Gemeinschaft, die letztendlich die Charakteristika eines durch eine Rechtsordnung determinierten Staates annimmt, abzustimmen. Deshalb ist es „*[d]as größte Problem für die Menschengattung […], die allgemein das Recht verwaltende* bürgerliche Gesellschaft" zu erreichen, zu deren Errichtung ihn die Natur jedoch „*zwingt*" (AA VIII, 22). Was unter einer „*allgemein das Recht verwaltenden* bürgerlichen Gesellschaft", mithin unter einer „vollkommen *gerechte[n] bürgerliche[n] Verfassung*" zu verstehen ist, wird in der Rechtslehre mit dem „allgemeine[n] Rechtsgesetz" formuliert und in der *Idee* dahingehend beschrieben, dass nur diejenige Gesellschaft, die die „größte Freiheit" unter „Bestimmung und Sicherung der Grenzen" derselben ermöglicht, auch „mit der Freiheit anderer bestehen [kann]" (AA VIII, 22; AA VI, 231). Unter dem Antagonismus der Glieder einer Gesellschaft versteht Kant die „*ungesellige Geselligkeit* der Menschen", die ihren Ausdruck sowohl in einem Hang, in die Gesellschaft eintreten zu wollen, als auch in einem Widerstand, sich zu „*vergesellschaften*", findet (AA VIII, 20). Nun bedient sich die Natur dieses Antagonismus als Mittel, um alle ihre Anlagen entfalten zu können und sieht sich damit der Gefahr gegenüber, dass die Neigung, nicht Glied einer Gesellschaft sein zu wollen, diese „zu trennen droht" (AA VIII, 20). Denn

„[d]er Mensch hat [zwar] eine Neigung sich zu *vergesellschaften*: weil er in einem solchen Zustande sich mehr als Mensch, d.i. die Entwicklung seiner Naturanlage [als der Freiheit], fühlt. Er hat aber auch einen großen Hang sich zu *vereinzelnen* (isoliren): weil er in sich zugleich die ungesellige Eigenschaft antrifft, alles bloß nach seinem Sinne richten zu wollen, und daher allerwärts Widerstand erwartet […]" (AA VIII, 20f.).

Dieser drohende Widerstand dient nun als Triebfeder, die den Menschen dazu veranlasst, seine Faulheit zu überwinden und „durch Ehrsucht, Herrschsucht oder Habsucht, sich einen Rang unter seinen Mitgenossen zu verschaffen", die er zwar nicht leiden, von denen er aber auch nicht lassen kann, womit der erste Schritt „aus der Rohigkeit zur Cultur" gesetzt wird (AA VIII, 21; vgl. AA VI, 27). Ein anderer Blick auf den Antagonismus - nicht im Sinne der Vergesellschaftung und der Vereinzelung - weist ihn als Wunsch des Menschen nach „Eintracht" - „[e]r will gemächlich und vergnügt leben" - und als Drängen der Natur im Sinne der „Zwietracht" - sie fordert vom Menschen, sich aus der „Lässigkeit und unthätigen Genügsamkeit" in die Arbeit zu stürzen - aus (AA VIII, 21). Die Natur, die nichts Überflüssiges tut, stattet den Menschen mit Vernunft und einem darauf sich gründenden freien Willen aus und zeigt damit bereits ihre Absicht an, dass der Mensch *„alles"*, was über sein *„thierischen Daseins"* geht, durch die eigene Vernunft, *„frei von Instinct"*, erreiche, womit zwar das Ziel der Entwicklung des Menschen, nicht aber die dazu erforderlichen Schritte bestimmt sind (AA VIII, 19). Als Voraussetzung für die *„Errichtung einer vollkommnen bürgerlichen Verfassung"* bedarf es zuallererst der Kultivierung, der Zivilisierung und der Moralisierung, aber gleichzeitig auch der Errichtung eines *„gesetzmäßigen* ***äußeren Staatenverhältnisses****"*, womit der Weg hin zu einer rechtsstaatlichen Ordnung über die Staatsgrenzen hinaus beschrieben wird (AA VIII, 24). Hegt Kant Zweifel, dass die „letzte Stufe" der drei Entwicklungsschritte, die Moralisierung, erreichbar ist, wenn er schreibt, dass Rousseau nicht Unrecht hatte, „wenn er den Zustand der Wilden vorzog" (AA VIII, 26)? Während es gelingt, sich zu kultivieren und zu zivilisieren, scheint bloß eine Annäherung an die Moralisierung möglich zu sein (vgl. AA VIII, 26). Kant betont an dieser Stelle, dass die „Idee der Moralität" noch zur Kultur gehört, während der „Gebrauch dieser Idee", der nur auf die „äußere Anständigkeit" hinausläuft, zur Zivilisierung zu rechnen ist (AA VIII, 26).

Die drei Stufen - Kultivierung, Zivilisierung, Moralisierung -, die eine moralische Entwicklung hin zu einem „sittlich guten Menschen (moraliter bonus)" skizzieren, der von einem „Menschen von guten Sitten (bene moratus)" zu unterscheiden ist, kehren - etwa zehn Jahre nach dem Erscheinen der *Idee* - in der Religionsschrift als „Elemente der Bestimmung des Menschen" - „Anlage für die *Thierheit*", für die *„Menschheit*", für die *„Persönlichkeit*" des Menschen – wieder und lassen einen Einblick in den in der *Idee* verkürzt dargestellten Entwicklungsprozess zu (AA VI, 30; 26). Die „Anlage für die **Thierheit** im Menschen" ist in der *„mechanischen* Selbstliebe" begründet, die nicht wie die *„vergleichende* Selbstliebe" der Vernunft bedarf. Sie dient der Erhaltung des Individuums und der Gattung, indem sie zur Befriedigung der Neigungen wie Hunger, Durst und Fortpflanzung und zur Vergesellschaftung veranlasst (AA VI, 26f.). Um das Aufpfropfen von Lastern in Gestalt der *„Völlerei*, der *Wollust*, und der *wilden Gesetzlosigkeit* (im Verhältnisse zu andern Menschen)" zu verhindern, bedarf es der Kultivierung „durch Kunst und Wissenschaft" (AA VI, 27; AA VIII, 26). Die *„wilde Gesetzlosigkeit*" wird sowohl in der *Idee* als auch in der Rechtslehre unter dem Begriff der „wilde[n] Freiheit" thematisiert, die der Mensch kraft seiner Neigungen zu verwirklichen sucht, die jedoch ein Zusammenleben in Gemeinschaft vereitelt, weshalb ein Mensch in Gesellschaft *„einen Herrn nöthig hat*" (AA VI, 27; AA VIII, 22f.; vgl. AA VI, 316).

Im Rahmen der Konstituierung eines Staates tritt dieser Herr nicht als Person, sondern – im Kontext mit dem *„ursprüngliche[n] Contract*" – als „allgemeine[s] *Oberhaupt* (der, nach Freiheitsgesetzen betrachtet, kein Anderer als das vereinigte Volk selbst sein kann)" in Erscheinung (AA VI, 315). Mit dem *„ursprüngliche[n] Contract*" konstituiert sich das „Volk" selbst zu einem Staat. Dieser Kontrakt ist jedoch nicht als tatsächlicher Vertragsabschluss zu sehen, sondern als „Idee", nach der die „Rechtsmäßigkeit" des Staates „allein gedacht werden kann". Das Volk, das nun als Staat zu betrachten ist, verlässt die „wilde, gesetzlose Freiheit", um die „Freiheit" in einem „rechtlichen Zustand", d.h. in „gesetzliche[r] Abhängigkeit", ohne Abstriche wieder zu gewinnen. Diese Abhängigkeit wird nicht oktroyiert, sondern gründet auf dem „eigenen gesetzgebenden Willen" (AA VI, 315f.). Auf die Bedeutung des „gesetzgebenden Willen[s]" im Sinne einer „Einung […] eines Sollens", in anderen Worten, im Sinne eines „a priori als vereinigt *gedachten* Willen[s]" wird im Zusammenhang mit der „Gründung" und Begründung des positiven Rechts noch gesondert eingegangen (AA VI, 316; Flach 2015, 271; Eisfeld 2015, 71).

Die „Anlagen für die **Menschheit**", mithin auch der Wunsch nach Zivilisierung, ist der *„vergleichenden* Selbstliebe" geschuldet, deren Aufgabe es ist, sich in „Vergleichung mit andern" zu beurteilen, aber auch, sich *„in der Meinung Anderer einen Werth zu verschaffen*; und zwar ursprünglich bloß den der *Gleichheit*" (AA VI, 27). Es ist unschwer vorzustellen, dass als Folge dieser Vergleichung Laster wie *„Neid*", *„Undankbarkeit*" und *„Schadenfreude*" zu erwarten sind, die nicht den „Anlagen für die **Menschheit**" selbst entspringen, sondern diesen aufgepfropft werden (AA VI, 27). Ein zivilisierter Mensch wird auf Basis des

Vergleichs mit anderen und des Wunsches nach Gleichheit sein Verhalten den Erwartungen der anderen Glieder der Gemeinschaft anpassen, wozu es nur einer „Änderung der *Sitten*" bedarf (AA VI, 47). Dieser Mensch wird zwar in Ansehung seiner Maximen die Pflicht beobachten, aber dennoch nicht aus Pflicht, d.h. gemäß dem Sittengesetz, handeln, sondern der „Unmäßige" wird der Gesundheit wegen zur „Mäßigkeit", der „Lügenhafte" wird der Ehre willen zur „Wahrheit", und der „Ungerechte" wird der „Ruhe oder des Erwerbs" wegen zur „bürgerlichen Ehrlichkeit" zurückkehren und handelt damit wie der „Krämer" in der *Grundlegung* in „eigennütziger Absicht" (AA VI, 47; GMS BA 9f.). Ein solcher Mensch, der sich in Abänderung seiner Sitten einer Zivilisierung unterwirft, wird als „Mensch von guten Sitten" das Sittengesetz nicht als „alleinige und oberste Triebfeder" seinen Handlungen zugrunde legen und ist mithin vom „sittlich guten Menschen", dessen Handlungen ausnahmslos gemäß dem Sittengesetz erfolgen, zu unterscheiden (AA VI, 30): „Man kann [daher] von dem Ersteren sagen; er befolge das Gesetz dem *Buchstaben* nach (d.i. was die Handlung angeht, die das Gesetz gebietet); vom Zweiten aber: er beobachte es dem *Geiste* nach (der Geist des moralischen Gesetzes besteht darin, daß dieses für sich allein zur Triebfeder hinreichend sei)" (AA VI, 30).

Mit der „Anlage für die **Persönlichkeit**", die als „Empfänglichkeit der Achtung für das moralische Gesetz" und als „besondere", nicht bereits in der „*Thierheit*" oder der „*Menschheit*" enthaltene Anlage gesehen werden muss, hat sie doch „allein [...] praktische, d.i. unbedingt gesetzgebende, Vernunft zur Wurzel", kehre ich zur Frage zurück, ob Kant Zweifel betreffend die Erreichung dieser dritten Stufe als der Moralisierung hegt und warum angesichts der Moralisierung noch „sehr viel" fehlt (AA VI, 27; 26; 26, Fußnote; 28; AA VIII, 26). Der Mensch verfügt zwar über eine „ursprüngliche *Anlage* [...] zum *Guten*", er ist gleichsam „zum *Guten*" geschaffen, ob er jedoch im „moralischen Sinne" gut oder böse ist, dazu muss er „*sich selbst* machen, oder gemacht haben", indem er den „Keim des Guten" wiedererweckt (AA VI, 44f.). Die „*Wiederherstellung der ursprünglichen Anlage zum Guten*" gestaltet sich jedoch schwierig, weil diese nicht in Form einer „allmählige[n] *Reform*", bei welcher die Grundlage der Maxime „unlauter" bleiben kann, sondern nur gemäß einer „*Revolution* in der Gesinnung im Menschen" bewirkt werden kann (AA VI, 44; 47). Nach Kant gebietet die Pflicht zwar, ein guter Mensch zu werden und zu sein, sie verlangt aber nichts, was uns unmöglich ist, woraus folgt, dass die „Revolution für die Denkungsart" mit Bezug zur „*intelligibele[n] That*" und die „allmählige Reform [...] für die Sinnesart" im Zusammenhang mit der „*sensible[n] That*" dem Menschen auch möglich sein muss (AA VI, 47; 39, Fußnote). Mithin muss die „moralische Bildung des Menschen" ihren Ausgang bei der Änderung der „Denkungsart" und nicht bei der „Besserung der Sitten" nehmen (AA VI, 48). Der Mensch verfährt jedoch „gewöhnlicherweise" nicht im Sinne einer Änderung seiner Denkungsart, sondern versucht, einzelne Laster zu bekämpfen, ohne die „allgemeine Wurzel derselben" anzutasten (AA VI, 48). Mit der Unterscheidung der „Revolution für die Denkungsart" von der „allmähligen *Reform*", wie mit jener der „*intelligibele[n] That*" von der „*sensible[n]*" Tat bereitet Kant seine Tugend- und Rechtslehre vor, die Gegenstand der vier Jahre später publizierten *Metaphysik der Sitten* sein wird (AA VI, 47; 39, Fußnote).

Während ein „*gesetzlich*" guter Mensch dem Prinzip der Glückseligkeit folgt, mithin nur als Glied der Sinnenwelt und nicht der Verstandeswelt agiert, zeichnet sich ein „*moralisch* guter [...] Mensch" dadurch aus, „tugendhaft nach dem intelligiblen Charakter (virtus Noumenon)" zu sein und die Triebfeder seiner Handlungen bloß nach der Vorstellung der Pflicht zu wählen (AA VI, 47). In analoger Weise wird in der Rechtslehre die Gesetzgebung in „Ansehung der Triebfedern" in eine „*ethisch[e]*" und eine „*juridisch[e]*" Gesetzgebung unterschieden, indem diejenige Gesetzgebung, die „eine Handlung zur Pflicht und diese Pflicht zugleich zur Triebfeder macht" als „*ethisch*", jene aber, die „auch eine andere Triebfeder als die Idee der Pflicht selbst zuläßt [...] *juridisch*" genannt wird (AA VI, 219). Folglich bezeichnet die „*Legalität* (Gesetzmäßigkeit)" – ungeachtet der Triebfeder der Handlung – die „bloße Übereinstimmung" oder das Nicht-Übereinstimmen derselben mit dem Gesetz und unterscheidet sich von der „*Moralität* (Sittlichkeit)" qua „virtus Noumenon" durch ihre Bestimmung der Triebfeder als „Idee der Pflicht" (AA VI, 219; 47). Im achten Satz der *Idee* kehrt Kant zum „*verborgenen Plan der Natur*", der bereits im ersten Satz thematisiert wird, zurück und legt sein Ziel mit dem Aufbau „*eine[r] innerlich und [...] auch äußerlich-vollkommene[n] Staatsverfassung*" fest, weil nur diese die Entwicklung aller Anlagen „*in der Menschheit*" zu gewährleisten im Stande ist (AA VIII, 27; vgl. AA VIII, 18; Horn 2014, 254). Der Schlüssel zur Erreichung des noch fern erscheinenden Endziels, der Aufklärung, deren Beschreibung Kant in der, im Jahr der *Idee* veröffentlichten Schrift *Beantwortung der Frage: Was ist Aufklärung?* nachreicht, ist die Wahrung der Freiheit im Sinne der „Zwietracht", die die Natur im Gegensatz zu den Menschen will (AA VIII, 21). Wird nämlich die „bürgerliche Freiheit" angetastet, leiden nicht nur die „Gewerbe" und der „Handel", sondern auch der Staat wird „im äußeren Verhältnis" geschwächt. Deshalb sind „persönliche Einschränkung[en]" wie jene der Religionsfreiheit zurückzunehmen, damit „allmählig [...] *Aufklärung*, als ein großes Gut" geschehe (AA VIII, 27f.).

Während Kant „jede Revolution" im Sinne der Moralisierung und Aufklärung befürwortet, wird in der Rechtslehre dem „Widerstand des Volkes" gegen das

„gesetzgebende Oberhaupt des Staates" die Rechtmäßigkeit mit dem Argument abgesprochen, dass im Falle einer Gesetzmäßigkeit des Widerstands des Volkes „ein öffentliches Gesetz vorhanden sein [müsste], welches diesen Widerstand des Volkes erlaubte", womit sich die „oberste Gesetzgebung" ihren obersten Rang abspräche und das bestimmungsgemäß untertänige Volk zum Souverän würde (AA VIII, 30; AA VI, 320). Im *Gemeinspruch* argumentiert Kant in ähnlicher Weise, indem er als Folge des Widerstands des Volkes eine Zerstörung der „Grundfeste" des gemeinen Wesens qua Staat vermutet, der Ausgangspunkt seiner Begründung ist jedoch ein anderer (AA VIII, 299): Es ist für das Volk „nichts zu thun, als zu gehorchen", selbst wenn es vermeint, durch die „wirkliche Gesetzgebung seine Glückseligkeit einzubüßen", ist doch im Rahmen einer staatlichen Organisation nicht von der Glückseligkeit, sondern „bloß vom Rechte, das dadurch einem jeden gesichert werden soll", die Rede, womit der Satz „Salus publica suprema civitatis lex est" in unvermindertem Maße seine Gültigkeit behält (AA VIII, 297f.). Alexy reiht sich in die Gruppe der Kritiker dieses Widerstandsverbots ein, das – seiner Ansicht nach – „eine[n] strikten Vorrang eines jeden, also auch eines extrem ungerechten positiven Gesetzes vor dem Vernunftrecht" impliziert (Alexy 2011, 191).

Wie bereits angemerkt ist die „höchste Absicht" der Natur in der Konstituierung eines „allgemeine[n] *weltbürgerlichen Zustand[es]*" zu sehen, der die Beförderung der genannten Naturanlagen erst ermöglicht. Die Verwirklichung einer „*vollkommnen bürgerlichen Verfassung*" ist nämlich nur im Rahmen eines „*gesetzmäßigen* ***äußeren Staatenverhältnisses***" vorzustellen (AA VIII, 28; 24). Deshalb durchzieht die Auseinandersetzung mit dem Völkerrecht gleichsam als roter Faden die Schriften Kants, um in der Rechtslehre Platz zu finden. Im *Gemeinspruch* will sich Kant dem Völkerrecht in „philanthropischer" qua „kosmopolitischer Absicht" zuwenden, weshalb im Vorfeld die Frage, ob „das menschliche Geschlecht im Ganzen zu lieben [sei]", beantwortet werden müsse (AA VIII, 307). Hinter dieser Frage verbirgt sich eine andere, die einen Bogen zur *Idee* spannt, nämlich jene, ob in der menschlichen Natur Anlagen zu vermuten sind, die eine Entwicklung der Menschengattung zum Besseren befördern. Kant stellt sich in diesem Zusammenhang gegen die Sichtweise Moses Mendelsohns, der eine Vervollkommnung des Menschengeschlechts im Ganzen für unwahrscheinlich erachtet, weil selbst ein Vorwärtsrücken von umso bedeutsameren Rückschritten begleitet sein wird (vgl. AA VIII, 307). Für Kant steht jedoch außer Zweifel, dass sowohl die „allseitige Gewaltthätigkeit" als auch die „beständigen Kriege" das Volk zu dem Entschluss führen werden, sich dem Zwang in Gestalt öffentlicher Gesetze als Forderung der Vernunft zu unterwerfen und schlussendlich in „eine *weltbürgerliche* Verfassung" einzutreten (AA

VIII, 310). Sollte der letzte Schritt aufgrund des drohenden Despotismus von „übergroßen Staaten“ gefährlich sein, so ist doch ein „rechtliche[r] Zustand der *Föderation* nach einem gemeinschaftlich verabredeten *Völkerrecht*“ anzustreben (AA VIII, 311). Dieser „rechtliche Zustand der *Föderation*“ wird im Interesse der Staaten selbst als verwirklichbar betrachtet, kosten doch die Kriege vornehmlich dem Volk Geld, das folglich sowohl den „Vergrößerungsbegierden“ des Staatsoberhauptes als auch den Kriegen ablehnend gegenüberstehen wird (AA VIII, 311). Kant hofft in Ansehung der Realisierung des „rechtlichen Zustandes der *Föderation*“ auf die Selbstzerstörung des Bösen und auf die Selbsterhaltung des Guten, hält jedoch mit seinen diesbezüglichen Vorbehalten nicht hinter dem Berg, indem er seine Sichtweise als „Meinung und bloß[e] Hypothese“ ausweist (AA VIII, 311; vgl. AA VIII, 312). Die Hoffnung, dass sich jeder Staat einem Völkerrecht, das „auf öffentliche mit Macht begleitete Gesetzte“ fußt, unterwerfen werde, wird dadurch genährt, dass sich andernfalls kein Staat „seiner Selbstständigkeit oder seines Eigenthums“ sicher sein kann (AA VIII, 312). Die Theorie, einen dauerhaften Frieden durch eine „*Balance der Mächte in Europa*“ realisieren zu können, taugt jedoch genauso wenig für die Praxis, wie jene, dass sich Staaten freiwillig zu einem „allgemeine[n] Völkerstaat“ mit seinem Machtpotential zusammenschließen werden, weshalb nur bleibt, auf die menschliche Natur zu vertrauen, in welcher „immer noch Achtung für Recht und Pflicht lebendig ist“ (AA VIII, 312f.).

Diese Gedanken werden in Kants Aufsatz *Zum ewigen Frieden* in Form von sechs Präliminar- und drei Definitivartikeln, welche die sprachliche Gestalt von Geboten aufweisen, verdichtet (vgl. AA VIII, 343). Während die Präliminarartikel Verhaltensregeln mit dem Ziel eines dauerhaften Friedens verdeutlichen (vgl. AA VIII, 343-346), skizzieren die Definitivartikel den Weg von einem Staat, dessen „bürgerliche Verfassung […] republikanisch“ sein soll, über das „Völkerrecht“, das auf dem „*Föderalism* freier Staaten“ zu gründen ist, hin zum „Weltbürgerrecht“, das auf die Bedingungen der „allgemeinen *Hospitalität*“ einzuschränken ist. Letztere sieht vor, dass ein Besucher zwar abgewiesen, nicht aber feindselig behandelt werden darf, womit die Hospitalität nicht einem „*Gastrecht*“, sondern einem „*Besuchsrecht*“ entspricht (AA VIII, 349; 354; 357f.). Das „*Besuchsrecht*“ wird damit begründet, dass es allen Menschen zusteht, sich zur Gesellschaft kraft des „gemeinschaftlichen Besitzes der Oberfläche der Erde“ anzubieten (AA VIII, 358). Dieser „gemeinschaftliche Besitz“ wird später im „*Rechtliche[n] Postulat der praktischen Vernunft*“ implizit zum Thema (AA VI, 246; vgl. AA VI, 262), indem es dem Besitzenden als „Erlaubnißgesetz (lex permissiva)“ die Befugnis verleiht, „allen andern eine Verbindlichkeit aufzuerlegen, […] sich des Gebrauchs gewisser Gegenstände unserer Willkür zu enthalten, weil wir zuerst sie in unseren Besitz genommen haben“ (AA VI, 247). Es ist der Boden, der als *„erste Erwerbung einer Sache“* bestimmt wird (AA VI, 261).

Im Vorfeld formuliert Kant das „Prinzip der äußeren Erwerbung“ in deutlich verknappter Weise, um sich danach im Detail damit auseinanderzusetzen: „Das Prinzip der äußeren Erwerbung ist nun: Was ich (nach dem Gesetz der äußeren *Freiheit*) in meine *Gewalt* bringe, und wovon als Object meiner Willkür Gebrauch zu machen ich (nach dem Postulat der praktischen Vernunft) das Vermögen habe: endlich, was ich (gemäß der Idee eines möglichen vereinigten *Willens*) *will*, es soll mein sein, das ist mein“ (AA VI, 258).

Das „Gesetz der äußeren *Freiheit*“ findet insofern seinen Niederschlag im *„Rechtliche[n] Postulat der praktischen Vernunft“*, als ich den Gebrauch eines „Gegenstand[es] meiner Willkür [...] *physisch* in meiner Macht habe“, weshalb sich die „Freiheit“ selbst des Gebrauchs des Gegenstandes berauben würde, wenn es *„rechtlich“* nicht in meiner Macht stünde, denselben zu gebrauchen, womit in diesem Falle die „Freiheit von jedermann nach einem allgemeinen Gesetz“ angetastet würde (AA VI, 258; 246). Angesichts der „Idee eines [...] vereinigten *Willens*“, der auf den rechtlichen Besitz Bezug nimmt, sind die „Momente [...] der *ursprünglichen* Erwerbung“ - wie folgt - festzulegen (AA VI, 258):

> 1. die *Apprehension* eines Gegenstandes, der Keinem angehört, widrigenfalls sie der Freiheit Anderer nach allgemeinen Gesetzen widerstreiten würde. Diese *Apprehension* ist die Besitznehmung des Gegenstandes der Willkür im Raum und der Zeit; der Besitz also, in den ich mich setze, ist (possesio phaenomenon) [*physischer* Besitz].
> 2. Die *Bezeichnung* (declaratio) des Besitzes dieses Gegenstandes und des Acts meiner Willkür, jeden Anderen davon abzuhalten [lex permissiva].
> 3. Die *Zueignung* (appropriatio) als Act eines äußerlich allgemein gesetzgebenden Willens (in der Idee), durch welchen jedermann zur Einstimmung mit meiner Willkür verbunden wird. [Dieser] Besitz [ist] als ein *bloß rechtlicher* gültig (possessio noumenon) [*intelligibele[r]* Besitz] [...] (AA VI, 258f.; 245-247).

Nun mag die Charakterisierung aller genannten Akte als *„rechtlich[e]“* den Leser befremden, der unter dem Begriff „rechtlich“ eine Verbindung zum positiven Recht herstellt, dem jedoch Kant insofern widerspricht, als er *„rechtlich“* mit „aus der praktischen Vernunft hervorgehen[d]“ identifiziert (AA VI, 259). Folge ist, dass die Frage, was „Rechtens“ ist, von allem Empirischen abstrahiert und der „Schlußsatz: der äußere Gegenstand ist mein“, der einen Übergang vom „sensibelen auf den intelligibelen Besitz richtig [führt]“, nicht die Frage klärt, was rechtens ist, sondern was „recht“ ist (AA VI, 259; 229).

Als Abrundung dieses Textabschnittes gilt es nun, die Bestimmung des Begriffs „Aufklärung“ mit Bezug zum Widerstandsverbot nachzureichen, wobei eingangs die pointierte Definition von „Aufklärung“ nicht vorenthalten werden darf: „*Aufklärung ist der Ausgang des Menschen aus seiner selbstverschuldeten Unmündigkeit. Unmündigkeit* ist das Unvermögen, sich seines Verstandes ohne Leitung eines anderen zu bedienen. *Selbstverschuldet* ist diese Unmündigkeit, wenn die Ursache derselben nicht am Mangel des Verstandes, sondern der Entschließung und des Muthes liegt, sich seiner ohne Leitung eines anderen zu bedienen. *Sapere aude*! Habe Muth dich deines *eigenen* Verstandes zu bedienen! ist also der Wahlspruch der Aufklärung" (AA VIII, 35).

Die Schrift *Beantwortung der Frage: Was ist Aufklärung?* kann nicht nur aufgrund der Chronologie der Texte Kants, sondern auch wegen der Betonung der Freiheit als Verbindungsglied zwischen der *Idee* und der *Grundlegung* betrachtet werden. Ich greife nochmals die Frage auf, warum Kant „jede Revolution" im Sinne der Entwicklung der Moralität und Aufklärung befürwortet, während jeglicher Widerstand wider ein „gesetzgebende[s] Oberhaupt des Staates" in Gestalt eines unbedingten Gesetzes verboten ist (AA VIII, 30; AA VI, 320). Voraussetzung für die Aufklärung ist die Freiheit, und zwar die „unschädlichste" nach Kant, die darin zu sehen ist, von der Vernunft „*öffentlichen Gebrauch*" zu machen, der jedoch nicht im derzeitigen landläufigen Sinne zu verstehen ist, wie sich anhand der Beispiele des „Offizier[s]", des „Finanzrath[s]" und des „Geistliche[n]" zeigt, die ausrufen: „räsonnirt nicht"" (AA VIII, 36f.). Der Aufklärung dienlich ist der öffentliche Gebrauch der Freiheit durch einen „*Gelehrte[n]*", der vor dem „ganzen Publicum der *Leserwelt*" die Vernunft heranzieht, während die Freiheit im „*Privatgebrauch*" als jenem Vernunftgebrauch im Rahmen eines „*bürgerlichen* Posten[s]" oder „Amte[s]" ohne Gefahr für die Aufklärung eingeschränkt werden dürfe, wie aus dem – von Kant unwidersprochenen – Ruf beispielsweise des „Offizier[s]" zu entnehmen ist (AA VIII, 37). Die Einschränkung der Freiheit in Ausübung eines bürgerlichen Amtes kann mit der Gehorsamspflicht gerechtfertigt werden, die darauf abzielt, die „Grundfeste" des gemeinen Wesens nicht zunichtezumachen (AA VIII, 299). Tritt aber ebendieselbe Person als Glied einer „Weltbürgergesellschaft" in der Funktion eines Gelehrten an ein Publikum heran, ist es erlaubt, zu räsonieren, d.h., dass es auch dem Offizier unbenommen ist, sich in Schriften kritisch gegenüber den „Kriegsdienste[n]" zu äußern (AA VIII, 37). Der Anspruch auf Aufklärung wird von Kant insbesondere in „*Religionssachen*" geltend gemacht, weil seiner Ansicht nach die Herrschenden auf dem Gebiet der Kunst und der Wissenschaft ohnehin kein Interesse zeigen, „den Vormund über ihre Unterthanen zu spielen" (AA VIII, 41). Aber auch in Ansehung der „*Gesetzgebung*" ist den Untertanen erlaubt, öffentlichen Gebrauch von der Vernunft zu machen, um damit eine Verbesserung der Formulierung von Gesetzen herbeizuführen (AA VIII, 41). Inwiefern der Gebrauch der Vernunft, auf den die Naturanlagen nun abzielen, abhängig vom Status des Individuums als „*Gelehrter*" oder als Person, die einen „*bürgerlichen* Posten" bekleidet, und in Ansehung der Freiheit zu gestalten ist, wurde im Kontext mit dem Wunsch nach Aufklärung dargelegt und mithin der Unterschied zwischen einem Individuum als Glied einer „*allgemein das Recht verwaltenden* bürgerlichen Gesellschaft" („*bürgerlicher* Posten") und einer „Weltbürgergesellschaft" („*Gelehrter*") ausgewiesen (AA VIII, 37; 22).

Die bisherigen Überlegungen beleuchteten den Stellenwert der Natur und der Freiheit vor allem mit Blick auf die (Selbst-)Disziplinierung (Kultivierung) des endlichen Vernunftwesens Mensch und im Sinne der (Selbst-)Konstitution eines vernünftig organisierten Gemeinwesens. Welche Bedeutung der Natur und der Freiheit in der Rechtslehre Kants zugedacht wird, ist Thema des folgenden Abschnittes.

### 3.1.2 Von der Natur und der Freiheit in den Quellentexten der Rechtslehre und in der Rechtslehre selbst

Für Kant steht außer Streit, dass „die große Künstlerin *Natur* (natura daedala rerum)" den ewigen Frieden garantiert, indem sie unter Heranziehung der „Zwietracht", selbst gegen den Willen der Menschen, Eintracht stiftet (AA VIII, 360). Damit schließt Kant an die Überlegungen in seinen Aufsätzen *Idee* und *Anfang* an, in welchen einerseits erklärt wird, dass die Naturanlagen eines endlichen Vernunftwesens dazu bestimmt sind, sich „*einmal vollständig und zweckmäßig*" zu entwickeln und andererseits festgehalten wird, dass sich die „Freiheit aus ihrer ursprünglichen Anlage in der Natur des Menschen" entfaltet (AA VIII, 18; VIII, 109).

In Zusammenschau der geschichtsphilosophischen Schriften Kants ist die Natur dadurch gekennzeichnet, dass sie 1. „nichts umsonst [tue]", dass sie 2. dem Menschen den Eindruck vermittle, dass er alles, „was er in der Geschichte geleistet habe, von sich aus erreicht [habe]", dass sie 3. sich im Sinne der Entwicklung der Anlagen das Prinzip der „*ungesellige[n] Geselligkeit*" zu Nutze mache und dass 4. diese Natur in Ansehung der positiven Entwicklung der Anlagen auf die „Anordnung eines weisen Schöpfers" verweise (AA VIII, 20; 22; Horn 2014, 244; vgl. AA VIII, 362, Fußnote).

Die Freiheit im Sinne einer Unabhängigkeit „von allem Empirischen", die es vermag, uns in eine „intelligibele Ordnung der Dinge" zu versetzen (KpV A 72f.), erfährt im *Gemeinspruch* und in der Rechtslehre einen Bedeutungswandel. Kant betont, dass der Begriff „eines äußeren Rechts", d.h. nicht des Sittengesetzes, nichts mit Glückseligkeit zu tun habe und „gänzlich aus dem Begriffe der *Freiheit* im äußeren Verhältnisse der Menschen zueinander hervor[gehe]" (AA

VIII, 289). „*Recht*" ist mithin die „Einschränkung der Freiheit eines jeden" in Ansehung der „Freiheit von jedermann, in so fern diese nach einem allgemeinen Gesetz möglich ist". Da die „Einschränkung der Freiheit durch die Willkür eines Anderen" einem „*Zwang*" entspricht, kann die „bürgerliche Verfassung" als „Verhältniß *freier* Menschen", die aber unter „Zwangsgesetzen" stehen, bestimmt werden. Diese „bürgerliche Verfassung" will die „reine, a priori gesetzgebende Vernunft", die keinen „empirischen Zweck" verfolgt (AA VIII, 289f.). Mit diesen Bestimmungen nimmt der *Gemeinspruch* das „allgemeine Rechtsgesetz" der Rechtslehre und die „*Befugniß*" des Rechts zu zwingen vorweg (AA VI, 231). Auch die darauffolgende Passage, die die „Prinzipien a priori" des „bürgerliche[n] Zustand[es]" - gefasst als „rechtlicher Zustand" - darlegt, findet sich in der Rechtslehre unter der Bezeichnung der „unabtrennlichen Attribute" eines „*Staatsbürger[s]*" wieder (AA VIII, 290; AA VI, 314):

> 1. Die *Freiheit* jedes Gliedes der Societät, als *Menschen.*
> [G]esetzliche *Freiheit,* keinem anderen Gesetz zu gehorchen, als zu welchem er seine Beistimmung gegeben hat;
> 2. Die *Gleichheit* desselben mit jedem Anderen, als *Unterthan.*
> [B]ürgerliche *Gleichheit,* keinen Oberen im *Volk* in Ansehung seiner zu erkennen als nur einen solchen, den er ebenso rechtlich zu verbinden das moralische Vermögen hat, als dieser ihn verbinden kann;
> 3. Die *Selbstständigkeit* jedes Gliedes eines gemeinen Wesens, als *Bürgers* (AA VIII, 290).
> [D]rittens das Attribut der bürgerlichen *Selbstständigkeit,* seine Existenz und Erhaltung nicht der Willkür eines Anderen im Volke, sondern seinen eigenen Rechten und Kräften als Glied des gemeinen Wesens verdanken zu können [...] (AA VI, 314).

Es findet mithin eine „Aufnahme des Sollens in die Rollenbeschreibung" des Menschen im Sinne der bereits genannten künstlichen Rolle als Subjekt statt (siehe S. 151), wodurch er nicht nur an „eine allgemeine Gesetzlichkeit" qua Sittengesetz, sondern auch an eine „konkrete Konsensdirektive" im Kontext mit den öffentlichen Gesetzen gebunden wird. In welcher Weise sich die „allgemeine Gesetzlichkeit" und die „konkrete Konsensdirektive" vereinen lassen, wird im nächsten Abschnitt erläutert (Flach 2015, 269; vgl. AA VIII, 26).

## 3.2 Immanuel Kants Rechtslehre und Hans Kelsens Reine Rechtslehre – gegensätzliche oder komplementäre Ansätze?

Nicht nur die Kompatibilität von „allgemeine[r] Gesetzlichkeit" und „konkrete[r] Konsensdirektive", sondern auch die Hintergründe für die Wahl der

Kantischen Philosophie zur Letztbegründung des positiven Rechts anhand der *Reine[n] Rechtslehre* Kelsens bedürfen einer Klärung (Flach 2015, 269).

### 3.2.1 Zum allgemeinen und öffentlichen Gesetz – zur Kompatibilität von Allgemeingültigkeit und Besonderheit

In der Lehre Kants ist die Bindung an ein allgemeines Gesetz ausschließlich durch den Kategorischen Imperativ zu begründen, der – trotz der unterschiedlichen Formulierungen – „nur ein einziger [ist], und zwar dieser: *handle nur nach derjenigen Maxime, durch die du zugleich wollen kannst, daß sie ein allgemeines Gesetz werde*" (GMS BA 52). Ausgangspunkt der Überlegungen Kants ist, dass zwar „jedes Ding der Natur [...] nach Gesetzen [wirkt]", jedoch nur ein vernünftiges Wesen über das Vermögen verfügt, nach der „*Vorstellung* der Gesetze, d.i. nach Prinzipien, zu handeln" (GMS BA 37).

In Ansehung der geplanten prinzipientheoretischen Begründung des positiven Rechts ist es nun geboten, sich dem Begriff „Prinzip" anzunähern. Das lateinisch-deutsche Schulwörterbuch führt unter „principium" als erste Übersetzungsmöglichkeit die Termini „Anfang", „Ursprung", aber auch „Grund" und „Grundlage" an (Stowasser & Petschenig & Skutsch 1994, 403). Im Rahmen der Philosophie wird ein Prinzip als „Ursprung", „Urgrund", aber auch als „Grundsatz" und als das „Erste" gefasst und es mangelt nicht an Beispielen wie die Metaphysik als erste Philosophie bei Aristoteles, die Axiome in der Logik, die Kantischen Anschauungsformen Raum und Zeit und seine Kategorien, sowie die Grundsätze in Form des „*Satz[es] vom ausgeschlossenen Widerspruch*", vom „*zureichenden Grund*" und von „*der Identität*", um nur einige zu nennen (Ulfig 1997, 327). Die „zwei reine[n] Formen sinnlicher Anschauung", nämlich Raum und Zeit, die Kant als „Prinzipien der Erkenntnis a priori" charakterisiert, eignen sich vortrefflich, um die Kriterien eines Prinzips herauszuarbeiten, wozu nun der Raum dienen wird (KrV B 37/A 22f.). „Der Raum ist kein empirischer Begriff, der von äußeren Erfahrungen" abgeleitet wird, womit er nicht als Materie einer „Erscheinung nur a posteriori" gegeben wird, sondern dieser Raum muss als unabhängig von der Erfahrung, mithin als unbedingt, vorgestellt werden (KrV B 38f./A 24; B 33f./A 19f.). Der Raum ist aber auch eine „notwendige Vorstellung", weil man sich keine Vorstellung davon machen kann, dass es keinen Raum, wohl aber, dass es keine Gegenstände im Raum gibt, womit der Raum „allen äußeren Anschauungen [wie möglichen Gegenständen im Raum] zum Grunde liegt" (KrV B 38f./A 24). Aufgrund der Unabhängigkeit von allem Empirischen kann der Raum zudem als Vorstellung a priori und als „Bedingung der Möglichkeit der Erscheinungen", d.h. als Bestimmung, die von den

Erscheinungen unabhängig ist, gesehen werden (KrV B 38f./A 24). Eine klärende Ergänzung zu diesen Erläuterungen liefert die Fußnote: „Auf diese Notwendigkeit a priori gründet sich die apodiktische [notwendige] Gewißheit aller geometrischer Grundsätze, und die Möglichkeit ihrer Konstruktionen a priori. Wäre nämlich diese Vorstellung des Raums ein a posteriori erworbener Begriff, der aus der allgemeinen äußeren Erfahrung geschöpft wäre, so würden die ersten Grundsätze der mathematischen Bestimmung nichts als Wahrnehmungen sein. Sie hätten also alle Zufälligkeit der Wahrnehmung, und es wäre eben nicht notwendig, daß zwischen zween Punkten nur eine gerade Linie sei [...]" (KrV B 38f./A 24–B 40/A 25, Fußnote; vgl. KrV B 99f./A 74f.).

Dieser Kommentar fasst die Attribute eines Prinzips in Form der Unbedingtheit, der Notwendigkeit qua Allgemeingültigkeit und der Gesetzmäßigkeit im Sinne eines, einer Sache innewohnenden, Ordnungsprinzips zusammen, die ihre Kontrarietäten in der Bedingtheit, der Besonderheit und der Zufälligkeit finden. Nach Kant ist nun das vernünftige Wesen im Gegensatz zu den anderen Dingen der Natur in der Lage, *„nach der Vorstellung* der Gesetze, d.i. nach Prinzipien", im Konkreten nach dem Sittengesetz zu handeln (GMS BA 37). Wenn die „Vorstellung eines [solchen] objektiven Prinzips" den Willen nötigt, dann wird es als „Gebot (der Vernunft)" bezeichnet, dessen Formel *„Imperativ"* genannt wird (GMS BA 37). Imperative sind deshalb „nur Formeln", weil sie bloß „das Verhältnis objektiver Gesetze des Wollens", des Sittengesetzes, zu der „subjektiven Unvollkommenheit des Willens" eines Vernunftwesens zum Ausdruck bringen, mithin wie die Rechtsnormen der *Reine[n] Rechtslehre* Kelsens, keinen Inhalt wiedergeben (GMS BA 40; vgl. Kelsen 2017, 354). Imperative drücken dieses Verhältnis als ein „Sollen" aus und sind deshalb als Gebote zu bezeichnen, die entweder *„hypothetisch"* oder *„kategorisch"* gebieten, wobei das hypothetische Gebieten die „praktische Notwendigkeit einer möglichen Handlung", die als Mittel zur Erlangung eines Zwecks dient, vorstellt, das kategorische Gebieten jedoch die Handlung „als für sich selbst", d.h. ungeachtet des Zwecks, als „objektiv-notwendig" ausweist (GMS BA 40). Folglich ist klar, dass der Kategorische Imperativ das Kriterium der Unbedingtheit deshalb erfüllt, weil er nicht an einen Zweck und auch nicht an die Handlung im Sinne eines Mittels zur Erreichung eines Zwecks gebunden ist. Zudem wird er dem Anspruch auf Allgemeingültigkeit gerecht, weil „[p]raktisch gut" nur das ist, was nicht aus subjektiven, mithin kontingenten Ursachen, sondern „objektiv, d.i. aus Gründen, die für jedes vernünftige Wesen [...] gültig sind, den Willen bestimmt" (GMS BA 38f.). Letztlich drückt sich die Gesetzmäßigkeit des Kategorischen Imperativs darin aus, dass er sich als Ordnungsprinzip der Moralität präsentiert. Bevor der Kompatibilität von „allgemeine[r] Gesetzlichkeit" und „konkrete[r]

Konsensdirektive" (Flach 2015, 269) nachgespürt wird, dürfen als Abrundung der dargelegten Überlegungen die Worte Kants nicht fehlen:

> Wenn ich mir einen *hypothetischen* Imperativ überhaupt denke, so weiß ich nicht zum voraus, was er enthalten werde: bis mir die Bedingung gegeben ist. Denke ich mir aber einen *kategorischen* Imperativ, so weiß ich sofort, was er enthalte. Denn da der Imperativ außer dem Gesetze nur die Notwendigkeit der Maxime enthält, diesem Gesetz gemäß zu sein, das Gesetz aber keine Bedingung enthält, auf die es eingeschränkt war, so bleibt nichts, als die Allgemeinheit eines Gesetzes überhaupt übrig, welchem die Maxime der Handlung gemäß sein soll, und welche Gemäßheit allein den Imperativ eigentlich als notwendig vorstellt (GMS BA 52).

Die Maxime als „subjektive[s] Prinzip zu handeln", welches eine „praktische Regel" enthält, die die Vernunft des endlichen Vernunftwesens bestimmt, muss mithin vom praktischen Gesetz als einem objektiven, für „jedes vernünftige Wesen" gültigen, Prinzip unterschieden werden, das besagt, wie das Subjekt handeln *soll* (GMS BA 52, Fußnote).

Im Vorgriff auf die Frage, ob der Kategorische Imperativ auch als Letztprinzip für die Begründung des positiven Rechts fruchtbar gemacht werden kann, erscheint es sinnvoll, die Bedingungen, die ein solches Letztprinzip „notwendig kennzeichnen", konkludierend darzustellen (Zeidler 2016a, 19). Der Kategorische Imperativ erfüllt jedenfalls die genannten Bedingungen (vgl. Zeidler 2016a, 24), denn ein in dieser Weise gefasstes Letztprinzip kann „kein Bedingtes, sondern nur schlechthinnige Bedingung sein" und ist mithin *„unbedingt"*, es kann „keine besondere [kontingente], sondern nur allgemeinste Bedingung" sein und ist daher *„allgemein"*, es kann „keine regellose, sondern nur geregelte Bedingung" sein und ist insoweit *„gesetzmäßig"* (Zeidler 2016a, 19). Dass damit jedoch, mit Blick auf die Argumente des Begründungsskeptizismus, nicht alle Probleme einer Letztbegründung qua prinzipientheoretischer Begründung gelöst sind, liegt auf der Hand, weshalb weiterer Erläuterungen folgen werden (siehe Abschnitt 5.4; 5.5).

In der „Einleitung in die Metaphysik der Sitten" differenziert Kant das „moralisch-praktische" Gesetz, das als „Satz" einen „kategorischen Imperativ (Gebot)" enthält, vom „positiv[en] (zufällig[en])" und „willkürlich[en]" Gesetz, dessen Urheber der *„Gesetzgeber* (legislator)" ist (AA VI, 211; 227). Folglich wird die „allgemeine Gesetzlichkeit" von der „positive[n] Gesetzgebung" mit ihrer „Besonderheit, ja Einzelheit und Kontingenz" unterschieden (Flach 2015, 269). Das positive Recht ist für Kant „ein Bestandteil des (empirischen) Seins", dem er „die Eigenschaft eines (apriorischen) Sollens" abspricht, womit dem positiven Recht zwar „faktische Geltung", aber keine „apriorische Gültigkeit" zukommt (Eisfeld 2015, 82). Die Einigung von Allgemeingültigkeit und Notwendigkeit des Kategorischen Imperativs und von Kontingenz und Besonderheit des positiven Gesetzes kann nun unter „kritischen" Vorzeichen nicht die von Kant in den geschichtsphilosophischen Aufsätzen immer wieder bemühte Absicht der Natur zuwege bringen, weshalb Kant in seiner dritten *Kritik* den Versuch einer Einigung von „Natur- und Freiheitsbegriff", d.h.- mit Blick auf die Rechtslehre - von positivem Gesetz und Kategorischem Imperativ vermittels der „reflektierenden Urteilskraft" im Sinne einer „nachträglichen Vereinbarung" und nachträglichen „Korrektur" seiner physiko-teleologischen Argumentation unternimmt (Zeidler 2016a, 224; Flach 2015, 269). In diesem Zusammenhang ist vor allem Kants Lehre vom Gemeinsinn von Interesse, denn als Urteilsvermögen führt der „sensus communis" als die „Idee eines *gemeinschaftlichen* Sinnes" zu Urteilen, die gemäß dem Wohlgefallen zu jedermanns Regel qua Gesetz werden können, weshalb angenommen werden darf, dass auch die Entwicklung des positiven Rechts auf diesem „*gemeinschaftlichen* Sinn" fußt (KU B 157/A 155; vgl. Horn 2014, 16f.). Da der „sensus *communis*" als Urteilsvermögen auf die „Vorstellungsart jedes andern in Gedanken (a priori) Rücksicht nimmt", verhindert er die Einflussnahme der „subjektiven Privatbedingungen" auf das Urteil, welche diesem zum Nachteil gereichen können (KU B 157/A 155).

Die von Kant, im Anschluss an diese Beschreibung des „sensus *communis*", formulierten „Maximen des gemeinen Menschenverstandes" fungieren als regulative Prinzipien der gewünschten Konsensbildung, womit der Weg zur Konstituierung eines „Bürgerbewusstseins" mit der Folge einer „bürgerlichen Verfassung" gebahnt wird (KU B 157/A 155-B 159/A 157; Flach 2015, 272; vgl. O'Neill 1989, 24–27). Die Frage, wie die „reflektierende Urteilskraft" ihrer Vermittlerrolle zwischen Sittengesetz und positivem Gesetz gerecht werden kann, wird im Abschnitt 3.3 beantwortet (Flach 2015, 269).

An dieser Stelle gilt es noch - mit Blick auf das Verhältnis zwischen dem öffentlichen Recht und dem Kategorischen Imperativ - zu klären, welche Bedeutung dem Sittengesetz für die Entwicklung eines endlichen Vernunftwesens und damit für das Funktionieren eines Gemeinwesens zukommt.

### 3.2.2 Zur Bedeutung des Kategorischen Imperativs für die Entwicklung des endlichen Vernunftwesens und für das Gelingen eines Gemeinwesens

Wenn in der *Idee* bezüglich der Kultivierung, der Zivilisierung und der Moralisierung zu lesen ist, dass die „Idee der Moralität" noch zur Kultur, der Gebrauch derselben aber zur Zivilisierung zu rechnen ist, dann wird eine Entwicklung des endlichen Vernunftwesens skizziert, deren letzter Schritt, nämlich die Entfaltung eines moralischen Gefühls, noch nicht gegangen wurde (AA VIII, 26). Wir können noch nicht für „*moralisirt*" gehalten werden, weil das erstrebenswerte Ziel – das moralische Gefühl –, das eine Verbindlichkeit an den Kategorischen Imperativ ausspricht, erst dann vollständig entwickelt ist, wenn die Maxime als „subjektive[s] Prinzip des Wollens" mit den „objektive[n] Gesetze[n] des Wollens", dessen Verhältnis die Imperative als bloße „Formeln" darlegen, in Einklang ist (AA VIII, 26; GMS BA 15f., Fußnote; BA 40).

Kant, dem die „Neigung[en]" der Menschen im Sinne der „Abhängigkeit des Begehrungsvermögens von Empfindungen" nicht fremd sind, stellt selbst die Frage, warum ich mich denn als vernünftiges Wesen diesem Prinzip in der Formulierung des Kategorischen Imperativs „unterwerfen" soll, und gibt sogleich die Antwort, dass mich hierzu kein „Interesse *treibt*", dass ich aber „hieran notwendig ein Interesse *nehmen* [muss]", indem ich einsehe, dass dieses „Sollen" dann ein „Wollen" ist, das für „jedes vernünftige Wesen gilt, wenn die Vernunft bei ihm ohne Hindernisse praktisch wäre" (GMS BA 38f., Fußnote; BA 102f.). Nun bedarf es angesichts dieser Ausführungen Kants einiger Erklärungen, wie der Beantwortung der Frage, warum ich als vernünftiges Wesen notwendig ein Interesse am Sittengesetz „*nehmen*" muss und was die Formulierung „ein Interesse *nehmen*" überhaupt meint (GMS BA 102f.). Ein „Interesse *nehmen*" unterscheidet sich vom Haben eines Interesses darin, dass im ersten Fall ein „*praktische[s]* Interesse an der Handlung [selbst]", im zweiten Fall aber ein „*pathologische[s]* Interesse am Gegenstande der Handlung" gegeben ist, in anderen Worten: „Das erste zeigt nur die Abhängigkeit des Willens von Prinzipien der Vernunft an sich selbst, das zweite von den Prinzipien derselben zum Behufe der Neigung an", wodurch aber das „Prinzip der Autonomie des Willens selbst" nicht realisiert wird (GMS BA 38f., Fußnote; BA 102f.). Diese Bestimmung verweist implizit bereits auf die „zwei Standpunkte", die ein vernünftiges Wesen einnimmt und einnehmen muss, um sich selbst „betrachten" und die „Gesetze" seiner Handlungen erkennen zu können (GMS BA 108f.). Im Falle, dass das vernünftige Wesen den Standpunkt eines Glieds der „Sinnenwelt" einnimmt, wird es sich unter „Naturgesetzen" stehend betrachten, die es im Sinne einer „Heteronomie" bestimmen (GMS BA 108f.). Gehört es jedoch der „intelligibelen Welt" an, werden nur „Gesetze, die [...] bloß in der Vernunft gegründet [sind]" zum Tragen kommen, womit die Realisierung von Freiheit im Sinne der Autonomie möglich wird (GMS BA 108f.). Das vernünftige Wesen muss sich folglich als „*Intelligenz*", mithin als Glied der Verstandeswelt betrachten, wenn es sich die Aufgabe auferlegt, „*das Ideal des höchsten Guts*", das eine in „genauem Verhältnisse" stehende Einigkeit von „Glückseligkeit" und „Würdigkeit, glücklich zu sein" vorstellt, zu verwirklichen (GMS BA 108f.; KrV B 839/A 811).

Sind die eben skizzierten Gedanken Kants noch zeitgemäß (vgl. Höffe 2007, 11)? John Rawls entwickelt in Form einer dreistufigen Entwicklungstheorie - ergänzend zur potenziellen Ausbildung einer „Konzeption des Guten" - den „Gerechtigkeitssinn" als zweites moralisches Vermögen (Rawls 1979, 515; Maus 2013, 69). Diese dreistufige Entwicklungstheorie wird von drei „moralpsychologische[n] Gesetze[n]" - der *„autoritätsorientierte[n]"*, der *„gruppenorientierte[n]"* und der *„grundsatzorientierte[n] Moralität"* - getragen, die in Analogie zur Kultivierung, Zivilisierung und Moralisierung Kants Etappen der Entfaltung von moralischen Vermögen auf Basis einer wohlgeordneten, gerechten Gesellschaft skizzieren (Scarano 2013, 220; Rawls 1979, 503; 508; 514; vgl. AA VIII, 26). Voraussetzung für die „Erzeugung des entsprechenden Gerechtigkeitssinnes", der den Bürger anleitet, den Gerechtigkeitsgrundsätzen gemäß zu handeln, womit ein Schritt in Richtung einer „gerechten menschlichen Zusammenarbeit" getan wird, ist, dass die moralische Entwicklung im Rahmen der ersten beiden Stufen zu „Freundschaft, Liebe und gegenseitige[m] Vertrauen" veranlasst (Rawls 1979, 515). Auch hinter den folgenden Überlegungen blickt Kant mit seiner Philosophie hervor. Menschen streben danach, dass ihr Leben glückt; sie sind jedoch im Rahmen der Konzeption Rawls' und Kants gefordert, ihre Lebenspläne gemäß den Vorgaben moralischer Zulässigkeit und gemäß den Gerechtigkeits- beziehungsweise Rechtsprinzipien zu gestalten. Dieser Wandel in der Positionierung eines Menschen als Glied eines gemeinen Wesens und in der Aufgabenstellung, die an ihn ergeht, spiegelt sich in den Strömungen der Philosophie über die Jahrhunderte wider: Die Fragestellung der antiken Philosophen bezog sich auf den „vernünftigsten Weg zur wahren Glückseligkeit oder zum höchsten Gut"; die neuzeitlichen Philosophen wandten sich „den aus ihrer Sicht autoritativen Vorschriften der rechten Vernunft sowie den Rechten, Pflichten und Obliegenheiten" auf Basis der Vorschriften der Vernunft zu; erst in der Neuzeit rückten die Güter, „die anzustreben und hochzuschätzen uns durch jene Vorschriften ermöglicht werde", ins Zentrum der Betrachtungen (Rawls 2016, 26f.). Nicht nur diese Konzeption eines „Gerechtigkeitssinn[s]", sondern auch Rawls' kritische Auseinandersetzung im Rahmen der *„Kantische[n] Deutung der Gerechtigkeit als Fairneß"* (Rawls 1979, 515; 283) zeugen von der Aktualität der Kantischen Philosophie, die nun wieder zu Wort kommt.

## 3.3 Von der Urteilskraft in Immanuel Kants *Kritik der Urteilskraft* und ihrem Stellenwert in der Rechtslehre

Die *Kritik der Urteilskraft* erhebt den Anspruch, die Philosophie als System darzustellen, d.h. eine Vermittlung zwischen der *„theoretische[n]"* Philosophie als

Gegenstand der *Kritik der reinen Vernunft* und der „*praktische[n]* Philosophie“, die in der *Grundlegung* und der *Kritik der praktischen Vernunft* entfaltet wird, herbeizuführen (KU 9). Kant geht jedoch bei seinen Überlegungen nicht von dieser Einteilung einer Philosophie der Natur und einer Philosophie der Sitten aus, sondern wählt das „*System der obern Erkenntnisvermögen, das der Philosophie zum Grunde liegt*“, als Ausgangspunkt, um die Bedeutung der Urteilskraft untermauern zu können (KU 15): „Wenn die Rede nicht von der Einteilung einer *Philosophie*, sondern unseres *Erkenntnisvermögens a priori durch Begriffe* (des oberen) ist, […] so fällt die systematische Vorstellung des Denkungsvermögens dreiteilig aus, nämlich erstlich in das Vermögen der Erkenntnis des *Allgemeinen* (der Regeln), *den Verstand*, zweitens das Vermögen der *Subsumtion des Besondern* unter das Allgemeine, *die Urteilskraft*, und drittens das Vermögen der *Bestimmung* des Besondern durch das Allgemeine (der Ableitung von Prinzipien), d.i. *die Vernunft*“ (KU 15).

Die Urteilskraft bestimmt einen „zum Grunde liegenden Begriff“ als dem Allgemeinen durch „eine gegebene empirische Vorstellung“ als dem Besonderen, indem sie das Besondere unter das Allgemeine subsumiert und heißt mithin „*bestimmende Urteilskraft*“ im Unterschied zur „*reflektierende[n]*“ Urteilskraft, die bereits als „die Idee eines *gemeinschaftlichen* Sinnes“ vorgestellt wurde (KU 24; B 157/A 155). Letztere findet „zu dem Besonderen das Allgemeine“ und wird als „Beurteilungsvermögen (facultas diiudicandi)“ bezeichnet (KU 22; 24). Ergänzend sei angemerkt, dass Kant nicht nur eine Dreiteilung des oberen Erkenntnisvermögens, sondern auch eine solche des gesamten Erkenntnisvermögens im Sinne eines „*System[s] aller Vermögen des menschlichen Gemüts*“ vornimmt (KU 18). In diesem Sinne können alle „Vermögen des menschlichen Gemüts“ auf die folgenden drei zurückgeführt werden: „das *Erkenntnisvermögen* [qua Sinnlichkeit], das *Gefühl der Lust und Unlust* und das *Begehrungsvermögen*“, die ihrerseits als das Erkenntnisvermögen „nach Begriffen“ mit dem „reinen Verstande“, als „*Begehrungsvermögen*“ gemäß dem „Begriffe von der Freiheit“ mit der „reinen Vernunft“ und als „*Gefühl von Lust und Unlust*“ – im Sinne eines mittleren Vermögens – mit der Urteilskraft parallelisiert werden (KU 18; 20). Die Voraussetzung für die Vermittlung zwischen theoretischer und praktischer Vernunft, zwischen Natur und Freiheit, mithin zwischen Sinnlichem und Übersinnlichem ist das „transzendentale Prinzip der Urteilskraft“, die – wie bereits angemerkt – nicht bloß das Besondere unter das Allgemeine subsumiert („*bestimmende Urteilskraft*“), sondern auch „zu dem Besonderen das Allgemeine [findet]“ („*reflektierende*“ Urteilskraft) (KU 22; 24; vgl. KU B/A XIXf.).

Kant unternimmt wiederholt Anläufe, ein „gemeinschaftliche[s] Prinzip von theoretischer und praktischer Vernunft“ zu gewinnen, und kann daher im Rahmen seiner dritten *Kritik* auf diese Vorarbeiten zurückgreifen (Zeidler 2016b, 132). So steckt sich Kant in der „*Vorrede*" zur *Grundlegung* das Ziel, dass die künftige „Kritik einer reinen praktischen Vernunft" das „gemeinschaftliche Prinzip" von praktischer und spekulativer Vernunft darstellen müsse, erkennt jedoch, dass diese Einheitsstiftung aus der, dem Willen beigelegten, Freiheit und der Naturnotwendigkeit auf Schwierigkeiten stoßen wird, auch wenn die Betrachtung eines Menschen als frei und als „Stück der Natur" nicht nur „beisammen stehen *können*", sondern als „*notwendig vereinigt*" gedacht werden muss (GMS BA XIVf.; BA 116; vgl. KpV A 162). In der ersten *Kritik* sieht sich Kant mit dem Problem konfrontiert, dass man sich zwar eines Begriffs a priori nur dann mit Sicherheit bedienen kann, wenn eine transzendentale Deduktion von demselben zustande gebracht wird, dass jedoch von den „Ideen der reinen Vernunft" eine derartige Deduktion nicht möglich ist (KrV B 698f./A 670f.). Er versucht diesem Problem damit zu begegnen, dass es „ein großer Unterschied [ist], ob etwas meiner Vernunft als ein *Gegenstand schlechthin*, oder nur als ein *Gegenstand in der Idee* gegeben wird". Kant fordert daher dazu auf, die „Dinge der Welt" so zu betrachten, „*als ob*" sie ihr Dasein von einer „höchsten Intelligenz" erhielten, womit diese „Dinge der Welt" vermittels ihrer „Beziehung auf [die] Idee" als dem Dasein Gottes „nach ihrer systematischen Einheit" vorgestellt werden (KrV B 698f./A 670f.).

Mit der „systematischen Einheit" kommen die transzendentalen Ideen der reinen Vernunft mit ihrem regulativen Gebrauch in den Blick. Der Trug, der durch eine unrichtige Deutung derselben bewirkt werden kann, wird in ähnlicher Weise wie im Rahmen der Antinomie der Urteilskraft zu lösen versucht.

> Alles, was in der Natur unserer Kräfte gegründet ist, muß zweckmäßig und mit dem richtigen Gebrauche derselben einstimmig sein [...]. Also werden die transzendentalen Ideen allem Vermuten nach ihren guten und folglich *immanenten* Gebrauch haben, obgleich, wenn ihre Bedeutung verkannt und sie für Begriffe von wirklichen Dingen genommen werden, sie transzendent in der Anwendung und eben darum trüglich sein können (KrV B 671/A 643).
>
> [Die Auflösung der Antinomie der Urteilskraft im Vergleich]: Aller Anschein einer Antinomie zwischen den Maximen der eigentlich physischen (mechanischen) und der teleologischen (technischen) Erklärungsart beruht also darauf: daß man einen Grundsatz der reflektierenden Urteilskraft mit dem der bestimmenden, und die *Autonomie* der ersteren (die bloß subjektiv für unsern Vernunftgebrauch in Ansehung der besonderen Erfahrungsgesetze gilt) mit der *Heteronomie* der anderen, welche sich nach den von dem Verstande gegebenen [...] Gesetzen richten muß, verwechselt (KU B 318f./A 314f.).

Es bleibt – trotz der fruchtlos erscheinenden und wiederkehrenden Versuche, die spekulative und die praktische Vernunft in einem einheitlichen System zusammenzuführen – die Gewissheit, dass die Vernunft keine Befriedigung findet, weil die über die Erfahrung hinausgehenden Fragen durch die transzendentalen Ideen zwar gelöst werden könnten, jedoch nur unter der Voraussetzung eines Zusammenwirkens der theoretischen mit der praktischen Vernunft (vgl. AA IV, 353f.).

Die Antinomien der reinen Vernunft werden durch den „Widerspruch zwischen dem Naturbegriff der Physikoteleologie", gemäß welchem die Natur als „dynamisches und [...] in sich zweckmäßig geordnetes Ganzes", mithin als „vernünftige Natur" begriffen wird, und dem „Naturbegriff der neuzeitlichen Naturwissenschaften" provoziert (Zeidler 2016b, 130). Zur Gegenüberstellung der Vernunftantinomien und jener der reflektierenden Urteilskraft eignet sich die dritte Antinomie der „*transzendentalen Ideen*" der reinen Vernunft, die – wie bereits ausgeführt (siehe S. 148) – die „Kausalität nach Gesetzen der Natur" mit der „Kausalität durch Freiheit" konfrontiert (KrV B 471/A 443–B 474/A 446). In Analogie zur ersten *Kritik* setzt Kant im Rahmen der Erläuterungen zur Antinomie der reflektierenden Urteilskraft bei der Vernunft an, die es mit der Natur, mithin mit den Gesetzen zu tun hat, die der Verstand einerseits „selbst a priori der Natur vorschreibt", andererseits aber durch die Erfahrung mit ihren „empirischen Bestimmungen" ins „Unabsehliche" erweitert (KU B 313/A 309). Die reflektierende Urteilskraft geht nun von „zweierlei Maximen" aus, um eine „zusammenhängende Erfahrungserkenntnis" gemäß den Gesetzen der Natur zu bewerkstelligen (KU B 314f./A 310f.):

> Die *erste Maxime* derselben ist der *Satz*: Alle Erzeugung materieller Dinge und ihrer Formen muß, als nach bloß mechanischen Gesetzen möglich, beurteilt werden.
>
> Die *zweite Maxime* ist der *Gegensatz*: Einige Produkte der materiellen Natur können nicht, als nach bloß mechanischen Gesetzen möglich, beurteilt werden (ihre Beurteilung erfordert ein ganz anderes Gesetz der Kausalität, nämlich das der Endursachen) (KU B 314f./A 310f.).

Die von Kant dargelegte Auflösung der Antinomie in Erinnerung (oben, S. 169), werden mit den beiden Maximen die „mechanischen" qua „physischen" und die „technischen" qua „teleologischen" Gesetze, und damit auch die „*bestimmende*" und die „*reflektierende* Urteilskraft" gegenübergestellt, womit eine Annäherung an die Frage, weshalb bloß die „*reflektierende* Urteilskraft" von einer Antinomie betroffen ist und mithin eine Auflösung der Antinomie möglich erscheinen (KU B 318f./A 314f.; B 310ff./A 307f.). Die „*bestimmende* Urteilskraft" ist deshalb „keiner Gefahr ihrer eigenen Antinomie", d.h. einer Antinomie ihrer eigenen

Prinzipien ausgesetzt, weil sie bloß das Besondere „unter gegebene Gesetze, oder Begriffe“ subsumiert, die der Verstand bereithält (KU B 310ff./A 307f.; vgl. KU B 318f./A 314f.; KU 15). Die Auflösung der Antinomie der teleologischen Urteilskraft bereitet Kant mit der Formulierung der beiden Maximen und deren Umformulierung in „*Satz*“ und „*Gegensatz*“ vor (KU B 314f./A 310f.).

> Die *erste Maxime* derselben [der Urteilskraft] ist der *Satz*: Alle Erzeugung materieller Dinge und ihrer Formen muß, als nach bloß mechanischen Gesetzen möglich, beurteilt werden.
>
> Die *zweite Maxime* ist der *Gegensatz*: Einige Produkte der materiellen Natur können nicht, als nach bloß mechanischen Gesetzen möglich, beurteilt werden (ihre Beurteilung erfordert ein ganz anderes Gesetz der Kausalität, nämlich das der Endursachen. […]
>
> *Satz*: Alle Erzeugung materieller Dinge ist nach bloß mechanischen Gesetzen möglich.
>
> *Gegensatz*: Einige Erzeugung derselben ist nach bloß mechanischen Gesetzen nicht möglich (KU B 314f./A 310f.; vgl. KrV B 472/A 444–B 474/A 446).

Während die Formulierung der beiden Maximen das Hauptaugenmerk auf die Beurteilung legt und damit die Maximen als „regulative Grundsätze“ ausweist, entsprechen gemäß der Diktion im „*Satz*“ und „*Gegensatz*“ die Aussagen „objektive[n] Prinzipien für die bestimmende Urteilskraft“, mithin nicht „regulative[n]“, sondern „konstitutive[n]“ Grundsätzen, die einander zweifelsfrei widerstreiten (KU B 314f./A 310f.–B 316/A 312). Dieser Widerspruch ist jedoch nicht in der Urteilskraft, sondern in der „Gesetzgebung der Vernunft“ zu suchen (KU B 316/A 312). „Was dagegen die zuerst vorgetragene Maxime einer reflektierenden Urteilskraft betrifft, so enthält sie in der Tat gar keinen Widerspruch“, weil die Aussage, dass ich die „Erzeugung materieller Dinge“ ihrer Möglichkeit nach, „nach bloß mechanischen Gesetzen *beurteile*“, nicht ausschließt, „bei einigen Naturformen [auch] nach einem Prinzip *zu spüren*, und über sie zu reflektieren, welches von der Erklärung nach dem Mechanism der Natur ganz verschieden ist, nämlich dem Prinzip der Endursachen“ (KU B 314/A 310–B 316/A 312). Eine derartige Reflexion über die „Erzeugung materieller Dinge“ nach dem „*Prinzip* des bloßen Mechanisms der Natur“ ist jedoch jederzeit notwendig, weil es andernfalls gar keine Naturerkenntnis geben kann (KU B 314f./A 310f.–B 316/A 312). Die Annahme einer Antinomie ist daher darin begründet, dass ein „Grundsatz der reflektierenden Urteilskraft“ mit einem der „bestimmenden“ Urteilskraft, und damit auch die Autonomie der Ersten mit der Heteronomie der Zweiten verwechselt wird (KU B 318f./A 314f.).

Das bereits wiederholt thematisierte, erklärte Ziel Kants, eine Einheit von theoretischer und praktischer Vernunft aus einem „gemeinschaftlichen Prinzip“ beweisen zu können, kehrt auch in seiner dritten *Kritik* wieder, indem er das

„gemeinschaftliche Prinzip" der mechanischen und der teleologischen Ableitung als das „*Übersinnliche*, welches wir der Natur als Phänomen unterlegen müssen", bestimmt (GMS BA XIVf.; KU B 358/A 354).

Es lässt sich nicht nur anhand des „*Übersinnliche[n]*", das in der dritten *Kritik* mit der „teleologischen Ableitung", in der *Kritik der reinen Vernunft* mit den transzendentalen Ideen der reinen Vernunft in Verbindung gesetzt wird, ein Zusammenhang zwischen den *Kritiken* herstellen, sondern auch anhand des Begriffs „Zweck" (KU B 358/A 354; vgl. KrV B 670/A 642–B 697/A 669; B 825/ A 797–B 832/A 804).

In der „*transzendentale[n] Methodenlehre*" bezeichnet Kant die „*moralische Welt*" als jene, die „allen sittlichen Gesetzen gemäß wäre", die aber „bloß als intelligibele Welt" gedacht werden kann, weil in ihr von allen Zwecken im Sinne von Bedingungen und von allen „Hindernissen der Moralität" abstrahiert wird (KrV B 733/A 705; B 836f./A 808f.). In der *Grundlegung* wird dieser Gedanke als „praktische[r] Imperativ" verbalisiert, der das Gebot ausspricht, so zu handeln, dass „*du die Menschheit* [gefasst als die Gesamtheit aller vernünftigen Wesen], *sowohl in deiner Person, als in der Person eines jeden andern, jederzeit zugleich als Zweck, niemals bloß als Mittel brauchest*" (GMS BA 67). Diese Überlegung wird in der *Kritik der Urteilskraft* im Zuge der Beantwortung der Frage „wozu ein Ding da ist" bekräftigt (KU B 380f./A 376): „[S]o ist die Antwort entweder: sein Dasein und seine Erzeugung hat gar keine Beziehung auf eine nach Absichten wirkende Ursache […]; oder es ist irgend ein absichtlicher Grund seines Daseins (als eines zufälligen Naturwesens), und diesen Gedanken kann man schwerlich von dem Begriffe eines organisierten Dinges trennen: weil, da wir einmal seiner innern Möglichkeit eine Kausalität der Endursachen […] unterlegen müssen, wir auch die Existenz dieses Produktes nicht anders als Zweck denken können" (KU B 380f./A 376–B 382/A 377f.).

Dieser Zweck entspricht einer vorgestellten Wirkung, womit folglich gesagt werden kann, dass der Zweck der „Existenz" eines „Naturwesens" immanent ist, womit es „nicht bloß Zweck, sondern auch *Endzweck* [ist]" (KU B 382/A 377f.). Liegt der Zweck jedoch „außer ihm in anderen Naturwesen", dann existiert es nicht als „Endzweck, sondern notwendig zugleich als Mittel" (KU B 382/A 377f.). Mithin kann sich nur ein Wesen seiner selbst als eines Endzwecks gewiss sein, das nach der Formulierung des Sittengesetzes handelt: Handle so, als ob du durch deine Maxime jederzeit ein gesetzgebendes Glied im allgemeinen Reich der Zwecke wärest (vgl. GMS BA 84).

Mit den, im letzten Textabschnitt hergestellten, Bezügen zwischen den drei *Kritiken* Kants war es möglich, die zahlreichen Facetten – vornehmlich – der reflektierenden Urteilskraft, auf die es im Kontext mit dem positiven Recht ankommt, zu beleuchten. Eine Ergänzung, die die beiden Sphären des Sinnlichen und Übersinnlichen - in anderen Worten - der Empirie und der Logik auf den Punkt bringt, darf als Überleitung zur Beantwortung der Frage, auf welche Weise ein einheitliches System aus moralischen und positiven Gesetzen herzustellen ist, nicht fehlen. In der Vorrede zur *Grundlegung* wird der apriorische Charakter der moralischen Gesetze und der Moralphilosophie betont, deren Aufgabe es ist, dem Menschen „Gesetze a priori" an die Hand zu geben. Um jedoch jene Fälle zu identifizieren, an welchen die „Gesetze a priori" angewandt werden können, bedarf es der „durch Erfahrung geschärften Urteilskraft", der auch der Richter, der einen Fall als Fall des Gesetzes identifiziert und damit das Gesetz auslegt, bedarf (GMS BA VIIIf.).

Mit diesen abschließenden Überlegungen kehren wir zur *Metaphysik der Sitten* zurück.

Unter den Begriffen, die den beiden Teilen der *Metaphysik der Sitten* - der „*Rechtslehre*" und der „*Tugendlehre*" - gemeinsam sind, wird an erster Stelle im Zusammenhang mit der „*Verbindlichkeit*" der „kategorische [unbedingte] Imperativ" genannt, der von anderen „praktische[n] Regel[n]" insofern grundsätzlich unterschieden ist, als er die Handlung „nicht etwa mittelbar durch die Vorstellung eines *Zwecks*, der durch die Handlung erreicht werden könne", sondern unmittelbar „durch die bloße Vorstellung dieser Handlung selbst", ungeachtet ihres Inhaltes, „als objektiv-nothwendig denkt" und damit notwendig macht (AA VI, 205; 222). Der Kategorische Imperativ liegt zwar unmittelbar nur der Tugendlehre zugrunde, fließt jedoch maßgeblich in die Rechtslehre ein. Die Hinweise auf einen zentralen Stellenwert des Kategorischen Imperativs im Rahmen des öffentlichen Rechts sind zahlreich. So kann gemäß der Rechtsmetaphysik Kants zwar eine „äußere Gesetzgebung gedacht werden, die lauter positive Gesetze, [die bloß im Gefolge einer äußeren Gesetzgebung verbinden können], enthielte", jedoch ist die „Autorität des Gesetzgebers" im Sinne der Befugnis, andere zu binden, durch ein „natürliches Gesetz" zu begründen (AA VI, 224). In die gleiche Richtung weisen auch die Aussagen Kants, dass der „*Rechtsgelehrte*" zwar in der Lage ist anzugeben, was die Gesetze zu einer bestimmten Zeit und an einem gewissen Ort aussagen, nicht aber, ob das, was von ihnen bezweckt wird, auch „recht sei", weil ihm das „allgemeine Kriterium", das die Unterscheidung zwischen Recht und Unrecht erst ermöglicht, verborgen bleibt (AA VI, 229). Die Konsequenz dieser Gedanken ist die Einteilung der Rechte in das „*Naturrecht*, das auf lauter Principien *a priori* beruht, und das *positive* (statutarische) Recht, was aus dem Willen eines Gesetzgebers hervorgeht" (AA VI, 237). Diesen Rechten als „systematische *Lehren*" stellt Kant die Rechte als „(moralische) *Vermögen*" zur Seite, die andere verpflichten und den gesetzlichen Grund für das statutarische Recht liefern, womit sie in Analogie zur obigen Einteilung eine Differenzierung in das „*angeborne* und *erworbene* Recht", d.h. in das „*Naturrecht*" und das „*positive* (statutarische) Recht", erfahren, deren erstes im Gegensatz zum zweiten keines „rechtlichen Act[es]" bedarf, sondern jedem in Gestalt der „*Freiheit*" von Natur aus zukommt (AA VI, 237). Das Bemühen Kants, die Notwendigkeit einer apriorischen Grundlegung des öffentlichen Rechts zu verdeutlichen, mündet in der pointierten Aussage, dass „[e]ine bloß empirische Rechtslehre […] (wie der hölzerne Kopf in Phädrus' Fabel) ein Kopf [ist], der schön sein mag, nur Schade! daß er kein Gehirn hat" (AA VI, 230).

Aufgrund dieser Textbasis gelangt Flach zu der Überzeugung, dass „[f]ür die Bindung an eine allgemeine Gesetzlichkeit […] innerhalb der Lehre Kants nur der kategorische Imperativ" und „[f]ür die Bindung an eine konkrete Konsensdirektive […] nur die positive Gesetzgebung in Frage [kommt]", womit zwar das Sittengesetz und das öffentliche Recht in Beziehung gesetzt werden, die Möglichkeit ihres Zusammenbestehens jedoch noch zu klären ist (Flach 2015, 269).

Wie anhand der zuvor präsentierten Überlegungen zur „reflektierenden Urteilskraft" zu vermuten ist, bietet sich diese als Vermittlerin zwischen „Allgemeingültigkeit und Notwendigkeit auf der einen Seite und Besonderheit, ja Einzelheit und Kontingenz auf der anderen Seite" an (Flach 2015, 269). Nun gestaltet sich die Beweisführung Flachs mit Bezug zur Kantischen Gründung von Recht deshalb in anderer Weise als die Argumentation Eisfelds, die es noch darzulegen gilt, weil die beiden Philosophen die Rechtslehre Kants aus unterschiedlichen Perspektiven beleuchten. Ist es bei Flach die Geschichtsphilosophie, konkret die Schrift *Idee zu einer allgemeinen Geschichte in weltbürgerlicher Absicht*, die als Ausgangspunkt der Beweisführung herangezogen wird, so spürt Eisfeld der „rechtstheoretischen Bedeutung der philosophischen Erkenntnislehre" nach (Eisfeld 2015, 140; vgl. Flach 2015, 268). Flach betont, dass entgegen der Forschungslage die Gründung des Rechts nicht mit der „Berücksichtigung der Aussagen der praktischen Philosophie Kants" erschöpft ist, sondern dass es geboten ist, sich mit der dritten *Kritik* Kants auseinander zu setzen, in der sich die gesuchte zentrale Aussage hinter den Überlegungen zum „*Geschmacke als einer Art von sensus communis*" verbirgt (Flach 2015, 270; KU B 155f./A 153f.). Mit den „Maximen des gemeinen Menschenverstandes", die auch nach Ansicht Kants „nicht hieher, als Teile der Geschmackskritik [gehören]", wird das Ziel verfolgt, ein Urteil zu finden, „das zur allgemeinen Regel dienen soll" (KU B 158f./A 156f.). Kant parallelisiert im Rahmen der Darlegung der „*Idee eines Gemeinsinnes*" die „Geschmacksurteile" mit den „Erkenntnisurteilen" insofern, als nur dann Anspruch auf die „unbedingte Notwendigkeit" des Urteils erhoben werden könne, wenn es ein „objektives Prinzip" enthielte, das als solches nicht das Gefühl, sondern „jederzeit" Begriffe zur Bestimmung heranziehe (KU B 65/A 64). Damit jedoch „nur durch Gefühl und nicht durch Begriffe", aber dennoch „allgemeingültig", bestimmt werden könne, „was gefalle oder mißfalle", müssen die Geschmacksurteile ein „subjektives Prinzip", das „als ein *Gemeinsinn* angesehen werden [kann]", enthalten (KU B 65/A 64). Indem Flach „Kants ausdrücklicher Bekundung" zu entnehmen glaubt, dass nicht nur das Geschmacksurteil, sondern auch Urteile „in geschichtlichen Sachverhalten" in einem Gemeinsinn gründen, der ein „gemeinschaftliches Gefühl bezüglich eines Sollens" ausdrückt, kann er das Prinzip, das der positiven Gesetzgebung zugrunde liegt, als Gemeinsinn identifizieren (Flach 2015, 271). Für Flach beruht also die positive Gesetzgebung auf der „Einheit eines Gemeinsinns", die er – gemäß den Ausführungen Kants – als „gefühlsmäßige, [...] nicht durch logisch stringenten Diskurs herbeigeführte Einung [...] eines Sollens" verstanden wissen will, womit ihre „Gültigkeit" als „Gemeingültigkeit", nicht aber als logische Allgemeingültigkeit gefasst werden muss (Flach 2015, 271).

Findet diese „Gemeingültigkeit", diese „Einung [...] eines Sollens", in den „Maximen des gemeinen Menschenverstandes" ihren Niederschlag (Flach 2015, 271; KU B 158f./A 156f.)?

Das „Selbstdenken" (erste Maxime) lockt die Vernunft aus ihrer Passivität, sie lässt sich nämlich nicht im Sinne einer Heteronomie durch ein anderes Urteil, ein „*Vorurteil*", bestimmen (KU B 158f./A 156f.). Mit Bezug zur zweiten Maxime – „An der Stelle jedes andern denken" – wird betont, dass es nicht um die Entfaltung der Talente gehe, sondern um die „*Denkungsart*", die dann als „*erweitert*" zu betrachten ist, wenn sich ein Mensch „über die subjektiven Privatbedingungen des Urteils" hinwegsetzt und einen „*allgemeinen Standpunkt*" einnimmt (KU B 158f./A 156f.–B 160/A 158). Die dritte Maxime – „Jederzeit mit sich selbst einstimmig denken" – ist, als die „*konsequente* Denkungsart", nur „durch die Verbindung beider ersten" und durch „zur Fertigkeit gewordenen öfteren Befolgung derselben" zu erreichen (KU B 158f./A 156f.–B 160/A 158). Es kann mithin die Frage, ob sich die „Gemeingültigkeit" im Sinne einer „Einung" des Sollens in den „Maximen des gemeinen Menschenverstandes" niederschlägt, dahin gehend beantwortet werden, dass das „Selbstdenken" von Vorurteilen zu befreien vermag und damit den Weg zur zweiten Maxime, die die Einnahme eines „*allgemeinen Standpunkte[s]*" fordert, bereitet, womit die Basis für die dritte Maxime geschaffen wird, die im Sinne einer Reflexion den eigenen Standpunkt qua Urteil vermittels eines Vergleichs mit den anderen Urteilen zu begründen ermöglicht (Flach 2015, 271; KU B 158f./A 156f.–B 160/A 158). Nach Flach schafft die Aufdeckung des „sensus communis" die „argumentative Möglichkeit", die Regelung der menschlichen Willkür durch das positive Gesetz und auch die, auf das Sittengesetz bezogene, „gemeingültige Gesetzgebung" zu fassen (Flach 2015, 272). Der Argumentationsweg geht von der allgemeinen und unbedingten Gesetzlichkeit des Kategorischen Imperativs in Gestalt des autonomen Willens aus, der sich „in der Vereinzeltheit des endlichen, bedingten Willens des jeweiligen Menschen als die Reflexion über den (all)gemeinen Standpunkt […] spiegelt", um letztendlich das Hauptaugenmerk auf die formalen Eigentümlichkeiten der eigenen Vorstellung zu legen (Flach 2015, 272).

Die zuvor erläuterten Textstellen aus der *Kritik der Urteilskraft* lassen eine weitergehende Interpretation zu, die im Rahmen der prinzipientheoretischen Begründung des positiven Rechts im Anschluss an die Philosophie Kants und die Rechtslehre Kelsens noch Bedeutung erlangen wird. Es sind nämlich in der dritten *Kritik*, die das Problem des Verhältnisses von Verstandes- und Vernunftprinzipien aufgreift, Hinweise zu finden, wie ein Prinzip zu denken ist, das seinen Gegenstand regulativ konstituiert. Versteht man das von Kant gesuchte gemeinschaftliche Prinzip von theoretischer und praktischer Vernunft (vgl. GMS BA XIVf.) nicht als Ableitungsprinzip, sondern als ein die Vereinigung der Bedingung mit dem Bedingten leistendes Prinzip, kann man der starken These von O'Neill zustimmen, die in ihrer Deutung der *Grundlegung III* den Kategorischen Imperativ als oberstes Prinzip nicht nur des Handelns, sondern auch des Denkens und der Kommunikation bestimmt, indem ein vernünftiges Wesen nicht gemäß oktroyierter, fremder Prinzipien denkt, sondern nur diese akzeptiert, die einer Selbstgesetzgebung entspringen. Für O'Neill stellt der Kategorische Imperativ ein solches, unabhängiges Prinzip dar, das zur Disziplinierung des Denkens im weitesten Sinne dienen kann und daher als fundamentales Prinzip nicht nur der Moralität, sondern auch des Denkens selbst verstanden werden muss (vgl. O'Neill 2010, 290f.; O'Neill 1989, 23–26). Wird die Argumentation O'Neills auf der Aussage Kants gegründet, dass „[d]ie Einteilung der Gegenstände in Phaenomena und Noumena, und der Welt in eine Sinnen- und Verstandeswelt […] in *positiver Bedeutung* gar nicht zugelassen werden [kann]", weil es „doch am Ende nur eine und dieselbe Vernunft sein kann", dann können hinter dieser *Einen* Vernunft und der Bestimmung des Kategorischen Imperativs als oberstes und fundamentales Prinzip die drei „Maximen des gemeinen Menschenverstandes" vermutet werden (KrV B 311f./A 256; GMS BA XIVf.; KU B 158f./A 156f.). Diese Annahme wird dadurch unterstützt, dass in das „Selbstdenken" die Maxime als „subjektive[s] Prinzip des Wollens" einfließt, dass die Maxime des „[a]n der Stelle jedes andern [D]enken[s]" auf die Kommunikation im Sinne einer Suche nach der Übereinstimmung der Maxime mit dem objektiven Sittengesetz verweist und, dass mit der dritten Maxime das formal-logisch stabilisierte Denken im Sinne einer Gesetzmäßigkeit thematisiert wird (KU B

158f./A 156f.; GMS BA 15f., Fußnote). In anderen Worten: es werden mit den drei „Maximen des gemeinen Menschenverstandes" wiederum die Bestimmungen angesprochen, die den Kategorischen Imperativ als Letztprinzip „notwendig kennzeichnen", nämlich die „*Unbedingtheit*" („Selbstdenken"), die „*Allgemeinheit*" („An der Stelle jedes andern denken") und die „*Gesetzmäßigkeit*" im Sinne des „Jederzeit mit sich selbst einstimmig [D]enken[s]" (Zeidler 2016a, 19; KU B 158f./A 156f.; vgl. Zeidler 2016a, 57; 241f.).

Der Rechtswissenschaftler Eisfeld ist bereits im Zusammenhang mit seiner kritischen Haltung zur „Umdeutung der kantischen Naturrechtstheorie in eine Theorie des positiven Rechts" zu Wort gekommen (Eisfeld 2015, 63). Nun gilt es – wie angekündigt – nach der Darstellung der Interpretationen von Flach und O'Neill seine Positionierung des Kategorischen Imperativs in der Rechtslehre Kants zu betrachten.

Es sei nochmals betont, dass „für Kant nur die reine (praktische) Vernunft als Gesetzgeberin gültigen Rechts in Betracht kommt" (Eisfeld 2015, 69; vgl. AA VI, 237). Wird die, durch Kant herbeigeführte, Identifizierung des Willens mit der praktischen Vernunft ad notam genommen, dann kann der „vereinigte Wille des Volkes", dem allein die „gesetzgebende Gewalt" zukommt, nicht als „tatsächliche[r] Mehrheitswille", dem in einer Demokratie eine tragende Rolle zugewiesen wird, verstanden werden, sondern dieser „vereinigte Wille des Volkes" muss einem „a priori als vereinigt *gedachten* Willen", mithin einer „gedachten Vereinigung aller zu einem idealen Reich der Zwecke" entsprechen (AA VI, 313; Eisfeld 2015, 71; vgl. O'Neill 1989, 22). Folglich wird dieser „allgemein vereinigte Wille" in der Sphäre des apriorischen Sollens und nicht in jener des empirischen Seins verortet (AA VI, 313). Die nun folgenden Betrachtungen verdeutlichen die Unterschiede zwischen der Auslegung des Rechtsbegriffs Kants durch Flach und Eisfeld. Während Flach vorerst in Anlehnung an die Geschichtsphilosophie und die drei „Maximen des gemeinen Menschenverstandes" den gemeinsamen „Nenner" von „Allgemeingültigkeit und Notwendigkeit auf der einen Seite" und „Besonderheit [...] und Kontingenz auf der anderen Seite" in der, vermittels der reflektierenden Urteilskraft ermöglichten, „Gemeingültigkeit" findet, vermutet Eisfeld den Grund für das „in der Kant-Literatur verbreitete Verständnis des Begriffs ‚allgemeiner' oder ‚vereinigter Wille eines ganzen Volks' im Sinne eines tatsächlich gebildeten Mehrheitswillens" in der Verwechslung von „objektiver [und] subjektiver Allgemeinheit", aber auch in der fälschlichen Auffassung, dass Kant die „Errichtung einer (repräsentativen) Demokratie [fordere]" (KU B 158f./A 156f.; Flach 2015, 269; 71; Eisfeld 2015, 237; 69). Mit der objektiven Allgemeinheit wird etwas „durch Vernunft Gebotenes" – in der Diktion Flachs die „logische Allgemeinheit" – verstanden, die sich von der „subjektive[n]

Allgemeinheit", d.h. von der „tatsächliche[n] Allgemeinheit des von allen Einzelnen Gewollten", unterscheidet (Eisfeld 2015, 237; Flach 2015, 269). Aus der Bestimmung der „reine[n] (praktische[n]) Vernunft als Gesetzgeberin gültigen Rechts" kann einerseits gefolgert werden, dass der Staat ausschließlich der objektiven Allgemeinheit dienen müsse, und andererseits, dass „eine objektiv wahre (wissenschaftliche) Aussage über den Inhalt des Rechts [...] nur als moralphilosophische (apriorische) Erkenntnis des natürlichen Rechts" möglich ist (Eisfeld 2015, 69; 229; vgl. Eisfeld 2015, 237; AA VI, 229f.). Indem in der *Reine[n] Rechtslehre* Kelsens zu lesen ist, dass – „im Sinne der Kantschen Erkenntnistheorie" – „die Rechtswissenschaft [...] ihren Gegenstand insofern ‚erzeugt', als sie ihn als ein sinnvolles Ganzes begreift", gelingt es, eine Verbindung zwischen der „praktischen Erkenntnis" und der „Rechtserzeugung aus reiner Vernunft" herzustellen (Kelsen 2017, 143; Eisfeld 2015, 208). Die Erkenntnis des Sittengesetzes durch die praktische Vernunft setzt die „erfahrungstheoretische Trennung zwischen einer empirischen Welt der Erscheinungen [des empirischen Seins] und einer subjektunabhängigen Welt der Dinge an sich [des apriorischen Sollens]" voraus. Da die theoretische Vernunft diese Trennung der beiden Welten nicht überwinden kann, ist sie nicht in der Lage, „ihr Objekt – die empirische Wirklichkeit – aus reiner Vernunft zu erzeugen" (Eisfeld 2015, 208; 210). „Bei näherem Hinsehen erfüllt diese erfahrungstheoretische Subjekt-Objekt-Dichotomie in der Philosophie Kants aber auch eine einheitsstiftende Funktion [...]: Sie begründet [nämlich] die Identität der reinen praktischen Vernunft mit sich selbst", sie begründet mithin „die Fähigkeit der praktischen Erkenntnis, ihr Objekt – das Sollen – a priori zu erzeugen" (Eisfeld 2015, 210). Für die Beurteilung der „Rechtmäßigkeit eines staatlichen Gesetzes" ist – nach Kant – die Existenz eines „überpositiven Sittengesetzes" ausschlaggebend, ist doch das staatliche Gesetz nur dann „gültig oder gerecht", wenn es das „überpositive Sittengesetz verwirklicht", womit die „apriorische Erkenntnisstiftung" auch über den Rechtsbegriff entscheidet (Eisfeld 2015, 240; 215; vgl. AA VI, 229f.). Diese „apriorische Erkenntnisstiftung" durch den Menschen ist untrennbar mit dem Freiheitsbegriff im Sinne einer „Vernunftkausalität" verbunden, womit die menschliche Freiheit zum Ausgangspunkt des Kantischen, apriorischen, Naturrechts wird, „denn Kant versteht unter ‚Freiheit' die Freiheit des menschlichen Willens und unter ‚Wille' die praktische Vernunft selbst" (Eisfeld 2015, 215; vgl. AA VI, 237; GMS BA 37). Da – in der Interpretation Eisfelds – der Kategorische Imperativ aus dem Begriff des menschlichen Erkenntnissubjekts als eines „homo noumenon" folgt, das über das Vermögen verfügt, seinen Willen nach „eigene[n] Sollensprinzipien" zu bestimmen, ist dieser Imperativ als „oberster Grundsatz der Sittenlehre" – nach O'Neill nicht nur der Sitten- sondern auch der Erkenntnislehre – „unmittelbarer

Ausdruck menschlicher Freiheit“ (AA VI, 418; Eisfeld 2015, 216; vgl. O’Neill 2010, 290f.; O’Neill 1989, 23f.). Eisfeld, der basierend auf seinem Gedankengang folgerichtig schließen kann, dass die „in der rechtsphilosophischen und -theoretischen Sekundärliteratur verbreitete Auffassung, dass Kant zwischen Recht und Moral getrennt habe, [...] historisch unzutreffend [ist]“, ergänzt seine Aussage anhand des Kantischen Wissenschaftsbegriffs (Eisfeld 2015, 220): „Da Wissenschaft nur als ein System der reinen Vernunft in Frage kommt, das System aber – in seiner wahrheitsbedingenden Subjekt-Objekt-Einheit – aufgrund des rein intellektual definierten menschlichen Apriori außerhalb der Erfahrung liegen muss, lässt sich das Recht wissenschaftlich nur als apriorisches Natur- oder Vernunftrecht erkennen (erzeugen). [...] Eine Trennung zwischen Recht und Moral in dem Sinne, dass die Moralphilosophie keinen Beitrag zum Inhalt des Rechts zu leisten vermag, widerspricht der kantischen Naturrechtstheorie“ (Eisfeld 2015, 221).

Eisfeld warnt des Weiteren davor, die gegenwärtige Vorstellung, dass Recht immer positives Recht ist, auf die Kantische Rechtsphilosophie zu übertragen (vgl. Eisfeld 2015, 221). Der Beitrag, den die Moralphilosophie „zum Inhalt des Rechts“ leistet, ist – wie zu vermuten – der Kategorische Imperativ, in welchem, wie auch im Rechtsbegriff, die „menschliche Freiheit“ zum „systematischen Ausgangspunkt einer *praktischen Erkenntnis* aus reiner Vernunft“ wird (Eisfeld 2015, 221; 223). Kant charakterisiert einerseits seine Rechtslehre als ein „aus der Vernunft hervorgehendes System“, weshalb er die Bezeichnung „*Metaphysik des Rechts*“ wählt und bestimmt andererseits das positive Recht als Bestandteil des „empirischen Sein[s]“, das jedoch kein „wissenschaftliches System ausmachen [kann], da ihm der apriorische Charakter fehlt“, weshalb der „systematische Ausgangspunkt der Rechtswissenschaft“ in Form des Kategorischen Imperativs nicht dem positiven Recht angehören kann (AA VI, 205; Eisfeld 2015, 140). Damit gelingt die Begründung einer, vom positiven Recht autonomen, „wissenschaftliche[n] Theoriebildung“ (Eisfeld 2015, 140; vgl. AA VI, 227; 229).

Es wird in der Rechtsphilosophie Kants nicht nur im Sinne einer „wissenschaftliche[n] Theoriebildung“, sondern auch mit Blick auf einen „*rechtlichen Zustande überhaupt*“ eine Verbindung zwischen Moral und Recht in Gestalt eines Entwicklungsprozesses beschrieben, in dessen Rahmen dem Richter in Ansehung der „durch Erfahrung geschärften Urteilskraft“ zentrale Bedeutung zukommt (Eisfeld 2015, 140; AA VI, 305; GMS BA VIIIf.; vgl. KU 24). Unter diesem „rechtliche[n] Zustand“ ist jenes Verhältnis der Menschen zueinander zu verstehen, das es erlaubt, dass jeder in der Funktion eines Mitgesetzgebers „seines Rechts *theilhaftig* werden kann“ (AA VI, 305f.). Kant spricht an dieser Stelle von der „Idee eines allgemein gesetzgebenden Willens“ – in den Worten Eisfelds, von einem „a priori als vereinigt *gedachten* Willen" –, der hinter dem „formale[n] Princip" der „öffentliche[n] Gerechtigkeit" steht, die erst ermöglicht, des Rechts „*theilhaftig*" werden zu können (AA VI, 306; Eisfeld 2015, 71). Diese „öffentliche Gerechtigkeit" kann nun angesichts der „Möglichkeit, oder Wirklichkeit, oder Nothwendigkeit" eines Besitzes von Gegenständen „in die *beschützende* (iustitia tutarix), die *wechselseitig erwerbende* (iustitia commutativa) und [in] die *austheilende Gerechtigkeit* (iustitia distributiva) eingetheilt werden", womit ein Übergang vom Privatrecht („*beschützende*" Gerechtigkeit), das mit dem „*Rechtliche[n] Postulat der praktischen Vernunft*" formuliert wird, über einen „äußerlich gesetzfähig[en]" qua „*rechtlich[en]*" Besitzstand („iustitia commutativa"; „lex iuridica") hin zu einem Besitzstand skizziert wird, der gemäß einem Richterspruch auch „*Rechtens*" ist („iustitia distributiva"; „lex iustitiae") (AA VI, 306; 246). Kant betont den Stellenwert des Richters, indem er den „Gerichtshof selbst" als „*Gerechtigkeit* eines Landes" bezeichnet und, indem er im Zusammenhang mit den „*drei Gewalten*" – formuliert als deduktiver Schluss – die Jurisdiktion als Schlusssatz präsentiert (AA VI, 306; 313).

> Ein jeder Staat enthält *drei Gewalten* in sich, d.i. den allgemein vereinigten Willen in dreifacher Person (trias politica): die *Herrschergewalt* (Souveränität) in der des Gesetzgebers, die *vollziehende Gewalt* in der des Regierers (zu Folge dem Gesetz), und die *rechtsprechende Gewalt* (als Zuerkennung des Seinen eines jeden nach dem Gesetz) in der Person des Richters […], gleich den drei Sätzen in einem praktischen Vernunftschluß: dem Obersatz, der das *Gesetz* jenes Willens, dem Untersatz, der das *Gebot* des Verfahrens nach dem Gesetz, d.i. das Princip der Subsumtion unter denselben, und dem Schlußsatz, der den *Rechtsspruch* […] enthält, was im vorkommenden Falle Rechtens ist (AA VI, 313).

Der angesprochene „praktische Vernunftschluß" wird in der zweiten *Kritik* als „Einteilung der Analytik der r. pr. V." entworfen und geht vom „*Obersatz*", festgelegt als moralisches Gesetz, durch den „*Untersatz*", der mögliche Handlungen als gute oder böse unter das moralische Gesetz subsumiert, zum „*Schlußsatz*" als der „subjektiven Willensbestimmung", die der Maxime entspricht, fort (AA VI, 313; KpV A 162). Kant begründet mit diesem deduktiven Schluss einerseits den Willen des Richters, mithin auch den „allgemein vereinigten Willen", dessen Repräsentant er ist, wie auch die „subjektive Willensbestimmung" in Form der Maxime in formal-logischer Weise (AA VI, 313; KpV A 162). Der oben zitierte Textausschnitt aus der Rechtslehre Kants (vgl. AA VI, 306) verdeutlicht aber auch, dass es die Eigentumstheorie ist, die die Notwendigkeit eines „raumzeitlich lokalisierten Gemeinwillen[s]" für die „Staatlichkeit" als eines Zustandes des „*öffentliche[n] Recht[s]*" auszuweisen vermag (Horn 2014, 175; AA VI, 242).

Horn erkennt eine Analogie zwischen der Formulierung des Gemeinwillens und jener des Kategorischen Imperativs anhand der „Universalgesetzformel", bedauert jedoch, dass „wir nur wenig über die Verwendung des Gemeinwillens analog zum Maximentest der KI-Prozedur" erfahren (Horn 2014, 175). Er ist sich dennoch sicher, dass Kant an einen „Gemeinwillenstest" denkt, der jedoch bloß „Regeln für äußere Handlungen", für „räumlich und zeitlich begrenzte Staaten" und für eine bloß „begrenzte Adressatengruppe", mithin für kontingente Gegebenheiten prüft (Horn 2014, 175).

## 3.4 Zu Christoph Horn und seiner „eigentümlichen Form von Normativität" in Kants politischer Philosophie (Horn 2014, 9).

In gleicher Weise wie im 19. Jahrhundert die neuzeitlichen Vertragstheorien - als Vertreter können Thomas Hobbes, John Locke, Jean-Jacques Rousseau, und Kant genannt werden - dem Rechtspositivismus wichen und damit die bis heute fortwährenden Diskurse zwischen Verfechtern der positivistischen Trennungsthese und jenen der nichtpositivistischen Verbindungsthese provozierten (siehe S. 41), zählt auch die Frage, ob sich das Recht bei Kant aus dem „Moralbegriff des Kategorischen Imperativs […] ableiten lässt oder nicht", zu den „kontrovers diskutierten Problem[en]" (Horn 2014, 9; vgl. Alexy 2011, 15; 17). Wie in Anklängen bereits thematisiert, favorisiert Kersting die „*Verbindungsthese*", indem er in der Kantischen Konzeption eine Ableitung des „Rechtsgesetz[es] als Erlaubnisgesetz aus dem Sittengesetz als Gebots- und Verbotsgesetz" zu erkennen meint (Alexy 2011, 17; Kersting 2004, 170). Eisfeld geht in seiner Interpretation noch weiter, indem er die „*Trennungsthese*" in der Rechtslehre Kants deshalb ablehnt, weil „für Kant nur die reine (praktische) Vernunft als Gesetzgeberin gültigen Rechts [wirken kann]" (Alexy 2011, 15; Eisfeld 2015, 69). Horn teilt zwar die Auffassung, dass die Textbasis „eher für die Abhängigkeitsthese spricht", versucht aber - bezugnehmend auf die, in Kants Schriften gleichfalls enthaltenen, Hinweise für eine Trennungsthese -, die Kontroverse durch einen „dritten Standpunkt" zu überwinden (Horn 2014, 9): „Dieser Konflikt, so scheint mir, lässt sich auflösen, wenn man die rechtlich-politische Normativität bei Kant als nichtideale Variante der vollen Normgeltung versteht, die durch das Verfahren des Kategorischen Imperativs (KI-Prozedur) generiert wird". Nach Horn konzipiert Kant nämlich das „Recht als stark verminderte […] Version jener vollen Normgeltung, die sich aus der KI-Prozedur ergibt", weshalb es „schwerfällt, die rechtsgenerierende Prozedur [den „Gemeinwillenstest"] noch als Derivat der KI-Prozedur zu interpretieren" (Horn 2014, 9f.).

Um die Frage beantworten zu können, welche Elemente der Kantischen Rechtsmetaphysik sich als „nichtideale Variante der vollen Normgeltung" erweisen (Horn 2014, 9), gilt es vorerst, sich die Merkmale der „moralische[n] Normativität" bei Kant zu vergegenwärtigen, um danach vermittels dieser die „Nähe und Distanz von moralischer und rechtlicher Normativität" zu verdeutlichen (Horn 2014, 39).

Die moralische Normativität entstammt unmittelbar der praktischen Vernunft und abstrahiert in apriorischer Weise von allem Kontingenten (vgl. KpV A 57; Horn 2014, 39). Sie ist „unausweichlich in ihrer Geltung", weil das „*moralische Gesetz*", das mein „Gemüt mit immer neuer und zunehmende[r] Bewunderung und Ehrfurcht [erfüllt] [...] *in mir* [ist]" (Horn 2014, 39; KpV A 289f.). Deshalb urteilt ein Mann in einer Entscheidungssituation, „daß er etwas kann, darum, weil er sich bewußt ist, daß er es soll, und erkennt in sich die Freiheit, die ihm sonst ohne das moralische Gesetz unbekannt geblieben wäre" (KpV A 54). Unausweichlich kann jedoch nur eines der Gesetze, das Sittengesetz oder die Rechtsidee, sein. Wird von der Einheit und Widerspruchsfreiheit der Vernunft ausgegangen, dürfte es zwischen diesen beiden Gesetzen keine Konflikte geben. Diese gibt es aber, weshalb das Recht entweder aus der Moral abgeleitet werden oder die Geltung des Rechtsgesetzes eine Begrenzung erfahren müsste, was auch geschieht, indem die Geltung von Gesetzen auf ein Staatsgebiet, auf eine zeitliche Periode und auf die Bürger eines Staates eingeschränkt wird. Nach Horn liegt „Kants Rechtsvorstellung" der Gedanke einer „Idee nichtidealer Normativität" zugrunde, die zwar „*a priori* der praktischen Vernunft [entstammt], [...] aber zugleich ein indirekt gewonnenes begriffliches Konstrukt [bildet]", wobei die moralische Normativität in der Sichtweise Kants alle anderen Anforderungen überbietet (Horn 2014, 41; 39). Die damit verbundene Relativierung aller außermoralischen Werte im Sinne von Wünschen, Interessen, aber auch Pflichten wurde Kant – meiner Ansicht nach – zu Unrecht von unkritischen Lesern seiner philosophischen Schriften vorgeworfen.

Die, in der Einleitung der *Metaphysik der Sitten* getroffene, Unterscheidung in die „*ethisch[e]*" Gesetzgebung, „welche eine Handlung zur Pflicht und diese Pflicht zugleich zur Triebfeder [der Handlung] macht" und in die „*juridisch[e]*" Gesetzgebung, die „auch eine andere Triebfeder als die Idee der Pflicht selbst zuläßt", provoziert die Frage, welche Triebfedern unter diesen „andere[n]" zu verstehen sind (AA VI, 219). In diesem Kontext ist der staatliche Zwang als Triebfeder zu nennen, den Kant mit der Aussage, dass „*[d]as Recht [...] mit der Befugniß zu zwingen verbunden [ist]*", ausdrückt und der *prima facie* mit der Autonomie unvereinbar zu sein scheint (AA VI, 231). Kant ist davon überzeugt, dass der Staat mit dem Ziel, eine geordnete Freiheit sicherzustellen, befugt ist, alle Rechtssubjekte „zur Einhaltung der öffentlichen Ordnung zu nötigen“, und rechtfertigt diesen Zwang im Vergleich zur „*freien* Unterwerfung des Willens unter das Gesetz“ in unterschiedlicher Weise (Horn 2014, 48; KpV A 143). Die „*freie* Unterwerfung des Willens unter das Gesetz“ ist Folge der „Achtung fürs Gesetz“ und wird dem Vernunftwesen durch die eigene Vernunft aufgetragen, womit die „*Pflicht*“, in Ansehung ihrer Bestimmung als „*Notwendigkeit einer Handlung aus Achtung fürs Gesetz*“, als „praktische *Nötigung*“ gefasst werden kann (KpV A 143; GMS BA 14). Die Argumentationslinie betreffend den staatlichen Zwang gestaltet sich in anderer Weise, ausgehend von der Annahme, dass alles, was „unrecht“ ist, einem „*Hinderniß der Freiheit* [...] nach allgemeinen Gesetzen“ entspricht (AA VI, 231): „Folglich: wenn ein gewisser Gebrauch der Freiheit selbst ein Hinderniß der Freiheit nach allgemeinen Gesetzen (d.i. unrecht) ist, so ist der Zwang, der diesem entgegengesetzt wird, als *Verhinderung* eines *Hindernisses der Freiheit* mit der Freiheit nach allgemeinen Gesetzen zusammen stimmend, d.i. recht“ (AA VI, 231).

Der äußere Zwang kann dann als ethische Pflicht interpretiert werden, wenn die „*freie* Unterwerfung des Willens unter das Gesetz“ als „*Selbstzwang*“ gedeutet wird (KpV A 143; AA VI, 379). Der staatliche Zwang kommt jedoch auch ohne „diesen letzten Schritt“ aus, weil der rechtliche Zwang nicht an das „Moment der Einsicht und des Selbstzwangs“ gebunden ist, womit der äußere Zwang von mir als homo phaenomenon nichts anderes als „Rechtskonformität“ qua „bloße Übereinstimmung [...] einer Handlung mit dem Gesetze, ohne Rücksicht auf die Triebfeder derselben“ fordert (Horn 2014, 49; AA VI, 219). Mithin können nicht nur das Gesetz als „indirekt gewonnenes begriffliches Konstrukt“, sondern auch der staatliche Zwang als Beispiele für eine „nichtideale Normativität“ genannt werden, denen Kant in seinen geschichtsphilosophischen Schriften die Natur als steuerndes Prinzip der Menschengeschichte beigesellt (Horn 2014, 41; vgl. Horn 2014, 243-256).

Hier lohnt es, der Frage nachzugehen, ob Kant „mit seiner Geschichtsphilosophie vielleicht sogar die Absicht [verfolgt], moralische und politische Normativität zu naturalisieren“ (Horn 2014, 256). Ein „günstiger Geschichtsverlauf, der [...] Aufklärung, Fortschritt, Verrechtlichung und Kosmopolitismus“ zu verwirklichen vermag, wird von Kant erwartet, weil es Hoffnung gibt, „daß nach manchen Revolutionen der Umbildung endlich das, was die Natur zur höchsten Absicht hat, ein allgemeiner *weltbürgerlicher Zustand* [...] zu Stande kommen werde“ (Horn 2014, 262; AA VIII, 28). Die Erreichung dieses Ziels wird uns als moralische Akteure mit dem Wissen auferlegt, dass wir zur Fortentwicklung der Menschengeschichte nur wenig beitragen können. Horn interpretiert die Bedeutung der Natur als steuerndes Prinzip dahingehend, dass „der Geschichtsverlauf zwar von Menschen gemacht wird und nicht determiniert ist, dass aber dennoch wenig Spielraum für moralisch angemessenes Verhalten besteht" (Horn 2014, 262). Letzteres ist, seiner Meinung nach, aber gar nicht erforderlich, weil „der erwünschte Fortschritt auf einem nichtnormativen Weg, gleichsam hinterrücks und unbemerkt, erreicht wird, und zwar durch konsequent prudentielles menschliches Verhalten", womit allerdings der Einfluss der Natur als nichtideales Element geschwächt wird (Horn 2014, 262). Dieser Natur kommen bei der Verwirklichung ihrer „höchsten Aufgabe" in Gestalt der „vollkommen *gerechte[n] bürgerliche[n] Verfassung*" die Neigungen der Menschen ins Gehege, die dazu führen, dass Menschen nicht lange in „wilder Freiheit" zusammenleben können, weshalb der Mensch „*einen Herrn nöthig hat*", dessen „selbstsüchtige thierische Neigung" ihn jedoch auch dazu verleiten kann, sich selbst von den Regelungen auszunehmen (AA VIII, 22f.). An das gesuchte Oberhaupt, das „gerecht *für sich selbst* und doch ein *Mensch* sein [soll]" – selbst die Erfüllung dieser Voraussetzung ist die „schwerste unter allen" – ergeht das Ansinnen, die Menschen zu nötigen, dem „allgemeingültigen Willen" qua „allgemein vereinigten Willen" zu gehorchen (AA VIII, 23; AA VI, 313; vgl. Eisfeld 2015, 237). Diese Textpassage verweist nun auf zweierlei: erstens auf die „*drei Gewalten*" im Staat, d.h. auf den „allgemein vereinigten Willen in dreifacher Person", den Horn in der Funktion eines Testverfahrens, den „Gemeinwillenstest", in Analogie zum Kategorischen Imperativ als „pointiert nichtideale Variante der KI-Prozedur" bezeichnet, und zweitens auf den Zwang, den Politiker gegenüber den Bürgern des Staates ausüben, damit sich diese „unter Zwangsgesetze" begeben (AA VI, 313; Horn 2014, 175; AA VIII, 366; vgl. Horn 2014, 48). Nun bleibt abschließend – mit Blick auf eine nichtideale Normativität – die Frage zu klären, ob es sich beim „*[e]xeundum e statu naturali*" um eine „Forderung der reinen praktischen Vernunft" oder um die „*Idee eines den Zwang legitimierenden Erlaubnisgesetzes* (lex permissiva)" handelt (Kersting 2004, 108; Horn 2014, 181). Es sei daran erinnert, dass in der Rechtslehre Kants der „nicht-rechtliche Zustand" als „*natürliche[r] Zustand* (status naturalis)" dem „*bürgerliche[n]* (status civilis)" und nicht dem „*gesellschaftliche[n]*" Zustand gegenübergestellt wird, weil es auch im Naturzustand „rechtmäßige Gesellschaften" geben kann, in denen jedoch das „Gesetz *a priori*", dass du in den rechtlichen Zustand treten sollst, nicht gilt (AA VI, 306). Dieses „Gesetz *a priori*", das ohne Zweifel als Gebot formuliert wird, gebietet nun, dass „alle Menschen, die miteinander (auch unwillkürlich) in Rechtsverhältnisse kommen können, in diesen Zustand [als dem „*rechtlichen* Zustande"] treten *sollen*" (AA VI, 306). An anderer Stelle betont Kant, dass uns nicht „etwa die Erfahrung" über die „Maxime der Gewaltthätigkeit der Menschen" belehrt, sondern dass es „*a priori* in der Vernunftidee eines solchen (nicht-rechtlichen) Zustandes [status naturalis] [liegt]", dass weder vereinzelte Menschen, noch Völker oder Staaten vor der wechselseitigen Gewalttätigkeit sicher sein können, weshalb es einleuchtet, den Naturzustand zu verlassen und mit allen anderen darin überein zu kommen, „sich einem öffentlich gesetzlichen äußeren Zwange zu unterwerfen" (AA VI, 312). Gemäß meiner Interpretation der Aussagen Kants gebietet die reine praktische Vernunft, den Naturzustand zu verlassen, womit das *„exeundum e statu naturali"* als Notwendigkeit im Sinne einer Pflicht zu betrachten ist, womit der Sichtweise Kerstings Recht zu geben ist, dass die „Notwendigkeit der Staatserrichtung" durch die „reine praktische Vernunft" gefordert wird (Kersting 2004, 108). Diese Deutung wird durch eine Passage im Rahmen der Darlegung des *„ursprüngliche[n] Contract[s]"* unterstützt, wo zu lesen ist, dass man nicht sagen kann, „der Mensch im Staate habe einen *Theil* seiner angebornen äußeren Freiheit einem Zwecke aufgeopfert, sondern er hat die wilde, gesetzlose Freiheit gänzlich verlassen, um seine Freiheit überhaupt in einer gesetzlichen Abhängigkeit [...] unvermindert wieder zu finden; weil diese Abhängigkeit aus seinem eigenen gesetzgebenden Willen [qua gesetzgebenden praktischen Vernunft] entspringt" (AA VI, 315f.).

Worin ist nun Horns Annahme begründet, dass Kant *„im Kontext seines* exeundum *die Idee eines den Zwang legitimierenden Erlaubnisgesetzes* (lex permissiva) [einführt]" und, dass er „die Frage nach der Staatsgründung nicht an das innere Recht auf Freiheit bindet" (Horn 2014, 181; 177)? Die Antwort lautet, dass die Kantische Staatsgründung auf das *„Rechtliche Postulat der praktischen Vernunft"*, mithin auf das Privatrecht und seine Eigentumstheorie rekurriert und dieses Postulat kann man „ein Erlaubnißgesetz (lex permissiva) der praktischen Vernunft nennen" (AA VI, 246f.; vgl. Horn 2014, 176). Es gilt an dieser Stelle zu betonen, dass Kant das *„Privatrecht"* bloß im Zusammenhang mit dem „status naturalis" und dem *„gesellschaftliche[n]* Zustand" thematisiert und, dass deshalb das Hauptaugenmerk auf das *„Rechtliche Postulat der praktischen Vernunft"* zu legen ist (AA VI, 242; 306; 246): Gemäß diesem kann es kein „absolutes Verbot" des Gebrauch eines Gegenstandes der Willkür geben, weil die „reine praktische Vernunft" von der „Materie der Willkür", d.h. vom realen Gegenstand abstrahiert und bloß „formale Gesetze" zugrunde legt. Mit dem „Erlaubnißgesetz" will Kant also einen erfahrungsunabhängigen Rechtsbegriff a priori als „Begriff der reinen Vernunft" gewinnen, der auch im Rahmen der Erläuterungen zur *„ursprünglichen* Erwerbung" mit Bezug zum intelligiblen Besitz („possessio noumenon"), der als ein *„bloß rechtlicher* gültig [...] sei", wiederkehrt (siehe S. 158) (AA VI, 247; 258f.; Kersting 2004, 172). Mithin ist aufgrund der Abstraktion „von den empirischen Bedingungen des Besitzes" klar, dass das Vermögen, von einem „Gegenstand meiner *Willkür*" beliebig „Gebrauch" machen zu können, nicht mit der „Besitznehmung des Gegenstandes der Willkür im Raum und der Zeit“ gleichzusetzen ist (AA VI, 246; 258). Basierend auf diesen Überlegungen wird zudem verständlich, dass uns das „Erlaubnißgesetz“ dazu befugt, alle anderen vom Gebrauch „gewisser Gegenstände unserer Willkür“ in Form einer „Verbindlichkeit“ auszuschließen; diese Befugnis hätten wir aufgrund des „allgemeine[n] Rechtsgesetz[es]“ deshalb nicht, weil dieses besagt, dass der „freie Gebrauch [meiner] Willkür mit der Freiheit von jedermann nach einem allgemeinen Gesetze zusammen bestehen könne[n] [muss]“ (AA VI, 247; 231). Es kann das „Erlaubnißgesetz“ dahingehend interpretiert werden, dass es einen Zwang legitimiert, der den „Gebrauch gewisser Gegenstände unserer Willkür“ deshalb verbietet, „weil wir zuerst sie in unseren Besitz genommen haben“, womit auf die *„erste Erwerbung einer Sache [...] als die des Bodens“* vorgegriffen wird (AA VI, 247; 261).

An die im *„Rechtliche[n] Postulat der praktischen Vernunft“* formulierte Befugnis, anderen eine Verbindlichkeit auferlegen zu können, knüpft Horn seine Argumentation und liest aus dieser Sequenz des Textes heraus, dass „die Ausübung von Zwang zum Eintritt in den bürgerlichen Zustand nicht durch das angeborene Freiheitsrecht legitimiert sein kann“. In Anlehnung an die Aussage Kants, dass das „Erlaubnißgesetz“ uns eine Befugnis gibt, „die wir aus bloßen Begriffen vom Rechte überhaupt nicht herausbringen könnten“, schließt Horn, dass Kant mithin bestätigt, „dass es sich hier nicht um eine Gewaltanwendung handelt, die durch den Rechtsbegriff gedeckt ist“ (AA VI, 246f.; Horn 2014, 182). Die von Horn angesprochene Gewaltanwendung wird von Kant an dieser Stelle jedoch nicht im Zusammenhang mit dem öffentlichen, kontingenten Recht, sondern – unmissverständlich – mit Bezug zum „Erlaubnißgesetz [...] der praktischen Vernunft“ thematisiert, wie der Schlusssatz des § 2 zeigt: „Die Vernunft will, daß dieses [das Erlaubnißgesetz] als Grundsatz gelte, und das zwar als *praktische* Vernunft, die sich durch dieses ihr Postulat *a priori* erweitert“ (AA VI, 247; vgl. Eisfeld 2015, 69).

Ausgangspunkt der weiteren Beweisführung Horns ist das „Postulat des öffentlichen Rechts“, das aus dem „Privatrecht im natürlichen Zustande“ hervorgeht und welches Kant unter dem Titel *„Übergang von dem Mein und Dein im Naturzustande* [possessio phaenomenon] *zu dem im rechtlichen Zustande* [possessio noumenon]“ formuliert (Horn 2014, 182; AA VI, 307; 305; vgl. AA VI, 258f.): „Aus dem Privatrecht im natürlichen Zustande geht nun das Postulat des öffentlichen Rechts hervor: du sollst, im Verhältnisse eines unvermeidlichen Nebeneinanderseins mit allen anderen, aus jenem heraus in einen rechtlichen Zustand, d.i. den einer austheilenden Gerechtigkeit übergehen. – Der Grund davon läßt sich analytisch aus dem Begriffe des *Rechts* im äußeren Verhältniß im Gegensatz der *Gewalt* (violentia) entwickeln" (AA VI, 307).

Horn kommt aufgrund dieses Postulates zum Schluss, dass der Naturzustand als moralisch indifferent dargestellt wird, weil es „ansonsten [...] ja eine direkte individuelle Pflicht, diesen selbst zu verlassen und andere dazu zu bewegen, [gäbe]" (Horn 2014, 182). Kant bestimmt den „natürliche[n] Zustand" jedoch als einen Zustand der „*Rechtlosigkeit* (status iustitia vacuus)", nicht aber als einen der „*Ungerechtigkeit* (iniustus)", weshalb die moralische Deutung dieses Zustandes nicht vordergründig zu sein scheint (AA VI, 312). Es kann Horn auch nicht hinsichtlich seiner Konklusion beigepflichtet werden, dass im Falle des Vorhandenseins einer „direkte[n] individuelle[n] Pflicht" ein Erlaubnisgesetz nicht nur „unnötig", sondern auch, „unmoralisch" wäre, „da es ja zur Gewalt befugt" (Horn 2014, 182; vgl. AA VI, 231; 246f.). Eine „direkte individuelle Pflicht" gibt es, wie die Formulierung „du sollst", die an anderer Stelle als „man müsse aus dem Naturzustande [...] herausgehen" verbalisiert wird, ausweist (Horn 2014, 182; AA VI, 307, 312). Das „Erlaubnißgesetz" ist dennoch nicht „unnötig", weil es als Element des Privatrechts - im Gegensatz zum „*öffentliche[n] Recht*" - nicht erst nach dem Verlassen des „Naturzustande[s]" Geltung besitzt (Horn 2014, 182; AA VI, 247; 311f.). „Unmoralisch" ist es auch nicht, spricht es sich doch dafür aus, dem Anderen Verbindlichkeiten, mit Betonung einer Wechselseitigkeit, aufzuerlegen (Horn 2014, 182). Letztlich gilt es, im Auge zu behalten, dass ausschließlich das Recht „*mit der Befugniß zu zwingen verbunden [ist]*" (AA VI, 231). Die endgültige Zusammenfassung der Beweisführung Horns ist erwartbar: „Wir haben es also mit einem recht ungewöhnlichen Gedanken zu tun: Kant hält zwar den Naturzustand [...] für normativ inakzeptabel, da Individuen und Gruppen [...] einander in höchstem Maße unrecht tun. Aber er gebietet kein direktes *exeundum* als individuelle moralische Norm, sondern erlaubt vielmehr Gewalt, von der er selbst sagt, sie sei nicht eigentlich rechtskonform. Dabei stoßen wir ganz paradigmatisch auf die Gedankenfigur des Rechts als nichtideale Normativität" (Horn 2014, 182).

Da nun eine mögliche Kompatibilität zwischen Allgemeingültigkeit und Notwendigkeit auf der einen Seite und Besonderheit und Kontingenz auf der anderen, sowie Auslegungen des Naturrechts und des öffentlichen Rechts dargestellt wurden, kehre ich zur Frage zurück, ob Kant und Kelsen mit ihren Leitideen zum Recht gegensätzliche oder komplementäre Ansätze liefern.

## 3.5 Zu den komplementären und gegensätzlichen Leitideen in der Rechtslehre Immanuel Kants und der Reinen Rechtslehre Hans Kelsens

Es erscheint sinnvoll, sich der Beantwortung dieser Frage anhand der Gemeinsamkeiten der Konzeptionen des Rechtswissenschaftlers Kelsen und des Rechtsphilosophien Kant anzunähern, beginnend mit der Deduktion in Gestalt des Syllogismus, den Kelsen mit dem Ziel zur Sprache bringt, die Geltung einer positiven Rechtsnorm zu begründen (vgl. Kelsen 2017, 361f.). In Analogie zu diesem Syllogismus präsentiert Kant im Zusammenhang mit den *„drei Gewalten"*, die als „allgemein vereinigte[r] Willen in dreifacher Person" zu betrachten sind, „drei Sätze" - gleich jenen im „praktischen Vernunftschluß" -, um ein Gesetz formallogisch zu begründen (AA VI, 313; vgl. KpV A 162; Kelsen 2017, 27; 145; 357).

Es verwundert nicht, dass die Verbalisierung des Kelsenschen und des Kantischen Schlusses ins Auge fallende Ähnlichkeiten aufweist, muss doch die Struktur eines Schlusses gewissen Vorgaben Genüge tun (vgl. Flashar 2013, 202; An. Pr. I 4, 25b46-53). Kelsen erkennt, im Gegensatz zu Kant, der an dieser Stelle seiner Abhandlung keinen Zweifel an der Richtigkeit seiner Begründung aufkommen lässt, dass die Deduktion keine Letztbegründung der Geltung einer positiven Rechtsnorm leisten kann und begegnet diesem Manko damit, dass er die „als objektiv gültig angesehene Norm" des Obersatzes, die „Grundnorm", als *„vorausgesetzt"* bestimmt (Kelsen 2017, 58; 361f.; vgl. AA VI, 313). Dass sowohl Kant als auch Kelsen sich einer formal-logischen Begründung der Geltung des Gesetzes bedienen, lässt vermuten, dass beide intendieren, eine wissenschaftliche Theorie des Rechts zu konzipieren, worauf Kant mit der Bezeichnung seiner Rechtslehre als *„Metaphysik des Rechts"* und Kelsen damit verweist, dass er seine „Reine Rechtslehre" als „eine *Theorie* des positiven Rechts [Hervorhebung, C.A.]", mithin als „Rechtswissenschaft" verstanden wissen will (AA VI, 205; Kelsen 2017, 21). Zudem eint Kant und Kelsen die Trennung des Seins vom Sollen, die bei Kant anhand der Dichotomie von *„Sinnenwelt"* und *„Verstandeswelt"* festgeschrieben wird und, die sich bei Kelsen vornehmlich in der Unterscheidung zwischen der „Norm" als einem „Sollen" und dem „Willensakt" als einem „Sein", dessen „Sinn" die Norm ist, manifestiert (GMS BA 107; Kelsen 2017, 28; vgl. AA VI, 219; 231; KpV A 187; Kelsen 2017, 25; Eisfeld 2015, 63; 140). Abschließend darf als Gemeinsamkeit die Abstraktion von allem Kontingenten in der Formulierung der rechtlichen Normen nicht unerwähnt bleiben, die sich darin zeigt, dass das „allgemeine Rechtsgesetz" Kants als Gebot bloß die wechselseitige Wahrung der Freiheit von Menschen, die in einem Verhältnis zueinanderstehen, gebietet, während Kelsen die Abstraktion von allen kontingenten Bedingungen mit dem Satz, dass „jeder beliebige Inhalt Recht sein [kann]“ zum Ausdruck bringt (AA VI, 231; Kelsen 2017, 354).

Der wohl bedeutsamste Gegensatz zwischen der Rechtslehre Kelsens und Kants kann an der strikten Trennung der Moral vom Recht bei Kelsen und der fehlenden Distinktion des Rechts von der Moral oder von Recht und Gerechtigkeit in der Rechtsmetaphysik Kants festgemacht werden, war doch eine derartige Trennung dem „historischen Kant noch ganz fremd“, weil er im Sinne eines Vernunftrechts nur die „reine (praktische) Vernunft“ als Urheberin des gültigen Rechts konzipieren kann (Eisfeld 2015, 69; vgl. Kelsen 2017, 11; 750). Nun konnte Kant - entgegen Kelsen - naturgemäß keine Elemente der *Reine[n] Rechtslehre* für seine Konzeption in Ansatz bringen, während Kelsen explizit auf die Kantische Philosophie im Zusammenhang mit der „*Grundnorm als transzendental-logische Voraussetzung*“ mit der Aussage, „wenn ein Begriff der Kant'schen Erkenntnistheorie *per analogiam* angewendet werden darf“, aufmerksam macht und sich zudem in kritischer und detaillierter Weise sowohl mit den Texten Kants zur Erkenntnistheorie, wie auch zur Moral im Rahmen seines Anhangs „Das Problem der Gerechtigkeit“ auseinandersetzt (Kelsen 2017, 359-361; 611; vgl. Kelsen 2017, 143; 632-641). Dass sich die Fruchtbarkeit der Philosophie Kants für die Rechtslehre Kelsens nicht nur anhand der genannten, von Kelsen selbst dargelegten, Bezüge erweist, bleibt noch zu erörtern.

# Teil 2

# 4 Hans Kelsens Grundnormtheorie und Immanuel Kants Weg zur positiven Rechtsordnung mit Blick auf die Letztbegründung des positiven Rechts

Nachdem in den vorangehenden Abschnitten das Thema umrissen, der Begriff des Rechts bei Kelsen und Kant anhand des derzeitigen Forschungsstandes dargelegt und festgestellt wurde, dass die Konzeptionen des Rechtswissenschaftlers Kelsen und des Rechtsphilosophen Kant sowohl komplementäre als auch gegensätzliche Ansätze liefern, ist es an der Zeit, sich einer Hauptthese dieser Arbeit, nämlich, dass das positive Recht im Anschluss an die Kantische Philosophie und die *Reine Rechtslehre* Kelsens zu begründen ist, zu widmen. Zu diesem Behuf erscheint es angebracht, Teilaspekte der Grundnormtheorie Kelsens und der Entfaltung des apriorischen Rechtsbegriffs in der Philosophie Kants näher zu untersuchen.

## 4.1 Die „*Grundnorm*" aus der Sicht Hans Kelsens (Kelsen 2017, 346)

Nach einer Darstellung des Rechts im Zusammenhang mit der Natur, der Moral und der Wissenschaft splittet Kelsen seine *Reine Rechtslehre* in eine „Rechtsstatik" und eine „Rechtsdynamik" auf, in deren Rahmen er eine Rechtsordnung mit hierarchisch-gestufter Struktur beschreibt und auf die Sonderstellung der „*Grundnorm*" aufmerksam macht, ohne jedoch in allen Bereichen eine Unterscheidung dieser beiden Komponenten der, als „Rechtswissenschaft" konzipierten, Rechtslehre aufrecht erhalten zu können (Kelsen 2017, 208; 346; 21). Kelsen beschreitet mit der Ergänzung des „statischen Konzept[s]" des Rechtspositivismus durch einen dynamischen „arbeitsteilig-gestufte[n]" Rechtserzeugungsprozess, demgemäß die Rechtsnormen in einem „wechselseitigen Delegations- und Ableitungszusammenhang" stehen, einen neuen Weg in der Rechtswissenschaft, der sich seinem „eindrücklich[en]" Bestreben, die „komplexe Operabilität des Rechts" herauszustreichen, verdankt (Jestaedt & Lepsius 2006, XIV; Dreier 2021, 23; Jestaedt 2017, LX). Er wendet sich mit diesem Ansatz gegen die Vertreter eines Anwendungspositivismus, die der Auffassung anhängen, dass „allein das Gesetz bereits alles Recht enthalte", dass mithin Rechtssätze aus dem Gesetz vermittels logischer Deduktion entwickelt werden können (Jestaedt & Lepsius

2006, XIV). Mit der Bestimmung der „*Grundnorm*" als „*Geltungsgrund einer normativen Ordnung*", d.h. einer Rechtsordnung im Kelsenschen Sinn, verfolgt Kelsen ein „geltungspositivistische[s] Konzept" mit der Kernaussage, dass das Recht nach „eigengesetzten Regeln" funktioniert, wobei logische und auch inhaltliche Widersprüche nicht auszuschließen sind (Kelsen 2017, 346; Jestaedt & Lepsius 2006, XIV). Dass Kelsen mit dieser „*Eigengesetzlichkeit des Rechtes*" auch seinen erkenntnistheoretisch motivierten „(Wert-)Relativismus" abzufedern gedenkt, sei an dieser Stelle bloß angemerkt (Kelsen 1923, VI; Jestaedt & Lepsius 2006, XVI; vgl. Kelsen 2017, 750). Kelsen gibt sich nicht mit der Festsetzung, dass eine „Norm" im Sinne einer Verbindlichkeit gilt, zufrieden, sondern will dem „Geltungsgrund" und darüber hinaus dem „*Sinn der Frage*" nach einem solchen nachgehen: „Ist das Recht als normative Ordnung, als ein System von Normen, begriffen, die das Verhalten von Menschen regeln, entsteht die Frage: Was begründet die Einheit einer Vielzahl von Normen, warum gehört eine bestimmte Norm zu einer bestimmten Ordnung? Und diese Frage steht in einem engen Zusammenhang mit der Frage: Warum gilt eine Norm, was ist ihr Geltungsgrund?" (Kelsen 2017, 346)

Ausgehend vom metaethischen Prinzip nach Hume kann der Geltungsgrund einer Norm als einem Sollen nicht in einer „Seinstatsache", sondern muss in der „Geltung einer anderen Norm" gesucht werden (Kelsen 2017, 346; vgl. Kelsen 2017, 27). Aufgrund der gestuften Struktur der Kelsenschen Rechtsordnung wird die Norm, „die den Geltungsgrund einer anderen Norm darstellt, [...] figürlich als die höhere Norm im Verhältnis zu einer niederen Norm bezeichnet" (Kelsen 2017, 346f.). Kelsen versucht einem möglichen Gegenargument den Wind aus den Segeln zu nehmen, indem er konzediert, dass die „Geltung einer Norm" mit der Tatsache, dass diese „von irgendeiner Autorität, einem menschlichen oder übermenschlichen Wesen, gesetzt ist", begründbar sein könne und bedient sich des Beispiels der Geltung der Zehn Gebote, die „mit der Tatsache [...], daß Gott Jehova sie auf dem Berge Sinai gegeben habe", begründet wird (Kelsen 2017, 347). Bliebe diese Ableitung der Geltung einer Norm unwidersprochen, würde das Humesche Prinzip verletzt und die Distinktion des Seins in Form des „Willensakt[es]" vom Sollen als der Norm, die Kelsen ohne Ausnahme aufrechtzuerhalten sucht, stürzte in sich zusammen (Kelsen 2017, 28; vgl. Kelsen 2017, 25). Folglich ist Kelsen gezwungen, nicht den Setzungsakt der Zehn Gebote, sondern die „Norm, daß man den Geboten Gottes [...] gehorchen soll" als Geltungsgrund derselben zu bestimmen und er geht daran, seine Aussage anhand eines Syllogismus zu fundieren, erkennt allerdings sogleich, dass dieser Lösungsansatz nicht völlig überzeugt (Kelsen 2017, 347): „Allerdings bildet in dem Syllogismus, dessen Obersatz der die höhere Norm aussagende Soll-Satz ist: man soll den Geboten Gottes […] gehorchen, und dessen Schlußsatz der die niedere Norm aussagende Soll-Satz ist: man soll den Zehn Geboten […] gehorchen, der eine Seins-Tatsache feststellende Satz: Gott hat die Zehn Gebote erlassen […] als Untersatz ein wesentliches Glied“ (Kelsen 2017, 347).

Indem in weiterer Folge der Obersatz in Gestalt einer Norm zur „*conditio per quam*“ und der, eine „Seins-Tatsache“ feststellende, Untersatz zur „*conditio sine qua non*“ erklärt wird, gelingt es eine Norm (Obersatz) als Geltungsgrund für eine andere Norm (Schlusssatz) zu gewinnen:

(1) Obersatz: Man soll den Geboten Gottes gehorchen (Soll-Satz);
(2) Untersatz: Gott hat die Zehn Gebote erlassen (die Zehn Gebote wurden von einer dazu ermächtigten Autorität erlassen; Tatsachenaussage);
(3) Schlusssatz: Man soll den Zehn Geboten gehorchen (Soll-Satz) (vgl. Kelsen 2017, 347).

Die Hinzufügung zum Untersatz – die Zehn Gebote wurden von einer dazu ermächtigten Autorität erlassen – löst Kelsens Forderung ein, dass die „Normen, deren Geltungsgrund in Frage steht, von einer Autorität ausgehen [müssen]“, d.h. von einer Person, die als fähig und kompetent für das Setzen von Normen erachtet wird (Kelsen 2017, 348).

Mit der abschließenden Feststellung, dass eine solcher Weise gültige Norm ihrerseits der „normsetzenden Persönlichkeit“ die Befugnis erteilt, Normen zu setzen, verfällt Kelsen jedoch einem „*logische[n] Zirkel*“, womit nach Kletzer „*jede beliebige* Rechtsnorm gültig sein [kann]“ (Kelsen 2017, 348; Kletzer 2013, 260). Zudem drängt sich augenblicklich die Frage auf, welche Norm die Geltung der höchsten Norm, die als „letzter Geltungsgrund“ fungiert, begründet (Kelsen 2017, 349). Wie bereits ausgeführt, bleibt Kelsen *prima facie* kein anderer Ausweg als die „Suche nach dem Geltungsgrund einer Norm“, mithin die Begründung der Geltung derselben, mit einem „*dogmatischen Abbruch*“ zu beenden, indem die genannte Suche „bei einer Norm ende[t], die als letzte, höchste vorausgesetzt wird“ (Kelsen 2017, 348; Zeidler 2016a, 15). Diese Norm, deren Geltungsgrund nicht mehr „in Frage gestellt“ und deren Geltung nicht mehr von einer höheren Norm abgeleitet wird, ist definitionsgemäß die „Grundnorm“ (Kelsen 2017, 348).

Ist damit die Konzeption der *Reine[n] Rechtslehre* über Bord zu werfen? Glücklicher Weise nicht. Worum es in den Grundzügen der Rechtslehre Kelsens geht, verbirgt sich hinter der „Eigengesetzlichkeit“ qua Autonomie des Rechts, d.h. in einer Rechtsordnung als „ein[em] System von Normen“, deren „gemeinsame[n] Geltungsgrund“ die „Grundnorm“ liefert (Kelsen 2017, 349; Jestaedt & Lepsius 2006, XIII; vgl. Kelsen 1923, VI).

> Alle Normen, deren Geltung auf eine und dieselbe Grundnorm zurückgeführt werden kann, bilden ein System von Normen [...]. Die Grundnorm ist die gemeinsame Quelle für die Geltung aller zu einer und derselben Ordnung gehörigen Normen, ihr gemeinsamer Geltungsgrund. Daß eine bestimmte Norm zu einer bestimmten Ordnung gehört, beruht darauf, daß ihr letzter Geltungsgrund die Grundnorm dieser Ordnung ist. Diese Grundnorm ist es, die die Einheit einer Vielheit von Normen konstituiert, indem sie den Grund für die Geltung aller zu dieser Ordnung gehörigen Normen darstellt (Kelsen 2017, 348f.).

Ohne diese explizit als solche auszuweisen, werden mit dem Syllogismus und mit der Grundnorm als Geltungsgrund aller Normen einer Rechtsordnung zwei Typen von Normensystemen – der „statische" und der „dynamische" Typus – vorgestellt, die es nun gilt, anhand von Beispielen zu erläutern (Kelsen 2017, 349). Im ersten Fall, dem „statischen" Typus des Normensystems, lässt sich der Inhalt einer einzelnen Norm als dem Besonderen unter den „Inhalt der die Ordnung bildenden Normen" als dem Allgemeinen subsumieren (Kelsen 2017, 349). In dieser Weise gelten die Normen, weil beispielsweise der Inhalt, dass man nicht lügen oder ein „gegebenes Versprechen einhalten [soll]", von einer Norm, die als Inhalt „Wahrhaftigkeit gebietet", abgeleitet werden kann (Kelsen 2017, 349). Für Kelsen ist dieser Typus eines Normensystems geeignet, eine „umfassende Moralordnung" zu begründen, da „alle Normen einer Ordnung dieses Typus in dem Inhalt der vorausgesetzten Norm schon enthalten sind", d.h. aus der letztgenannten Norm wird durch einen „Schluß vom Allgemeinen auf das Besondere" die andere Norm deduziert (Kelsen 2017, 350; vgl. Moser 2009, 199–201). Diese Erläuterungen verdeutlichen zudem, dass die vorausgesetzte Norm nicht nur den Geltungsgrund, sondern auch den „Geltungsinhalt" liefert, wodurch sich das statische Normensystem von einem Normensystem des dynamischen Typus unterscheidet (Kelsen 2017, 350). Die vorausgesetzte Grundnorm des dynamischen Typus enthält nämlich nichts anderes als eine „Regel, die bestimmt, wie die generellen und individuellen Normen [qua Gesetze und gerichtliche Entscheidungen] [...] erzeugt werden sollen" (Kelsen 2017, 351). Folglich liefert die Grundnorm eines dynamischen Normensystems nur den Geltungsgrund und nicht auch den „Inhalt der dieses System bildenden Normen", womit die Normen dieser Rechtsordnung deshalb angehören, weil sie auf bestimmte Weise erzeugt werden (Kelsen 2017, 352). Die eingehende Betrachtung einer rechtsstaatlichen Ordnung verdeutlicht, dass das statische und das dynamische Prinzip gleichermaßen in dieser verwirklicht werden, indem Rechtsnormen nach einem vorgegebenen Verfahren erzeugt werden, die vermittels ihres Inhaltes von den normunterworfenen Bürgern ein distinktes Verhalten einfordern (vgl. Kelsen 2017, 353). In anderen Worten: Die vorausgesetzte Grundnorm eines dynamischen Normensystems hat keine andere Funktion als die „Ermächtigung einer normsetzenden Autorität“ mit dem Ziel, dass die Normen nach einer vorgegebenen Regel erzeugt werden. Wenn nun diese normsetzende Autorität durch Formulierung der Normen ein bestimmtes Verhalten gebietet, dann gesellt sich das statische zum dynamischen Prinzip hinzu (Kelsen 2017, 351). Für Kelsen ist unzweifelhaft, dass eine Rechtsordnung „im wesentlichen“ einen dynamischen Charakter hat und dass eine Rechtsnorm nur deshalb gilt, weil sie in einer, von der „vorausgesetzten Grundnorm“ bestimmten, Weise erzeugt wird, nicht jedoch, weil sie einen durch Schlussfolgerung gewonnenen Inhalt aufweist (Kelsen 2017, 354; vgl. Olechowski 2009, 57f.). Aufgrund der Abstraktion von jeglichem Inhalt kann jedes menschliche Verhalten Inhalt einer Rechtsnorm sein (vgl. Kelsen 2017, 354).

Nun wäre aufgrund der Inhaltslosigkeit der Rechtsnormen unter dem Gesichtspunkt eines dynamischen Systems anzunehmen, dass mit einem Widerspruch zwischen Rechtsnormen nicht zu rechnen ist. Kelsen schränkt jedoch die Unmöglichkeit eines Widerspruchs zwischen Rechtsnormen und ihrem damit verbundenen Geltungsverlust auf Normen unterschiedlicher Rechtsordnungen ein (siehe S. 98-101) (vgl. Kelsen 2017, 354; Kelsen 2008, XXXVII; 94-99; 144; 146; 153).

Spontan verleitetet die Annahme einer Grundnorm zu der Auffassung, dass es sich bei dieser um ein wesentliches Element der staatlichen Rechtsordnung handelt. In einem Diskurs mit Karl Menger, der die Meinung vertritt, dass jedes Rechtssystem eine singuläre Grundnorm beinhält, klärt Kelsen jedoch auf, dass die Grundnorm „nicht in einer positiven Rechtsordnung ‚enthalten‘ [ist]“ (Kelsen 2017, 355, Fußnote). Die Betonung liegt bei dieser Aussage auf dem Adjektiv „positiv“, in der Bedeutung von „gesetzt“. Die Grundnorm wird nämlich nicht „durch einen Willensakt gesetzt, sondern im juristischen Denken vorausgesetzt“, womit sie außerhalb der positiven Rechtsordnung positioniert wird (Kelsen 2017, 355, Fußnote; 58). Ist es damit jedem Rechtswissenschaftler, jedem Juristen unbenommen, eine beliebige Grundnorm in seinem Denken vorauszusetzen? Dieser relativistischen Interpretation begegnet Kelsen mit der „*Grundnorm als transzendental-logische Voraussetzung*“ und knüpft seine Überlegung an eine Frage Kants (Kelsen 2017, 359): In analoger Weise zur Frage Kants, „wie [...] eine von aller Metaphysik freie Deutung der unseren Sinnen gegebenen Tatsachen in den von der Naturwissenschaft formulierten Naturgesetzen möglich [ist]“, fragt die Reine Rechtslehre, wie eine nicht auf Gott oder die Natur rekurrierende „Deutung des subjektiven Sinns“ von Willensakten als ein System von „objektiv gültige[n] Rechtsnormen“, die in Rechtssätzen beschrieben werden, möglich ist (Kelsen 2017, 361).

Hinter der Frage, ob jeder Rechtswissenschaftler, jeder Jurist in seinem Denken eine beliebige Grundnorm voraussetzen könne, verbirgt sich jene nach der Referenz der Grundnorm, d.h. worauf die Grundnorm zu beziehen ist. Um den Gedanken abzuschließen, sei an dieser Stelle vorweggenommen, dass sich die Grundnorm „unmittelbar" auf eine „im großen und ganzen wirksame Verfassung" beruft, die im Rahmen eines vorgegebenen Verfahrens gesetzt wird und folglich Bestandteil einer positiven Rechtsordnung ist (Kelsen 2017, 359). Die „Grundnorm" wird deshalb als „transzendental-logische Bedingung" bezeichnet, weil ihr die Funktion zukommt, zwischen dem subjektiven Sinn von Willensakten, die Normen setzen, und den „objektiv gültige[n] Rechtsnormen" zu vermitteln, d.h. diese zu begründen (Kelsen 2017, 360f.). Dass Kelsen die Grundnorm nicht als „gewollte" Norm – wird sie doch nicht durch einen Willensakt gesetzt –, sondern als eine „nur [...] gedachte Norm", die jedoch für die „Begründung der objektiven Geltung der positiven Rechtsnormen logisch unerläßlich ist", verstanden wissen will (Kelsen 2017, 364–366), wird im Rahmen der Auseinandersetzung Alexys mit der Grundnorm noch näher zu untersuchen sein.

Mit Blick auf die Kelsensche Rechtskonzeption kann Kletzer beigepflichtet werden, der die Rechtslehre Kelsens als einen Versuch, den „absoluten Positivismus" philosophisch zu betrachten, versteht und eine Verbindung zur Kopernikanischen Wende insofern herstellt, als auch Kelsen daran gelegen ist, „die Möglichkeiten unseres Bezogenseins auf Recht zu überdenken" (Kletzer 2013, 259; 257). Der „absolute Positivismus" betrachtet nämlich – im Gegensatz zum „relative[n] Positivismus" – das Recht nicht als „Summe von Rechtsnormen", sondern als „Rechtsprozess", dem Kelsen durch seine Ergänzung des statischen Systems einer Rechtsordnung durch ein „dynamische[s] Prinzip" in Gestalt der Rechtserzeugung Rechnung trägt (Kletzer 2013, 259; 262; Kelsen 2017, 353; vgl. Kelsen 2017, 354). Damit beantwortet das Recht selbst die Frage nach der Begründung von Rechtsnormen (vgl. Kelsen 2017, 143; Carrino 2011, 48, Fußnote). Zur Abwendung vom „relative[n] Positivismus" war Kelsen angesichts seiner gestuften Rechtsordnung gezwungen, weil der „relative Positivismus" – wie bei der Darlegung der Grundnormtheorie gezeigt wurde – immer mit dem Problem kämpft, dass die Gültigkeit einer Rechtsnorm von der einer anderen Rechtsnorm abhängt, solange diese Gültigkeit an ihr Gesetzt-werden gebunden ist, welches nur dann rechtskonform ist, wenn die Setzung „gemäß einer gültigen Rechtsnorm" erfolgt (Kletzer 2013, 262; 260).

Im vorhergehenden Abschnitt wurde als Referenzpunkt für die Grundnorm *implizit* die „ältere Staatsverfassung" genannt, deren Geltung wie jene der Grundnorm „*vorausgesetzt*" wird, womit diese „Staatsverfassung" nicht der „tatsächlich gesetzte[n], durch Gewohnheit oder Satzung erzeugte[n]" Verfassung entsprechen kann. Unklar ist, ob es zusätzlich zur Grundnorm dieser „ältere[n] Staatsverfassung“ bedarf (Kelsen 2017, 357–359). In Ansehung der Aussage Kelsens, dass sich die Grundnorm „unmittelbar“ auf eine „im großen und ganzen wirksame Verfassung“ bezieht, ist klar: es bedarf zusätzlich zur Grundnorm einer Verfassung (Kelsen 2017, 359). Zudem ist die Grundnorm, die sich „mittelbar“ auf die, durch die Verfassung erzeugte, „Zwangsordnung“ beruft, unabdingbar, weil es ihrer Funktion entspricht, die Geltung nicht nur der Verfassung, sondern auch der gemäß der Verfassung erzeugten Zwangsordnung zu begründen (Kelsen 2017, 359). Andererseits dient die Verfassung der Regelung der „Organisation“ und des „Verfahren[s] der Gesetzgebung“, wodurch die in dieser Weise gesetzten generellen Rechtsnormen (Gesetze) Gültigkeit erlangen, und sie schafft auch die Voraussetzungen für die Erzeugung von „individuellen Normen“, indem sie zu „strafgerichtlichen Entscheidungen“ ermächtigt (Kelsen 2017, 115). An anderer Stelle der *Reine[n] Rechtslehre* wird die Grundnorm jedoch als „der Geltungsgrund aller zu einer und derselben Rechtsordnung gehörigen Normen“ ausgewiesen, weshalb es naheläge, die Grundnorm mit der Verfassung zu identifizieren oder sie auch als Geltungsgrund für die Normen der Verfassung zu bestimmen (Kelsen 2017, 368).

Zur „ältere[n] Staatsverfassung“ gelangt man, wenn nach dem „Geltungsgrund der Normen, die die Erzeugung der generellen Normen regeln“, gefragt wird, wobei die Geltung der „bestehenden Staatsverfassung“ dadurch begründet wird, dass „sie gemäß den Bestimmungen einer vorangehenden Staatsverfassung“, d.h. gemäß einer, durch eine ermächtigte Autorität gesetzten, Norm zustande gekommen ist (Kelsen 2017, 357). Diese Ausführungen können dahingehend interpretiert werden, dass die Grundnorm den Geltungsgrund für die, in einer Verfassung gesetzten, Normen liefert, ihrerseits aber unmittelbar auf eine „im großen und ganzen wirksame Verfassung“ bezogen ist, womit ein Zirkelschluss unvermeidbar erscheint (Kelsen 2017, 359). Kelsen versucht dieses methodologische Problem durch die Unterscheidung zwischen einer Gleichsetzung von Verfassung und Grundnorm im „rechtslogischen“ und im „positiv-rechtlichen Sinne“ zu lösen (Kelsen 2017, 355f.): „[D]ie Grundnorm [ist] jene Norm, die vorausgesetzt wird, wenn die Gewohnheit, durch die die Verfassung zustandegekommen ist, oder wenn der von bestimmten Menschen bewußt gesetzte, verfassungsgebende Akt objektiv als ein normerzeugender Tatbestand gedeutet wird. [...] In diesem Sinne ist die Grundnorm die Einsetzung des Grundtatbestandes der Rechtserzeugung und kann in diesem Sinne als Verfassung im rechtslogischen Sinne, zum Unterschied von der Verfassung im positiv-rechtlichen Sinne bezeichnet werden“ (Kelsen 2017, 355f.). Im „positiv-rechtlichen Sinne“ kann die Grundnorm nicht mit der Verfassung gleichgesetzt werden, weil sie – als

Voraussetzung jeder Normsetzung – selbst nicht als Norm im positiv-rechtlichen Sinne gesetzt wird. Im Hintergrund dieser Argumentation stehen auch hier das „statische" und das „dynamische Prinzip", die in ein und demselben Normensystem als vereinigt angetroffen werden (Kelsen 2017, 353). Ungeklärt bleibt jedoch, warum Kelsen im obigen Zitat, scheinbar, der „Gewohnheit, durch die die Verfassung zustandegekommen ist" die gleiche Bedeutung beimisst, wie dem „bewußt gesetzte[n], verfassungsgebende[n] Akt", kann doch hinter der „Gewohnheit" ein Naturrecht oder eine soziale Regel vermutet werden, womit er seiner Intention widerspräche, dem Naturrecht eine Absage zu erteilen und die Soziologie aus seiner Rechtslehre zu verbannen (Kelsen 2017, 355; vgl. Kelsen 1923, V; Kelsen 2017, 21; Carrino 2011, 48, Fußnote; Dreier 2021, 20).

Nach Alexy ist es Aufgabe der Grundnorm festzulegen, „welche Tatsachen als rechtserzeugend anzusehen sind", in anderen Worten, Kriterien „für das, was Recht ist" anzugeben (Alexy 2011, 171). Diese Kriterien können in der „tatsächlich gesetzte[n]" und „wirksame[n]" Verfassung gefunden werden (Kelsen 2017, 359). Mit der „historisch ersten Staatsverfassung" wird eine zweite Variante vorgestellt, die abermals darauf verweist, dass die „Kriterien für das, was geltendes Recht ist, die Kriterien der Verfassung sind" (Kelsen 2017, 358; Alexy 2011, 171).

Carrino baut seine Argumentation betreffend die Frage, ob die Grundnorm mit der Verfassung zu identifizieren ist, darauf auf, dass Kelsen die Grundnorm als „*Konstitution*" definiert und damit von der Verfassung differenziert (Carrino 2011, 48, Fußnote). Für Carrino ist die „‚Konstitution'" mit der „Konstituierung der einzelstaatlichen Rechtsordnung" gleichzusetzen, deren „Einheit" in der, „als Verfassung im rechtslogischen Sinn bezeichneten, nicht gesatzten, sondern nur vorausgesetzten Grundnorm" begründet liegt (Carrino 2011, 48, Fußnote). Mit dieser Deutung bleibt Carrino der von Kelsen dargelegten „rechtslogischen" Identität von Grundnorm und Verfassung treu (Kelsen 2017, 355).

## 4.2 Eine Betrachtung der Kelsenschen Lehre durch Agostino Carrino

Carrino stellt an den Beginn des „Vorwort[s] zur zweiten Auflage" seiner Schrift *Die Normenordnung. Staat und Recht in der Lehre Kelsens* eine Aussage des spanischen Politikers und Staatsphilosophen Juan Donoso Cortès mit dem Inhalt, dass die Welt auf den bedeutsamsten Despotismus seit Menschengedenken zusteuere, und spannt mit diesem Zitat einen Bogen zur Lehre Kelsens (vgl. Carrino 1998, 1). Nun erschließt sich diese Bezugnahme deshalb nicht sofort, weil der Spanier Cortès zu den „Gewährsleuten des größten Widersachers des normativistischen Denkens, CARL SCHMITT [zählt]", und sich damit von Kelsens normativer Rechtslehre abgrenzt (Carrino 1998, 1; vgl. Dreier 2021, 53). Nach Carrino ist der Verweis auf den „reaktionären spanischen Denker" aus zwei Gründen dennoch nicht verfehlt (Carrino 1998, 1): „[E]rstens, weil KELSENs ganzes Denken als ein Versuch betrachtet werden kann, einen auf die wissenschaftliche Vernunft gegründeten Damm gegen den heraufziehenden Despotismus der Moderne zu bewahren und eine Grenzlinie zwischen Recht und Macht zu behaupten [...]; zweitens aber, weil KELSENs *juristischer Pantheismus*, der von ihm behauptete Zusammenhang zwischen Gott und Staat, Theologie und Rechtswissenschaft [...] seinen Vorläufer in DONOSOs These vom innigen Zusammenhang zwischen Theologie und Politik findet" (Carrino 1998, 1; vgl. Kelsen 1920, 32f.; Dreier 2021, 74-82);

Der These Carrinos, dass Kelsen eine „Grenzlinie zwischen Recht und Macht" als Maßnahme gegen den aufkeimenden Despotismus zu bewahren gedenkt, würden die Rechtsphilosophen Hart und Hoerster nicht zustimmen, erkennen sie doch in der Lehre Kelsens einen sanktionstheoretischen Ansatz (Carrino 1998, 1; vgl. Möllers 2011, 378; Hart 2011, 26; 29; 67; Hoerster 2012, 77). Auch Kletzer bestimmt in seiner Abhandlung zur *Reine[n] Rechtslehre* das Recht als "order of force or violence", betont jedoch, dass Recht ohne Sanktionen, nicht aber ohne "force or violence", vorstellbar ist (siehe Abschnitt 2.3.2) (Kletzer 2018, 5; 14).

Ob die Konzeption Kelsens der Interpretation durch die genannten Rechtsphilosophen nahekommt und welcher Stellenwert der Macht in Kelsens Reiner Rechtslehre zugedacht wird, verdeutlicht seine eigene Bestimmung der Rechtsnorm: „Mit ‚Norm' bezeichnet man: daß etwas sein oder geschehen, insbesondere daß sich ein Mensch in bestimmter Weise verhalten *soll*. Das ist der Sinn, den gewisse menschliche Akte haben, die intentional auf das Verhalten anderer gerichtet sind. Sie sind intentional auf das Verhalten anderer gerichtet, wenn sie, ihrem Sinne nach, dieses Verhalten gebieten (befehlen), aber auch wenn sie es erlauben und insbesondere, wenn sie es ermächtigen, das heißt: wenn dem anderen eine gewisse Macht verliehen wird, insbesondere die Macht, selbst Normen zu setzen" (Kelsen 2017, 27).

Widerspricht das Verhalten einer Person demjenigen, das durch die Rechtsnorm geboten wird, ist innerhalb „staatlicher Rechtsordnungen" mit zwei Arten von Sanktionen zu rechnen: mit „Strafe (im engeren Sinn des Wortes)" oder mit „Exekution (Zwangsvollstreckung)", womit Kelsen mit den menschlichen Akten, „die intentional auf das Verhalten anderer gerichtet sind", anhand der Gesetzgebung die Legislative, mit dem Erlassen einer Strafe die Jurisdiktion, und anhand der „Exekution" die Exekutive, mithin die drei Gewalten in einem Rechtsstaat skizziert (Kelsen 2017, 209; 27).

Dass Carrino in der Lehre Kelsens einen *„juristische[n] Pantheismus"* zu erkennen glaubt, mag daran liegen, dass Kelsen in unterschiedlichen Kontexten – man denke an die „absolute Gerechtigkeit", die nur von Gott ausgehen kann oder an den „Syllogismus", den er anhand der „Zehn Gebote" formuliert – die Rechtslehre mit religiösen Gedanken verquickt (Carrino 1998, 1; Kelsen 2017, 686; 347; vgl. Kelsen 1920, 32f.).

Ist die Bedeutsamkeit der Macht, wie sie sich hinter der *„Er-mächtigung"* verbirgt – d.h. hinter der Zuteilung der Macht an den Gesetzgeber, Rechtsnormen zu setzen, an den Richter, diese in seiner Funktion auszulegen, und an die ausführenden Organe, im Sinne des sanktionstheoretischen Ansatzes einen Verstoß gegen die Rechtsnorm mit dem Vollzug einer Strafe zu quittieren – *das* hervorstechende Merkmal der *Reine[n] Rechtslehre* Kelsens (Kelsen 2017, 236)? Carrino vertritt offensichtlich diese Meinung: „Das Recht als Zusammenhang von Normen, mE aber noch mehr als System von Qualifikationen der Organe bzw Zentren der Macht […] konstituiert für Kelsen nicht nur keinen Wahrheitswert, sondern hat offenbar nicht einmal den Sinn – wie bei G. RADBRUCH – der Gerechtigkeit und der Wahrheit zu dienen. Es stellt sich als ein Instrument dar, als ein Mittel, als eine *besondere Technik* des sozialen Zusammenlebens und der Kontrolle des menschlichen Verhaltens in den Händen derer, die die wirkliche politische Macht besitzen" (Carrino 1998, 22f.).

Für Carrino durchbricht diese Macht qua Herrschaft als *„meta-juristische* Quid", als *„Ding an sich"*, das sich als „Erscheinung" des positiven Rechts erweist, den Sein-Sollen-Dualismus, indem es zwischen den beiden Welten einen Austausch herbeiführt (Carrino 1998, 23). Diese Macht wird im Spruch des Richters spürbar, der nicht bloß die Rechtsnormen interpretiert, sondern „individuelle Norm[en]" erzeugt (Kelsen 2017, 45), der mithin nicht nur als rechtsprechendes, sondern als *„legislatives* und exekutives", wie auch als „administratives" Organ in Erscheinung tritt (Carrino 1998, 26; vgl. Olechowski 2009, 127–129). „[E]r löst den individuellen Fall letztlich autoritär und verkündet eine Anweisung (eine Norm), die im Vergleich zur gesetzgeberischen Norm individuell und konkret ist" (Carrino 1998, 26; vgl. Hart 2011, 167). Anhand des Richters löst Kelsen implizit die Gewaltentrennung auf, und dies aus gutem Grund. Er, der mit der „Reinen Rechtslehre" eine „Theorie des positiven Rechts" im Sinne einer Rechtwissenschaft darzulegen gedenkt, sieht nämlich die Aufgabe der Rechtswissenschaft darin, aufzuzeigen, dass „die Distanz der einen von der anderen Funktion" gemäß dem „dynamische[n] Prinzip" nicht gewahrt bleibt (Kelsen 2017, 21; 353; Carrino 1998, 27; vgl. Olechowski 2009, 127–129). Zu dieser Auffassung muss Kelsen gelangen, andernfalls könnte er die Überzeugung, dass „die Rechtswissenschaft als Erkenntnis des Rechts" einen „konstitutiven Charakter" hat und mithin ihren Gegenstand nicht nur selbst „erzeugt", sondern zudem als „sinnvolles Ganzes begreift", nicht vertreten (Kelsen 2017, 143). In seiner Schrift "Foundations of Democracy" wird diese Interpretation des Rechts als einer in sich und über sich hinaus vermittelten Einheit konkretisiert, indem Kelsen unmissverständlich die Erzeugung von Rechtsnormen und deren Anwendung der Rechtsordnung selbst überträgt (vgl. Carrino 2011, 49; Zeidler 2016a, 15; 17; Zeidler 2016b, 313; Jestaedt & Lepsius 2006, XIII; Eisfeld 2015, 210; 214; Menke 2018, 404; Kelsen 1955, 253):

*Prima facie* präsentiert sich die Kelsensche Konzeption einer „Rechtswissenschaft als Erkenntnis des Rechts" schlüssig (Kelsen 2017, 143), gäbe es nicht die „Unzahl an Widersprüchen" (Kletzer 2013, 257) und die zahlreichen „Aporien", die dem theoretischen Ansatz der Reinen Rechtslehre innewohnen und den zumal „radikalen und unüberwindlichen [...] Dualismen", wie dem bereits mehrfach thematisierten Sein-Sollen-Dualismus, geschuldet sind (Carrino 1998, 32f.). Kelsen erkennt die Inkohärenz seines Theoriegebäudes und schreitet zur Versöhnung der Dualismen - beispielsweise - vermittels des verbindenden Glieds in Gestalt der Macht und durch den „Einbau der Stufentheorie MERKLS in die Reine Rechtslehre". Durch diesen „Einbau der Stufentheorie" ist - gemäß der Interpretation Carrinos - das Recht nicht mehr „bloße Normativität", sondern ein „reale[r]" Prozess von Rechtserzeugungsakten. Diese entsprechen nicht mehr einem Sollen, sondern einem „‚System psychophysischer und von Normen bestimmter Akte in bezug auf Normen'", indem nämlich diesen Akten als Tatsachen ein „‚Normcharakter zukommt'", womit sie als „‚Band zwischen Sein und Sollen'", zwischen „‚Realität und Wert'" vermitteln (Carrino 1998, 33; Horneffer und Moór zitiert nach Carrino 1998, 33). Im Rahmen dieser Deutung des menschlichen Aktes bezieht sich Carrino auf Julius Moór, der bereits 1931 die Reine Rechtslehre dem Naturrecht und dem Rechtspositivismus gegenüberstellte und, der dem Akt der Rechtserzeugung deshalb einen normativen Charakter zuweisen kann, weil Kelsen die Norm als den „Sinn, den gewisse menschliche Akte haben", bestimmt (Kelsen 2017, 27).

Carrinos Deutung des „Einbau[s] der Stufentheorie" und der Macht, die gemäß ihm einen Austausch zwischen Sein und Sollen herbeiführen, kann nicht unwidersprochen bleiben, betont doch Kelsen in den *Hauptprobleme[n]*, die er als „Grundstein" für die Reine Rechtslehre betrachtet, dass sowohl die „physische wie die juristische" Person nichts anderes ist als die „Personifikation" eines Komplexes von Normen, die menschliches Verhalten statuieren (Kelsen 1923, XXIII; XVIII; vgl. Ehs 2009, 159). Analog dazu weist Kelsen der Erzeugung des Gegenstandes der Rechtwissenschaft, d.h. der Erzeugung der Rechtsnormen, einen „rein erkenntnistheoretischen Charakter" zu, der nicht mit der „Erzeugung des

Rechts durch die Rechtsautorität" gleichzusetzen ist (Kelsen 2017, 143). Mithin mutiert das Recht nicht - wie von Carrino dargelegt - durch den „Einbau der Stufentheorie" zu einem „realen, tatsächlichen Prozeß von Akten der Rechtserzeugung" (Carrino 1998, 33; Horneffer zitiert nach Carrino 1998, 33). In gleicher Weise muss die Macht im Sinne der „Ermächtigung" als Funktion der Rechtsordnung, d.h. als Rechtsnorm, nicht aber als menschlicher Akt gefasst werden (Kelsen 2017, 269).

Ist es eine „Tatsache, daß sich die Extreme oft berühren" (Carrino 1998, 33)? Geht die Konzeption der Rechtswissenschaft Kelsens als einheitliches System mit einer „methodologischen *Einseitigkeit*" einher, um seinen Ansatz der Vorherrschaft der Macht untermauern zu können, wie Carrino behauptet (Carrino 1998, 33)? Für Carrino ist die „*Einseitigkeit*" insofern positiv konnotiert, als sie eine „Transformation von Recht in Macht und umgekehrt, von Macht in Recht [erlaubt]", wie dies durchaus der Vorgangsweise Kelsens entspricht, indem er mit den ermächtigenden Normen das Verleihen von Macht, insbesondere jene, „Normen zu setzen", verknüpft (Carrino 1998, 33; Kelsen 2017, 27). Als „Extreme" benennt Carrino das System vom „statische[n]" und vom „dynamische[n]" Typus und leitet aus der „Betonung der logischen Deduktion" im Rahmen des ersten Typus ab, dass die „reine Theorie" in eine „Logik des Sollens" transformiert wird, während das System vom zweiten Typus als „„realistische Lehre"" von „politischen" Normproduktionsakten zu verstehen ist. D.h., dass das „dynamische System" erzeugt, die „normative Theorie" jedoch deduktiv verfährt. Es findet eine *Berührung* der „(logische[n]) Deduktion" und der „(faktische[n]) Produktion" in einem Punkt statt, „der alles vereinigt", und dieser Archimedische Punkt ist die Grundnorm, die die normative Rechtsordnung, und nur diese, in sich schließt, um sie als Ordnung von, gemäß der Verfassung gesetzten, Akten wieder zu öffnen, indem sie diesen Akten objektive Gültigkeit verleiht (Kelsen 2017, 353; Carrino 1998, 33, in Anlehnung an Bloch; Carrino 1998, 33; vgl. Kelsen 2017, 360).

Carrino erinnert mit seiner Betonung des zentralen Stellenwerts der Macht an Kletzer, der seiner Abhandlung zur "Pure Theory" - wie bereits erwähnt - eine Definition von Recht voranstellt, die jeden Leser, der sich durch eine Rechtsordnung Gewaltfreiheit erhofft, desillusionieren muss: "The law is an order of force or violence" (Kletzer 2018, 5). Zudem fasst Kletzer seine Auffassung in konziser Weise in den bereits zitierten sechs kanonischen Doktrinen (vgl. S. 120) zusammen, die den Gegenstand der Reinen Theorie des Rechts ("Pure Theory of Law") konstituieren, weshalb sie hier in Erinnerung zu rufen und mit der Sichtweise Carrinos in Verbindung zu bringen sind:

1. The doctrine of normativity […].
2. The doctrine of the double purity of legal theory [separated from morality and sociology].
3. The doctrine of the basic norm.
4. The doctrine of the complete legal norm [a complete norm gives all conditions of the lawfulness of an act of force].
5. The doctrine of the hierarchical structure of the legal system.
6. The doctrine of alternative authorisation [authorising the annulment of certain laws] (Kletzer 2018, 5).

Kelsen vertritt die Ansicht, dass das Recht als „normative Ordnung menschlichen Verhaltens" zu denken ist, und erteilt der naturrechtlichen Rechtswissenschaft eine eindeutige Absage, kommt doch die „[n]ormative Kraft" dem gesetzten Recht nicht aufgrund der „Faktizität", d.h. des Imperativs der Moral oder der Gerechtigkeit, sondern auf Basis der „normative[n] Zuschreibung" zu (erste Doktrin) (Kelsen 2017, 26; Jestaedt & Lepsius 2006, XV; vgl. Dreier 2021, 20f.). Die „Reine Rechtslehre" will als „Theorie des positiven Rechts" ausschließlich „ihren Gegenstand", d.h. das Recht, erkennen, womit das Sein und das Sollen zu „originäre[n] Kategorien des Verstandes, der erkennenden Vernunft" erklärt werden und folglich „jede Art des Erkennens […] nur formal sein kann" (Kelsen 2017, 21; Carrino 1998, 54f.; vgl. Kletzer 2018, 5; Olechowski 2009, 48). Dementsprechend ist das Streben nach Reinheit, wie in der zweiten Doktrin formuliert, zu erklären und der Vorwurf, dass die Reine Rechtslehre *„[f]ormalistischer Reduktionismus"* sei, geht ins Leere (Jestaedt & Lepsius 2006, XIII). Wie Kelsen im Rahmen des Reinheitspostulates, d.h. der "doctrine of the double purity" nach Kletzer, feststellt, ist die Reine Rechtslehre eine „allgemeine Rechtslehre", sie ist nicht „Interpretation besonderer nationaler oder internationaler Rechtsnormen", sondern sieht ihre Aufgabe – in Kantischer Manier – in der Untersuchung des positiven Rechts „im Hinblick auf seine Möglichkeit, hinsichtlich der Bedingungen und logischen Voraussetzungen" (Kletzer 2018, 5; Kelsen 2017, 21; Carrino 1998, 56; vgl. KrV B 197f./A 158f.).

Kelsen macht sich jedoch nicht nur die Transzendentalphilosophie Kants zunutze, sondern folgt auch jener Cohens, für den das Denken Hypothese in der Bedeutung einer Erzeugung und Grundlegung ist, womit folgerichtig die „Grundnorm", auf die sich die dritte Doktrin bezieht, als Hypothese „im juristischen Denken vorausgesetzt ist" und als *„transzendental-logische"* Grundlage für die objektive Gültigkeit von Rechtsnormen fungiert (Kelsen 2017, 58; 359; vgl. Carrino 1998, 57; Carrino 2011, 33). Die logische Voraussetzung für die Rechtswissenschaft Kelsens, die es zu untersuchen gilt, ist damit durch das fundamentale Prinzip der Grundnorm bestimmt (vierte Doktrin). Carrino betont in diesem Zusammenhang, dass die Grundnorm als „Hypothese" und „ursprüngliche Idee" nicht dem System gültiger Normen gleichsam außen anhaftet, sondern als „Grundrechtssatz, genauer [als] ein Ursprungsrechtssatz" verstanden werden muss (Carrino 1998, 57; vgl. Kletzer 2013, 262).

Nach Kelsen ist nämlich vom Standpunkt des kritischen Idealismus „die Einheit in der Vielheit [der] Normen" einer Rechtsordnung, die die Grundnorm konstituiert, nicht als eine Qualität, die den zu deutenden Tatbeständen eigen ist, sondern als Voraussetzung für eine Erkenntnis zu verstehen (Kelsen 2017, 368; vgl. KrV B 671/A 643–B 674/A 646). Die bereits augenfällige *„weitgehende Analogie* zwischen Rechtstheorie und Erkenntnistheorie" hebt Kelsen ausdrücklich hervor, indem er den Kern ethisch-politischer Überlegungen in einem Verhältnis zwischen „Herrschaftssubjekt und Herrschaftsobjekt" und jenen von „erkenntnistheoretischen Spekulation[en]" in der Beziehung zwischen „Erkenntnissubjekt und Erkenntnisobjekt" erkennt (Carrino 1998, 96). Welches Verhältnis das Subjekt der Rechtstheorie qua „Herrschaftssubjekt" zu seinem Objekt und welche Beziehung das Subjekt der Erkenntnistheorie, das „Erkenntnissubjekt", zum Gegenstand der Erkenntnis entwickelt, ist von der „Beschaffenheit" und „Veranlagung" des jeweiligen Subjekts abhängig (Carrino 1998, 96). Werden die Betrachtungen zur Analogie zwischen Rechtstheorie und Erkenntnistheorie extemporiert, dann erscheint das „erkenntnisstiftende Subjekt", mithin auch das Subjekt der Erkenntnis des Rechts, als „Inbegriff des Wissens", weil seine Eigenschaften darüber entscheiden, „worin die Einheit von Subjekt und Objekt besteht" (Eisfeld 2015, 214; vgl. Carrino 1998, 96).

Folglich lassen sich auch Eisfelds Überlegungen zum Kantischen Rechtsbegriff mühelos auf die Konzeption der Reinen Theorie des Rechts, der Kelsen eine „transzendentale, apriorische Methode des Erkennens" (Carrino 1998, 56) zugrunde legt, transponieren: Zwischen „substantiellem und intellektuellem An-sich" besteht ein „gültigkeitstheoretischer Gegensatz", der insofern als „wissenschaftstheoretischer" Gegensatz zu begreifen ist, als das „substantielle, schöpferische Ding an sich" im Erkennen aus „reiner Vernunft" einen Bezug zur „empirischen Wirklichkeit" herstellt, das „intellektuelle An-sich" jedoch die Gültigkeit nicht auf „konkrete", empirische Gegenstände zu übertragen vermag. Mithin bilden, im ersten Fall, das „substantielle" An-sich und die „empirische Wirklichkeit" eine Einheit im Sinne eines „systematische[n] Ganze[n]", dem durch die Übereinstimmung von Subjekt und Objekt „Wahrheitscharakter" zukommt. Das „intellektuelle An-sich" erzeugt – im Gegensatz dazu – aufgrund des fehlenden Bezugs zur „empirischen Wirklichkeit" nur „Formen" und keinen „Erfahrungsinhalt" (Eisfeld 2015, 213f.). Deshalb muss die Erkenntnisstiftung im Rahmen der Reinen Rechtslehre als „bloße Form- oder Gesetzgebung“ aufgefasst werden und entbehrt somit jedes Inhalts (Eisfeld 2015, 3).

Kelsen präsentiert mit dem „dynamische[n] Prinzip“ eine Rechtsordnung, die nach eigenen Regeln im Sinne einer „Eigengesetzlichkeit“ ihre Normen selbst erzeugt (Kelsen 2017, 353; Jestaedt & Lepsius 2006, XIII). Das „substantielle, schöpferische Ding an sich“ Eisfelds tritt in der *Reine[n] Rechtslehre* sowohl als Individuum, das von der Rechtsordnung „ermächtigt“ wird, „Rechtsnormen zu erzeugen“, als auch als rechtserzeugende Tatsache, die von der Grundnorm als solche begründet wird, in Erscheinung (Eisfeld 2013, 213; Kelsen 2017, 269; vgl. Alexy 2011, 171). Dabei sind sowohl die „Willensakt[e]“ der rechtsetzenden Person (Sein) wie auch die rechterzeugenden Tatsachen in Gestalt der Normen (Sollen) in der Rechtstheorie Kelsens als „Ding an sich“, d.h. als „allgemeinste Denkbestimmungen“ qua Kategorien zu verstehen (Kelsen 2017, 28; Eisfeld 2015, 213; Kelsen 1923, 7; vgl. Carrino 1998, 54; Olechowski 2009, 48). Der „Erfahrungswelt“ in Form des gesetzten Rechts und den Willensakten der, das Recht setzenden, Personen kommt deshalb „Wahrheitscharakter“ zu, weil sie in letzter Konsequenz durch die „Grundnorm“ ihre objektive Geltung erhalten (Eisfeld 2015, 214; Kelsen 2017, 360). Inwiefern diese Begründungskompetenz der Grundnorm widerspruchsfrei hingenommen werden kann, bleibt noch zu erörtern. Als „intellektuelle[s] An-sich“ ist in der Konzeption Kelsens in erster Linie eben diese Grundnorm zu betrachten, die außerhalb jeder positiven Rechtsordnung steht (Eisfeld 2015, 213; vgl. Eisfeld 2015, 140; Kelsen 2017, 58; 348f.). Sie erzeugt nur Formen, d.h. sie „liefert nur den Geltungsgrund, nicht aber auch den Inhalt der dieses System bildenden Normen“ (Kelsen 2017, 352).

Die vorangehenden Ausführungen belegen, dass es in der Staats- und Rechtslehre Kelsens zwei „theoretische Systeme“ – gemäß Carrino widersprechen sie einander – gibt (Carrino 1998, 155). Das System des „reinen Normativismus“, das in aller Kürze auf den letzten Seiten behandelt wurde, wird auf „eine wenn auch unbestimmte neukantianische Sicht des Sollens gegründet“ und kann mit der „Rechtsstatik“ in Einklang gebracht werden (Carrino 1998, 155; Kelsen 2017, 208). Das zweite System, das dem Ursprünglichen aufgepfropft zu sein *scheint* und vor allem die hierarchische Ordnung des Rechtssystems von Adolf Merkl entlehnt – wie mit der fünften Doktrin von Kletzer formuliert – ist nach Carrino nicht mehr „formalistisch, sondern empirisch-soziologisch, positivistisch, [...] dynamisch [und] politisch“ und entspricht der „Rechtsdynamik“ in der Kelsenschen Rechtslehre (Carrino 1998, 155; Kelsen 2017, 346; vgl. Kletzer 2018, 5). Wie bereits erläutert (siehe S. 203f.) ist diese Deutung Carrinos jedoch nicht mit der Textbasis Kelsen in Einklang zu bringen. Dennoch verwundert es nicht, dass diese Ergänzungen der Reinen Rechtslehre zu Antinomien und Aporien Anlass geben können.

Zusätzlich zu diesen konzeptionellen Veränderungen kehrt Kelsen vor allem nach seiner Emigration in die USA dem Formalismus den Rücken, indem die Grundnorm in eine „Gewohnheitsnorm" verwandelt wird und die "Effektivität" an Bedeutung gewinnt (Carrino 1998, 93f.). Die „neukantianische Sicht" bleibt deshalb unbestimmt, weil die Leitidee des formalistischen Systems nicht eindeutig einem Vertreter des Neukantianismus zuzuordnen ist, auch wenn sich die „‚Hypothesis'" Cohens, gefasst als „Grundlegung", „Erzeugung", aber auch als das Denken selbst, auf den ersten Blick aufdrängt (Carrino 1998, 155; 57). Für Carrino steht als Vorlage für die Reine Rechtslehre, die als „Methodenlehre der positiven Rechtswissenschaft" zu betrachten ist, die gesamte Marburger Schule, so auch die von Paul Natorp und Ernst Cassirer formulierte Methodologie zur Auswahl (Carrino 1998, 61; vgl. Paulson 2014, 271).

Kelsen unterzog seine Reine Rechtslehre nicht nur dem skizzierten Wandel, sondern entdeckte zudem die „Als-Ob-Philosophie" Hans Vaihingers, womit er von der ursprünglichen Bestimmung der Grundnorm als einer nur „gedachte[n]" Norm Abstand nimmt und die Grundnorm als „fiktive Norm" präsentiert, wodurch das Theoriegebäude der Reinen Rechtslehre bedroht wird (Carrino 2011, 30). Er interpretiert die Als-Ob-Philosophie Vaihingers jedoch um; die Fiktion dient nicht mehr als „Hilfsmittel des logischen Denkens" dazu, die Welt des Seins begreifen zu können, sondern sie wird eingeführt, um die Rechtswissenschaft als „Normwissenschaft" von den „empirischen Natur- oder Sozialwissenschaften zu trennen" (Carrino 2011, 31; vgl. Dreier 2021, 19f.). Nun ist aber das Recht für Kelsen nichts Reales, weil es damit zu tun hat, was Menschen tun *sollen*, die Fiktion stellt aber „eine Entfernung von der wirklichen Realität" vor, um danach wieder zu dieser zurückzukehren, womit gefragt werden muss, inwiefern eine Fiktion auf dem Gebiet des nicht realen Rechts Anwendung finden kann (Carrino 2011, 32). Aus der Sicht Carrinos war somit die Definition der Grundnorm als „Hypothese und transzendental-logische Grundlage [...] folgerichtig", auch wenn sie nicht unumstritten blieb (Carrino 2011, 33).

Mit der Distanzierung Kelsens von der Kantischen und Neukantianischen Philosophie war er gezwungen, „aus dem Gegenstand, von dem man sich [im Sinne einer Fiktion] ‚entfernt' und womit man (bewußt) in Widerspruch gerät, ein empirisches Faktum zu machen", womit er die Grundnorm nicht mehr als „intellektuelle[s] An-sich", sondern als Sein konzipieren muss (Carrino 2011, 33; Eisfeld 2015, 213). Mithin wird diese empirische Grundnorm in der Welt des Seins, d.h. auch im positiven Recht verortet und kann nicht mehr als Ursprung einer „wissenschaftliche[n] Theoriebildung" fungieren, weil sie in dieser Funktion außerhalb des gesetzten Rechts stehen muss (Eisfeld 2015, 140). Zudem kann sie die Geltung der, die Rechtsordnung konstituierenden, Normen nicht mehr begründen, ohne das metaethische Prinzip nach Hume zu verletzen, beziehen sich doch in der Rechtswissenschaft Kelsens die Normen „nicht auf das Sein, sondern auf das Sein-Sollen der Individuen", indem sie gebieten, „daß sich ein Mensch in bestimmter Weise verhalten *soll*" (Carrino 1998, 172; Kelsen 2017, 27; vgl. Hume 1739, 458; Kelsen 2017, 29). Carrino will den Ausgangspunkt dieser „Deontologie" an den „logischen Bedürfnissen einer Metaphysik der (modernen) Wissenschaft" festmachen und formuliert damit eine Nähe zur Kantischen Philosophie (Carrino 1998, 172).

## 4.3 Stanley L. Paulson zur Frage: Kann die Reine Rechtslehre Hans Kelsens durch das „regulative Prinzip" gerettet werden (Paulson 2014, 259)?

Paulson unterstreicht die Fülle der rechtsphilosophischen Schriften Kelsens, die über einen Zeitraum von mehr als sechzig Jahren verfasst wurden, nennt als die „zentralen Begriffe und Themen" die „‚Grundnorm'", die „‚Normativität'", das „‚Reinheitspostulat'" und die „‚Zurechnung'", kann jedoch weder Ziel und Zweck des Werkes noch eine „wohlgeformte Rechtslehre", die aus den genannten Begriffen gebildet werden könnte, erkennen (Paulson 2014, 259). Um seine These zu untermauern und um auf die differenten Interpretationen der Rechts- und Staatslehre Kelsens zu verweisen, nennt er „zwei gegensätzliche Ansätze zur Reinen Rechtslehre Kelsens", die er beide wegen fehlender „textliche[r] Beleg[e]" verwirft (Paulson 2014, 259; 261): „Auf der einen Seite steht Joseph Raz, der behauptet, Kelsen stelle wie Platon die uralte philosophische Frage, wie unsere Pflicht, dem Recht zu gehorchen, gerechtfertigt werden kann. Auf der anderen Seite steht Robert Walter, der Vaihingers Lehre vom ‚Als-Ob', der man in Kelsens Spätlehre tatsächlich begegnet, in die klassische bzw. kantische Reine Rechtslehre hineinliest, mit dem Ergebnis, daß Rechtsordnungen – ich zitiere aus einem Text Walters – zu verstehen seien, ‚*als ob* sie normativ wären'" (Paulson 2014, 259f.).

Nicht nur die fehlenden „textlichen Beleg[e]", sondern auch der Widerspruch zum „doppelte[n] Reinheitspostulat" sprechen gegen die Deutungen von Raz und Walter, weil mit der „Pflicht" die Moral und mit dem von Walter verwendeten „Konjunktiv" in „*als ob* sie normativ wären" eine Verbindung zur „Natur des Rechts" in Form eines faktischen Ansatzes nahegelegt wird (Paulson 2014, 259–261). Paulson erweitert im Vergleich zu Kletzer das „doppelte Reinheitspostulat" insofern, als es nicht nur das Ziel einer Rechtswissenschaft ist, "to make sure that we keep the law strictly separated from both morality and sociology" (Kletzer 2018, 5, Fußnote), sondern dass die Reine Rechtslehre sowohl von moralischen, politischen und ideologischen „Wertansätzen", wie auch von jeder Art eines „Naturalismus" und „Psychologismus" zu befreien sei (Paulson 2014, 261f.). Da Kelsen nicht nur die „Naturrechtslehre", sondern auch den „herkömmliche[n], auf Fakten beruhende[n] Rechtspositivismus" zurückweist, wäre die Rechtsphilosophie zum Scheitern verurteilt, gäbe es nicht eine dritte Möglichkeit, eine positivistische Rechtslehre zu begründen (Paulson 2014, 262). Das tertium kann nach Kelsen in der Transzendentalphilosophie Kants gefunden werden, die sich weder auf die Moral noch auf Fakten beruft, weshalb weder das Naturrecht noch der auf „Fakten beruhende Rechtspositivismus" zu ihren Gegenständen zählt (Paulson 2014, 262). Kelsen wähnt sich mit dieser Strategie in der Lage, dem Dilemma des Reinheitspostulats zu entkommen, sieht sich jedoch mit einem anderen Problem, dem der „Transzendentalität", konfrontiert, indem er das „transzendentale Argument" mit der Grundnorm als „transzendental-logische Bedingung" für die Deutung eines Rechtsaktes als „objektiv gültige Rechtsnorm" einführt (Paulson 2014, 263; Kelsen 2017, 360f.).

Das Dilemma besteht darin, dass das transzendentale Argument, das sich in der ersten *Kritik* Kants als schlüssig erweisen mag, nicht umstandslos auf alle Wissenschaften anzuwenden ist, weil die *„objektive Gültigkeit"* und die *„konstitutiv[e]"* Funktion des dort entwickelten Apriori sich nur auf Gegenstände und deren durchgängigen gesetzmäßigen Zusammenhang beziehen und mithin auf den klassischen Gegenstands- und Erfahrungsbegriff der mathematischen Naturwissenschaften eingeschränkt sind (KrV B 122/A 90; B 675f./A 647f.; vgl. KrV B 672f./A 644f.). Soll die Grundnorm als „transzendental-logische Bedingung" verstanden werden (Kelsen 2017, 361), liegt es nahe, sich den transzendentallogischen Ansätzen zuzuwenden, die diese Einschränkung durchbrechen. Kants Lehre vom „regulativ[en]" Apriori und seine damit, in systematischem Zusammenhang stehenden, Überlegungen zur „reflektierenden Urteilskraft" können Abhilfe schaffen (Zeidler 2016a, 224; KrV B 675f./A 647f.; vgl. KrV B 678f./A 650f., B 707/A 679).

Kelsen bezeichnet zwar in Analogie zur Kantischen Terminologie die Grundnorm als *„transzendental-logische Voraussetzung"* der Rechtserkenntnis (Kelsen 2017, 359), indem sie die „notwendige Bedingung der Möglichkeit der Erkenntnis rechtlicher Geltung und rechtlichen Sollens" liefert, es besteht jedoch aufgrund der zweiten Eigenschaft der Grundnorm ein „wichtiger Unterschied zwischen dem Transzendentalen bei Kelsen und bei Kant" (Alexy 2011, 174f.). Alexy charakterisiert die zweite Eigenschaft der Grundnorm damit, dass diese zwar im Rahmen einer Rechtsordnung als „Sollensordnung" notwendig vorausgesetzt werden muss, dass jedoch auch eine andere Deutung einer Rechtsordnung, mithin ein alternativer Ansatz möglich erscheint (Alexy 2011, 175). Wie soziologische und psychologische Rechtstheorien demonstrieren, kann das Recht auch als „bloß“ sozialer oder psychologischer „Wirkungszusammenhang“ konzipiert werden, weshalb man sagen kann, „daß die Grundnorm eine bloß mögliche oder bloß hypothetisch notwendige Voraussetzung ist“ (Alexy 2011, 175f.). Dieser Überlegung schließt sich auch Paulson an, indem er konstatiert, dass Kelsen einerseits nicht zeigt, dass die Naturrechtslehre als Alternative aus seiner Lehre exkludiert ist, und andererseits auch nichts dafürspräche, dass er sie überhaupt ausschließen könne (vgl. Paulson 2014, 263). Die zweite Eigenschaft der Grundnorm verändert den transzendentalen Charakter des Arguments insofern, als es keine unbedingte – es gibt nämlich eine Alternative zu einer Rechtsordnung als „Sollensordnung“ – „wohl aber eine bedingte [Notwendigkeit]“ der Grundnorm dartun kann (Alexy 2011, 176). Nun ist für einen Teilnehmer am Rechtssystem in der Ausformung Kelsens eine Rechtsordnung als eine Ordnung von Normen im Sinne eines Sollens vorgegeben, womit es für denjenigen, der „sich […] auf dieses Spiel einläßt“, keine Alternative gibt, was Alexy dazu veranlasst, das Kelsensche Argument als „‚schwaches transzendentales Argument‘“ zu titulieren (Alexy 2011, 177).

Paulson zeigt sich nicht so verbindlich, indem er das transzendentale Argument als „unhaltbar“ bezeichnet und seine These mit den Worten zum Ausdruck bringt, dass „[d]er Ausweg aus dem zweiten Dilemma“, dem der Transzendentalität, darin besteht, „Kelsen als Anhänger [der] neukantianischen Entwicklung zu rekonstruieren“ (Paulson 2014, 264). Diese Entwicklung, die einer Distanzierung vom transzendentalen Argument und einer Stärkung der Bedeutung von „regulative[n] Prinzipien“ entspricht, muss beim Blick auf die Rechtslehre Kelsens im Auge behalten werden, auch wenn Merkl, „der wohl geistreichste Kollege Kelsens und intimster Kenner seines Werkes“, Kant als Urheber der Reinen Rechtslehre hervorhebt (Paulson 2014, 264).

Für Paulson erweist sich unter den Marburger Neukantianern die „Entwicklung des regulativen Prinzips“ nach Cassirer für die Reine Rechtslehre am „[z]ugänglichsten“, gemäß welchem das regulative Prinzip vornehmlich durch zwei Eigenschaften gekennzeichnet ist: „Zum einen ist das Ziel, nach dem gestrebt wird, nicht vollständig realisierbar. […] Zum anderen ist das Streben danach als Forderung zu verstehen“ (Paulson 2014, 270f.).

### 4.3.1 Zu den transzendentalen Ideen der reinen Vernunft und ihrem „regulativen Gebrauch" (KrV B 670/A 642)

Eben diese beiden Eigenschaften beschreibt Kant in der „Vorrede" zur ersten Auflage der *Kritik der reinen Vernunft:*

> Die menschliche Vernunft hat das besondere Schicksal in einer Gattung ihrer Erkenntnisse: daß sie durch Fragen belästigt wird, die sie nicht abweisen kann, denn sie sind ihr durch die Natur der Vernunft selbst aufgegeben, die sie aber auch nicht beantworten kann, denn sie übersteigen alles Vermögen der menschlichen Vernunft. [...] Sie fängt von Grundsätzen an, [m]it diesen steigt sie [...] immer höher, zu entferneteren Bedingungen. Da sie aber gewahr wird, daß auf diese Art ihr Geschäfte jederzeit unvollendet bleiben müsse, weil die Fragen niemals aufhören, so sieht sie sich genötigt, zu Grundsätzen ihre Zuflucht zu nehmen, die allen möglichen Erfahrungsgebrauch überschreiten [...] (KrV *Vorrede* A VII–IX).

Die Grundsätze, welche „allen möglichen Erfahrungsgebrauch überschreiten", mithin die Grenzen der Erfahrung selbst „überfliegen", bezeichnet Kant als „*transzendente*" Grundsätze und stellt sie den „*immanente[n]* Grundsätze[n] des reinen Verstandes", die ihre Anwendung innerhalb der Schranken möglicher Erfahrung finden, gegenüber (KrV *Vorrede* A VII–IX; B 353/A 297). Unter den Fragen, die „niemals aufhören", sind vor allem die, in der „*Transzendentale[n] Methodenlehre*" explizit angesprochenen, Fragen, „ist ein Gott? Ist ein künftiges Leben?", zu verstehen, die mit den beiden Ideen der reinen Vernunft, Gott und Seele, verknüpft sind (KrV *Vorrede* A VII–IX; B 733/A 705; B 832/A 804; vgl. KrV B 826f./A 798f.). Die zweite Eigenschaft des „regulative[n] Prinzip[s]", nämlich die Forderung, das unerreichbare Ziel anzustreben, findet in der Philosophie Kants in dem „*Ideal des höchsten Guts*" ihren Niederschlag, das dann verwirklicht ist, wenn die „Glückseligkeit" und die „Würdigkeit, glücklich zu sein" qua Sittlichkeit „in genauem Verhältnisse" stehen, d.h. zur Übereinstimmung gebracht werden (Paulson 2014, 271; KrV B 839/A 811). Es ist geboten, diesen „höchsten Zweck" anzustreben, weil es dem „praktischen Interesse" der reinen Vernunft entspricht (KrV B 832/A 804).

Bleibt noch zu erörtern, was unter dem Adjektiv „regulativ" zu verstehen ist. Kant skizziert in knapper Weise die Funktion der Vernunftbegriffe qua „transzendentalen Ideen" und der „reine[n] Verstandesbegriffe" qua „*Kategorien*", indem er schreibt: „Vernunftbegriffe dienen zum *Begreifen,* wie Verstandesbegriffe zum *Verstehen* (der Wahrnehmungen)" (KrV B 671/A 643; B 106/A 80; B 368/A 311). Das „*Verstehen*" meint ein Erkennen durch Begriffe, das durch die Sinnlichkeit, durch welche allein der Mensch der Anschauung teilhaftig werden kann, vervollständigt wird, wobei sich die Begriffe der „Spontaneität des

Denkens", die „sinnliche[n] Anschauungen" aber der „Rezeptivität der Eindrücke" verdanken (KrV B 368/A 311; B 94/A 69). Ein Gegenstand kann mithin durch Begriffe nur gedacht werden, um ihn jedoch erkennen zu können, bedarf es der Anschauung, „dadurch er gegeben wird", weshalb die „Kategorie" im Sinne einer Erkenntnis der Dinge „auf Gegenstände der Erfahrung" angewandt werden muss (KrV B 146f.).

Mit diesen Vorüberlegungen nähern wir uns dem unterschiedlichen Gebrauch der Verstandes- und der Vernunftbegriffe an, der im Zusammenwirken von Verstand und Vernunft gipfelt. Während der Verstand „das Mannigfaltige im Objekt durch Begriffe vereinigt", mithin Begriffe von Objekten schafft, vereinigt die Vernunft ihrerseits „das Mannigfaltige der Begriffe durch Ideen", womit sie sich nicht auf einen Gegenstand, „sondern lediglich auf den Verstand [bezieht]", um diesen „zu einem gewissen Ziele zu richten" (KrV B 671/A 643-B 673/A 645). Die „transzendentalen Ideen" sind mithin „niemals von konstitutivem Gebrauch", weil durch sie keine Begriffe von Gegenständen gegeben werden. Ihr „regulative[r] Gebrauch" ist jedoch „unentbehrlichnotwendig", um alle Regeln des Verstandes gleichsam als „Richtungslinien" in einem Punkt, dem „focus imaginarius", der als „Idee" zu verstehen ist, zusammenlaufen zu lassen. Dieser Punkt liegt nun - wie die Bezeichnung „focus imaginarius" vermuten lässt - außerhalb der „Grenzen möglicher Erfahrung", weshalb die Verstandesbegriffe nicht von ihm ausgehen können. Er dient aber dazu, den Verstandesbegriffen „die größte Einheit neben der größten Ausbreitung zu verschaffen" (KrV B 672f./ A 644f.).

Kant beschreibt hier in bildhafter Weise die Idee als das „*Systematische* der Erkenntnis", welches er als „Zusammenhang derselben aus einem Prinzip" verstanden wissen will, womit diese, von der Idee postulierte, „vollständige Einheit der Verstandeserkenntnis" nicht mehr einem „zufällige[n] Aggregat" von Erkenntnissen, sondern einem in sich geschlossenen System gleichkommt (KrV B 674/A 646). Zusammenfassend kann der konstitutive Gebrauch der „reine[n] Verstandesbegriffe" qua „*Kategorien*" mit der Vereinigung des „Mannigfaltige[n] im Objekt durch Begriffe", d.h. mit der Konstitution von Begriffen, und der regulative Gebrauch der Vernunftbegriffe qua „transzendentalen Ideen" mit dem Ziel, eine systematische „Einheit der Verstandeserkenntnis" zu ermöglichen, in Verbindung gebracht werden (KrV B 106/A 80; B 671/A 643-B 674/A 646).

Wie bereits angemerkt, kommt den transzendentalen Ideen auch eine praktische Bedeutung zu, die sich im „praktischen Interesse" der reinen Vernunft äußert, das „*Ideal des höchsten Guts*" anzustreben, für dessen Erreichung die Dauer eines menschlichen Lebens jedoch nicht ausreicht (KrV B 832/A 804; B 839/A 811). Aus diesem Grund bestimmt Kant die „*Postulate der reinen praktischen Vernunft*" – die „*Unsterblichkeit*", die „*Freiheit*" und das „*Dasein Gottes*" – nicht als „theoretische Dogmata, sondern [als] *Voraussetzungen* in notwendig praktischer Rücksicht", weil von ihnen keine Erkenntnisse im beschriebenen Sinne zu gewinnen sind, sie aber als regulative Ideen, d.h. als Leitlinien, ihre Bedeutung für das praktische Leben behaupten (KpV A 238f.).

Kann nun die Reine Rechtslehre Kelsens durch das „regulative Prinzip" gerettet werden? Paulson bezeichnet die, zuvor beschriebenen, regulativen Prinzipien – „die Ideen der Unsterblichkeit, der Freiheit und der Existenz Gottes" – als „negative" Prinzipien, die deshalb nicht weiter zu behandeln sind, weil sie – wie aus den letzten Betrachtungen zu entnehmen ist – im Zusammenhang mit der gestellten Frage zur Methodologie der Reinen Rechtslehre keine Rolle spielen (Paulson 2014, 272). Es muss das Hauptaugenmerk auf jenes Prinzip gerichtet werden, das Kant im Kontext mit dem „*Systematische[n]* der Erkenntnis", mit der „vollständige[n] Einheit der Verstandeserkenntnis", als ein „regulative[s] Prinzip der *Systematizität*" entfaltet (KrV B 674/A 646; Paulson 2014, 273):

> Übersehen wir unsere Verstandeserkenntnis in ihrem ganzen Umfange, so finden wir, daß dasjenige, was Vernunft ganz eigentümlich darüber verfügt und zu Stande zu bringen sucht, das *Systematische* der Erkenntnis sei, d.i. der Zusammenhang derselben aus einem Prinzip. Diese Vernunfteinheit setzt jederzeit eine Idee voraus, nämlich die von der Form eines Ganzen der Erkenntnis, welches vor der bestimmten Erkenntnis der Teile vorhergeht und die Bedingungen enthält, jedem Teile seine Stelle und Verhältnis zu den übrigen a priori zu bestimmen (KrV B 674/A 646).

Kant erläutert in diesem Ausschnitt seiner Vernunftkritik die systematische Einheit der „mannigfaltigen Verstandeserkenntnis" als „*logisches* Prinzip", das der „bestimmten Erkenntnis der Teile" vorangehen muss, um eine Anordnung derselben in diesem System a priori vornehmen zu können (KrV B 674/A 646–B 676/A 648). Es liegt nun auf der Hand, dass ein logisches Prinzip allein nicht einheitsstiftend sein kann und dass es eines „*transzendentale[n]* Grundsatz[es] der Vernunft" als Voraussetzung bedarf, um die „systematische Einheit" nicht nur logisch, sondern auch „objektivnotwendig" darstellen zu können (KrV B 677/A 649).

Ausgehend von der Einteilung der „Mannigfaltigkeit einzelner Dinge" in „*Gattungen*", die Identität implizieren, und Arten, die auf die „Verschiedenheiten der Dinge" aufmerksam machen, und unter der Annahme, dass die Differenzierung der Arten in Unterarten zu keinem Ende führt, weil immer eine Art auf die vorhergehende folgen könne, erkennt Kant die Notwendigkeit des „transzendentale[n] *Gesetz[es] der Spezifikation*" (KrV B 680/A 652–B 684/A 656). Das Zusammenwirken von Verstand und Vernunft kann nun insofern konkretisiert werden, dass die Vernunft dem Verstand „sein Feld" vermittels dreier Prinzipien vorbereitet: durch das Prinzip der „*Gleichartigkeit*" („*Homogenität*") in Form der Gattungen, durch „einen Grundsatz der *Varietät* des Gleichartigen" („*Spezifikation*") anhand der Arten und durch ein „Gesetz der *Affinität* aller Begriffe" („*Kontinuität*")", welches einen kontinuierlichen Übergang von einer Art zur anderen ermöglicht (KrV B 685f./A 657f.).

Paulson setzt nun in seiner „kritische[n] Rekonstruktion der Grundnorm" als „regulative[s] Prinzip" bei drei unterschiedlichen Funktionen derselben an: „die begründende, die explizierende und die regulative Funktion", um die ersten beiden sofort als Lösungsansatz zu verwerfen (Paulson 2014, 274). Die begründende Funktion der Grundnorm, die am transzendentalen Argument anknüpft und anhand der Grundnorm als „*transzendental-logische Voraussetzung*" für die objektive Gültigkeit von Rechtsnormen ausformuliert wird, wurde bereits dargelegt (Kelsen 2017, 359). Die „explizierende" Funktion ist in Hinblick auf eine „wohlgeformte Rechtslehre" im Sinne einer systematischen Einheit deshalb unbrauchbar, weil sie einem Teil der begründenden Funktion entspricht. Sie stellt nämlich bloß die „transzendental-logische Bedingung" der Deutung des „subjektiven Sinn[s] eines verfassungsgebenden Aktes und der, dieser Verfassung gemäß gesetzten, Akte als deren objektiver Sinn" durch Analyse der Prozesse explizit dar, ruft damit also nur die Tätigkeit der Juristen, die das positive Recht als gültige Normenordnung begreifen und von einem Naturrecht Abstand nehmen, ins Bewusstsein (Paulson 2014, 274; 259; Kelsen 2017, 360f.). Es bleibt daher „die regulative Funktion der Grundnorm" als mögliche Rettung der Reinen Rechtslehre Kelsens, die sich jedoch deshalb bereits „im Ansatz" als verfehlt herausstellen kann, weil sich das regulative Prinzip in Kants Philosophie auf ein Ideal bezieht, das nicht vollständig zu realisieren ist. Nach Paulson sind jedoch die „Leitmotive" der Rechtslehre Kelsens keine Ideale. Die „Normativität" des Rechts ist kein Ideal, „[v]ielmehr *ist* das Recht normativ". Auch die „Zugehörigkeit", die über die Geltung der Rechtsnormen entscheidet, ist kein „Ideal", *ist* doch eine Rechtsnorm nur dann „geltend", wenn sie „einer wirksamen Rechtsordnung" angehört (Paulson 2014, 276f.; vgl. Carrino 1998, 42f.). Die Anwendung eines regulativen Prinzips auf die Rechtswissenschaft Kelsens ist dennoch möglich, weil Kelsen selbst den Anspruch erhebt, eine Systematisierung dieser Wissenschaft im Sinne eines „Strebens nach der Einheit des Rechts" herbeizuführen (Paulson 2014, 277).

Mit der Ergänzung der „Rechtsstatik" durch eine „Rechtsdynamik" und mit dem Anspruch, das Recht als „Ganzes" zu begreifen, deutet Kelsen an, dass er die Grundnorm sowohl als konstitutives, wie auch als regulatives Prinzip verstanden wissen will (Kelsen 2017, 208, 346; 143; vgl. Carrino 2011, 37; 48, Fußnote).

Sogleich drängt sich jedoch die Frage auf – sie wird noch zu beantworten sein –, wie ein Prinzip, das seinen Gegenstand regulativ konstituiert, im Anschluss an Kant überhaupt zu denken ist, da Kant konstitutive und regulative Prinzipien bzw. Verstandes- und Vernunftprinzipien strikt unterscheidet. Mit der Erzeugung der Einheit des Rechts geht Kelsen von einer statischen Betrachtung des Rechts, durch welche die Einheit desselben bereits als gegeben vorausgesetzt wird, zu einer dynamischen Sichtweise über, die den Erzeugungsprozess einer Rechtsordnung als einheitliches und widerspruchsloses System beleuchtet, womit der Grundnorm eine „systembildende Funktion" zukommt (Paulson 2014, 278).

Bietet sich das „Postulat der Widerspruchslosigkeit der Rechtsordnung" als das gesuchte Ideal an, auf das sich das regulative Prinzip in der Philosophie Kants bezieht und das im Sinne der Einheit des Rechts anzustreben ist (Paulson 2014, 280; vgl. Paulson 2014, 276f.; Carrino 1998, 42f.)? Wie bereits ausgeführt, unterscheidet Kelsen zwischen Konflikten der Normen auf gleicher und auf unterschiedlicher Stufe des Rechtssystems und betont, dass das „logische Prinzip" des „Satz[es] vom Widerspruch" nur vermittels der Rechtssätze auf Rechtsnormen anwendbar ist, weil Letztere eines Wahrheitswertes entbehren (Kelsen 2017, 147; vgl. Kelsen 2017, 370). Folglich widersprechen sich zwei Rechtsnormen dann, wenn sich die zwei „Rechtssätze", die sie beschreiben, widersprechen. Die, in diesem Kontext dargelegte, Bestimmung, dass Rechtssätze „Sollsätze sind und Sollsätze sein müssen, weil sie Sollnormen beschreiben" (Kelsen 2017, 147), verwundert in mehrfacher Hinsicht: Zum Ersten, weil Kelsen mit der von ihm – größtenteils – konsequent verfolgten Sein-Sollen-Differenz bricht, auf deren Basis er einem Rechtssatz einen Wahrheitswert zuschreibt, die Rechtsnorm jedoch als „gültig oder nicht gültig" ausweist (Kelsen 2017, 52; vgl. Kelsen 2017, 147). Zum Zweiten demonstriert z.B. der § 127 des Österreichischen „Strafgesetzbuch[es]", der die Straftat eines Diebstahls behandelt, dass der dort niedergelegte Rechtssatz nicht einem Sollsatz entspricht: „Wer eine fremde bewegliche Sache einem anderen mit dem Vorsatz wegnimmt, sich oder einen Dritten durch deren Zueignung unrechtmäßig zu bereichern, ist mit Freiheitsstrafe bis zu sechs Monaten oder mit Geldstrafe bis zu 360 Tagsätzen zu bestrafen" (https://www.jusline.at/gesetz/stgb/paragraf/127).

Kelsen argumentiert diese vermeintliche Fehlinterpretation des Rechtssatzes als Sollsatz damit, dass ein Befehl „in der Sprachform des Imperativs gegeben werden [kann], z.B.: Schweige! Aber auch in der Form eines Aussagesatzes: Ich befehle dir zu schweigen" (Kelsen 2017, 31). In diesem Fall wird eine Aussage über einen Akt getätigt, „dessen Sinn der Befehl", d.h. eine Norm ist, weshalb ein „Strafgesetz" den Wortlaut „Diebstahl wird mit Gefängnis bestraft" aufweisen kann (Kelsen 2017, 31). Der letztgenannte Satz wird jedoch an anderer Stelle als „unwahr" bezeichnet, weil in den Fällen, in denen sich der Täter der Bestrafung entzieht, diese „trotz Geltung [der] Norm" ausbleiben muss. Folglich kann der, eine Rechtsnorm beschreibende, Rechtssatz in exakter Formulierung nur lauten: „daß, wenn jemand Diebstahl begeht, er bestraft werden soll" (Kelsen 2017, 147f.). Der Schlüssel zur Auflösung dieser Unklarheit ist mithin, dass ein Rechtssatz eine Rechtsnorm beschreibt, die sich in Gestalt eines Gebotes - beispielsweise - an den Richter wendet. Sollten dennoch zwei divergierenden Rechtsnormen im „das Recht beschreibende[n] Rechtssatz" auffindbar sein, dann werden diese nicht mit „*und*", sondern mit „*oder*" verknüpft (Kelsen 2017, 371). Dennoch kann der Widerspruchslosigkeit des Rechts in der Lehre Kelsens dann mit Skepsis begegnet werden, wenn bereits die Möglichkeit eines Konflikts zwischen den Rechtsnormen als ausgeschlossen angenommen würde. Nach Paulson „hätte [man] es nach dieser Lesart mit einer, gelinde gesagt, überraschenden Position zu tun", weshalb die oben gestellte Frage, ob sich das „Postulat der Widerspruchslosigkeit der Rechtsordnung als Ideal" anbietet, das im Sinne der Einheit des Rechts anzustreben ist, mit einem Ja zu beantworten ist (Paulson 2014, 280). D.h. es wird im Sinne eines „regulative[n] Prinzip[s]" ein Ideal, nämlich die „Widerspruchslosigkeit der Rechtsordnung" und zudem im Sinne eines konstitutiven Prinzips das Recht als Einheit, als „die Einheit in der Vielheit [der] Normen", angestrebt (Paulson 2014, 280; Kelsen 2017, 368).

Mithin kann geschlossen werden, dass die, gemäß der Reinen Rechtslehre Kelsens konzipierte, Rechtswissenschaft ihren Gegenstand, das Recht, als normative Ordnung regulativ konstituiert. Folglich muss die Grundnorm konstitutives und regulatives Prinzip zugleich sein. Genau diese Funktion der Grundnorm deutet Kelsen an, wenn er einerseits feststellt, dass „die Rechtswissenschaft als Erkenntnis des Rechts" wie jede Erkenntnis einen „konstitutiven Charakter" aufweist und wenn er andererseits die Grundnorm als „transzendental-logische Bedingung" für die Deutung des „subjektiven Sinn[s]" eines Rechtsaktes als „objektive[r] Sinn" bestimmt und damit an die „Transzendentalität des Denkaktes bei Kant" anschließt, welche jedoch die strikte Trennung des Seins vom Sollen zunichtemacht (Kelsen 2017, 143; 360f.; Carrino 2011, 37; vgl. Carrino 2011, 48, Fußnote). Wäre die Grundnorm ein rein konstitutives Prinzip, müsste sie unmittelbar die „Begründung der objektiven Geltung der positiven Rechtsnormen" als einheitliches und widerspruchsloses Rechtssystem leisten, das Paulson als „Ideal" ausweist. Damit würde aber durch die ausschließlich konstitutive Leistung der Grundnorm die Partikularität der positiven Rechtsordnungen, auf welche die Reine Rechtslehre als Methodologie anzuwenden ist, aufgehoben (Kelsen 2017, 365f.; Paulson 2014, 280). Als bloß regulatives Prinzip diente die

Grundnorm hingegen nicht der Begründung, sondern bloß der nachträglichen Systematisierung positiver Normen, wenn man mit Paulson im Anschluss an Kants transzendentale Dialektik dem „regulative[n] Prinzip der *Systematizität*" nachspürt und eine Verbindung zur „*Grundnorm als regulatives Prinzip*" und zum Recht herstellt, das nach Einheit strebt (Paulson 2014, 273f.; vgl. KrV B 670/A 642–B 731f./A 703f.; Kelsen 2017, 349). In diesem Sinne kann Paulson der Grundnorm, die zugunsten „der Einheit des Rechts" und wegen des drohenden Widerspruchs der Rechtsnormen, eine „Korrektur vollzieht", eine regulative Aufgabe zuweisen (Paulson 2014, 280).

## 4.4 Ist Kelsens Lehre „*eine unreine Rechtslehre*" (Carrino 1998, VIII)?

Kelsen bräche vermutlich nicht in Jubel aus ob der Benennung seiner „Theorie des positiven Rechts" als „*unreine Rechtslehre*" (Kelsen 2017, 21; Carrino 1998, VIII). Vielleicht lohnt gerade deshalb ein Blick auf die Ausführungen Carrinos zu dieser Frage.

Carrino will auf die „grundsätzliche Beschränkung der KELSENschen Lehre" aufmerksam machen; er beabsichtigt offensichtlich nicht das Theoriegebäude derselben zu Fall zu bringen, verweist er doch darauf, dass wir uns noch heute an dem Punkt befinden, „an dem KELSEN vor mehr als einem halben Jahrhundert angelangt war" (Carrino 1998, 4). Er zieht Kelsen für seine Auseinandersetzung mit der Normenordnung in Gestalt des Rechts und des Staates deshalb heran, weil Kelsen auch heute noch „für jede politische oder rechtsphilosophische Reflexion zentral [ist]" (Carrino 1998, 4).

Worin ist nun die Unreinheit der Rechtstheorie Kelsens zu vermuten? Kelsen verlässt das statische „Konzept des Gesetzespositivismus", indem er diesem ein „dynamische[s] Konzept" in Form eines Rechtserzeugungsprozesses zur Seite stellt (Jestaedt & Lepsius 2006, XIV; vgl. Dreier 2021, 23f.). Carrino deutet diese Erweiterung der Rechtstheorie als den Versuch Kelsens, die „Aporien" und die „Dualismen", die seiner Rechtslehre inhärent sind, zu bewältigen (Carrino 1998, 32f.). Durch den „Einbau der Stufentheorie MERKLs in die Reine Rechtslehre" verwandelt sich – nach Carrino – die „bloße Normativität" des Rechts jedoch in einen „realen, tatsächlichen Prozeß von Akten der Rechtserzeugung", d.h. von Akten, die von Normen bestimmt sind und sich ihrerseits auf diese beziehen (Carrino 1998, 33). Mit den, durch Normen bestimmten und auf Normen bezogenen, Akten käme dem Akt als einem Sein ein Normencharakter zu, womit der Akt zum Band zwischen Sein und Sollen, „zwischen Realität und Wert" wird, mit der Folge, dass der Sein-Sollen-Dualismus – wie auch vermittels der

Transzendentalität der Grundnorm – ins Wanken geriete (Carrino 1998, 33; vgl. Carrino 1998, 47). Auf den Umstand, dass diese Deutung Carrinos einer Fehlinterpretation entspricht, wenn Kelsens Bestimmung der „physische[n]“ und „juristische[n]“ Person als „Personifikation“ eines Komplexes von Normen nicht außer Acht gelassen und zudem mitbedacht wird, dass für Kelsen die Erzeugung des Gegenstandes der Rechtswissenschaft rein erkenntnistheoretisch und nicht als realer Akt zu betrachten ist, wurde bereits hingewiesen (siehe S 203f.) (Kelsen 1923, XVIII; Kelsen 2017, 143; vgl. Kelsen 2008, 99).

Carrino greift zudem Kelsens Bestimmung des „Rechts-(oder Unrechts-) Akt[es]“ als „Stück Natur“, das „kausal-gesetzlich bestimmt [ist]“, auf und entgegnet, dass ein „sozialer Akt“ nie aufgrund eines Naturgesetzes notwendig ist, führt er doch eine *„Rationalität“* mit sich, indem er auf das zielt, das es zu realisieren gilt (Kelsen 2017, 25; Carrino 1998, 37). Kelsen relativiert wenig später seine Aussage in zweierlei Hinsicht: erstens dadurch, dass menschliche Akte „intentional auf das Verhalten anderer gerichtet [sind]“, und zweitens durch die nähere Bestimmung der Macht-verleihenden Akte als „Willensakte“ (Kelsen 2017, 27).

Wie ist es – im Kontext mit der vermuteten Unreinheit der Reinen Rechtslehre – um die Wissenschaftlichkeit der Jurisprudenz bestellt, die für Kelsen die „einzige Geistes*wissenschaft*“ zu sein scheint (Carrino 1998, 38)? Kelsen stellt seinem Werk *Reine Rechtslehre* das Postulat voran, dass diese „Reine Rechtslehre […] Rechtswissenschaft, nicht aber Rechtspolitik [ist]“ (Kelsen 2017, 21). Der Rechtswissenschaftler weiß, dass der jeweilige Inhalt einer Rechtsnorm als Recht gesetzt wird, womit es „innerhalb bestimmter historischer, logischer und ethischer Grenzen“ auch ein „beliebig“ anderer Inhalt sein kann (Carrino 1998, 28), wie Kelsen auch im Zusammenhang mit der Geltungsbegründung durch die „Grundnorm“ betont (Kelsen 2017, 354). Folglich besteht die alleinige Aufgabe des Rechtswissenschaftler darin, gemäß den „Verfahren der Naturwissenschaften“ die „‚Gesetzmäßigkeit‘“ einer Handlung festzustellen, ohne diese moralisch zu beurteilen, d.h. er hat Recht und Moral zu trennen (Carrino 1998, 28). Diese Scheidung der Natur- von den Geisteswissenschaften, um die sich Kelsen fortwährend bemüht, wird jedoch brüchig, wenn er einerseits – beispielsweise – anhand des „Syllogismus“, d.h. der Darstellung einer deduktiv verfahrenden normativen Theorie, die Logik und andererseits vermittels der „Zehn Gebote“ die Theologie in seine Konzeption einfließen lässt (Kelsen 2017, 361; 347). Nach Carrino besteht nämlich der „fundamentale“ Unterschied zwischen Natur- und Geisteswissenschaft darin, dass „im ersten Fall der Wissenschaftler (der Beobachter) etwas über ein Datum aussagt (es qualifiziert), das hinsichtlich seiner selbst stumm (nicht selbstdeutend) ist; während der Sozialwissenschaftler

(Politologe, Historiker, Jurist) etwas qualifiziert, das in Wahrheit niemals *neutral* ist, in dem er vielmehr auch sich selbst erkennen kann" (Carrino 1998, 38f.). Es geht dabei um nichts Geringeres als um die „*Wertfreiheit* der Wissenschaft", die Kelsen für seine Reine Lehre beansprucht (Carrino 1998, 39). Die Rechtswissenschaft Kelsens kann zwar das Kriterium einer „nicht-ideologische[n] Wissenschaft" erfüllen, ihr Gegenstand ist jedoch nach Carrino durch und durch wertbehaftet, womit die Kelsensche Rechtswissenschaft „die nicht-ideologische Wissenschaft von einer spezifischen Ideologie, vom Recht" als einer Ordnung von Rechtsnormen, ist, die ein „Verhalten gebieten, [...] erlauben [und] ermächtigen", mithin ein „‚Sollen'", ein „‚Dürfen'" und ein „‚Können'" aussprechen (Carrino 1998, 39; Kelsen 2017, 27).

Wie bereits angemerkt, verlässt Kelsen in seinem Spätwerk die Leitidee, dass die Grundnorm als im „juristischen Denken vorausgesetzt" zu betrachten ist, und legt der Bestimmung der Grundnorm die Prämisse zugrunde, dass es kein Sollen ohne ein Wollen geben kann (Kelsen 2017, 58; vgl. Alexy 2011, 177f.). Carrino folgert aus diesem Umdenken Kelsens, dass die Rechtswissenschaft dadurch zu einer „Wissenschaft vom Sinn des Wollens", zu einer „*normative[n]* Wissenschaft als Erkenntnis von dem, was das Sein (das Wollen) bedeutet", mutiert, und Alexy kommt auf Grund dieser neueingeführten Voraussetzung für die Rechtstheorie zu dem Schluss, dass die Vorstellung, dass es ohne Wollen kein Sollen gibt, aufgegeben werden müsse, weil die Grundnorm „als gewollte Norm eine weitere Norm voraussetzen müßte, die den Inhalt des Wollens allererst in den Inhalt eines Sollens transformiert", womit ein infiniter Regress unvermeidbar ist (Carrino 1998, 41; Alexy 2011, 177). Für Carrino wird mit diesem Wandel der Leitidee das „reine Wesen des Sollens" zum einzigen Gegenstand der Rechtswissenschaft Kelsens, dem eine „rein gedachte, bloß ideale" Bedeutung zukommt (Carrino 1998, 42f.). Da das „Erkennen" die „Bedeutung der Normen" hervorbringt, ist zudem jede Bezugnahme zur Realität und auch jeder Inhalt „aus der rein normativen Betrachtungsweise schlechthin ausgeschlossen" (Carrino 1998, 43). Genau dieses Ziel verfolgt Kelsen, weshalb diese Konklusion Carrinos mit den Ausführungen Kelsens übereinstimmt, wenn dieser die Grundnorm als „Geltungsgrund" aller, zu einer Rechtsordnung zählenden, Normen als „*vorausgesetzt*" bestimmt und damit aus dem positiven Recht ausschließt und, wenn er als Gegenstand der Rechtswissenschaft eindeutig die Norm identifiziert, die dem Wollen seine Bedeutung verleiht (Kelsen 2017, 348; vgl. Kelsen 2017, 360).

Der Schlussfolgerung Carrinos, dass jede Verbindung zur „Realität" aufgrund der „rein normativen Betrachtungsweise" verunmöglicht werde, kann nur mit Einschränkungen beigepflichtet werden, wird doch diese Verbindung vermittels der „Rechts*sätze*" hergestellt, womit aber die Normenordnung verlassen und Eingang in das positive Recht gewährt wird (Carrino 1998, 43; Kelsen 2017, 141). Kelsen widmet sich im § 16 der Verquickung zwischen *„Rechtsnorm und Rechtssatz“* und hebt nachdrücklich hervor, dass die „Rechts*sätze* von den Rechts*normen* unterschieden werden [müssen]“ (Kelsen 2017, 141): Für die Rechtswissenschaft ist das „menschliche Verhalten“ bloß als Inhalt von Rechtnormen entscheidend. Diese Rechtsnormen werden von „Rechtsorganen“ erzeugt und angewandt und von den „Rechtssubjekten“ befolgt. Die Sätze hingegen, die Rechtsnormen beschreiben, formulieren Beziehungen zwischen Tatbeständen; sie sind „hypothetische Urteile“, die festlegen, dass gemäß einer gegebenen „Rechtsordnung“ unter „bestimmten Bedingungen gewisse [...] Folgen eintreten sollen“. Im Gegensatz zu den „Rechts*sätze[n]*“ sind „Rechts*normen*“ keine Urteile, sondern „Gebote“, aber auch „Erlaubnisse und Ermächtigungen“ (Kelsen 2017, 141).

Die Inkorporation des positiven Rechts, in dessen Rahmen der Tatbestand einer Handlung beurteilt und im Falle einer Unrechtshandlung an einen anderen Tatbestand, nämlich den der Strafe geknüpft wird, lässt die Annahme einer *Verunreinigung* der reinen Lehre zu. Carrino weicht jedoch in der weiterführenden Argumentation von seiner ursprünglichen Intention, „KELSENS *Lehre* [als] *eine unreine Rechtslehre*“ herauszustellen, ab, indem er die „Positivität“ in der Konzeption Kelsens als „ideelle Qualität“, nicht als „Faktum“, und die Geltung als „reine Geltung, nicht [als] Wirksamkeit oder materielle Wirklichkeit“ ausweist, womit die Reinheit der Lehre gewahrt ist (Carrino 1998, VIII; 43).

Wird jedoch Anleihe bei der Kantische Philosophie genommen, wonach es „zum Wesen des kritischen Denkens gehört, [...] jede Faktizität zu *transzendieren*“, d.h. jede „faktische Ordnung durch eine Ordnung des Wertes und des Rechts zu ersetzen“, dann müsste eine Rechtstheorie im Sinne Kelsens in einen „Idealismus“ und in eine „Naturrechtslehre eines logischen-formalen Typus münden“ (Carrino 1998, 44). Es ist offensichtlich, dass ein solcher Weg Kelsen nicht offensteht, der jegliche Naturrechtslehre ablehnt und zudem den Rechtspositivismus aufrechtzuerhalten sucht (vgl. Dreier 2021, 18-22).

Vermag der auf Merkl zurückgehende Stufenbau der Rechtsordnung die, für Carrino „unauflöslich[e]“, Aporie im Theoriegebäude der Reinen Rechtslehre zu überwinden (Carrino 1998, 44)? Diese Frage impliziert eine andere, nämlich, ob sich der Gegensatz zwischen Naturrecht und positivem Recht in den beiden Prinzipien, dem „statische[n]“ und dem „dynamische[n] Prinzip“ widerspiegelt (Kelsen 2017, 353). Ein Beispiel mag das Aufeinander-verwiesen-Sein der beiden Prinzipien verdeutlichen: „In einer sozialen Gemeinschaft [...] gilt die Norm, daß ein Mann, der ein Mädchen zum Weibe nimmt, dem Vater [...] der Braut einen bestimmten Brautpreis zu entrichten hat. Fragt er, warum er dies tun soll, lautet die Antwort: weil in dieser Gemeinschaft seit jeher ein Brautpreis entrichtet wurde, das heißt: weil eine Gewohnheit besteht, einen Brautpreis zu entrichten, und weil als selbstverständlich vorausgesetzt wird, daß sich der Einzelne so verhalten soll, wie sich alle anderen Glieder der Gemeinschaft zu verhalten pflegen" (Kelsen 2017, 352f.).

Wäre in diesem Beispiel nicht ausschließlich von einer Gemeinschaft und ihren Gewohnheiten die Rede, sondern von einer staatlichen Rechtsordnung, könnte die thematisierte Norm als Naturrecht im Sinne einer sozialen Regel und das Setzen der Norm durch eine ermächtigte Autorität als positives Recht identifiziert werden (vgl. Hart 2011, 115; Hart 2012, 94). Aus den Erläuterungen Kelsens geht jedoch nicht klar hervor, weshalb es einer „normsetzenden Autorität" überhaupt bedarf, wenn doch die Gewohnheitsregel bereits vorausgesetzt ist und mithin kein normsetzender Akt mehr vonnöten ist (Kelsen 2017, 353). Diese Unklarheit kann – jedoch nur teilweise – dadurch beseitigt werden, dass die „Grundnorm" nur den „Geltungsgrund", nicht aber den „Inhalt" der Normen liefert, die das Normensystem konstituieren (Kelsen 2017, 352). Der Inhalt dieser Normen kann nämlich nur „durch Akte bestimmt werden, mit denen die von der Grundnorm ermächtigte Autorität und die, wieder von dieser ermächtigten Autoritäten die positiven Normen dieses Systems setzen", d.h. die besagte Autorität setzt einerseits Normen, vermittels welcher andere Personen autorisiert werden, und andererseits die Normen selbst, die ein bestimmtes Verhalten gebieten (Kelsen 2017, 352). Ausgehend von diesen gesetzten Normen können „weitere Normen durch logische Operation [als das Besondere aus dem Allgemeinen] deduziert werden" (Kelsen 2017, 353). Mithin kann der Parallelisierung des „statischen" Normensystems mit dem Naturrecht – im genannten Beispiel mit der sozialen Regel – und des „dynamischen Normensystem[s]" mit dem positiven Recht m.E. zugestimmt werden, wird doch das Naturrecht üblicher Weise nicht gesetzt, sondern vorausgesetzt, wenn davon abgesehen wird, dass beispielsweise Menschenrechte, die als Naturrecht zu betrachten sind, auch im Sinne einer Setzung in den Verfassungsrang gehoben werden können (Carrino 1998, 45; vgl. Alexy 2011, 121; https://www.menschenrechtskonvention.eu/; https://www.bmeia.gv.at/europa-aussenpolitik/-menschenrechte/bedeutung-der-men schenrechte/). Auf den Umstand, dass – nach Carrino – durch das dynamische System *vermeintlich* die Sein-Sollen-Differenz ins Wanken gerät, wurde bereits aufmerksam gemacht (siehe S. 203f.) (vgl. Carrino 1998, 46). Diese Interpretation berücksichtigt u.a. nicht, dass Kelsen mit dem „dynamische[n] Prinzip" die Erzeugung einer Norm durch die höhere Norm ermöglicht und damit mit Blick auf das metaethischen Prinzip Humes folgerichtig vorgeht, wenn davon abgesehen wird, dass die „Grundnorm“, die den Erzeugungsprozess initiiert, nicht generiert, sondern vorausgesetzt wird (Kelsen 2017, 351).

Wird die Rechtswissenschaft Kelsens als eine „Wissenschaft von einer rein gedachten, bloß idealen“ Bedeutung gefasst, deren Gegenstand das „reine Wesen des Sollens“ ist, dann werden das Sein und das Sollen zu „Kategorien des Verstandes, der erkennenden Vernunft“ und genau diese Sichtweise von Recht will Kelsen vermitteln, wenn er schreibt, dass die „‚reine‘ Lehre vom Recht“ deshalb diese Bezeichnung trägt, weil sie „nur eine auf das Recht gerichtete Erkenntnis sicherstellen [will]“ (Carrino 1998, 42f.; 54; Kelsen 2017, 21). Folglich fundiert diese Wissenschaft eine Rechtsordnung nicht durch ein tatsächliches Erzeugen von Rechtsnormen, sondern, indem sie „ihren eigentümlichen *Erkenntnisgegenstand* erzeugt“, womit sie sich selbst „genügt“ und sowohl „begründend“ als auch „selbstbegründend“ *agiert* (Carrino 1998, 60). Carrino *muss* daher den Begriff „Positivität“, der seit Auguste Comte eng an die wissenschaftliche Erkennbarkeit gebunden ist, abwandeln und deutet Positivität – wohl im Sinne Kelsens – als ein „*in-sich-selbst-Ruhen* des *positiven* Rechts“, das die Reine Rechtslehre Kelsens zu untersuchen beabsichtigt (Carrino 1998, 105; vgl. Kelsen 2017, 21).

Ist angesichts dieser Überlegungen Kelsen vorzuwerfen, dass er den „Gegensatz von *rein* und *positiv* außer Acht läßt“, womit sich eine Zwiespältigkeit im Begriff des positiven Rechts auftut oder ist die Verquickung von Reiner Rechtslehre und positivem Recht, von „Rechtsstatik“ und „Rechtsdynamik“, genau das Theoriegebäude, das Kelsen – im Sinne der „komplexe[n] Operabilität des Rechts“ – in seiner Schrift darzulegen sucht (Carrino 1998, 105; Kelsen 2017, 208; 346; Jestaedt 2017, LX)? Offensichtlich ist es so, denn die Anwendung der gesetzten Norm ist zugleich Rechtserzeugung, weil eine Norm durch die Erzeugung einer anderen Norm vermittels dieser auch angewendet wird. Kelsen erkennt jedoch, dass sich dieses Paradigma nicht durchgängig aufrechterhalten lässt, weshalb er sich gezwungen sieht, die „Voraussetzung der Grundnorm und [die] Vollstreckung des Zwangsaktes“ als „Grenzfälle“ aus dem Gefüge der Rechtsordnung herauszuheben (Kelsen 2017, 420). Der Rechtsprozess zwischen den beiden „Grenzfälle[n]“ kann mithin wie folgt vorgestellt werden: Die vorausgesetzte Grundnorm bestimmt die Erzeugung der Verfassung, ohne jedoch selbst die „Anwendung einer höheren Norm“ zu sein, weil sie gleichsam den Schlussstein des hierarchischen Rechtsgebäudes bildet (Kelsen 2017, 420). Indem die Verfassung in Anwendung der Grundnorm entsteht, könnte sie als eine niedere Norm identifiziert werden. Sie sieht nun die Erzeugung von „generellen Normen“ qua Gesetzen durch die Gesetzgebung vor, erzeugt mithin weitere untergeordnete, d.h. niedere Normen. Diese niederen Normen qua Gesetze schaffen in ihrer Anwendung durch den Richter „individuelle Normen“, d.h. richterliche

Entscheidungen, welche zur „Vollstreckung [eines] Zwangsaktes", beispielsweise der Verhaftung und Inhaftierung eines Delinquenten, führen (Kelsen 2017, 420). Es ist offenkundig, dass mit dem Zwangsakt keine weitere Norm erzeugt wird, d.h., dass mit ihm der Rechtserzeugungsprozess endet, weshalb Kelsen berechtigt ist, die „Voraussetzung der Grundnorm" als den einen Grenzfall, der den Prozess in Gang setzt, und die Vornahme eines Zwangsaktes als den anderen Grenzfall, der am Ende des Prozesses steht, zu bezeichnen (Kelsen 2017, 420). Dass mit dieser Rechtskonzeption das „Problem der Begründung und Legitimierung des *positiven* Rechts" nicht eliminiert wird, liegt auf der Hand, verfällt doch Kelsen in Vermeidung eines infiniten Begründungsregresses mit der Voraussetzung der Grundnorm einem dogmatischen Abbruch des Begründungsverfahrens (Carrino 1998, 106). Zudem kann Kelsen eine Verfassung, die sich als niedere Norm präsentiert, nicht zulassen, weshalb er die „ältere Staatsverfassung" als Geltungsgrund der bestehenden Verfassung einführen muss (Kelsen 2017, 357). Auch hier nimmt Kelsen eine Schwäche seiner Theorie vom positiven Recht wahr, indem man nur „vielleicht" zur besagten „ältere[n] Verfassung" gelangt, wenn man nach „dem Geltungsgrund der Normen, die die Erzeugung der generellen Normen regeln", d.h. wenn man nach den „Organe[n]" und „Verfahren" fragt, die generelle Normen hervorbringen (Kelsen 2017, 357).

Im Zusammenhang mit dieser Erzeugung von Normen spricht Kelsen sowohl von „ermächtigte[n] Autorität[en]" als auch von Normen, weshalb sich die Frage stellt, inwiefern die beiden Bezeichnungen, „ermächtigte Autorität" und „Norm", in Beziehung stehen (Kelsen 2017, 352). Um eine Beantwortung der Frage zu ermöglichen, muss nochmals die These, dass die Reine Rechtslehre das Recht als *„geschlossene[s]* Rechtssystem" erkennt, in Erinnerung gerufen und aus einer anderen Warte betrachtet werden (Carrino 1998, 160). Wer darüber aufgeklärt werden will, „was konkret Recht ist", muss sich an den Richter wenden, der nicht nur eine Schlüsselposition im Gefüge der Jurisprudenz innehat, sondern auch mit dem Rechtswissenschaftler die beiden „dialektischen Pole" eben dieser, durch Komplexität ausgezeichneten, Jurisprudenz bildet (Carrino 1998, 160). Der Richter muss zwar Kenntnis von den Gesetzen haben, die er zu seiner Entscheidungsfindung heranzieht, aber er erkennt nicht das Recht, sondern erzeugt es in Gestalt der individuellen Normen. Im Gegenzug dazu erkennt der Rechtswissenschaftler „an der Tätigkeit des Richters" durch wissenschaftliche Interpretation das Recht als in sich geschlossene Einheit (Carrino 1998, 160). Richter und Gesetzgeber treten zwar als Personen, die zur Schaffung von Normen ermächtigt werden, mithin als „ermächtigte Autorität[en]", in Erscheinung, sind aber „vom Standpunkt der Rechtswissenschaft" keine „menschliche[n] Wesen", sondern selbst Normen, womit die „ermächtigte Autorität" – rechtswissenschaftlich betrachtet – die Personifikation der Rechtsnorm ist, wie bereits im Kontext mit Carrinos Ausführungen zur Reinheit der Rechtslehre Kelsens dargelegt wurde (siehe S. 203f; 219) (Kelsen 2017, 352; Carrino 1998, 162; vgl. Ehs 2009, 159).

Kann Carrino nun darin zugestimmt werden, dass die Reinheit der Rechtstheorie Kelsens, die der Verfasser vornehmlich an die Erkenntnis des Rechts und an die Befreiung seiner Wissenschaft von „allen ihr fremden Elementen“ bindet, brüchig wird (Kelsen 2017, 21)? *Prima facie* zerbricht die Lehre Kelsens durch die Inkorporation des „dynamische[n] Prinzip[s]“ gleichsam in zwei Teile, jedoch nur, wenn die Absicht, die hinter dieser Ergänzung des „statische[n]“ Prinzips steht, nicht berücksichtigt wird (Kelsen 2017, 353). Erst durch das „dynamische Prinzip“ wird nämlich eine Rechtsordnung möglich, die sich als einheitliches System selbst schafft und reguliert (Kelsen 2017, 353; vgl. Kelsen 2017, 143; Kelsen 1955, 253). Diese Begründung büßt allerdings ihre Kraft zum Teil ein, wenn die Sprache auf den Grenzfall der „Vollstreckung des Zwangsaktes“ kommt, der deshalb nicht Moment des Rechtserzeugungsprozesses, mithin des dynamischen Systems, ist, weil er keine weiteren Normen hervorbringt (Kelsen 2017, 420). Ein weiteres Argument kann mit Blick auf die „ältere Staatsverfassung“ ins Treffen geführt werden, die außerhalb der Rechtsordnung zu stehen scheint und zu der man nur „vielleicht“ gelangt, wenn nach den normenerzeugenden Organen und Verfahren gefragt wird (Kelsen 2017, 357). Die Annahme einer Verunreinigung der Rechtslehre Kelsens *könnte* zudem dadurch unterstützt werden, dass die Akte, die auf Normen bezogen sind, gleichsam als Band zwischen Sein (Akt) und Sollen (Norm) fungieren, wodurch der von Kelsen intendierte Sein-Sollen-Dualismus bedroht wird (vgl. Kelsen 2017, 28). Dieser Gefahr begegnet Kelsen, wenn er im Sinne einer Rechtwissenschaft und nicht im Sinne einer staatlichen Rechtsordnung die Erzeugung der Norm „rein erkenntnistheoretisch“ und mithin den Akt nicht als tatsächlichen, realen Akt betrachtet (Kelsen 2017, 143). Im Vergleich dazu scheint Kelsen nicht um die strikte Trennung zwischen Natur- und Geisteswissenschaft bemüht zu sein, wenn anhand des „Syllogismus“ die Logik und in Form der „Zehn Gebote“ die Theologie in seiner Theorie Platz finden (Kelsen 2017, 361; 347). Letztlich regt die Umdeutung der „Grundnorm“ zu Diskussionen an, die in der Frühphase des Schaffens Kelsens als bloß gedachte Norm präsentiert und Jahre später unter der Voraussetzung vorgestellt wird, dass es kein Sollen ohne Wollen gibt (Kelsen 2017, 58; vgl. Alexy 2011, 175–179). Trotz dieser z.T. nicht unberechtigten Kritik darf nicht vergessen werden, dass die *Reine Rechtslehre* in ihren beiden Auflagen über mehr als fünfundzwanzig Jahre konzipiert wurde, weshalb manche Inkompatibilitäten mit dem ursprünglichen Anspruch der Kelsenschen Rechtstheorie einem Entwicklungsprozess geschuldet sind. Trotzdem ist die Frage Carrinos, ob die Rechtslehre Kelsens eine

*„unreine Rechtslehre“* ist, nicht unberechtigt, weist sie doch konzeptuelle Brüche auf, die – *prima facie* – auf eine gewisse Unreinheit schließen lassen (Carrino 1998, VIII).

## 4.5 Immanuel Kants langer Weg vom Sittengesetz zu einer positiven Rechtsordnung?

„Im Allgemeinwissen ist Immanuel Kant als Verfasser einer Vernunftkritik bekannt, die die gesamte überlieferte Fundamentalphilosophie, die Metaphysik, destruiert und zugleich eine neue Metaphysik etabliert. Darüber hinaus kennt man ihn, wegen des kategorischen Imperativs, als Moralphilosophen, vielleicht auch noch als Theoretiker der Ästhetik. Eine Rechts- und Staatsphilosophie kommt dabei nicht vor“ (Höffe 1999, 1).

Höffe skizziert damit den Weg von der „transzendentale[n] Dialektik“ und ihrer Thematisierung des „regulativen Gebrauch[s] der Ideen der reinen Vernunft“, über die *Grundlegung* und die zweite *Kritik* mit ihrem zentralen Element, dem „kategorische[n] Imperativ“, der – wie noch zu zeigen ist – als regulatives Prinzip in einer positiven Rechtsordnung fungieren kann, hin zu den drei „Maximen des gemeinen Menschenverstandes“, die als „sensus communis“ den Grundstein für eine positive Rechtsordnung legen und – erstaunlicher Weise – im Rahmen der *„ästhetischen Urteilskraft“* abgehandelt werden (KrV B 350/A 293f.; B 670/A 642; GMS BA 52; KU B 157/A 155–B 159/A 157; B/A 3f.; vgl. KpV A 57; Horn 2014, 10; 279; Flach 2015, 268). Mithin ist die späte, dezidierte Auseinandersetzung mit der Rechtsphilosophie, die in der *Metaphysik der Sitten* neben der Tugendlehre Platz greift, dem „großen philosophischen Lebensplan“ Kants geschuldet (Höffe 1999, 3). Es ist nahezu unverständlich, dass Kant meist *bloß* mit seinen drei *Kritiken* in Zusammenhang gebracht wird, durchzieht doch seine Beschäftigung mit gesellschaftlichen und politischen Themen – man denke an die Schriften *Idee*, *Anfang*, *Zum ewigen Frieden* und *Der Streit der Fakultäten* – die zweite Hälfte seines Lebens.

Kant geht es – wie auch Kelsen – ursprünglich um die Erkenntnis des Rechts, weshalb er einen transzendentallogischen Weg beschreitet und die Frage, „ob und inwiefern das erkennende Subjekt in der Lage ist, das Objekt der Erkenntnis aus reiner (apriorischer) Vernunft zu erzeugen“, zu beantworten sucht (Eisfeld 2015, 139; vgl. Kelsen 2017, 359). Mithin ist es der Anspruch Kants, einen Rechtsbegriff der „reinen Vernunft“ a priori zu gewinnen (Kersting 2004, 172). Wie es für Kant unzweifelhaft ist, dass seine Anstrengungen einem „gemeinschaftlichen Prinzip“ von theoretischer und praktischer Vernunft gelten, so ist es auch seine Intention, ein gemeinschaftliches System der Rechtserkenntnis und des, „auf in der Erfahrung vorkommende Fälle“ angewandten, Rechts zu entfalten, in anderen Worten, das Recht wissenschaftlich zu begründen (GMS BA XIVf.; AA VI, 205). Als Schlüssel zu einer derartigen „wissenschaftliche[n] Theoriebildung“ präsentiert sich der Kategorische Imperativ, der als “supreme principle of reason”, d.h. als Prinzip des Denkens, des Handelns und der Kommunikation die spekulative und die praktische Vernunft in einem einheitlichen System zusammenführen kann (Eisfeld 2015, 140; O’Neill 2010, 291). Damit wird der Bereich des Rechts implizit als ein Bereich des „sittengesetzlich Erlaubten“ bestimmt und es gelingt, die „Rechtsbegründungsunternehmungen“ Kants in drei Punkten zusammenzufassen (Kersting 2004, 170; 190).

a. Das Sittengesetz ist ein unbedingt gebietendes Gesetz.
b. Wenn das Recht in dem höchsten verbindlichkeitstheoretischen Punkt des praktischen Vernunftgebrauchs begründet werden soll, dann muß es ebenfalls als unbedingt gebietendes Gesetz entwickelt werden. […] Sie [die Rechtslehre] ist die Lehre von den erzwingbaren Pflichten und in der Gesetzgebung der reinen praktischen Vernunft a priori begründet.
c. Das Rechtsgesetz ist kein Erlaubnisgesetz, aber in der Rechtslehre kann es Erlaubnisgesetze geben; diese […] reflektieren die Verwirklichungsschwierigkeiten apriorischer Vernunftprinzipien unter geschichtlichen Bedingungen, koordinieren insbesondere die vernunftgeforderten Etablierungsprozesse rechtlicher Verhältnisse mit den faktischen, gewaltdurchsetzten Entstehungsgeschichten staatlichen Rechts (Kersting 2004, 190f.; vgl. AA VI, 239; Wood 1999, 35).

Die „Verwirklichungsschwierigkeiten apriorischer Vernunftprinzipien unter geschichtlichen Bedingungen“ (Kersting 2004, 191) können m.E. gelöst werden, wenn den Ausführungen von O’Neill, Flach und Horn gefolgt wird. Die Überlegungen O’Neills münden in der Festlegung des Kategorischen Imperativs als “fundamental strategy not just of morality, but of all activity that counts as reasoned [thinking, action and communication]” (O’Neill 2010, 291; vgl. O’Neill 1989, 23f.). Folglich muss der als regulatives Prinzip verstandene Kategorische Imperativ, der als oberstes Prinzip zwischen theoretischer und praktischer Vernunft vermittelt, sowohl als Prinzip der (Selbst-)Disziplinierung der endlichen Vernunftwesen, wie auch als Prinzip der (Selbst-)Konstitution eines vernünftig organisierten Gemeinwesens für die Begründung des Rechts in Ansatz gebracht werden (vgl. AA VIII, 26).

Der Kategorische Imperativ ist ein „objektive[s] *Gesetz der Freiheit*“ und gründet als „unbedingte[s] praktische[s] Gesetz“ auf dem „*positive[n]* Begriff“ der Freiheit, mithin auf der Autonomie im Sinne der Selbstgesetzgebung (KrV B 831/A 803; AA VI, 221; GMS BA 97f.). In der *Grundlegung* wird diesem „*positive[n]* Begriff“ der Freiheit besonderes Gewicht verliehen, indem Kant – in unüblicher Weise – seine Schlussfolgerung in der ersten Person zum Ausdruck bringt: „Ich sage nun: Ein jedes Wesen, das nicht anders als *unter der Idee der Freiheit* handeln kann, ist eben darum, in praktischer Rücksicht, wirklich frei. [...] Nun behaupte ich: daß wir jedem vernünftigen Wesen, das einen Willen hat, [dessen Freiheit nichts anderes ist als die Eigenschaft, sich ein Gesetz im Sinne der Autonomie selbst zu geben] notwendig auch die *Idee* der Freiheit leihen müssen, unter der es allein handle“ (GMS BA 97f.; BA 101).

In praktischer Hinsicht frei ist das vernünftige, und nicht bloß lebende Wesen, weil es durch die Unabhängigkeit „von allem Empirischen“, von „materiale[n] Prinzipien“, in eine „intelligibele Ordnung der Dinge“ versetzt wird, mithin als „homo noumenon“ zu betrachten ist (KpV A 71–A 73; AA VI, 239).

Wird nun der Sprung von der praktischen Philosophie Kants in die Rechtslehre gewagt, dann lautet das *„[a]llgemeine Princip des Rechts.* ‚Eine jede Handlung ist *recht*, die oder nach deren Maxime die Freiheit der Willkür eines jeden, mit jedermanns Freiheit nach einem allgemeinen Gesetze zusammen bestehen kann‘“ (AA VI, 230). Es ist die Ethik, die die Forderung an mich stellt, dieses „Rechthandeln mir zur Maxime zu machen“, und jeder, der mich von einer Handlung abhält, die mit der Freiheit von jedermann nach einem allgemeinen Gesetz zusammen bestehen kann, tut mir „unrecht“ (AA VI, 231). Die Freiheit jedes vernünftigen Wesens besteht nun in seiner Entscheidung, dieses *„[a]llgemeine Princip des Rechts“* als Maxime seinen Handlungen zugrunde zu legen, d.h. es kann nicht gefordert werden, gemäß demselben zu handeln, womit die Freiheit, sich das Gesetz selbst zu geben, gewahrt bleibt (AA VI, 230).

Diese Betrachtungen finden Eingang in das „allgemeine Rechtsgesetz“, das analog zum Kategorischen Imperativ als Gebot formuliert wird – „handle äußerlich so [...]“ –, wobei Kant verdeutlicht, dass mit diesem Rechtsgesetz keine Tugend, sondern „nur, was *recht* sei“ gelehrt wird, weshalb das Gesetz nicht als „Triebfeder der Handlung“ vorzustellen ist (AA VI, 231). Unzweifelhaft wird mit diesem Rechtsgesetz eine Brücke zum Recht – erkennbar an der Hinzufügung „äußerlich“ –, nicht jedoch zu einer positiven Rechtsordnung errichtet. Dies geht aus der Bestimmung der *„Rechtslehre“* und des *„positiven Rechts“* hervor: „Der Inbegriff der Gesetze, für welche eine äußere Gesetzgebung möglich ist, heißt die *Rechtslehre* (Ius). Ist eine solche Gesetzgebung wirklich, so ist sie Lehre des *positiven Rechts“* (AA VI, 231; 229). Das mit dem „allgemeine[n] Rechtsgesetz“ vorgestellte Recht entspricht einem Vernunftrecht, weshalb die Ethik und nicht der Gesetzgeber fordert, sich gemäß demselben zu verhalten. Der wesentliche Unterschied zum Sittengesetz besteht nun im wechselseitigen Zwang, den Kant mit der *„Verhinderung* eines *Hindernisses der Freiheit“* begründet (AA VI, 231): Alles, was einem „Hinderniß der Freiheit nach allgemeinen Gesetzen“

entspricht, wie eine rechtswidrige Tat, ist „unrecht". Der Zwang ist nun ein „Hinderniß", das der Freiheit „geschieht". Indem er dem Unrecht als einem „Hinderniß der Freiheit nach allgemeinen Gesetzen" entgegengesetzt wird, kann er als Hindernis des Hindernisses, mithin als „*Verhinderung* eines *Hindernisses der Freiheit*" betrachtet werden. Zwang ist folglich mit der „Freiheit nach allgemeinen Gesetzen zusammen stimmend, d.i. recht" (AA VI, 231). Deshalb kann Kersting die Rechtslehre Kants als „die Lehre von den erzwingbaren Pflichten" bezeichnen (Kersting 2004, 190). Diese Interpretation wird durch Kants Bestimmung der Rechte als „(moralische) Vermögen Andere zu verpflichten", für welche im Falle des „*erworbene[n]*" Rechts rechtliche Akte vonnöten sind, bestätigt (AA VI, 237).

Während Kant im Rahmen der „*[a]llgemeine[n] Eintheilung der Rechte*" zwischen „*Naturrecht*" und „*positive[m]* (statutarische[m]) Recht" unterscheidet, stellt er anhand der „oberste[n] Eintheilung des Naturrechts" das „*natürliche*" Recht qua „*Privatrecht*" dem „*bürgerliche[n]*" Recht qua „*öffentliche[m]* Recht", nicht aber dem „*gesellschaftliche[n]*" Recht gegenüber, weil es auch im Naturzustand eine Gesellschaft, wenngleich nicht eine bürgerliche Gesellschaft, geben kann (AA VI, 237; 242). Der „natürliche Zustand (status naturalis)" ist im Gegensatz zum „*bürgerliche[n]* [Zustand] (status civilis)" bar einer „distributiven Gerechtigkeit" und einer „*Verfassung*" als der „rechtlichen Form [des] Beisammenseins" und als Ausdruck des „vereinigenden Willen[s]" (AA VI, 306; 311). Das „Privatrecht im natürlichen Zustande" liefert nun die Basis für das „Postulat des öffentlichen Rechts", worunter nicht eine direkte Ableitung des positiven Rechts aus dem Vernunftrecht verstanden werden muss, sondern die Obliegenheit jedes einzelnen, aus dem nicht-rechtlichen Zustand, dem „status naturalis", in einen rechtlichen Zustand zu treten und sich damit, „mit allen anderen [...] dahin [zu] vereinigen, sich einem öffentlich gesetzlichen äußeren Zwange", der auch jeden Widerstand gegen das Oberhaupt ausschließt, zu unterwerfen (AA VI, 306f.; 312; vgl. AA VI, 320; Wood 1999, 34f.). Die Verfassung dient als Garantie dafür, an dem, „was Rechtens ist, theilhaftig [werden zu können]", und sie bildet als „constitutio" den Grundstein für die Gestaltung eines Staates, der über „drei *Gewalten*", d.h. über einen „allgemein vereinigten Willen in dreifacher Person" - Legislative, Exekutive und Jurisdiktion - verfügt (AA VI, 311; 313). Das positive Recht gründet also auf diesem „gesetzgebenden Willen" als „Einung [...] eines Sollens", oder in anderen Worten, auf einem „a priori als vereinigt *gedachten* Willen", der nicht als Mehrheitswille im demokratischen Sinn zu deuten ist (AA VI, 316; Flach 2015, 271; Eisfeld 2015, 71).

Entsprechend der Zielsetzung dieses Textabschnittes, nämlich Kants Weg von seiner Moralphilosophie zur Rechtslehre nachzuzeichnen, gilt es nun, die

Frage, ob eine direkte Derivation der Kantischen Rechtslehre von der Sittenlehre gegeben ist, nochmals aufzugreifen (siehe auch Kapitel 1.1.5 und 3.4) (vgl. Horn 2014, 27; Flach 2015, 267). Einerseits drängt sich die Abhängigkeitsthese, gemäß welcher das „öffentlichen Recht" vom Vernunftrecht abgeleitet wird, auf, schreibt doch Kant selbst, dass „[a]us dem Privatrecht im natürlichen Zustande [...] nun das Postulat des öffentlichen Rechts hervor[geht]" (AA VI, 307). Die Annahme einer Abhängigkeit wird zudem durch die Ähnlichkeit der Formulierung des Kategorischen Imperativs und des „allgemeine[n] Rechtsgesetz[es]" unterstützt (AA VI, 231; vgl. GMS BA 52; 67). Das schlagende Argument gegen die Abhängigkeitsthese ist jedoch, dass das „oberste Princip der Rechtslehre" als „*analytisch*", dasjenige der Tugendlehre, d.h. das Sittengesetz, jedoch als „*synthetisch*" ausgewiesen wird (AA VI, 396). Die Vorarbeiten zu dieser Bestimmung sind in der *Grundlegung* zu suchen, wo nach der Möglichkeit von Imperativen, mithin nach der „Nötigung des Willens", nicht nach dem Vollzug der Handlung, gefragt wird (GMS BA 44f.):

> Wie ein Imperativ der Geschicklichkeit [ein hypothetischer Imperativ] möglich sei, bedarf wohl keiner besondern Erörterung. Wer den Zweck will, will (so fern die Vernunft auf seine Handlungen entscheidenden Einfluß hat) auch das dazu unentbehrlich notwendige Mittel [...]. Dieser Satz ist, was das Wollen betrifft, analytisch. // Dagegen, wie der Imperativ der *Sittlichkeit* möglich sei, ist ohne Zweifel die einzige einer Auflösung bedürftige Frage, da er gar nicht hypothetisch ist und also die objektiv vorgestellte Notwendigkeit sich auf keine Voraussetzung stützen kann [...]. [Dieser kategorische Imperativ] ist ein synthetisch-praktischer Satz a priori [...] (GMS BA 44f.; BA 49–BA 51).

Der Kategorische Imperativ ist ein „synthetisch-praktischer Satz a priori", weil der Wille mit der „Tat, a priori" verknüpft wird, ohne dass eine „Neigung" als Voraussetzung für die Handlung in Betracht kommt, womit das „Wollen einer Handlung" nicht analytisch aus einem anderen, vorausgesetzten Wollen abgeleitet wird (GMS BA 50f.; BA 50f., Fußnote). Würde nun eine Herleitung des „oberste[n] Princip[s] der Rechtslehre" vom Sittengesetz angenommen, bedeutete dies eine Ableitung eines analytischen Satzes von einem synthetischen und das "makes no sense" (AA VI, 396; Wood 1999, 35). Allen W. Wood argumentiert die Sinnlosigkeit dieser Ableitung damit, dass "a civil society based on right does not require a *moral* commitment on the part of its members to respect one another's rightful freedom. It requires only a system of external legislation, backed by coercive sanctions sufficient to guarantee that their rights will not be infringed" (Wood 1999, 37).

Inwieweit die rechtlichen Pflichten mit den moralischen im Zusammenhang stehen – für Wood sind sie "entirely independent" – d.h. inwieweit der

Kategorische Imperativ Bedeutung im positiven Recht erlangt, bleibt noch zu demonstrieren (Wood 1999, 37). Moralische Vorgaben scheinen jedoch den Umgang mit rechtlichen Pflichten zu erleichtern.

Nachdem die Zusammenhänge zwischen der Kantischen Sitten- und Rechtslehre dargelegt wurden, gilt es, die Rechtslehre als in sich strukturiertes Ganzes zu verdeutlichen.

Die „*Rechtslehre*" beabsichtigt den systematischen Zusammenhang ihres Gegenstandes, d.h. des Rechts darzulegen (AA VI, 229). Mit dem Zusatz „Ius" verweist Kant unmissverständlich darauf, dass er den Gegenstand der Lehre als „Inbegriff der Gesetze" verstanden wissen will, und grenzt sogleich die „*Rechtslehre*" von der „*Rechtswissenschaft*" als einer „*systematischen* Kenntniß der natürlichen Rechtslehre" ab, deren Gegenstand das Naturgesetz selbst ist, wie aus dem in Klammern hinzugefügten „Ius naturae" zu entnehmen ist (AA VI, 229; vgl. Höffe 1999, 42). Es stimmt zwar, dass Kant im Gegensatz zu dogmatischen Rechtspositivisten und Naturrechtstheoretikern „weder der positiven noch der überpositiven Rechtsbetrachtung ein Exklusivrecht ein[räumt]", dennoch wird der überpositiven Rechtsbetrachtung, d.h. dem Vernunftrecht, ein besonderer Stellenwert zuerkannt, indem es die Grundlage für eine „mögliche positive Gesetzgebung" bereitstellen muss, weil eine „bloß empirische Rechtslehre" eines „Gehirn[s]" entbehrt (Höffe 1999, 43; AA VI, 230).

Der sehr inhaltsreiche Text der „Einleitung *in die Rechtslehre*" unterscheidet in aller Kürze zwischen „vier Arten einer sich steigernden Rechtskompetenz" mit dem Ziel, den Umgang mit dem Recht zunehmend souverän zu gestalten (AA VI, 229; Höffe 1999, 43). Der „Rechtskundige" qua „Rechtsgelehrte" kennt als „Iurisconsultus" den Inhalt der Gesetze, er ist dann „*rechtserfahren*", wenn er die äußeren Gesetze auch auf „in der Erfahrung vorkommende Fälle" anzuwenden weiß (AA VI, 229). Wird auf die „Imperative der Klugheit" in der *Grundlegung* rekurriert, die mit der Glückseligkeit in Verbindung stehen, dann liegt es nahe, auch die „*Rechtsklugheit* (Iurisprudentia)" in einen Zusammenhang mit dem Wohlergehen zu setzen, welches nun mein eigenes Wohlergehen oder jenes eines Ratsuchenden in juristischen Belangen sein kann (GMS BA 46; AA VI, 229; vgl. Höffe 1999, 44). Ist es merkwürdig, wie Höffe schreibt, dass Kant die „epistemisch höchste Stufe", die „*Rechtswissenschaft* (Iurisscientia)", dort sieht, wo es der „*Rechtsklugheit*" und der Rechtserfahrung ermangelt (Höffe 1999, 44; AA VI, 229)? Nein, denn Kant sucht primär, die Rechtslehre als Metaphysik, d.h. als ein „System apriorischer Erkenntnis", mithin als Wissenschaft darzustellen, die „schlechterdings *von aller Erfahrung*" und empirischer Erkenntnis „*unabhängig stattfinden* [muss]", weshalb der Rechtserfahrung und der „*Rechtsklugheit*" kein Raum gegeben wird (Eisfeld 2015, 219f.; KrV B 3f.; AA VI, 229; vgl.

AA VI, 205f.). Die so gefasste „*Rechtswissenschaft*" ist daher ausschließlich im Bereich des Naturrechts zu verorten, sie kann deshalb, obwohl der „Begriff des Rechts" auch ein „auf die Praxis [...] gestellter Begriff ist", nicht Wissenschaft des positiven Rechts sein (AA VI, 229; 205).

Auch wenn *prima facie* Kant das Recht in der landläufig bekannten Weise zu verstehen scheint, indem er auf die „in der Erfahrung vorkommende[n] Fälle" verweist, so verdeutlicht die knappe Darstellung der Anwendungsmöglichkeiten, dass sich sowohl der „Begriff des Rechts", als auch die Bezogenheit desselben auf Personen in einer Gemeinschaft vom derzeitigen Verständnis der Funktionalität des Rechts abhebt (AA VI, 205). Zuallererst fällt auf, dass die Ausführungen den „moralische[n] Begriff" des Rechts, d.h. denjenigen thematisieren, der mit einer „Verbindlichkeit" in Beziehung steht (AA VI, 230). Die Anwendung des Rechts bezieht sich jedoch „*erstlich*" nur auf das „äußere [...] Verhältniß", das Personen aufgrund ihrer Handlungen aneinanderbindet. „*[Z]weitens*" schließt Kant „Handlungen der Wohlthätigkeit" als Gegenstand des Rechts aus, indem das „Verhältniß der Willkür" der, in einem Verhältnis zueinanderstehenden, Personen nicht an den Wünschen derselben, „sondern lediglich [an der] *Willkür* des Anderen" orientiert ist, womit von der Materie der Willkür abstrahiert wird (AA VI, 230). Folglich wird „*[d]rittens*" auch nicht danach gefragt, ob jemand durch den Kauf einer Ware „von mir" einen Vorteil lukrieren kann, sondern bloß, ob sich die Handlung des einen mit der „Freiheit des andern nach einem allgemeinen Gesetze zusammen vereinigen lasse" (AA VI, 230). Über die hiermit beschriebene soziale Beziehung wird der Leser der Kantischen Rechtslehre erst am Übergang vom Privatrecht zum öffentlichen Recht belehrt, ausgehend von der Festlegung, dass aus dem „Privatrecht im natürlichen Zustande [...] nun das Postulat des öffentlichen Rechts hervor[geht]", welches besagt, dass du aus dem „Verhältnisse eines unvermeidlichen Nebeneinanderseins mit allen anderen [...] in einen rechtlichen Zustand, d.i. den einer austheilenden Gerechtigkeit übergehen [sollst]" (AA VI, 307).

Kant inkludiert das Recht in sein „Programm einer universalistischen Ethik" und leitet somit den Rechtsbegriff aus der „reinen praktischen Vernunft mit ihrem Kriterium der allgemeinen Gesetzlichkeit" ab, womit jedoch nicht gesagt ist, dass der Rechtsbegriff aus „dem Prinzip der personalen Moral" in Gestalt der Autonomie gewonnen wird (Höffe 1999, 52).

Entgegen der Vermutung, dass die Rechtsordnung Kants einer Zwangsordnung entspricht, geht es Kant um die „‚rechtsbestimmte' Freiheit", die es jedem auch freistellt, „‚in sein Unglück zu rennen'", d.h. es obliegt jedem Menschen, sich mit anderen „einem öffentlich gesetzlichen äußeren Zwange zu unterwerfen", wie es ihm auch freisteht, das „*[a]llgemeine Princip des Rechts*" als Maxime seinen Handlungen zugrunde zu legen; er wird nicht zu diesen Entscheidungen gezwungen (Höffe 1999, 52; AA VI, 312; 230). Dennoch ermöglicht der Begriff des Rechts einen „allgemeinen wechselseitigen Zwang", mithin eine wechselseitige Einschränkung der Freiheit, die jedoch – im positiven Sinne – erst die Freiheitssicherung von jedermann ermöglicht (AA VI, 232). Die negative Seite dieser „Verträglichkeit von Handlungsfreiheit" fußt auf dem Gebot, dass keine Person, die mit einer anderen die Außenwelt teilt, Anspruch auf deren „Lebensraum" erheben darf, weil der „Boden", d.h. die Erde, als „*gemeinsamer* Besitz" zu begreifen ist. Die Besitznahme darf daher die Freiheit nicht einseitig, sondern nur wechselseitig einschränken (Höffe 1999, 53; AA VI, 262). Eine Gemeinschaft ohne Zwang scheint demnach gar nicht möglich zu sein.

Unter der Voraussetzung, dass nicht jede „positive Rechtsbestimmung" erlaubt oder geboten ist, gilt es anhand eines Maßstabs zu klären, welchen Rechten Geltung zukommt (Höffe 1999, 53). Es ist nun möglich, den „kategorische[n] Rechtsimperativ" mit dem moralischen Kategorischen Imperativ insoweit zu parallelisieren, als die Legitimität des positiven Rechts sich an drei Prinzipien zu erweisen hat, die man nach Höffe (Höffe 1999, 53) mit drei Formulierungen des Kategorischen Imperativs in Beziehung setzen kann: am einzigen „*angeborne[n] Recht*" als dem der Freiheit – „*Handle nur nach derjenigen Maxime, durch die du zugleich wollen kannst, daß sie ein allgemeines Gesetz werde*" –, am Recht vom „*äußeren Mein und Dein*" (Privatrecht) – „*handle so, als ob die Maxime deiner Handlung durch deinen Willen zum allgemeinen Naturgesetze werden sollte*" –, und an der öffentlichen Rechtsordnung, die nicht bestimmt, was „recht sei", sondern was „Rechtens" ist – „*Handle so, daß du die Menschheit, sowohl in deiner Person, als in der Person eines jeden andern, jederzeit zugleich als Zweck, niemals bloß als Mittel brauchest*" (AA VI, 237; 247; 229; GMS BA 52; 67).

Für eine anschauliche Zusammenfassung der Rechtslehre Kants siehe Abbildung 1.

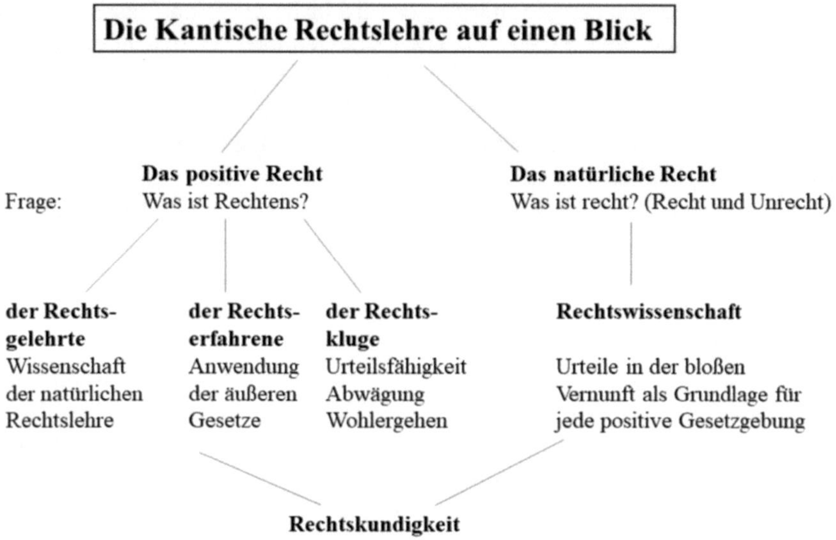


Abbildung 1. „Die Kantische Rechtslehre auf einen Blick“ (vgl. AA VI, 229f.; Höffe 1999, 44).

Mit dem Kategorischen Imperativ als regulatives und oberstes Prinzip des Denkens, Handels und Kommunizieren und mit der Grundnorm aus der Sicht Kelsens wurde ein Schritt hin zur prinzipientheoretischen Begründung des positiven Rechts im Ausgang der Kantischen Philosophie und der Reinen Rechtslehre Kelsens getan, die im Folgenden konkretisiert wird.

# 5 Zur prinzipientheoretischen Begründung des positiven Rechts im Anschluss an die Rechtslehre Hans Kelsens und die Philosophie Immanuel Kants

Zuvorderst kann gefragt werden: Warum ist es geboten, den Anspruch an eine philosophische Begründung des positiven Rechts überhaupt zu erheben? Genügt es nicht, dass der Bürger eines Staates das positive Recht als Tatsache zur Kenntnis nimmt und gemäß diesem handelt?

Kant klärt bereits in der „*Vorrede*" zu den „Metaphysische[n] Anfangsgründe[n] der *Rechtslehre*" auf, dass er die Abhandlungen zur „*Metaphysik des Rechts*", d.h. jenes Rechts, „was zum a priori entworfenen System gehört", im Text selbst, die „Rechte aber, welche auf besondere Erfahrungsfälle bezogen werden", in Form von „Anmerkungen" zu präsentieren gedenkt, damit es nicht zu einer Vermischung zwischen dem, „was hier Metaphysik ist", und der „empirische[n] Rechtspraxis" komme, womit er die Metaphysik des Rechts zu priorisieren scheint (AA VI, 203; 205f.). Es könnte angenommen werden, dass Kant als Philosoph diese Gewichtung vornehmen muss, aber auch Kelsen, als Vertreter des Rechtspositivismus, gibt sich nicht mit der Darstellung des gesetzten Rechts in Gestalt einer „speziellen Rechtsordnung" zufrieden, sondern geht daran, die „Geltung einer positiven, das heißt durch einen Willensakt gesetzten […] [Rechts-]Norm" durch ein „syllogistische[s] Verfahren" zu begründen, nicht ohne sich damit Anfeindungen aus den eigenen Reihen aussetzen zu müssen (Kelsen 2017, 21; 361; vgl. Kelsen 2008, 4; Carrino 2011, 49). Welche Gründe und welche Intention hinter seinem Unterfangen stehen, erläutert er im Vorwort zur ersten Auflage seiner *Reine[n] Rechtslehre* und bezieht sich dabei auf die, mehr als zwanzig Jahre zuvor dargelegte, Habilitationsschrift, die auch nicht nur wohlwollend aufgenommen wurde: „Mehr als zwei Jahrzehnte ist es her, daß ich unternommen habe, eine reine, das heißt: von aller politischen Ideologie und allen naturwissenschaftlichen Elementen gereinigte, ihrer Eigenart weil der Eigengesetzlichkeit ihres Gegenstandes bewußte Rechtstheorie zu entwickeln. Von allem Anfang an war dabei mein Ziel: Die Jurisprudenz, die […] in rechtspolitischem Raisonnement fast völlig aufging, auf die Höhe einer […] Geistes-Wissenschaft zu heben" (Kelsen 2008 [1934], 3).

Wie bereits ausgeführt, macht sich Kelsen bei diesem Unternehmen die Kantische Erkenntnistheorie zunutze, mithin die Philosophie (vgl. Kelsen 2017, 143; 361). Kant bestimmt die „Philosophie“ als „Gesetzgebung der menschlichen Vernunft“ mit ihren beiden Gegenständen, der „Natur“ und der „Freiheit“, und als „System aller philosophischen Erkenntnis“, nicht ohne sogleich zu betonen, dass nicht die Philosophie, sondern bloß das Philosophieren erlernt werden könne, weil die Philosophie selbst „eine bloße Idee von einer möglichen Wissenschaft, die nirgend in concreto gegeben ist“, vorstellt (KrV B 865/A 837–B 869/A 841). In diesem Sinne ist es nun angezeigt, über den konkreten Gegenstand des positiven Rechts gemäß einer „Vernunftwissenschaft (a priori)“ zu philosophieren und dies nicht bloß aufgrund eines theoretischen Interesses, sondern auch, weil es offenkundig manchen Mitgliedern einer Gesellschaft zuwiderläuft, sich den Gesetzen, auf deren Setzung sie nicht direkt Einfluss nehmen können, zu unterwerfen (KrV B 865f./A 837f.; vgl. https://www.ris.bka.gv.at/GeltendeFassung.wxe?Abfrage=Bundesnormen&Gesetzesnummer=10010907; APA 2019, 8).

Selbst wenn die Bürger eines Staates gemäß dem positiven Recht desselben handelten, ohne dieses zu hinterfragen, bedürfte die „Reine Rechtslehre“ Kelsens einer „Rettung“, wie sie Paulson vermittels des regulativen Prinzips zu bewerkstelligen gedenkt, beabsichtigt doch Kelsen nicht das „positive Recht schlechthin“, sondern eine „Theorie des positiven Rechts“, d.h. eine Methodologie desselben zu präsentieren, die den Ansprüchen an „eine echte Wissenschaft, eine Geistes-Wissenschaft“ gerecht zu werden hat (Kelsen 2017, 21; Paulson 2014, 259; Kelsen 2008 [1934], 3). Kelsen ist sich der Schwächen seiner Konzeption bewusst, weshalb er selbst die „zweite Auflage der Reinen Rechtslehre“ bloß als „ein Unternehmen“ betrachtet, das es gilt fortzuführen, zu ergänzen und zu verbessern (Kelsen 2017 [1960], 10). Im Falle, dass von der Rechtslehre Kelsens, die er als „allgemeine“ Lehre verstanden wissen will, gefordert wird, als wissenschaftliches Fundament für jegliche Rechtsordnung – in den Worten Kants als „Grundlage“ zu einer „möglichen positiven Gesetzgebung“ – fungieren zu können, müssen die Risse im Kelsenschen Theoriegebäude verschlossen werden, nicht ohne jedoch vorher die Frage aufzuwerfen, ob die Inkonsistenzen in der Konzeption der Reinen Rechtslehre ihren „Kern“ oder bloß „Marginalien“ betreffen (Kelsen 2017, 21; AA VI, 230; Kletzer 2013, 257). Werden die „*Grundnorm*“, die „„Ermächtigung“‘ und die „Staatsverfassung“ als zentrale Elemente der Reinen Rechtslehre Kelsens gefasst – wie aus den bisherigen Erläuterungen ersichtlich ist –, dann treffen die methodologischen Schwächen den „Kern“ seiner Lehre (Kelsen 2017, 346; 268; 357; Kletzer 2013, 257). Wird aber den Überlegungen Kletzers gefolgt, der in der *Reine[n] Rechtslehre* eine philosophische Interpretation des „absoluten Positivismus“ erkennt, der das Recht selbst – im Sinne des „dynamische[n] Prinzip[s]" Kelsens – als „Rechtsbeziehung und also [als] Rechtsprozess" betrachtet, dann läge die Annahme nahe, dass der „Kern" der Theorie von den Widersprüchen verschont geblieben ist (Kletzer 2013, 259; 262; 257; Kelsen 2017, 351). Klar ist: Es gibt methodologische Probleme, welche die Tauglichkeit der Reinen Rechtslehre als Grundlage für jede Rechtsordnung zu vereiteln drohen, weshalb es angezeigt ist, diesen nahezutreten und eine Lösung derselben in Aussicht zu stellen.

An erster Stelle ist *das* zentrale Theorieelement, die „Grundnorm", zu nennen, die Kelsen als *„transzendental-logische Voraussetzung"* für die Geltungsbegründung der Rechtsnormen konzipiert und deren Vorausgesetzt-Sein zu Diskussionen anregt, wie noch anhand der Abhandlungen Alexys und Hoersters zu demonstrieren ist (siehe Kapitel 5.2) (Kelsen 2017, 359; vgl. Kelsen 2017, 348). Mit der *„vorausgesetzt[en]"* Grundnorm wird jedoch nicht nur das Begründungsverfahren dogmatisch abgebrochen, sondern Kelsen verfällt mit ihr auch insofern einem *„logische[n] Zirkel"*, als es Aufgabe der Grundnorm ist, jene Norm zu erzeugen, die erst die normsetzende „‚Autorität'" zur Normsetzung befugt, womit nach Kletzer, *„jede beliebige* Rechtsnorm gültig sein [kann]" (siehe Abschnitt 5.1) (Kelsen 2017, 348; 352; Kletzer 2013, 260). Kelsen sieht sich zudem gezwungen, die Grundnorm „im juristischen Denken" vorauszusetzen, um dem drohenden *„infiniten Regreß"* zu entgehen, bedürfte doch eine, von einer Autorität gesetzte, mithin gewollte Norm selbst einer Begründung durch eine höhere Norm (Kelsen 2017, 58; Zeidler 2016a, 15; vgl. Alexy 2011, 177f.). Ein weiteres methodologisches Problem kann vermutet werden, wenn wir Kelsens Ausführungen zur Staatsverfassung folgen, die er dem Textabschnitt *„d) Die Grundnorm als transzendental-logische Voraussetzung"* voranstellt (siehe vor allem Abschnitt 4.1): „Will man das Wesen der Grundnorm erkennen, muß man sich vor allem bewußt bleiben, daß sie sich unmittelbar auf eine bestimmte, tatsächlich gesetzte, durch Gewohnheit oder Satzung erzeugte, im großen und ganzen wirksame Verfassung, mittelbar auf die dieser Verfassung gemäß erzeugte, im großen und ganzen wirksame Zwangsordnung bezieht, indem sie die Geltung dieser Verfassung und der ihr gemäß erzeugten Zwangsordnung begründet" (Kelsen 2017, 359).

Kelsen spricht im obigen Zitat nicht die „ältere", d.h. die „historisch erste Staatsverfassung", sondern die „bestehende" an, die – im Gegensatz zu Ersterer – nicht *„vorausgesetzt"*, sondern durch eine „Rechtsautorität" gesetzt wird, mithin positive Rechtsnormen in sich vereint, womit ein Bezug zwischen der Grundnorm, die „nicht in einer positiven Rechtsordnung ‚enthalten' [ist]", und der „positiv-rechtlichen" Verfassung hergestellt wird (Kelsen 2017, 357f.; 355, Fußnote; 356). Das unmittelbare Bezogen-Sein der Grundnorm auf die „tatsächlich gesetzte", mithin „positiv-rechtliche" Verfassung darf hierbei nicht als Anwendung der, die Verfassung konstituierenden, Normen verstanden werden, wird doch die vorausgesetzte Grundnorm – nebst der „Vollstreckung des Zwangsaktes" – als Grenzfall deshalb ausgewiesen, weil sie zwar Rechtsnormen erzeugt, nicht aber anwendet, obwohl gemäß der *„Eigengesetzlichkeit des Rechtes"* jeder Rechtsakt „zugleich" eine höhere Norm anwendet und eine niedere Norm schafft (Kelsen 2017, 359; 356; 420; Kelsen 1923, VI). Diese Charakterisierungen der Grundnorm werden für die noch folgenden Überlegungen zur Begründung des positiven Rechts – Kelsen verweist auf diese im obigen Zitat (siehe S. 237) – von Bedeutung sein. Wird eine weitere Bestimmung der „Grundnorm" ins Kalkül gezogen, nämlich, dass sie die „gemeinsame Quelle für die Geltung aller zu einer und derselben Ordnung gehörigen Normen" repräsentiert, dann ist die Schlussfolgerung zwingend, dass die Grundnorm auch die Rechtsnormen der Verfassung begründet, auf die sie sich jedoch ihrerseits bezieht, womit ein Zirkelschluss unvermeidbar erscheint (Kelsen 2017, 349). Hoerster beschließt seine Überlegungen zur Grundnorm und zur Verfassung damit, dass bei beiden gar nicht von einer „tatsächliche[n] Norm, sondern stets nur [von] eine[r] gemachte[n] Annahme" die Rede sein kann, da sie im Sinne eines dogmatischen Abbruchs vorausgesetzt werden (siehe Kapitel 5.2.2) (Hoerster 2012, 139). Er steht mit seiner Kritik am Stellenwert der Verfassung in der Kelsenschen Konzeption nicht allein, unterstützen doch auch Alexy, Pfersmann und Hart seine kritische Sichtweise (oben, S. 73f.; 114f.; Abschnitt 5.2.1) (vgl. Alexy 2011, 171; Pfersmann 2014, 61; Hart 2012, 293).

Es gibt also Argumente, die für eine Ergänzung und Verbesserung der Reinen Rechtslehre Kelsens sprechen, die Kelsen selbst anregt, indem er – implizit – Lösungsvorschläge für die „Unzahl an Widersprüchen" (Kletzer 2013, 257) und für die zahlreichen „Aporien" (Carrino 1998, 32) in seiner Lehre unterbreitet. Einer dieser Vorschläge kann in der Unterscheidung zwischen einer Verfassung „im rechtslogischen" und „im positiv-rechtlichen Sinne" und der Identifizierung der Grundnorm mit Ersterer gesehen werden (oben, S. 198-200) (Kelsen 2017, 355f.). Zudem merkt Kelsen – nebenbei in einer Fußnote – an, dass die „Grundnorm [...] nicht in einer positiven Rechtsordnung ‚enthalten' [ist]" (Kelsen 2017, 355, Fußnote), womit sie als „systematische[r] Ausgangspunkt" für seine „*Theorie* des positiven Rechts" fungieren kann (Eisfeld 2015, 140; Kelsen 2017, 21) (Eisfeld 2015, 140; Kelsen 2017, 21). Kelsens Ergänzung der „Rechtsstatik" durch eine „Rechtsdynamik" bleibt zwar mit Blick auf die Reinheit seiner Lehre nicht unwidersprochen (siehe Abschnitt 4.4), sie ist aber unabdingbar für eine Wissenschaft von Kantischem Zuschnitt, die „ihren eigentümlichen *Erkenntnisgegenstand* erzeugt", und sich damit selbst „genügt", d.h. sowohl „begründend" als auch „selbstbegründend" ist (Kelsen 2017, 208; 346; Carrino 1998, 60; Carrino 2011, 49; vgl. Kelsen 1955, 253).

Die folgenden Abschnitte versuchen vornehmlich die Frage zu klären, ob die Grundnorm als konstitutives und regulatives Prinzip *zugleich* die Widersprüche in der Rechtslehre Kelsens zu lösen vermag (siehe Kapitel 5.1). Es sei an dieser Stelle vorweggenommen, dass die Grundnorm als bloß regulatives Prinzip nicht der Begründung, sondern bloß der nachträglichen Systematisierung positiver Rechtsnormen – in Form eines „zufällige[n] Aggregat[es]" – diente (KrV B 674/ A 646; vgl. Paulson 2014, 273f.; Kelsen 2017, 349). Kelsen erhebt jedoch an die Grundnorm den Anspruch, „gemeinsamer Geltungs*grund*" aller zu „einer und derselben Ordnung gehörige[r] Normen" zu sein, mithin diese Rechtsnormen zu begründen *und* eine „Einheit einer Vielheit von Normen [zu] konstituier[en]" (Kelsen 2017, 349; 360).

## 5.1 Die Grundnorm und ihr Begründungsdilemma: Zu Aristoteles' „syllogistischen Figuren (σχήματα)" und dem Begründungsskeptizismus

Warum kann Kelsen von seinem Theorieelement der „*Grundnorm*", die zahlreiche Kritiker wie Alexy, Carrino, Hart und Hoerster auf den Plan ruft, nicht ablassen? Kelsen braucht die „*Grundnorm*", um sein „geltungspositivistische[s] Konzept", das besagt, dass das Recht nach „eigengesetzten Regeln" funktioniert, mithin als in sich und über sich hinaus vermittelte Einheit zu begreifen ist, verwirklichen zu können (Kelsen 2017, 346; Jestaedt & Lepsius 2006, XIV).

Dass eine Rechtsnorm gilt, die auf das Verhalten von Menschen gerichtet ist, bedeutet, dass sie in der Weise verbindlich ist, dass sich die Menschen, die ihr unterworfen sind, auch ihr gemäß verhalten *sollen*. Damit wird jedoch über den Grund der Geltung einer bestimmten Norm, der gemäß dem metaethischen Prinzip nach Hume nur die Geltung einer anderen Norm sein kann, keine Aussage getroffen (vgl. Kelsen 2017, 346). Kelsen ist mithin in Ansehung der Dichotomie zwischen Sein und Sollen veranlasst, eine Norm als Geltungsgrund zu bestimmen und bezeichnet diese folgerichtig als „*Grund[-]norm*" (Kelsen 2017, 346). Gemäß diesen Vorbedingungen erschließt sich die „Grundnorm" als „gemeinsame Quelle" für die Geltung aller Normen einer Rechtsordnung, womit das „geltungspositivistische Konzept" in aller Kürze erklärt ist (Kelsen 2017, 349; Jestaedt & Lepsius 2006, XIV). *Prima facie* erscheint diese Argumentation Kelsens schlüssig, erregt jedoch – sowohl bei Vertretern des Rechtspositivismus als auch bei jenen einer nichtpositivistischen Sichtweise des Rechts – deshalb Widerstand, weil die Grundnorm nicht wie die anderen Normen derselben Ordnung erzeugt, sondern „*vorausgesetzt*" wird, womit aufgrund des dogmatischen Abbruchs jede Letztbegründung vereitelt wird (Kelsen 2017, 362). Dennoch lässt Kelsen vorerst keinen Zweifel aufkommen, dass er im „syllogistischen Verfahren" die geeignete Methode zur „Begründung der Geltung einer positiven, das heißt durch einen Willensakt gesetzten [...] Norm" gefunden hat (Kelsen 2017, 361). Explizit wird dem „Obersatz" des Syllogismus, dessen Inhalt als „Grundnorm", d.h. als „objektiv gültig ausgesagte Norm" festgelegt wird, eine Begründungsfunktion zuerkannt. Die Grundnorm muss jedoch selbst als Voraussetzung eine „objektive Geltung" aufweisen, die nicht weiter vermittels eines syllogistischen Verfahrens begründet werden kann. Für Kelsen ist diese Voraussetzung dann erfüllt, „wenn die Person, deren Befehlen man der jetzt in Frage stehenden Norm zufolge gehorchen soll, als eine höchste Autorität angesehen wird, [...] ohne daß sie selbst als Schlußsatz eines weiteren, ihre Geltung begründeten Syllogismus ausgesagt werden kann" (Kelsen 2017, 361f.).

Mit dem „Schlußsatz", der die Geltung in Form eines weiteren Syllogismus begründet, macht Kelsen auf den Umstand aufmerksam, dass die Induktion, die vom Partikularen auf das Allgemeine schließt, das Ergebnis der Deduktion zum Ausgangspunkt wählt (Kelsen 2017, 362; vgl. Zeidler 2016b, 310; Flashar 2013, 202). Im Rahmen der obigen Bestimmung des syllogistischen Verfahrens bleibt jedoch unklar, warum die Geltung der im Obersatz gesetzten Norm nicht durch einen weiteren Syllogismus begründet werden kann. Kelsen begegnet diesem Einwand damit, dass „eine positivistische Rechtswissenschaft den historisch ersten Verfassungsgeber als höchste Rechtsautorität ansieht", womit er sich der Notwendigkeit einer logischen Letztbegründung entzieht und dies damit argumentiert, dass eine „positivistische Rechtswissenschaft" die Norm, die der „Begründung der objektiven Geltung der Rechtsnormen" dient, nur „feststellen", d.h. voraussetzen kann (Kelsen 2017, 363).

Da sich nun bereits zwei der „syllogistischen Figuren (σχήματα)" (Flashar 2013, 202) - die Deduktion und die Induktion - wie sie Aristoteles detailreich in seinen Analytiken entwickelt, als Elemente der wissenschaftlichen Begründung präsentierten, scheint es angemessen, die Syllogistik des Aristoteles näher zu betrachten.

Es gibt einen guten Grund, warum dieser Abschnitt nicht von „Schlussformen", sondern von „syllogistischen Figuren (σχήματα)" spricht (Flashar 2013, 201f.). Unter Syllogismus (συλλογισμός) ist nämlich nicht, wie landläufig angenommen, ein Zusammenhang von Urteilen - von Obersatz, Untersatz und Konklusion - zu verstehen, sondern „ein erkanntes, unumstößliches, durch bestimmte Verfahren abgesichertes *Verhältnis unter Begriffen*", die es gilt, als „Grundbausteine" der Prämissen aufzufinden (Zekl 1998, XVI). Aus diesem

Grund wählt Aristoteles für seine Schrift, deren Fokus auf den „in Allform behauptende[n] Satz“ gelegt wird, den Titel „ANALYTIK“ und nicht „Synthetik“ (Zekl 1998, XXXf.). Nach Hans Günter Zekl, der die beiden „Analytik[en]“ Aristoteles’ nicht nur übersetzte, sondern auch mit einer ausführlichen Einleitung versah, entspricht es daher einem Missverständnis, die aristotelische Syllogistik als „‚Lehre vom Schluß‘“ und damit als Mittel zum Erkenntnisgewinn zu fassen, ist sie doch „*selbst eine Erkenntnis*“ (Zekl 1998, XXVIII; vgl. Flashar 2013, 200).

Als Einstieg in die „Erste Analytik“ stellt Aristoteles fest, dass es einen „*Beweis*“ gibt, der „einerseits in Form von All-Aussagen, andererseits in Form von Teil-Aussagen, und einmal in zusprechender Form, zum anderen in absprechender“ vorliegen kann, dass es jedoch zu klären gilt, welche Art des Beweises die bessere ist (An. Pr. I 1, 24a3; An. Post. I 24, 85a17-85a20). Im „Erste[n] Buch“ der „Zweiten Analytik“ wird dann klar, dass die „*erste*“ Figur, die Deduktion, die Vorrangstellung einnimmt: „Von den Schlussformen stiftet die *erste* am meisten Wissen. Die wirklich genauen unter den Wissensfächern, bei denen man etwas *lernen* kann, führen ihre Beweise über sie: Zahlenlehre, Flächenlehre, Lehre vom Sehen und so ziemlich, mit einem Wort, alle, die auf das ‚deswegen‘ die Betrachtung richten; [...] Also wird sie ja wohl deswegen schon die am meisten wissensstiftende sein; denn das Edelste am Wissen ist die Betrachtung des ‚deswegen‘“ (An. Post. I 14, 79a28-79a37).

Bis heute wird die Deduktion, die eine „*formallogische Begründung* von Aussagen durch andere Aussagen“ ermöglicht, als *die* wissenschaftliche Methode, vermittels welcher der Wissenschaftler Erkenntnisse gewinnt, betrachtet (Zeidler 2016a, 17). Dennoch hat Aristoteles - gleichsam unter der Hand und nur nebenbei vermerkt (vgl. An. Pr. II 13, 62b26) - mit der „*dritte[n]*“ Schlussfigur die Induktion, die das Allgemeine erschließt, von welchem die Deduktion Gebrauch macht, und zudem „mit den Schlüssen der Zweiten Figur“, welche die „Erschließung des Einzelnen“ vollbringt und die man im Anschluss an Charles S. Peirce als Abduktion bezeichnen kann, die logische Synthesisleistung angesprochen (An. Pr. I 6, 28a17; Zeidler 2016b, 307; vgl. Zeidler 2016a, 35). Aristoteles berücksichtigt im Rahmen seiner Darstellung der drei genannten Figuren, die durch die Stellung des Mittelbegriffs gekennzeichnet sind, ausschließlich den Aussagesatz (λόγος ἀποφαντικός), den er als Prämisse mit den Elementen, „‚das, wovon ...‘“ (Subjekt), „‚das, was ...‘“ (Prädikat) und dem „Akt der Verbindung (Affirmation) oder Trennung (Negation)“ in die Syllogistik einführt (Zekl 1998, XVI; vgl. Flashar 2013, 201). Eine eingehende Beschreibung der drei Figuren ist in den Kapiteln 4-6 der *Analytica Priora* zu lesen (vgl. An. Pr. I 4, 25b46-25b53 - Deduktion; An. Pr. I 5, 26b46-26b55 - Abduktion; An. Pr. I 6, 28a14-28a22 - Induktion).

Sollte sich die knappe, aber inhaltsreiche Charakterisierung der drei syllogistischen Figuren in den genannten Textstellen nicht sofort erschließen, dann gelingt es, diese in Anlehnung an die Beispiele Kletzers und Hoersters zu verdeutlichen (vgl. Kletzer 2013, 267; Hoerster 2012, 12). In der ersten Figur (Deduktion) entspricht der Begriff „*Dieb*" dem Mittelbegriff („„terminus medius"'; B), der den beiden Eingangssätzen gemeinsam ist, aber im Schlusssatz „nicht mehr auftaucht" und in der Mitte steht (Rapp 2001, 96; vgl. An. Pr. I 25, 41b50).

| | |
|---|---|
| Jeder, der einem anderen Geld aus der Tasche nimmt, ist ein *Dieb*. | „A x B & |
| Peter ist ein *Dieb*. | B x C → |
| Also hat Peter einem anderen Geld aus der Tasche genommen. | A x C" |

In der zweiten Figur (Abduktion) steht das Prädikat „*Geld aus der Tasche nehmen*" für den Mittelbegriff (B), der der „Setzung nach der erste [ist]" (An. Pr. I 5, 26b55). Es wird das Einzelne erschlossen:

| | |
|---|---|
| Jeder, der einem anderen *Geld aus der Tasche nimmt*, ist ein Dieb. | „B x A & |
| Peter hat einem anderen *Geld aus der Tasche genommen*. | B x C → |
| Also ist Peter ein Dieb. | A x C" |

In der dritten Figur (Induktion) wird *Peter* als Mittelbegriff (B) gesetzt, welcher der „Setzung nach der *letzte* [ist]" (An. Pr. I 6, 28a22). Es wird vom Partikularen auf das Allgemeine geschlossen, welches sich die Deduktion zunutze macht. Dieser Schluss weist nur dann Gültigkeit auf, wenn Peter alle Diebe „repräsentiert" (Zeidler 2016b, 310).

| | |
|---|---|
| *Peter* hat einem anderen Geld aus der Tasche genommen. | „A x B & |
| *Peter* ist ein Dieb. | C x B → |
| Also ist jeder, der einem anderen Geld aus der Tasche nimmt, ein Dieb. | A x C" |

In der von Hellmut Flashar wiedergegebenen Schreibweise „bedeutet x die Kopula („„kommt zu"'), & die Verbindung zwischen den beiden Prämissen, → die Conclusio" (Flashar 2013, 202).

Ist in Ansehung dieser Vorinformationen Kelsens „Begründung der Geltung einer positiven, […] ein bestimmtes Verhalten gebietenden Norm" vermittels des „syllogistischen Verfahren[s]" überzeugend (Kelsen 2017, 361)? Kelsen bestimmt den Obersatz des Syllogismus als eine „objektiv gültig angesehene Norm (richtiger, die Aussage einer solchen Norm)", den Untersatz als die Tatsache, dass eine bestimmte Person „befohlen hat, daß man sich in bestimmter Weise verhalten soll", womit sich aus diesen Prämissen die Conclusio als „Aussage der Geltung der Norm" mit „logischer Unerbittlichkeit" ableiten lässt (Kelsen 2017, 361; Zeidler 2016b, 309). Mithin erhält der Syllogismus Kelsens, der sich in befremdlicher Weise eines Beispiels aus der „theologische[n] Ethik" bedient, die folgende Struktur (Kelsen 2017, 362):

(1) Obersatz: „Man soll den Befehlen Gottes gehorchen". (Soll-Satz; „als objektiv gültig angesehene Norm")
(2) Untersatz: „Gott hat befohlen, den Befehlen der Eltern zu gehorchen". („Aussage [einer] Tatsache")
(3) „Schlußsatz": „Also soll man den Befehlen der Eltern gehorchen". (Soll-Satz; „Aussage der Geltung der Norm") (Kelsen 2017, 361f.; vgl. Kelsen 2017, 347).

Wie bereits an anderer Stelle angemerkt, muss – im Sinne der Wahrung des metaethischen Prinzips nach Hume – der zur *„conditio per quam"* erklärte Obersatz die Gestalt einer Norm und der als *„conditio sine qua non"* bestimmte Untersatz die Form einer, eine „Seins-Tatsache" feststellenden, Aussage annehmen, damit eine Norm (Obersatz) als Geltungsgrund für eine andere Norm (Schlusssatz) zu gewinnen ist (Kelsen 2017, 347). Befremdlich ist die Wahl des Inhaltes des von Kelsen formulierten Syllogismus in Ansehung geeigneter Beispiele aus der Jurisprudenz deshalb, weil er sich mit diesem von seiner nonkognitivistischen Haltung distanziert, die er im Zusammenhang mit der „absolute[n] Gerechtigkeit", die keiner rationalen Erkenntnis zugänglich ist, betont, und weil er zudem mit dem „Reinheitspostulat" seiner Reinen Rechtslehre bricht (Kelsen 2017, 750; Paulson 2014, 259; vgl. Kelsen 2017, 21; Kletzer 2013, 258; Alexy 2011, 158f.; Dreier 2021, 74-79). Überdies wäre ihm durch die Wahl eines anderen Exempels der Vorwurf eines *„juristische[n] Pantheismus"*, den Carrino aufgrund der Verquickung der Rechtslehre mit religiösen Gedanken erhebt, erspart geblieben (Carrino 1998, 1; vgl. Kelsen 2017, 686; 347).

Aristoteles berücksichtigt – im Gegensatz zu Kelsen – offensichtlich mit Bedacht bloß den Aussagesatz (λόγος ἀποφαντικός) im Rahmen seiner Entwicklung der drei erläuterten Schlussformen und nimmt von Soll-Sätzen Abstand (vgl. Zekl 1998, XVI; Flashar 2013, 201). Die, eingangs gestellte, Frage, ob die

„Begründung der Geltung einer positiven, [...] Norm" vermittels des „syllogistischen Verfahren[s]" in überzeugender Weise gelingt, kann aus den oben explizierten Gründen verneint und als Lösungsvorschlag der folgende, in Analogie zu Alexys „*Grundnormsyllogismus*" konzipierte, deduktive Schluss präsentiert werden (Kelsen 2017, 361; Alexy 2011, 158):

(1) Obersatz: Wenn eine positive Rechtsnorm qua Gesetz tatsächlich gesetzt und sozial wirksam ist, dann ist es rechtlich geboten, sich gemäß dieser zu verhalten.
(2) Untersatz: Die positive Rechtsnorm wurde tatsächlich gesetzt und ist sozial wirksam.
(3) Schlusssatz: Folglich ist es rechtlich geboten, sich gemäß dieser positiven Rechtsnorm zu verhalten (vgl. Alexy 2011, 158f.).

Nachdem nun die drei syllogistischen Figuren – *getrennt voneinander* – mit ihren Stärken und Schwächen charakterisiert wurden, gilt es, sich der Frage nach einer möglichen prinzipientheoretischen Begründung qua Letztbegründung des positiven Rechts zuzuwenden, welche nach einer Auseinandersetzung mit dem Begründungsskeptizismus verlangt, um ihre Bedeutung veranschaulichen zu können.

Indem die Argumente des Begründungsskeptizismus, der die Philosophie von der Antike bis heute beherrscht, „mit geschichtlichen, hermeneutischen und pragmatischen Erfahrungen [...] kaschiert [werden]", wird ihm nicht nur „insgeheim" recht gegeben, sondern es werden auch „prinzipientheoretische und systematische Überlegungen, denen sich eine vormalige Philosophie widmete, für überholt erklärt" (Zeidler 2016a, 17).

Ehe mit der „vormalige[n] Philosophie" auf Aristoteles und Kant rekurriert wird, sind das Wesen und die Argumente des Begründungsskeptizismus zu erläutern. Der Begründungsskeptiker untermauert seine Behauptung, dass jede Begründung nur „provisorisch" oder „scheinbar" ist, mit drei Argumenten, die unter der, von Hans Albert geprägten, „sinnigen Bezeichnung ‚Münchhausen-Trilemma'" firmieren (Zeidler 2016a, 17; 15). Wird der Versuch einer zureichenden „rationale[n] Begründung" unternommen, so sieht sich die Person, die diesen Versuch unternimmt, mit drei Alternativen konfrontiert, die jede Letztbegründung jedoch *nur dann* vereiteln, wenn die drei Begründungsverfahren – die formallogische Begründung in Gestalt der Deduktion, die empirische Begründung in Form der Induktion und die Abduktion, die als „logische Funktion [jeder] begrifflichen Identifizierung" der Deduktion und der Induktion vorausgesetzt ist – *isoliert* betrachtet werden (Zeidler 2016a, 15; Zeidler 2016b, 311). In dieser Weise mündet die Deduktion, die die Begründung von Aussagen durch andere Aussagen leistet, dann in einen „*logischen Zirkel*", wenn im Rahmen der Begründung auf Aussagen zurückgegriffen wird, die schon vorher begründungsbedürftig waren (Zeidler 2016a, 112; vgl. Zeidler 2016a, 17). Die „*empirische Begründung*" qua Induktion zieht Tatsachenfeststellungen – „*Peter* hat einem anderen Geld aus der Tasche genommen", „*Peter* ist ein Dieb" – heran, um eine andere Feststellung, nämlich, dass jeder, der einem anderen Geld aus der Tasche nimmt, ein Dieb ist, zu begründen, womit sie bei der „Suche nach Gründen" immer weiter, *ad infinitum*, „hinaufgeh[en]" muss; ein „*infinite[r] Regreß*" ist mithin unausweichlich (Zeidler 2016a, 17; 112; Zeidler 2016b, 310; An. Post. I 3, 72b12f.). Auch wenn der abduktive Schluss – „Jeder, der einem anderen *Geld aus der Tasche nimmt*, ist ein Dieb; Peter hat einem anderen *Geld aus der Tasche genommen*; Also ist Peter ein Dieb" – abwegig erscheint, – kann doch Peter zur Entnahme des Geldes aufgefordert worden sein – bedienen wir uns dieses Schlusses immer, wenn wir „etwas begrifflich identifizieren" (Zeidler 2016b, 311). Nicht nur darin ist die Bedeutung dieses Schlussverfahrens zu sehen, sondern auch in seiner Vermittlungsfunktion zwischen deduktivem und induktivem Schluss (vgl. Zeidler 2016b, 313).

Wie anhand der „*Grundnorm*" und der „ältere[n] Staatsverfassung" Kelsens bereits gezeigt wurde, bleibt auch die Abduktion deshalb nicht von der Kritik der Skeptiker verschont, weil sie – *isoliert* für sich betrachtet – eine bloß willkürliche Behauptung ist, die das Begründungsverfahren dogmatisch abbricht, womit das Prinzip einer „zureichenden Begründung" im Sinne eines „letztbegründende[n] Zusammenhang[s]" zwischen Deduktion, Induktion und Abduktion „willkürlich" suspendiert wird (Kelsen 2017, 346; 357; Zeidler 2016a, 113; Zeidler 2016b, 315). Mit dem geforderten Zusammenhang zwischen den drei Begründungsverfahren wird der Schlüssel zur Überwindung des Begründungsskeptizismus bereits implizit vorweggenommen.

Sind angesichts dieser Skizze der Begründungsverfahren die „prinzipientheoretische[n] und systematische[n] Überlegungen" der „vormalige[n] Philosophie" als gegenstandslos zu betrachten (Zeidler 2016a, 17)? Keineswegs. Aristoteles legt am Beginn der *Analytica Priora* den Gegenstand der Untersuchung als „*Beweis*" und „*beweisendes Wissen*" fest (An. Pr. I 1, 24a3). Die Frage, ob ein „*beweisendes Wissen*" überhaupt möglich ist, scheint auch Aristoteles in einige Bedrängnis zu bringen, sieht er sich doch mit „konkurrierende[n] Ansätzen" konfrontiert (An. Pr. I 1, 24a3; Zekl 1998, LIX).

> Einige meinen nun, aufgrund dessen, daß man von den Erstannahmen ein Wissen haben muß, könne es *gar kein* Wissen geben, andere dagegen (meinen), es gebe das wohl, darüber hinaus gebe es *von allen* (Sätzen) Beweis. Keine der beiden Annahmen ist richtig oder notwendig. Die (die Behauptung) zugrundegelegt haben, Wissen gebe

> es gar nicht, die verlangen, daß die Sache ins Unendliche hinaufgeht [...]. Und wenn (die Sache irgendwo) zum Stehen kommt und es Anfangspunkte gibt, so seien diese der Erkenntnis nicht zugänglich [...]. Die anderen dagegen geben zu, daß es Wissen gibt; es sei allein durch Beweis (zu begründen), aber nichts hindere die Annahme, daß es für jeden (Sachverhalt) einen Beweis gebe; es sei nämlich möglich, daß Beweis im Kreis herum erfolgen könne [...] (An. Post. I 3, 72b6–72b28).

Diese Überlegungen, die in der *Analytica Posteriora* präsentiert werden, mögen unspektakulär erscheinen. Das sind sie aber ganz und gar nicht, thematisiert Aristoteles doch mit ihnen die Argumente des Begründungsskeptizismus in Gestalt des „*Zirkelbeweis[es]*" – „daß Beweis im Kreis herum erfolgen könne" –, des „*infiniten Regreß[es]*" – „daß die Sache ins Unendliche hinaufgeht" –, und des „*dogmatischen Abbruch[s]*" – „wenn (die Sache irgendwo) zum Stehen kommt" (Zeidler 2016a, 15: An. Post. I 3, 72b27f.; 72b12f.; 72b16f.). Für den Leser eher überraschend argumentiert Aristoteles jedoch im Anschluss an diese Darlegung „im metaphysischen Vertrauen auf eine unmittelbare (noetische) Erkenntnis" im Sinne des Begründungsskeptikers, indem er „das (Wissen) von den unvermittelten (Annahmen)" zu einem Unbeweisbaren erklärt und betont, dass nicht jedes Wissen „dem Beweis zugänglich" ist (Zeidler 2016a, 15; An. Post. I 3, 72b29–72b31). Nun könnte in analoger Weise auch der Begründungsskeptiker dazu aufgerufen werden, „empirische Gründe", die seinen Skeptizismus stützen, angeben zu müssen, womit auch er in einem „*infiniten Regreß*" gefangen wäre (Zeidler 2016a, 15f.). Diese Kritik geht jedoch ins Leere: Der Begründungsskeptiker, der jegliche rationale Begründung wegen der genannten Argumente für „provisorisch" erachtet, bestreitet gerade nicht, dass er sich auf empirische Gründe beruft, sondern, dass „weder empirische noch formallogische Begründungen eine rationale Begründung liefern" (Zeidler 2016a, 15f.). Folglich sind aufgrund der Tautologie dieser Feststellung, die sich eben nur entweder auf „formallogische Regeln" oder empirische Tatsachen stützt, alle Bemühungen einer Widerlegung des Begründungsskeptizismus „zum Scheitern verurteilt" (Zeidler 2016a, 16).

Aristoteles begibt sich mit der konkludierenden Behauptung. „daß es nicht nur Wissen, sondern auch je irgend einen Ausgangspunkt von Wissen gibt, mittels dessen wir die fest bestimmten Begriffe erkennen", insofern auf gesichertes Terrain, als er den Syllogismus als „*Verhältnis unter Begriffen*" verstanden wissen will, die es gilt, als „Grundbausteine" der Prämissen aufzufinden (An. Post. I 3, 72b36–72b38; Zekl 1998, XVI; vgl. An. Pr. I 1, 24b11–24b14). Eine detailreiche Erklärung, was unter den „fest bestimmten Begriffe[n]" zu verstehen ist, wird vor allem im zweiten Buch der *Analytica Posteriora* dargelegt (An. Post. I 3, 72b38): Für Aristoteles ist „klar", dass alles, wonach gefragt wird, „ein Suchen nach dem Vermittelnden ist" (An. Post. II 3, 90a53f.). Mithin steht fest, dass der Mittelbegriff Fokus seines Interesses sein wird, nicht jedoch ohne vorher eine klare Unterscheidung zwischen der Begriffsbestimmung und dem Beweis vorzunehmen, gibt es doch nicht von allem, „wovon es [einen] Beweis gibt", auch eine „Begriffsbestimmung" (An. Post. II 3, 90b30f.).

Es ist die unterschiedliche Funktion der Begriffsbestimmung und des Beweises, die der Tatsache, dass es nicht „in allen Fällen von einem und demselben (Gegenstand) Begriffsbestimmung *und* Beweis gibt", zugrunde liegt (An. Post. II 3, 90b47-90b49). Durch eine „vollzogene Begriffsbestimmung" wird nämlich weder erkannt, „was (einem Gegenstand) an ihm selbst zukommt, noch [...], was ihm nur nebenbei zutrifft", noch sind die Begriffsbestimmungen in den „Ausgangsannahmen zu den Beweisen" - wie bereits erwähnt - eines Beweises fähig (An. Post. II 3, 90b24-90b27; 90b40; vgl. An. Post. I 3, 72b29-72b31). Vermittels einer Begriffsbestimmung wird klar gemacht, „*was es ist*", d.h., dass ein Prädikat an einem Subjekt (τὸ ὑποκείμενον) vorliegt, während der Beweis demonstriert, „*daß* dies von dem *gilt oder nicht gilt*" (An. Post. II 3, 90b52; 91a2f.). Aristoteles dokumentiert mit dieser Festlegung von Begriffsbestimmung und Beweis, dass es der Schluss nicht nur mit einer Folgebeziehung - „bei Setzung einiger (Sachverhalte) [folgt] etwas anderes als das Gesetzte mit Notwendigkeit" - zu tun hat, sondern, dass seine Syllogistik zudem eine „forschungslogische und begründungstheoretische Dimension" aufweist, die jedoch zumeist ausgeblendet wird (An. Pr. I 1, 24b15-24b17; Zeidler 2017, 182). Außerdem kommt die Definition der Begriffsbestimmung und des Beweises nahe an jene heran, die den Begriff als „*fundamentale logische Form*" und den Schluss als „*logische Form der Begründung*" fasst (Zeidler 2011, 299).

In An. Post. II 8 rollt Aristoteles das Thema des Beweises und der Begriffsbestimmung mit der Intention, den Mittelbegriff in der ersten Schlussform als das „Verursachende" darzustellen, wieder auf (An. Post. II 8, 93a12). Es ist nämlich dasselbe, „zu wissen, *was* es (jeweils) ist, und die *Ursache* davon zu wissen, *ob* es (jeweils) ist" (An. Post. II 8, 93a5-93a7). Es steht außer Streit, dass eine Suche, „nach dem ‚was es ist' [...], ohne Sicherheit zu haben, daß es [überhaupt] ist, heißt: nach nichts [zu] suchen", womit die Suche nach der Existenz einer Sache prioritär zu behandeln ist (An. Post. II 8, 93a45f.). Im Falle, dass sich das „was es ist" und das Verursachende unterscheiden, „muß dies Verursachende in der Mitte stehen" und es muss in bejahender Weise und in „Allform", mithin in der ersten Schlussform qua Deduktion, zu zeigen sein (An. Post. II 8, 93a12-93a15). Aristoteles bedient sich des Beispiels der Verfinsterung des Mondes, um vermittels der Identifizierung der Existenz der Verfinsterung mit der Begründung derselben zu beweisen, dass der Mittelbegriff das Verursachende ist. „‚Verfinsterung', dafür stehe A, ‚Mond' sei C, ‚Dazwischentreten der Erde' B" (An. Post. II 8, 93a52f.). Ausgehend von der ersten Schlussform in der Schreibweise „A x B & B x C → A x C" kommt die „‚Verfinsterung'" (A) dem „‚Dazwischentreten der Erde'" (B) und letztere dem „‚Mond'" (C) zu, womit B als Begründung für A zu interpretieren ist. Mithin entspricht die Suche nach dem *„aufgrund wovon"*, auf das ein Beweis abzielt, der Suche nach dem Mittelbegriff (Flashar 2013, 202; An. Post. II 8, 93a52f.; II 8, 93b2; vgl. An. Post. I 24, 85b50). Handelt es sich jedoch um Dinge, deren Verursachendes von ihnen geschieden ist, dann sind derartige „‚was-es-ist' (-Bestimmungen) [...] unvermittelt", d.h. sie müssen – im Sinne eines dogmatischen Abbruchs – ohne das „‚was-es-ist'" zu beweisen, gesetzt werden (An. Post. II 9, 93b29f.; vgl. An. Post. II 10, 94a13–94a15). Dagegen gelingt es nach Aristoteles, unter Heranziehung eines Mittelbegriffs „mithilfe von Beweis *Klarheit* herzustellen [...], ohne doch das „‚was-es-ist'" (wirklich) zu beweisen" (An. Post. II 9, 93b36–93b38). Hinter diesen drei Erklärungen, die die Suche nach dem *„aufgrund wovon"*, das Setzen von dem „‚was-es-ist'" und das Herstellen von *„Klarheit"* mithilfe eines Beweises thematisieren, verbergen sich die drei Grundlegungsschritte in Gestalt der Deduktion (erste Schlussfigur), der Abduktion (zweite Schlussfigur) und der Induktion (dritte Schlussfigur) (An. Post. II 8, 93b2; II 9, 93b29; II 9, 93b37). Es gelingt mithin zwar die „‚Verfinsterung'" des Mondes vermittels des Mittelbegriffs (dem „‚Dazwischentreten der Erde'") zu begründen, ihr Wesen wird durch diesen vermittelten Schluss jedoch nicht bewiesen, weil es nämlich ein Unterschied ist, „gesagt zu haben: ‚Warum donnert es?' und: ‚Was ist Donner?'" (An. Post. II 8, 93a52f.; II 10, 94a3–94a5). Die Antwort auf die erste Frage wird die Begründung, „daß das Feuer in den Wolken ausgelöscht wird", beinhalten, die zweite liefert eine Bestimmung des Donners als „‚Getöse des in den Wolken ausgelöschten Feuers'" (An. Post. II 10, 94a6–94a8). In aristotelischer Weise wird zusammengefasst: „Somit wird die gleiche Erklärung auf andere Weise ausgesagt und ist soherum *zusammenhängender Beweis*, anders gewendet, *Begriffsbestimmung*. – Es gibt auch noch folgende Begriffsbestimmung von ‚Donner': ‚Getöse in den Wolken'. Das ist der Schlußsatz des auf das ‚was es ist' zielenden Beweises. [...] Somit ist also ‚Begriffsbestimmung' einmal: *Erklärungsrede des ‚was es ist' ohne Beweisführung*, ein andermal: *Schluß auf das ‚was es ist', in der Wortabwandlung unterschieden von Beweis*, und ein drittes Mal: *Schlußsatz des auf das ‚was es ist' zielenden Beweises*" (An. Post. II 10, 94a8–94a20).

Die Ausführungen Aristoteles' erschließen sich nicht spontan, könnten aber in der folgenden Weise in die Struktur der ersten syllogistischen Figur übergeführt werden:

(1) Donner (A) wird durch das ausgelöschte Feuer in den Wolken (B) verursacht. (A x B)
(2) Das ausgelöschte Feuer in den Wolken (B) verursacht Getöse (C). (B x C)
(3) Also ist Donner (A) Getöse (C) in den Wolken. (A x C)

Wie mit den „konkurrierende[n] Ansätzen" bereits angeklungen, ringt Aristoteles mit der Gefahr, dass jeder Versuch einer rationalen Begründung - diese betont er im Sinne des *„aufgrund wovon"* als Ziel eines Beweises - wegen des Begründungs-Trilemmas vereitelt wird, und zieht eines der drei Argumente, das fordernde Setzen von Annahmen im Sinne eines dogmatischen Abbruchs, auch als Kritikpunkt am *„Einteilungsverfahren"* (διαίρεσις) Platons, heran (Zekl 1998, LIX; An. Post. II 8, 93b2; An. Pr. I 31, 46a49; vgl. Zeidler 2016a, 15). Er argumentiert, dass das, was nachgewiesen werden muss, „hier nur fordernd genommen" und dass zudem der *„Allgemeinausdruck [...] in die Mitte [genommen wird]"*, weshalb es sich bei diesem „Auseinandernehmen" nur um „so etwas wie ein[en] kraftlose[n] Schluß" handeln kann, der den Voraussetzungen der ersten Schlussform nicht gerecht wird (An. Pr. I 31, 46a51-46a53; 46b2f.; vgl. Soph. 220e-221c; Zekl 1998, LXIII). Ein Beispiel verdeutlicht, was Aristoteles unter dem In-die-Mitte-nehmen versteht: „Es sei also ‚Lebewesen' A, ‚sterblich' B, ‚unsterblich' C, ‚Mensch' dann, wovon es hier die Bestimmung zu erhalten gilt, D. Jedes ‚Lebewesen' nimmt dann entweder (die Eigenschaft) ‚sterblich' oder ‚unsterblich' an; das bedeutet: Alles, was A ist, ist entweder B oder C. Und wieder setzt man ‚Mensch', im Laufe der schrittweisen Einteilung, (schließlich) als ‚Lebewesen', sodaß man also annimmt, A liegt an D vor" (An. Pr. I 31, 46b4-46b10).

Folglich muss „zwar notwendig" der Mensch (D) „als Ganzes" entweder sterblich oder unsterblich sein, das gewünschte Ergebnis des Schlusses, dass der Mensch ein sterbliches Lebewesen ist, „ist nicht notwendig, sondern wird nur gefordert", weil Platon „immer auf etwas, das weiter oben liegt", nämlich auf das Lebewesen, schließt (An. Pr. I 31, 46b11-46b15; 46a53f.). Aufgrund der aristotelischen Beschreibung der drei Schlussfiguren liegt die Vermutung nahe, dass mit dem *„Allgemeinausdruck"*, der *„in die Mitte [genommen wird]"*, der Mittelbegriff „Dieb" des obigen Beispiels gemeint sei, der in der ersten Schlussform „der Anordnung nach in die Mitte tritt" (An. Pr. I 31, 46b2f.; I 4, 25b51). Dieser *„in die Mitte"* genommene *„Allgemeinausdruck"* ist aber als „Mitte des abduktiven Schlusses" die *„Idee"* Platons und mithin „der Begriff, der Erkenntnisgrund ist, oder, mit anderen Worten, ein intensionales Allgemeines oder *Sinnallgemeines*, das Einzelnes erschließt" (An. Pr. I 31, 46b2f.; Zeidler 2016a, 40f.). Auch wenn es - ohne Zweifel - Aristoteles als Verdienst anzurechnen ist, dass er in seinen Analytiken zusätzlich zur „formallogische[n] Begründung" qua Deduktion und zur „empirische[n]" Begründung qua Induktion mit seiner zweiten

Schlussfigur auch die Abduktion (Peirce) anspricht, scheint er sich mit Letzterer nicht anfreunden zu können, lehnt er doch die Dichotomie (διχότομος) des Einteilungsverfahrens zwischen „kommt zu" und „kommt nicht zu" ab (Zeidler 2016a, 16; vgl. Flashar 2013, 202f.; An. Pr. I 31, 46b37–46b42). Dass sich in den Abhandlungen Aristoteles' – außer der knappen Bemerkung in An. Pr. II 13, 62b26 – keine expliziten Hinweise auf die prinzipientheoretische Funktion der zweiten Schlussfigur bzw. der „Abduktion" (Zeidler 2016a, 40) finden, und dass die erste Schlussfigur unangefochten als *die* wissenschaftliche Beweisführung exponiert wird, mag dem Umstand geschuldet sein, dass die „formale Logik" nur das „Subsumtionsallgemeine" kennt, operiert sie doch mit „Begriffsumfängen", wie dies Aristoteles anhand der Beschreibung der Umfänge des Mittelbegriffs im Verhältnis zum „kleineren" und „größeren Eckbegriff" demonstriert (Zeidler 2016a, 40; An. Pr. I 4, 26a47; 26a61).

Die zweite Schlussfigur erhält jedoch im Kontext mit einem prinzipientheoretischen Ansatz Bedeutung. Wird im Sinne einer Überwindung der Argumente des Begründungsskeptizismus ein derartiger Ansatz verfolgt, dann ist in „Platons Dialektik de[r] Ort [einer] transzendentalen Einheit" und mit ihr „die transzendentallogische Dimension der späteren [aristotelischen] Schlußlehre" zu entdecken (Zeidler 2017, 201; vgl. Zeidler 2017, 180f.). Bereits Platon orientiert sich (vgl. Soph. 253d), wie später auch Aristoteles, an den drei möglichen Stellungen eines Mittelbegriffs innerhalb der Begriffspyramide und präsentiert drei „Synthesisleistungen der Idee", indem erstens der „oberste Begriff" vermittels der „*kategorische[n] Synthesis*" das „transzendentale Allgemeine oder *Sinnallgemeine*" erschließt. Diese Schlussform entspricht der Abduktion und der aristotelischen zweiten Schlussfigur (Zeidler 2017, 201f.). Auf der „mittleren Ebene" führt zweitens die „*disjunktive Synthesis*" zum „formallogischen *Subsumtionsallgemeinen*" als dem Ergebnis eines deduktiven Schlusses, mithin als jenes der ersten syllogistischen Figur (Zeidler 2017, 202). Letztlich leistet die „*hypothetische Synthesis*" auf der unteren Ebene das „*Repräsentationsallgemeine*" im Sinne einer Induktion als der dritten Schlussfigur Aristoteles' (Zeidler 2017, 202). Die Rede von der „[k]ategorische[n]", „[d]isjunktive[n]" und „[h]ypothetische[n]" Synthesis verweist auf die *Kritik der reinen Vernunft* Kants. Sie ist an den Momenten der „*Relation*" mit Bezug zur „*logischen Funktion des Verstandes in Urteilen*" orientiert (KrV B 95/A 70) und kehrt in der Lehre von den Vernunftschlüssen wieder, indem „*erstlich* ein *Unbedingtes* der *kategorischen* Synthesis in einem *Subjekt*, *zweitens* der *hypothetischen* Synthesis der Glieder einer *Reihe*, *drittens* der *disjunktiven* Synthesis der Teile in einem *System* zu suchen [ist]" (KrV B 380/ A 323).

Die Erläuterungen dieses Abschnittes verdeutlichen, dass sich die herkömmlichen Begründungsverfahren der formalen, Aristotelischen Logik vor allem in der isolierten Betrachtung der drei Begründungsverfahren und der Betonung der Deduktion als *das* wissenschaftliche Beweisverfahren von der prinzipientheoretischen Begründung unterscheiden. Sie zeigen aber auch, dass sowohl die Schlusslehre mit ihrem Anspruch, eine rationale Begründung zu liefern, wie auch der, diesen Anspruch negierende, Begründungsskeptizismus die Philosophie von der Antike bis zum heutigen Tag durchzieht.

## 5.2 Robert Alexys und Norbert Hoersters Suche nach einem Ausweg aus dem Begründungsdilemma der Grundnorm Kelsens

Alexy und Hoerster eint, dass sie – trotz unterschiedlicher Positionierung zur Frage, ob der Begriff des Rechts auch „moralische Elemente" einschließen darf – aufgrund der Wertschätzung der *Reine[n] Rechtslehre* Kelsens den Versuch unternehmen, einen Lösungsvorschlag zur Begründung der Geltung von Rechtsnormen zu unterbreiten (Alexy 2011, 15).

### 5.2.1 Grundzüge der Konzeption Alexys und deren Implikation auf die Interpretation der Grundnormtheorie Kelsens

Alexy erlangte Bekanntheit durch seine Kritik am Rechtspositivismus und als Vertreter von „nichtpositivistischen Theorien", die im Sinne der „*Verbindungsthese*" den Begriff des Rechts in der Weise definieren, „daß er moralische Elemente enthält", ohne jedoch die „zwei Definitionselemente" des Rechtspositivismus, die „ordnungsgemäße oder […] autoritative Gesetztheit" und die „soziale Wirksamkeit", aus dem Rechtsbegriff auszuschließen (Alexy 2011, 16f.). Seine Deutung des Rechtsbegriffs ist mithin – mit Blick auf die moralischen Implikationen auf das Recht – mit jener Kelsens nicht kompatibel, der gemäß der „*Trennungsthese*" jeden „begrifflich notwendigen Zusammenhang zwischen dem Recht und der Moral" ablehnt (Alexy 2011, 15; vgl. Kelsen 2017, 25; 27; Jestaedt & Lepsius 2006, XI–XVII).

Das entscheidende Element der nichtpositivistischen Konzeption Alexys ist das „*Prinzipienargument*", dessen Basis – in Anlehnung an Ronald Dworkin – die „Unterscheidung von Regeln und Prinzipien" bildet (Alexy 2011, 117; 119). Alexy zieht zur Rechtfertigung des „Prinzipienargument[s]" die Aussage Harts heran, dass jedes Regelsystem, das der „Vermittlung von Verhaltensstandards" dient, eine „*offene Struktur* (*open texture*)" aufweisen wird, d.h., dass an

„irgendeiner Stelle" die Anwendung dieser Regeln fraglich ist (Alexy 2011, 117; Hart 2011, 152; Hart 2012, 128). Die Gründe für den „Offenheitsbereich eines Regelsystems sind nach Alexy 1. „die Vagheit der Sprache des Rechts"; 2. „die Möglichkeit von Normwidersprüchen"; 3. „das Fehlen einer Norm, auf die sich die Entscheidung stützen läßt"; und 4. „die Möglichkeit, in besonderen Fällen auch gegen den Wortlaut einer Norm zu entscheiden". Folglich kann in diesem „‚Offenheitsbereich' des positiven Rechts" nicht auf Basis desselben entschieden werden. Wäre nämlich eine Entscheidung aufgrund des positiven Rechts möglich, „befände man sich nicht im Offenheitsbereich" (Alexy 2011, 118). Die Entscheidungsfindung, die dem Richter obliegt, muss daher auf „nicht- oder außerrechtlichen Maßstäben" fußen, welche in Form von Prinzipien, wie beispielsweise der „Gleichheit *vor* dem Gesetz" und „*im* Gesetz", aber auch in Form der Menschenrechte zur Verfügung stehen (Alexy 2011, 118; Kelsen 2017, 677; vgl. Alexy 2015, 357; http://www.un.org/depts/german/menschenrechte/aemr.pdf). Alexy wählt für die Regeln, die „bei Erfüllung bestimmter Voraussetzungen definitiv etwas gebieten, verbieten oder erlauben oder definitiv zu etwas ermächtigen", die Bezeichnung „*definitive Gebote*" und grenzt sie von den Prinzipien als „*Optimierungsgebote*" ab (Alexy 2011, 120; vgl. Kelsen 2017, 27). Während die „charakteristische Anwendungsform" der Regeln qua Normen der Subsumtion entspricht, indem ein zu verhandelnder Fall unter die Regel qua Gesetz subsumiert wird, erfolgt die Anwendung von Prinzipien im Sinne einer „Abwägung", womit Prinzipien in unterschiedlichen Graden erfüllt werden können (Alexy 2011, 120). Es muss an dieser Stelle betont werden, dass auch im Rahmen einer auf Abwägung basierenden Entscheidung der Richter an das positive, mithin gesetzte und sozial wirksame Recht gebunden ist und daher mit der Heranziehung von Prinzipien – in der Diktion Alexys – eine „notwendige Verbindung von Recht und Moral herstellt" (Alexy 2011, 119). Gleichartige Überlegungen lassen sich auch in der *Reine[n] Rechtslehre* finden, in der Kelsen insofern gegen den „anwendungspositivistischen Glauben, dass allein das Gesetz bereits alles Recht enthalte", opponiert, indem er vom geltenden Recht fordert, dass der „betreffende Sollenssatz" durch ein vorgegebenes, „positivrechtlich[es]" Verfahren, das er vermittels der „Rechtsdynamik" entwickelt, zustande kommen muss, wodurch sich sein „(Geltungs-)Positivismus" deutlich vom „Subsumtions- und Anwendungspositivismus der Begriffsjurisprudenz" unterscheidet (Jestaedt & Lepsius 2006, XIV; Kelsen 2017, 346). Den „notwendigen Zusammenhang zwischen Recht und Moral" bewerkstelligt Alexy durch drei Thesen, die „Inkorporationsthese", die „Moralthese" und durch die „Richtigkeitsthese", die zum besseren Verständnis seiner Konzeption in aller Kürze zu erläutern sind (Alexy 2011, 120f.; 126; 129).

Wie aus dem Terminus „Inkorporationsthese“ zu entnehmen ist, geht Alexy davon aus, dass jedes „wenigstens minimal entwickelte Rechtssystem“ in notwendiger Weise Prinzipien inkorporiert, wie dies anhand des *Grundgesetz[es] für die Bundesrepublik Deutschland* unschwer zu demonstrieren ist, werden doch die Menschenwürde im Art.1 Abs. 1, die Freiheit und die Gleichheit in darauf folgenden Artikeln als Rechtsnormen festgelegt (vgl. https://www.gesetze-im-internet.de/gg/GG.pdf; vgl. Jabloner 1998, 9). Ein Rechtspositivist wird zwar nicht die Zugehörigkeit von Prinzipien zu einem Rechtssystem eines demokratischen Rechtsstaates bestreiten, wohl aber den „begrifflich notwendige[n] Zusammenhang zwischen Recht und Moral“, indem er argumentiert, dass allein das positive Recht darüber zu entscheiden habe, ob eine derartige Inkorporation von moralischen Elementen in das Rechtssystem geschehe (Alexy 2011, 121f.). Der Gegner des „Prinzipienarguments“ könnte zudem behaupten, dass zwar auf Basis von „*Optimierungsgebote[n]*“ entschieden werden könne, diese aber außerhalb der Rechtsordnung zu verorten sind, womit er sich jedoch mit dem „Richtigkeitsargument“, das es noch zu erläutern gilt, konfrontiert sieht (Alexy 2011, 124; 120). Den letzten argumentativen Ausweg eines Verfechters der „*Trennungsthese*“, dass es Rechtssysteme gäbe, in denen kein Fall „als zweifelhaft“, d.h. als unentscheidbar, „empfunden wird“, quittiert Alexy damit, dass ein solches System nicht einmal ein „minimal entwickeltes Rechtssystem“ wäre (Alexy 2011, 15; 125f.).

Ehe der „Richtigkeitsthese“ nahegetreten wird, gilt es, die „Moralthese“, die gleichsam die Voraussetzung für Erstere liefert, zu beschreiben (Alexy 2011, 129; 126). Die „schwache Version“ der „‚*Moralthese*‘“ besagt, „daß die notwendige Anwesenheit von Prinzipien im Rechtssystem zu einem notwendigen Zusammenhang zwischen dem Recht und irgendeiner Moral führt“ (Alexy 2011, 127). In den zweifelhaften Fällen, die dem „‚Offenheitsbereich‘“ des Rechts geschuldet sind, geht es darum, auf eine „praktische Frage“ eine Antwort zu finden, „die dem vorgegebenen autoritativen Material nicht zwingend entnommen werden kann“ (Alexy 2011, 118; 127). Eine praktische Frage zu lösen, bedeutet im Bereich des Rechts, dass gesagt wird, was gesollt ist, womit alle zur Lösung der Frage dienlichen Prinzipien, unter welchen sich auch jene finden, die „irgendeiner Moral“ – „mag diese [nun] richtig oder falsch sein“ – angehören, in Betracht zu ziehen sind (Alexy 2011, 128). Sind die „moralischen Prinzipien“, die im Gegensatz zum positiven Recht den Inhalt von Rechtsnormen repräsentieren, im Sinne der „Inkorporationsthese“ Bestandteil des Rechts, dann ist es dem Richter möglich, trotz Heranziehung dieser Prinzipien „aufgrund rechtlicher Maßstäbe“ Recht zu sprechen (Alexy 2011, 129; 121).

Unter der Annahme, dass irgendeine Moral sowohl richtig als auch falsch sein kann, bedarf es zur Absicherung einer, in moralischer Hinsicht richtigen, gerichtlichen Entscheidung der „Richtigkeitsthese", die als „Ergebnis einer Anwendung des Richtigkeitsarguments" zu betrachten ist (Alexy 2011, 130; vgl. Alexy 2011, 64). Dieses Richtigkeitsargument erhebt dabei nicht nur den Anspruch auf die moralische Richtigkeit einzelner Rechtsnormen und richterlicher Entscheidungen, sondern auch des Rechtssystems als Ganzes. Jene Rechtssysteme, Rechtsnormen und richterliche Entscheidungen, die diesen Anspruch auf Richtigkeit nicht erheben, sind „fehlerhaft", wie das folgende Beispiel verdeutlichen kann: Ein Richter, der sich zu dem Spruch „Der Angeklagte wird, was eine falsche Interpretation des geltenden Rechts ist, zu lebenslanger Freiheitsstrafe verurteilt" hinreißen lässt, verletzt ohne Zweifel die „Regeln des positiven Rechts, die ihn verpflichten das geltende Recht richtig zu interpretieren" (Alexy 2011, 64; 68). Die Anwendung von Prinzipien wird dann nicht zu Schwierigkeiten führen, wenn deren Inhalt „moralisch gefordert oder zumindest moralisch zulässig ist", womit Alexy implizit an die „Radbruchsche Formel" anschließt, die mit ihren beiden Komponenten, der „Unerträglichkeitsformel" und der „Verleugnungsformel", betont, dass „‚unrichtiges Recht'" – d.h., wenn der Widerspruch zwischen positivem Recht und Gerechtigkeit ein „unerträgliches Maß" erreicht hat – der Gerechtigkeit zu weichen hat und, dass dem Recht die „Rechtsnatur" dann abgesprochen wird, wenn beim Setzen einer Rechtsnorm die „Gleichheit" als „Kern der Gerechtigkeit" gar nicht in den Blick kommt (Alexy 2011, 131; 71; Dreier & Paulson 2003, 247f.; Radbruch 1946, 105; vgl. Alexy 2011, 53). Horst Dreier erkennt hinter den beiden Elementen der „‚Radbruchschen Formel'" einerseits eine rechtsphilosophische „These", die eine „geltungstheoretische Aussage über den Begriff des Rechts" trifft („Unerträglichkeitsformel"), und andererseits eine „deskriptive kausalanalytische Frage" zur Bedeutung des Rechtspositivismus nach dem „Zusammenbruch des Dritten Reiches" („Verleugnungsformel"), erschien doch die „‚Radbruchschen Formel'" im Jahr 1946 (Dreier 2019, 178–180; Dreier & Paulson 2003, 248).

Alexy rekurriert nicht nur anhand der *„offene[n] Struktur* (*open texture*)" eines Regelsystems auf Hart, sondern auch mit der differenzierten Sicht auf eine Rechtsordnung aus der Warte des Beobachters („externe[r] Aspekt"; "external aspect") und des Teilnehmers („interne[r] Aspekt"; "internal aspect of rules"), dem er in der Funktion des Richters eine herausragende Bedeutung zuerkennt (Hart 2011, 152; 73; Hart 2012, 128; 56). Um diese beiden Aspekte einer Regel anschaulich darstellen zu können, bedient sich Hart der Metapher des Schachspiels:

> A social rule has an 'internal' aspect, in addition to the external aspect which it shares with a social habit and which consists in the regular uniform behaviour which an observer could record. / This internal aspect of rules may be simply illustrated from the rules of any game. Chess players do not merely have similar habits of moving the Queen in the same way which an external observer, who knew nothing about their attitude to the moves which they make, could record. In addition, they have a reflective critical attitude to this pattern of behaviour (Hart 2012, 56f.).

Auf den Punkt gebracht und in den Worten Alexys verdeutlicht das Hartsche Exempel des Schachspiels, dass „von dem hier betrachteten externen Standpunkt eines Beobachters aus ein Einschluß moralischer Elemente in den Rechtsbegriff […] nicht begrifflich notwendig ist", weil der Beobachter das regulierte, uniforme Verhalten der Spieler *bloß* berichtet, ohne es zu reflektieren, mithin ohne es zu beurteilen, womit auch das „Radbruchsche Unrechtsargument" aus der „Beobachterperspektive" zwar nicht unwesentlich, aber „nicht zu akzeptieren [ist]" (Alexy 2011, 54–57). Folglich ist die „Trennungsthese" zwar aus der Warte des Beobachters „im wesentlichen richtig", während sie sich aus der Perspektive eines Teilnehmers, „etwa eines Richters", als „inadäquat" erweist, wie anhand des „Richtigkeitsargument[s]" gemäß der obigen Bestimmung, anhand des „Unrechtsargument[s]" in Anlehnung an die „Radbruchsche Formel" und vermittels des bereits erläuterten „*Prinzipienargument[s]*" zu begründen ist (Alexy 2011, 63f.; 70f.; 57; 117).

Welche Implikationen haben diese Grundzüge der Konzeption Alexys auf seine Interpretation der Grundnormtheorie Kelsens?

Kelsen führt die „Grundnorm" als „gemeinsamer Geltungsgrund" aller Normen einer Rechtsordnung ein, d.h. die Funktion der Grundnorm besteht darin, die Geltung der Rechtsnormen zu begründen (Kelsen 2017, 349; vgl. Kelsen 2017, 58; 360). Die erste Implikation für die Interpretation der Grundnormtheorie Kelsens ist, dass Alexy zwischen dem „soziologischen Geltungsbegriff", dem „ethische[n]" und dem „juristische[n] Geltungsbegriff" differenziert (Alexy 2011, 139; 141f.). Gemäß dem „soziologischen Geltungsbegriff" gilt eine Norm „*sozial*, wenn sie entweder befolgt oder ihre Nichtbefolgung sanktioniert wird", während eine Norm dann „*moralisch*" gilt, wenn sie im Sinne des „Unrechtsargument[s]" den „Rechtscharakter" deshalb nicht verliert, weil sie „moralisch gerechtfertigt ist" (Alexy 2011, 139; 141; 70f.; vgl. Radbruch 1946, 105). Um den „juristischen Geltungsbegriff" zu den zuvor genannten zu kontrastieren, bildet Alexy – im Gegensatz zu Kelsen – einen „*Begriff der rechtlichen Geltung im engeren Sinne*", der sich bloß auf die ordnungsgemäße Gesetztheit einer Rechtsnorm bezieht (Alexy 2011, 142). Mithin gilt eine Norm rechtlich nur dann, wenn sie im Sinne der „*Ermächtigung*" Kelsens von einem „dafür zuständigen Organ" gemäß einem vorgezeichneten Verfahren erlassen wird und zudem – als nichtpositivistisches Element – nicht gegen „höherrangiges Recht verstößt" (Kelsen 2017, 236; Alexy 2011, 143). Dazu Kelsen: „Eine positivistische Rechtstheorie ist vor die Aufgabe gestellt, zwischen zwei Extremen, die beide unhaltbar sind, den richtigen Mittelweg zu finden. Das eine Extrem ist die These, daß zwischen Geltung als einem Sollen und Wirksamkeit als einem Sein überhaupt keine Beziehung besteht […]. Das andere Extrem ist die These, daß die Geltung des Rechts mit seiner Wirksamkeit identisch ist" (Kelsen 2017, 378).

Die erste These ist nach Kelsen deshalb unhaltbar, weil eine „Rechtsordnung als Ganzes" wie auch einzelne Rechtsnormen einerseits ihre Geltung verlieren, wenn sie aufhören „wirksam zu sein" und, weil andererseits diese Rechtsnormen ordnungsgemäß durch einen „Seinsakt" gesetzt werden müssen (Kelsen 2017, 379–381). Die zweite These kann mit dem Argument zurückgewiesen werden, dass es „zahlreiche Fälle gibt, in denen Rechtsnormen als gültig angesehen werden, obgleich sie nicht oder noch nicht wirksam sind", womit sowohl die „Wirksamkeit einer Rechtsordnung" als auch „die Tatsache ihrer Setzung" Gründe dafür sind, dass Rechtsnormen gelten (Kelsen 2017, 383). Da nun aber die „Grundnorm" als Geltungsgrund aller Normen einer Rechtsordnung nicht *„gesetzt"*, sondern *„vorausgesetzt"* wird, muss sich Kelsen auf die „tatsächlich gesetzte" Verfassung und die durch sie „tatsächlich gesetzten" Normen, denen gemäß man handeln soll, zurückziehen (Kelsen 2017, 348; 383f.). Dagegen ist Alexy gezwungen, den „juristischen Geltungsbegriff" auf die „ordnungsgemäß[e]" Gesetztheit zu restringieren, einerseits, um für die beiden anderen Geltungsbegriffe Raum in seiner Konzeption zu schaffen und andererseits, um im Sinne der Differenzierung der Beobachter- und der Teilnehmerperspektive argumentieren zu können (Alexy 2011, 142f.; vgl. Alexy 2011, 51; 63). Mit diesen beiden Perspektiven parallelisiert Alexy ein „externes" und ein „internes" Problem, das dem „juristische[n] Geltungsbegriff" immanent ist (Alexy 2011, 143). Ohne auf die detaillierten Ausführungen Alexys zum „externe[n]" Problem näher einzugehen, ist es doch für die Beurteilung der Grundnormtheorie unerheblich, sei nur angemerkt, dass es das „Verhältnis des juristischen Geltungsbegriffs zu den beiden anderen Geltungsbegriffen" zum Gegenstand hat und, dass ein Beobachter dieses gleichsam von außen betrachtet, ohne an der Gestaltung des Verhältnisses teilzuhaben (Alexy 2011, 143). Das „interne" Problem thematisiert dagegen das, zur Setzung einer Norm ermächtigte, Organ, mithin den Teilnehmer an einer Rechtsordnung und führt zum „Problem der Grundnorm" (Alexy 2011, 143). Die Argumentation Alexys, dass die „Definition der rechtlichen Geltung […] zirkulär zu sein scheint", ist schlüssig, setzt doch die rechtliche Geltung, die durch die ordnungsgemäße Gesetztheit von Rechtsnormen bestimmt wird, bereits eine geltende Norm voraus, die ein Organ für ermächtigt erklärt und das, zur Setzung von Normen vorgesehene, Verfahren festlegt (Alexy 2011, 143). Ist nun die Grundnorm das „bedeutsamste Instrument" zur Auflösung des, im juristischen Geltungsbegriff enthaltenen, *„logischen Zirkel[s]"*, wie Alexy ankündigt (Alexy 2011, 155; Kletzer 2013, 260; vgl. Zeidler 2016a, 15)?

Als Ausgangspunkt für seine Argumentation wählt er – in Anlehnung an Kelsens Beispiel eines „Gangsters" – die Frage, warum der Befehl des Gangsters im Gegensatz zur „Anordnung eines Steuerbeamten" nicht als „rechtlich geltende" Norm zu betrachten ist (Kelsen 2017, 32; Alexy 2011, 155f.): „Um zur Grundnorm zu gelangen, braucht man nur einige Male ‚Warum?' zu fragen. [...] Warum ist die Anordnung des Steuerbeamten eine rechtlich geltende individuelle Norm in Gestalt eines Verwaltungsaktes, der Befehl des Gangsters demgegenüber nicht? [...] Warum [...] gelten die Gesetze, auf die sich der Steuerbeamte stützt? Warum [...] gilt die Verfassung?" (Alexy 2011, 155f.)

Die Antwort auf die erste Frage lautet, dass sich der Steuerbeamte darauf berufen kann, zu dieser Anordnung „rechtlich", d.h. durch eine geltende Rechtsnorm, ermächtigt worden zu sein. Die für die „Ermächtigung" erforderliche, geltende Rechtsnorm gilt, weil „die Verfassung den Gesetzgeber zum Erlaß derartiger Gesetze ermächtigt" (Alexy 2011, 156). Die Verfassung selbst, mit der in der Konzeption der *Reine[n] Rechtslehre* Kelsens – gemäß der Sichtweise Alexys – der „Endpunkt" des hierarchischen Gefüges der Rechtsordnung erreicht ist, gilt deshalb rechtlich, weil sie „tatsächlich gesetzt und sozial wirksam ist", womit jedoch die Verfassung mit der Grundnorm, bei der die „Suche nach dem Geltungsgrund einer Norm" endet, identifiziert wird (Alexy 2011, 156; Kelsen 2017, 348). Alexy übersieht – *prima facie* – an dieser Stelle seiner Ausführungen, dass Kelsen zwischen der „bestehenden" und der „ältere[n] Staatsverfassung" als Geltungsgrund der Ersteren unterscheidet und dass bloß die „ältere Staatsverfassung" wie auch die Grundnorm *„vorausgesetzt"* und nicht *„gesetzt"* wird, weshalb nur hinterfragt werden kann, ob es zusätzlich zur Grundnorm der „ältere[n] Staatsverfassung" bedarf (Kelsen 2017, 357f.; 348). Das Problem erkennend, leitet Alexy seine Interpretation der Grundnormtheorie Kelsens mit den Worten ein: „Wenn das [, dass mit der Verfassung der Endpunkt erreicht ist,] zuträfe, wären die zur Normsetzung ermächtigten Normen der Verfassung die – in sich komplexe – Grundnorm" (Alexy 2011, 156). Die fortwährenden Bemühungen Kelsens, den Sein-Sollen-Dualismus aufrecht zu erhalten im Blick, kann die Verfassung, die mittels Setzungsakten zustande kommt, nicht der Grundnorm entsprechen, weil im Falle einer Identifizierung der Grundnorm mit dieser Verfassung ein Übergang von einem Sein, der tatsächlich gesetzten Verfassung, zu einem Sollen als der Rechtsnorm gegeben wäre. Während sich das Sein mit dem Satz „(2) Die Verfassung *V* ist tatsächlich gesetzt und sozial wirksam", lässt sich das Sollen als „rechtliche Geltung der Verfassung" mit der Formulierung „(3′) Die Verfassung *V* gilt rechtlich" ausdrücken (Alexy 2011, 156f.). Da der letztgenannte Satz die Aussage, dass es „(3) rechtlich geboten [ist], sich gemäß der Verfassung *V* zu verhalten" impliziert, handelt es sich dabei um einen Soll-Satz, womit aus einer Seins-tatsache ein Sollen abgeleitet und das metaethische Prinzip nach Hume verletzt würde (Alexy 2011, 157). Alexy löst dieses Problem mit der Einfügung einer zusätzlichen „Prämisse", die die Grundnorm repräsentiert und die so formuliert werden kann, dass sie entweder einen Übergang von (2) – „(2) Die Verfassung *V* ist tatsächlich gesetzt und sozial wirksam" – zu (3′) – „(3′) Die Verfassung *V* gilt rechtlich" – aufgrund einer Ableitung von (3) – „(3) Es ist rechtlich geboten, sich gemäß der Verfassung *V* zu verhalten" – aus (3′) ermöglicht, oder direkt zu (3) überleitet (Alexy 2011, 158). Diese Prämisse qua Grundnorm bildet nun den Obersatz des „*Grundnormsyllogismus*", der als Erklärungsmodell für die „*Notwendigkeit*", die „*Möglichkeit*" und für den „*Inhalt der Grundnorm*" dienen kann (Alexy 2011, 158f.; 165; 169):

> (1) Wenn eine Verfassung tatsächlich gesetzt und sozial wirksam ist, dann ist es rechtlich geboten, sich gemäß dieser Verfassung zu verhalten.
> (2) Die Verfassung *V* ist tatsächlich gesetzt und sozial wirksam.
> (3) Es ist rechtlich geboten, sich gemäß der Verfassung *V* zu verhalten (Alexy 2011, 158f.; vgl. Kelsen 2017, 347).

Bis hierher drängt sich nicht der Eindruck auf, dass die nichtpositivistische Haltung Alexys – mit Ausnahme der Differenzierung der drei Geltungsbegriffe – die Art der Beurteilung des Theorieelements „Grundnorm" beeinflusst. In Anlehnung an die „‚Erkenntnisregel' (rule of recognition)" Harts und im Zusammenhang mit der Frage nach der Notwendigkeit einer Grundnorm lässt Alexy allerdings die Anerkennung einer Verfassung durch die Teilnehmer am Rechtssystem einfließen und reformuliert die Prämisse mit dem Ziel, das „rechtliche Sollen" zu begründen (Hart 2011, 116; Hart 2012, 94; Alexy 2011, 160; vgl. Hart 2011, 131; Hart 2012, 108): „(2′) Die Teilnehmer am Rechtssystem *S* akzeptieren und praktizieren die Verfassung *V*". Aus diesem Untersatz lässt sich der Schlusssatz dann folgern, wenn er von der ursprünglichen Formulierung – „(3) Es ist rechtlich geboten, sich gemäß der Verfassung *V* zu verhalten" – in die folgende übergeführt wird: „(3″) Vom Standpunkt eines Teilnehmers am Rechtssystem *S* aus gilt: Es ist rechtlich geboten, sich gemäß der Verfassung *V* zu verhalten (Alexy 2011, 160f.). Der Aufweis der Notwendigkeit der Grundnorm gelingt, weil (2′) den Obersatz (1) als Grundnorm zur Voraussetzung nimmt und weil das Akzeptieren und Praktizieren der Verfassung bedingen, dass die in ihr gesetzten

Rechtsnormen als Tatsachen interpretiert werden. Abschließend begründet Alexy seinen Widerspruch gegen Harts Aussage, dass die Grundnorm zusätzlich zur Staatsverfassung einer sinnlosen Verdoppelung ("needless reduplication") entspräche (Hart 2012, 293), damit, dass als Ergebnis seiner Überlegungen zwei Thesen festzuhalten sind: „Die erste sagt, daß der Teilnehmer an einem Rechtssystem dann, wenn er von der Verfassung sagen will, daß sie rechtlich gilt oder daß es rechtlich geboten ist, sich ihr gemäß zu verhalten, eine Grundnorm voraussetzen muß. Die zweite lautet, daß dann, wenn das Fragen nach der rechtlichen Geltung nicht willkürlich abgebrochen werden soll, es möglich sein muß, als Teilnehmer zu sagen, daß die Verfassung rechtlich gilt oder daß es rechtlich geboten ist, sich ihr gemäß zu verhalten, was eine Grundnorm voraussetzt" (Alexy 2011, 165).

Mit der Frage nach der „*Möglichkeit einer Grundnorm*" kommt das „Prinzipienargument" ins Spiel, indem gesagt werden könnte, dass eine Grundnorm, die ausschließlich auf der Gesetztheit und sozialen Wirksamkeit fußt, in Ermangelung von Prinzipien „das Recht nicht vollständig identifizieren kann", womit die nichtpositivistische Sichtweise des Rechts durch Alexy zum Ausdruck gebracht wird (Alexy 2011, 165f.). Eine Grundnorm, die bloß das ordnungsgemäß gesetzte und sozial wirksame Recht verkörpert, ist aufgrund der Ermangelung von Prinzipien nur als „hinreichende, nicht aber auch [als] eine notwendige Bedingung für die Zugehörigkeit zum Recht [zu interpretieren]", weshalb auf Basis des „Prinzipienarguments" der Satz „(1) Zum Recht gehört *alles und nur das*, was ordnungsgemäß gesetzt und sozial wirksam ist" im Sinne der Bestimmung „(2) Zum Recht gehört *alles*, was ordnungsgemäß gesetzt und sozial wirksam ist" abzuschwächen ist (Alexy 2011, 166f.). Der Satz (2) erlaubt den Schritt von „empirisch feststellbaren Tatsachen zur rechtlichen Geltung" und weist die Grundnorm nicht nur als möglich, sondern auch als notwendig für diesen Übergang vom Sein zum Sollen aus (Alexy 2011, 167). Wird nun das Prinzipienargument in die Formulierung der Grundnorm, mithin einer „nichtpositivistische[n] Grundnorm", inkorporiert, dann müsste dem Gebot, sich gemäß der Verfassung zu verhalten, der Passus „„wie es dem Anspruch auf Richtigkeit entspricht"" hinzugefügt werden, womit jedoch diese Grundnorm nur „begrenzt zur Identifikation des Rechts taugt", weil Unklarheit besteht, um welche moralischen Maßstäbe es sich handelt (Alexy 2011, 168).

Da die „Rechtssicherheit" als wesentliche Voraussetzung für die „rechtliche Richtigkeit" zu priorisieren ist, gilt es die außerrechtlichen Maßstäbe durch Regeln zu begrenzen (Alexy 2011, 168; vgl. Dreier 2019, 178). Alexy kann sich auf Basis des, von ihm formulierten und auf die „Radbruchsche Formel" verweisenden, „Unrechtsargument[s]" mit der Aussage Kelsens, dass „jeder beliebige

Inhalt Recht sein [kann]", nicht zufriedengeben und fügt daher in den Obersatz des Syllogismus eine Klausel ein, die nicht nur dem Unrechtsargument, sondern auch dem Prinzipienargument gerecht wird (Alexy 2011, 70; 72; Kelsen 2017, 354): „Wenn eine Verfassung tatsächlich gesetzt und sozial wirksam ist, dann ist es, wenn und soweit die Normen der Verfassung nicht extrem ungerecht sind, rechtlich geboten, sich so gemäß dieser Verfassung zu verhalten, wie es dem Anspruch auf Richtigkeit entspricht" (Alexy 2011, 169f.).

Diese Neufassung des Obersatzes qua Grundnorm zöge auch eine Neuformulierung des Untersatzes mit der Folge eines, in veränderter Weise verbalisierten, Schlusssatzes nach sich, worauf Alexy nicht weiter eingeht, sondern nur darauf verweist, dass Gegenstand der letzten Gedanken bloß die Verfassung, nicht aber die, gemäß derselben erzeugten, Normen sind. Abschließend kann angemerkt werden, dass die nichtpositivistische Konzeption Alexys zweifellos die Interpretation der Grundnormtheorie Kelsens beeinflusst.

### 5.2.2 Hoersters Rechtspositivismus im Kontext mit Kants Rechtslehre und der Grundnormtheorie Kelsens

Der Text Norbert Hoersters *Was ist Recht? Grundfragen der Rechtsphilosophie* unterscheidet sich im Stil und in der Herangehensweise an das „Phänomen" Recht grundsätzlich von der *Reine[n] Rechtslehre* Kelsens, schrieb er doch sein Buch „in Erinnerung an [seine] zahlreichen Begegnungen mit dem englischen Rechtsphilosophen H. L. A. Hart", was bereits anhand seines Eingangsstatements deutlich wird, das Fragen zum Recht im Zusammenhang mit der Gesellschaft stellt (Hoerster 2012, 7f.):

> Nahezu jeder Bürger einer modernen Gesellschaft hat gelegentlich mit dem Recht zu tun: Er zahlt Miete; er baut sich ein Haus; er fährt Auto; er entrichtet Steuern; Bei all diesen Handlungen muß er das Recht beachten. Aber was ist das Recht? […] / Genau welche Eigenschaften muß ein Phänomen haben, damit wir es sinnvollerweise als „Recht" bezeichnen? Wodurch unterscheiden sich die Normen des Rechts von sonstigen Normen? Was macht überhaupt das Wesen einer Norm aus? Muß eine Rechtsordnung oder eine Rechtsnorm […] moralisch unanfechtbar sein? […] Bedarf es zu einer solchen Begründung der metaphysischen Annahme eines „Naturrechts"? Und mit Hilfe welcher Methoden kann man herausfinden, ob eine bestimmte Rechtsnorm auf einen konkreten Einzelfall anwendbar ist? (Hoerster 2012, 7)

Die Formulierung dieser Fragen der „*Rechtsphilosophie*", wie Hoerster ausdrücklich betont, tragen jedoch nicht nur die Handschrift Harts, sondern auch Kelsens - man denke an Hart, der das „gesellschaftliche Phänomen Recht" zu untersuchen gedenkt und an Kelsens detaillierte Ausführungen zur Norm als einem Sollen (Hoerster 2012, 8; Möllers 2011, 369; vgl. Kelsen 2017, 27f.).

Diese Übereinstimmung in der Formulierung der rechtsphilosophischen Fragen wie auch die gleichartige Annäherung an das „Phänomen" Recht kommen nicht von ungefähr, sind doch Hoerster, Hart und Kelsen als Vertreter des Rechtspositivismus zu betrachten (Möllers 2011, 369). Es liegt daher auf der Hand, dass Hoerster zu allererst anhand von „fünf Thesen", die inhaltlich an die eingangs gestellten Fragen der „*Rechtsphilosophie*" anschließen (Hoerster 2012, 70; 8; vgl. Dreier 2019, 309f.), den Rechtspositivismus, „wie er von seinen führenden Vertretern verstanden wird", zu konkretisieren sucht und das in Deutschland verbreitete Verständnis des Rechtspositivismus eingangs mit den Worten zusammenfasst, dass „[j]ede existente, auf Macht gestützte Rechtsordnung [ungeachtet einer moralischen Kritik an ihren gültigen Rechtsnormen] gleicherweise legitim, verbindlich und befolgungswürdig [ist]" (Hoerster 2012, 69).

> Die fünf Thesen lauten [nun] sinngemäß wie folgt:
> 1. Der Begriff des Rechts ist inhaltlich neutral zu definieren (Neutralitätsthese).
> 2. Der Begriff des Rechts ist durch den Begriff des Gesetzes zu definieren (Gesetzesthese).
> 3. Die Anwendung des Rechts erfolgt im Wege wertungsfreier Subsumtion (Subsumtionsthese).
> 4. Die Maßstäbe *richtigen* Rechts sind subjektiver Natur (Subjektivismusthese).
> 5. Die Normen des Rechts sind in jedem Fall zu befolgen (Befolgungsthese) (Hoerster 2012, 70).

Die „Neutralitätsthese" formuliert – verkürzt dargestellt – die Forderung des Rechtspositivismus nach einer Trennung von Recht und Moral, wie sie Kelsen in pointierter Weise damit zum Ausdruck bringt, dass „jeder beliebige Inhalt Recht sein [kann]" (Hoerster 2012, 71; Kelsen 2017, 354). In analoger Weise qualifizieren sich auch für Hart Normen als Recht, wenn sie den formalen Kriterien der Rechtsordnung, der sie angehören, genügen, selbst, wenn sie den moralischen Normen einer Gesellschaft widerstreiten (vgl. Hart 2012, 209). Würde im Sinne der „Gesetzesthese" der Begriff des Rechts mit jenem des Gesetzes identifiziert, wäre dies eine Absage – beispielsweise – an die Existenz eines Richterrechts, wie auch eines Gewohnheitsrechts, weshalb Kelsen zwischen „Rechtsnorm[en]" und „Rechts*sätze[n]*" sorgfältig unterscheidet (Hoerster 2012, 70; Kelsen 2017, 36; 141). Die „wertungsfreie Subsumtion" eines zu verhandelnden Rechtsfalles unter ein Gesetz spräche den Richtern die Fähigkeit ab, im Sinne einer Abwägung zu entscheiden und „individuelle" Normen zu erzeugen, womit diese Richter als „bloße ‚Automaten'" zu begreifen wären (Hoerster 2012, 70; 74; Kelsen 2017, 52; vgl. Dreier 2019, 337f.). Da die vierte These, die „Subjektivismusthese", auf der Annahme fußt, dass es kein vorpositives Recht, z.B. in Gestalt eines Naturrechts, gibt, das objektive Gültigkeit beanspruchen könnte, wird diese These von Rechtspositivisten ebenso wie die Neutralitätsthese vertreten (Hoerster 2012, 75). Hoerster bindet seine Kritik am sanktionstheoretischen Ansatz der Kelsenschen Rechtstheorie an die „Befolgungsthese", die er als eine moralische, außerhalb des Rechts stehende, These fasst, weil die Verbindlichkeit der Normen einer Rechtsordnung selbstverständlich ist und deshalb keiner „besonderen Erwähnung" bedarf. Die „Befolgungsthese" ist demnach nicht nur überflüssig, sondern muss aufgrund ihres moralischen Charakters und der geforderten rechtspositivistischen Trennung von Recht und Moral abgelehnt werden (Hoerster 2012, 77). Hoerster gelangt mithin zu dem Schluss, dass „die – in der Tat abwegigen – Thesen 2, 3 und 5 von Anhängern des Rechtspositivismus gar nicht vertreten [werden]" (Hoerster 2012, 78).

Um Hoersters Kritik an der Rechtslehre Kelsens klar herausstellen zu können, wollen wir nun den rechtsphilosophischen Fragen, die aus dem obigen Zitat (vgl. Hoerster 2012, 7) zu entnehmen sind, folgen.

Hoerster geht es offensichtlich nicht um die systematische Analyse von partikularen Rechtsordnungen unterschiedlicher Länder, sondern um die Beantwortung der Frage, wodurch „jegliches Recht überhaupt […] gekennzeichnet ist", weshalb die Begriffsbestimmung des Terminus „Recht" an den Beginn der Abhandlung zu stellen ist: Unter Recht ist die Gesamtheit von Rechtsnormen zu verstehen, die ein Staat, der das Zusammenleben seiner Bürger regelt, als Gesetze erlässt. Rechtsnormen unterscheiden sich von Moral- oder Sozialnormen dadurch, dass sie an „*Zwangsakte*" gebunden sind, in Ansehung welcher sich das Gebot in Gestalt der Rechtsnorm jedoch an den Amtsträger und nicht an den Bewohner des Staates richtet (Hoerster 2012, 7; 12; vgl. Kelsen 2017, 420). Wird im Kontext mit dem Zivil- oder dem Strafrecht von „*Zwangsakten*" gesprochen, so handelt es sich häufig um „*Sanktion[en]*", die der Staat dem Delinquenten aufgrund der Verletzung einer Rechtsnorm in Form einer „*Zwangsvollstreckung*" oder einer „*Kriminalstrafe*" androht (Hoerster 2012, 12). Wird beispielsweise einer „Frau Geld aus der Tasche genommen", so sagt uns die Rechtsnorm, dass dieser Umstand „*Diebstahl*" ist, an den vermittels eines richterlichen Urteils eine „Rechtsfolge" geknüpft wird, die zivilrechtlich die Aufforderung des Staates, das Geld an den Besitzer zu retournieren („*Zwangsvollstreckung*") und strafrechtlich eine Geld- oder Freiheitsstrafe („*Kriminalstrafe*") nach sich zieht (Kletzer 2013, 267; Kelsen 2017, 269; Hoerster 2012, 12). Es kommen mithin zwei „durchaus verschiedene Rechtsnormen", die auch an differente Personen – an den Bürger und an den Amtsträger – adressiert sind, zur Anwendung, wenn es geboten ist, nicht zu stehlen und den Dieb zu bestrafen, wobei es zu bedenken gilt, dass auch der Amtsträger Bürger eines Staates ist (Hoerster 2012, 13). Hoerster kritisiert den sanktionstheoretischen Ansatz Kelsens nicht nur anhand der „Befolgungsthese", sondern auch deshalb, weil Kelsen mit der „Vollstreckung des Zwangsaktes" ausschließlich jene Rechtsnormen, deren Adressaten Amtsträger sind, thematisiert und die Norm „Du sollst nicht stehlen" mit dem Hinweis, dass es sich bei dieser bloß um eine „unselbständige Norm" als Bedingung für den Vollzug eines Zwangsaktes handelt, außer Acht lässt, womit der Bürger nur indirekt via Strafandrohung über das letztgenannte Gebot informiert wird (Hoerster 2012, 70; Kelsen 2017, 420; 116; vgl. Hoerster 2012, 14f.; Hart 2012, 35-38). Die Kelsensche Restriktion der Rechtsnorm auf die „Rechtsfolge" erscheint unter Berücksichtigung der Formulierung von Gesetzestexten berechtigt, in denen beispielsweise zu lesen ist, dass derjenige, der eine „bewegliche Sache einem anderen [...] wegnimmt, [...] mit Freiheitsstrafe bis zu sechs Monaten oder mit Geldstrafe bis zu 360 Tagsätzen zu bestrafen [ist]". Zudem ist sie Ausdruck der Intention Kelsens, die „Rechts*normen*" von den „Rechts*sätze[n]*" zu unterscheiden, lässt aber die Sichtweise außer Acht, dass die Rechtsnorm, die die „Vollstreckung des Zwangsaktes" gebietet, erst dann zum Tragen kommt, wenn die an den Bürger gerichtete Norm - „Du sollst nicht stehlen" - ihr „Ziel verfehlt" (Kelsen 2017, 269; 141; 420; https://www.jusline.at/gesetz/stgb/paragraf/127; Hoerster 2012, 16). Zusammenfassend klassifiziert Hoerster den sanktionstheoretischen Ansatz Kelsens auch deshalb als „realitätsfern", weil der Staat dem Bürger auch Zwänge auferlegen kann, die nicht einer Sanktion entsprechen, wie die Forderung, Steuern zu entrichten (Hoerster 2012, 17). Diese Rechtsnorm adressiert der Finanzbeamte als ermächtigte Person qua Amtsträger an den Bürger, ohne dass die Bedingung eines Verstoßes gegen eine Rechtsnorm gegeben wäre. Mithin ist die Frage, was unter dem „Phänomen" Recht zu verstehen ist, in der hier erforderlichen Weise beantwortet (Hoerster 2012, 7). Zudem wurde bereits ein Differenzierungsmerkmal, das eine Rechtsnorm von einer moralischen oder sozialen Norm unterscheidet, nämlich der Zwangsakt, erläutert.

Hoerster und Hart eint nicht nur die Ablehnung des sanktionstheoretischen Ansatzes, sondern sie kommen auch darin überein, dass die Priorisierung der „selbständige[n] Rechtsnorm", die unter gewissen Bedingungen einen „Zwangsakt statuiert", deshalb als verfehlt zu betrachten ist, weil nicht jede Rechtsnorm, wie beispielsweise die „*Ermächtigungsnormen*", in einem Zusammenhang mit einem Zwangsakt steht (Kelsen 2017, 116; Hoerster 2012, 18; vgl. Hart 2012, 28; 35f.). Kelsen, auf den der Terminus „*Ermächtigung*" zurückgeht, beschreibt die vielfältigen Facetten und Übergänge zwischen „*Berechtigung und Ermächtigung*" mit Bezug zum „‚subjektive[n]' Recht" und zu den „‚politischen' Rechte[n]", während Hoerster bloß eine Unterscheidung zwischen „*generelle[n]*" und

„*interne[n]* Ermächtigungsnormen" trifft (Kelsen 2017, 236; 256f.; Hoerster 2012, 18). Eine gewisse Analogie ist zwischen Hoerster und Kelsen darin zu erkennen, dass die Unterteilung der Ermächtigungsnormen mit der Unterscheidung der Adressaten einhergeht, d.h., dass das „subjektive Recht" und die „*generelle[n]*" Ermächtigungsnormen an den Bürger, die „‚politischen' Rechte" Kelsens und die „*interne[n]* Ermächtigungsnormen" Hoersters an die Amtsträger gerichtet sind, was jedoch nicht bedeutet, dass der Bürger nicht auch auf die Geschehnisse im Staat Einfluss nehmen kann (Kelsen 2017, 256f.; Hoerster 2012, 18). Hoerster erläutert die Zusammenhänge anhand des § 873 Bürgerliches Gesetzbuch, der den Kaufvertrag rechtlich regelt: „Nach § 873 Bürgerliches Gesetzbuch ist ein Kaufvertrag über ein Grundstück nur dann rechtlich gültig, wenn die Vertragsparteien sich an ganz bestimmte Formvorschriften halten. […] Offenbar richtet sie [die Rechtsnorm] sich unmittelbar an den Bürger. […] Niemand wird durch diese Norm zu irgendetwas gegen seinen Willen [im Sinne eines Zwangsaktes] gezwungen. So ist mir als Grundstückseigentümer nicht nur vollkommen freigestellt, mein Grundstück *nicht* zu verkaufen. Es ist mir […] ebenfalls durchaus freigestellt, eine Kaufvereinbarung zu schließen, die den in § 873 enthaltenen Formvorschriften *nicht* genügt!" (Hoerster 2012, 18f.)

Dieses Beispiel verdeutlicht zweierlei: 1. Dass ein Vertrag gemäß distinkten Formvorschriften abzufassen ist, ist Inhalt einer Rechtsnorm, die jedoch bei Zuwiderhandeln nicht die Folge eines, durch den Staat bestimmten, Übels in Form einer „*Sanktion*" aufweist (Hoerster 2012, 12). Das Übel, das sich aus dem Abweichen von den Formvorschriften ergibt, ist, dass der Vertragspartner damit seine „rechtliche[n] Ansprüche" verwirkt, die er aufgrund der, durch die Rechtsnorm an ihn ergehenden, Ermächtigung zur „*Änderung* seines rechtlichen Status" geltend machen könnte (Hoerster 2012, 19). 2. Es wird durch eine „*Ermächtigungsnorm*" an den Bürger, wie auch an den Amtsträger, eine Befugnis, aber auch eine Erlaubnis erteilt, sich – allgemein formuliert – in „bestimmter Weise zu verhalten", d.h. eine Funktion auszuüben, einen Rechtsanspruch zu erheben, oder an der „Erzeugung der Rechtsordnung" teilhaben zu können (Hoerster 2012, 18; Kelsen 2017, 237; 257; vgl. Kelsen 2017, 27; 239; Hoerster 2012, 19; Hart 2012, 26; 28). In Analogie zu Kelsens „generellen Normen" qua Gesetzen, die erst den Vollzug eines „Zwangsaktes" bedingen, sind auch die „generellen Ermächtigungsnormen" Hoersters als „*unselbständige* Rechtsnormen" zu interpretieren, indem sie die Voraussetzung für einen Rechtsanspruch liefern (Kelsen 2017, 420; Hoerster 2012, 22). Hoerster distanziert sich jedoch von der Kelsenschen Bestimmung von Rechtsnormen insofern, als er offensichtlich die Gesetze als „(selbständige) Gebotsnormen" definiert, deren Zuwiderhandeln einen Zwangsakt zur Folge haben kann, womit die sich an „die

Amtsträger richtende Rechtsnorm" nicht mehr Priorität hat (Hoerster 2012, 22; 16). Mithin ist die „wahre Funktion der generellen Ermächtigungsnormen" an drei Merkmalen festzumachen: „1. Sie sind ihrerseits keine Gebotsnormen und *unmittelbar* mit keinem Zwangsakt verknüpft. 2. Sie haben trotzdem für ihre Adressaten eine wichtige Bedeutung, da sie diesen die Befugnis verleihen, ihren rechtlichen Status zu ändern. 3. Ihre entscheidende rechtliche Relevanz gewinnen sie durch auf sie verweisende Gebotsnormen, was dazu führt, daß sie, die (unselbständigen) Ermächtigungsnormen, durch diese (selbständigen) Gebotsnormen auf *indirekte* Weise ebenfalls mit einem Zwangsakt verknüpft sind" (Hoerster 2012, 22).

Nicht nur anhand der Bedeutung der an einen Zwangsakt geknüpften Rechtsnormen, sondern auch angesichts Hoersters Bestimmung einer Norm als „Sachverhalt einer bestimmten Art" wird der Unterschied zwischen seiner Konzeption und jener Kelsens deutlich, betont doch Kelsen, dass die Norm als ein „Sollen" strikt vom „Willensakt" als einem Sachverhalt zu differenzieren ist (Hoerster 2012, 37; Kelsen 2017, 28). Für den Inhalt einer Norm wählt Hoerster den Terminus „Normsatz", mit welchem der „Urheber des Sachverhalts der Norm" den „*Norminhalt*" zum Ausdruck bringt (Hoerster 2012, 37).

Existiert eine Norm ungeachtet dessen, dass sie von jemandem vertreten wird? Nach Hoerster nicht, denn zur Existenz einer Norm bedarf es wenigstens eines Individuums, das beispielsweise dem Gebot, „‚Man soll kein Fleisch essen'", Folge leistet, andernfalls kann eine Norm bloß gedacht werden, womit spontan eine Assoziation zur „Grundnorm" Kelsens entsteht, die im „juristischen Denken" als nur „gedachte Norm" vorausgesetzt wird (Hoerster 2012, 37; Kelsen 2017, 58; 366). Wenn ich die Norm vertrete, dass nicht gelogen werden soll, richte ich implizit den Wunsch an den Normadressaten, dass er sich gemäß diesem Gebot verhalten *soll*, womit der „Inhalt des Wunsches" ein Verhalten, der „Ausdruck des Wunsches" jedoch eine „Norm" ist (Hoerster 2012, 38). An diese Bestimmung bindet Hoerster seine Kritik an Kelsen, weil dieser entgegen seiner eigenen Sichtweise das Sollen mit der Norm identifiziert (vgl. Kelsen 2017, 58): „Die These, eine Norm sei genau dasselbe wie ein Sollen, ist falsch und irreführend. Denn ein *Sollen* als solches gibt es - anders als eine Norm - als Teil der Realität ebensowenig, wie es einen Norminhalt als solchen gibt! / Was es dagegen gibt, sind Sollsätze, das heißt *Sätze*, in denen das Wort ‚Sollen' in einer bestimmten Funktion vorkommt. Und zwar handelt es sich dabei um Sätze, in denen ‚Sollen' sowohl der *sprachlichen Formulierung* eines Norminhaltes als auch der (möglicherweise damit verbundenen) *Vertretung* einer Norm (eines Norminhalts) dienen kann" (Hoerster 2012, 38f.).

Im Gegensatz zu Kelsen, der die Norm mit dem Sollen gleichsetzt, unterscheidet Hoerster in diesem Textausschnitt die Norm vom Sollen, da es zwar in der „Realität" dann eine Norm gibt, wenn diese auch von Individuen befolgt wird, das Sollen selbst aber nicht als Teil der Realität zu betrachten ist (Hoerster 2012, 38; vgl. Kelsen 2017, 28). Hoerster verweist mit der „Funktion" des Wortes „Sollen" auch auf seine Unterscheidung zwischen „*normdeskriptive[r]* (eine existente Norm beschreibende)" und „*normexpressive[r]* (eine Norm zum Ausdruck bringende)" Funktion eines „Normsatz[es]", die durch den Kontext festgelegt wird, in dem die Norm zur Anwendung kommt (Hoerster 2012, 37-39). Richtet beispielsweise ein Mann, der die Frauenemanzipation ablehnt, den Normsatz, dass Frauen keinen selbständigen Beruf ausüben sollen, an eine Frau, so bringt er in „*normexpressive[r]*" Weise seinen Wunsch zum Ausdruck. „*[N]ormdeskriptiv*" wird die Funktion der Norm sein, wenn ein „Soziologe" diese im Rahmen eines Aufsatzes zur „Moral einer bestimmten islamischen Gesellschaft" verwendet (Hoerster 2012, 39f.). In den Worten Kelsens bedeutet dies: „Das Urteil, daß es rechtmäßig ist, über einen Dieb Todesstrafe zu verhängen, ist unwahr, wenn nach geltendem Recht ein Dieb nur mit der Entziehung der Freiheit, nicht aber mit der Entziehung des Lebens bestraft werden soll. Eine Norm dagegen ist weder wahr noch unwahr, sondern nur gültig oder nicht gültig" (Kelsen 2017, 52).

Mithin kommen wir zur nächsten Frage, die bereits im Zusammenhang mit dem „Unrechts-" und dem „Prinzipienargument" Alexys behandelt wurde, nämlich jener, ob eine Rechtsordnung oder eine Rechtsnorm moralischen Anforderungen genügen muss (Alexy 2011, 64; 70f.; 117; vgl. Hoerster 2012, 7). Da Hoerster seine Erläuterungen zum „moralneutrale[n] Rechtsbegriff" gemäß meiner Interpretation auf die Ausführungen Alexys und Radbruchs fußt, scheint eine neuerliche Darlegung seiner Gedanken zu diesem Thema nicht notwendig (Hoerster 2012, 79; vgl. Alexy 2011, 64; 70f.; 117; Radbruch 1946, 105). Es lohnt jedoch ein Blick auf die „[e]thischen Anforderungen an das Recht", die Hoerster anhand der „Neutralitätsthese" ausführt, die besagt, dass der „Begriff des Rechts [...] inhaltlich neutral zu definieren [ist]" (Hoerster 2012, 92; 70). Es sind nicht nur die Gegner dieser These, sondern auch die Anhänger derselben, die sich der Frage nach der Begründung des Rechts stellen müssen, wobei ein Rekurs auf die „Sozialmoral einer Gesellschaft" deshalb nicht dienlich erscheint, weil diese ebenso wie ihre Rechtsordnung verwerflich sein kann (Hoerster 2012, 92). Die Frage nach der Begründung von moralischen Elementen „sozialer" wie auch „rechtlicher Praktiken und Normen" bedarf einer eigenen Theorie, die insofern Gegenstand der Rechtsphilosophie ist, als eine umfassende „Grundlegung des Rechts" mit Blick auf die Moral nicht nur einen begrifflichen, sondern auch einen normativen Aspekt aufweist (Hoerster 2012, 92).

Im Vergleich zu Hoerster splittet Alexy die „positivistische[n] Rechtsbegriffe" in die *„primär wirksamkeitsorientierte[n]"* - mit Blick auf die soziale Wirksamkeit von Rechtsnormen - und in die *„primär setzungsorientierte[n]"* auf, die die ordnungsgemäße Gesetztheit von Rechtsnormen als Kriterium heranziehen, und nimmt damit eine begriffliche Differenzierung vor, die er in Ansehung der „Geltungsbegriffe" ergänzt, indem er dem „soziologische[n]" und dem „juristische[n] Geltungsbegriff" mit den Merkmalen der sozialen Wirksamkeit und rechtlichen Geltung, einen „ethische[n]", nicht-positivistischen Geltungsbegriff - gleichsam als normativer Aspekt des Rechts - hinzufügt, der sich durch eine moralische Rechtfertigung auszeichnet (Alexy 2011, 31; 34; 139). Der „juristische Geltungsbegriff" unterscheidet sich von den beiden anderen darin, dass er „notwendig" die „soziale Geltung" einschließt und mithin nicht als „reine[r] Geltungsbegriff" zu betrachten ist. Werden nur „Elemente der sozialen Geltung" eingeschlossen, „handelt es sich um einen positivistischen [...] Begriff der rechtlichen Geltung", sind aber auch „Elemente der moralischen Geltung" enthalten, ist von einem „nichtpositivistischen Begriff der rechtlichen Geltung" zu sprechen (Alexy 2011, 142).

Hoerster geht es jedoch - im Vergleich zu Alexy - mit Blick auf den normativen Aspekt einer „philosophische[n] Grundlegung des Rechts" nicht um die moralische Richtigkeit von Rechtsnormen, sondern um die Frage nach der Existenz von „vorpositive[n] Maßstäbe[n]", die festlegen, „was alle Menschen notwendigerweise wollen *sollen*", d.h. es geht um das Vorhandensein eines „Naturrechts", das nicht im Widerspruch zur „Neutralitätsthese" steht, die eine „inhaltlich" neutrale Formulierung des Rechtbegriffs einfordert (Hoerster 2012, 92f.; 70). Diese „vorpositive[n] Maßstäbe" qua „Prinzipien" können nun Teil des Rechts sein, wofür das *Grundgesetz für die Bundesrepublik Deutschland* oder die österreichische Rechtsordnung, in deren Rahmen die Menschenrechte erst nachträglich in den Verfassungsrang erhoben wurden, Beispiele sind, oder sie können als „außerrechtliche Maßstäbe" außerhalb des Rechts stehen (Hoerster 2012, 93; Alexy 2011, 120; 118; https://www.gesetze-im-internet.de/gg/GG.pdf; vgl. Carrino 1998, 45; Jabloner 1998, 9; https://www.menschenrechtskonvention.eu/; https://www.bmeia.gv.at/europa-aussenpolitik/-menschenrechte/bedeutung-der-menschenrechte/). Der Vorteil einer Inkorporation von derartigen Richtlinien in eine Rechtsordnung liegt auf der Hand: Der Richter kann auch „im Offenheitsbereich des positiven [...] Rechts" auf Basis der geltenden Rechtsnormen entscheiden (Alexy 2011, 119). Trotz dieser Überlegungen vertritt Hoerster einen Rechtspositivismus von Kelsenschem Zuschnitt, indem er die Ansicht vertritt, dass Rechtsnormen im Sinne eines Naturrechts, selbst wenn es sie gäbe, einer rationalen Erkenntnis nicht zugänglich sind, weshalb die „Subjektivismusthese", die besagt, dass jede Beurteilung des Inhalts einer Rechtsnorm auf moralische Richtigkeit subjektiver Natur ist, von den „meisten Rechtspositivisten" vertreten wird (Hoerster 2012, 75; vgl. Hoerster 2012, 94; Kelsen 2017, 750). Da Hoerster ein Naturrecht als Geltungsgrund für das Recht ablehnt, unterstützt er die Meinung, dass eine Rechtsbegründung auf „subjektive[r] Basis" zustande kommen könne und demonstriert dies mit der Institution eines „allgemeine[n] Tötungsverbot[s]", das dem Interesse dient, das Leben eines Menschen nicht durch eine „Tötungshandlung" zu gefährden (Hoerster 2012, 94f.). Die subjektive Beurteilung der inhaltlichen Richtigkeit dieses „allgemeine[n] Tötungsverbot[s]" kommt dann zum Tragen, wenn der potenzielle Täter sein Interesse, einen Mitmenschen zu töten, mit jenem abwägt, selbst nicht getötet zu werden, womit er seine Handlungsfreiheit zu Gunsten seiner eigenen Sicherheit, aber auch seiner Freiheit einschränkt, droht ihm doch im Falle eines Tötungsdelikts der Freiheitsentzug im Sinne einer Sanktion (Hoerster 2012, 95). Hoerster konzediert, dass ein derartiges Tötungsverbot zwar „nicht schlechthin" Tötungshandlungen verhindert, aber deren Wahrscheinlichkeit aufgrund der drohenden Sanktion verringert. Der Vorteil des Verbotes, nicht getötet zu werden, ist ohne Zweifel gegenüber dem Nachteil desselben, nicht nach eigenem „Belieben" agieren zu können, prioritär (Hoerster 2012, 95)

Da nun die von Hoerster gestellte rechtsphilosophische Frage nach den „ethischen Anforderungen an das Recht" und nach der Existenz eines „‚Naturrechts'" hinlänglich beantwortet wurde, bleibt noch zu klären, welche Methoden die Anwendung einer bestimmten Rechtsnorm auf den konkreten Einzelfall und damit das Erlassen von Sanktionen „zivilrechtlicher" und „strafrechtlicher Natur" ermöglichen (Hoerster 2012, 7; 106). Die Anwendung von Rechtsnormen auf, in der Praxis vorkommende, Fälle wurde bereits in unterschiedlichen Kontexten dargelegt, wie der „Jurisprudentia" Kants, dem „geltungspositivistische[n] Konzept" Kelsens und der „Subsumtionsthese" Hoersters, gegen die sich Hoerster wie auch Alexy stellt, weil die Rechtsanwendung nicht in jedem Fall „wertungsfrei" erfolgen kann (AA VI, 229; Jestaedt & Lepsius 2006, XIV; Hoerster 2012, 70; 74; vgl. Alexy 2011, 120). Nicht thematisiert wurde, ob und in welcher Weise zivil- und strafrechtliche Sanktionen zu rechtfertigen sind.

Für Hoerster steht es außer Streit, dass vom Bürger eines Staates gewünscht ist, dass der Staat zivilrechtliche Sanktionen setzt, weil der Bürger beispielsweise an der Rückgabe seines gestohlenen Eigentums interessiert ist (vgl. Hoerster 2012, 106). Unklar ist, ob es auch dem Wunsch des Bürgers entspricht, dass der Delinquent für seine Straftat in Form einer strafrechtlichen Sanktion zur Verantwortung gezogen wird. In der Annahme, dass das Interesse des Bürgers an der „Prävention oder Verhinderung weiterer Diebstähle" festzumachen ist, kann eine Bestrafung vermittels des präventiven Effekts begründet werden, auch wenn eine Sanktion nicht dazu führt, dass keine Diebstähle mehr begangen werden (Hoerster 2012, 106). Ohne im Detail auf die Für und Wider der „Präventionstheorie der Strafbegründung" eingehen zu wollen, wird das Verhängen einer Strafe damit gerechtfertigt, dass der Täter von weiteren Straftaten abgehalten und zudem im Falle eines Freiheitsentzugs resozialisiert werden kann (Hoerster 2012, 106; vgl. Hörnle 2011, 8f.; 15; 21; 28; 42-46). Trotz der von Hoerster genannten Faktoren, die gegen einen überzeugenden präventiven Effekt einer Strafsanktion sprechen, gelangt er – ohne auf Ergebnisse von Untersuchungen zurückzugreifen – zu der Überzeugung, „[d]aß bei einer verbotenen Handlung wie Diebstahl die Praxis der Bestrafung tatsächlich eine gewisse Präventionswirkung hat", weil dies sowohl die „Alltagserfahrung als auch historische Beispiele" lehren (Hoerster 2012, 107). Dagegen ist die Argumentation nachvollziehbar, dass die bloße Androhung einer Strafe von einer rechtswidrigen Handlung abzuhalten geeignet ist, will sich doch niemand einer „staatlichen Zwangsvollstreckung" aussetzen (Hoerster 2012, 108).

Im Zusammenhang mit der vorliegenden Untersuchung ist die Positionierung Kants zum Strafrecht, das von Interpreten der Kantischen Rechtslehre allzu oft auf das „*Wiedervergeltungsrecht* (ius talionis)" eingeschränkt wird, bedeutsamer als die derzeit vornehmlich diskutierte „Präventionstheorie der Strafbegründung". Auch Hoersters Ausführungen nehmen ihren Ausgang bei eben diesem „ius talionis" (AA VI, 332; Hoerster 2012, 106; 109). Er will im „Naturrechtsdenken" Kants eine andere Begründung „staatlichen Strafens" erkennen, das nicht der Prävention, sondern „allein der Vergeltung vergangenen Verhaltens" dient. Dieser Strafpraxis liege „ein metaphysisches Prinzip der praktischen Vernunft" zugrunde, das eine Vergeltung der rechtswidrigen Tat zu rechtfertigen scheint (Hoerster 2012, 109). Zuallererst gilt es zu klären, worauf die von Hoerster hergestellte Verbindung zwischen dem Kantischen „Naturrechtsdenken" und dem Wiedervergeltungsrechts fußt, das in der Rechtslehre Kants unter der „[a]llgemeinen Anmerkung […] E" zum „*öffentlichen Recht*" firmiert (Hoerster 2012, 109; AA VI, 318; 311). Hoerster rekurriert offensichtlich auf die Bestimmung des „*Naturrecht[s]*" durch Kant als einem Recht, das „auf lauter Principien a priori beruht", welches zudem als „*angeborne[s] Recht*" mit der „*Freiheit*" identifiziert und mit der „angeborne[n] *Gleichheit*" in Verbindung gesetzt wird (AA VI, 237): „Die angeborne *Gleichheit*, d.i. die Unabhängigkeit nicht zu mehrerem von Anderen verbunden zu werden, als wozu man sie wechselseitig auch verbinden kann; mithin die Qualität des Menschen *sein eigener Herr* (sui iuris) zu sein, imgleichen die eines *unbescholtenen* Menschen (iusti), weil er vor allem rechtlichen Act keinem Unrecht gethan hat; endlich auch die Befugniß, das gegen andere zu thun, was an sich ihnen das Ihre nicht schmälert […] liegen schon im Princip der angebornen Freiheit und sind wirklich von ihr nicht […] unterschieden“ (AA VI, 237f.).

Kant beabsichtigt – meiner Ansicht nach – mit diesen Erläuterungen nicht das Wiedervergeltungsrecht, im Sinne des „‚Gleiches mit Gleichem‘“ vergelten, zu beschreiben, sondern wiederholt jene Gedanken, die er bereits im „allgemeine[n] Rechtsgesetz“ mit den Worten, „handle äußerlich so, daß der freie Gebrauch deiner Willkür mit der Freiheit von jedermann […] zusammen bestehen könne“ formuliert und, die er als „unabtrennliche Attribute“ eines Staatsbürgers als „gesetzliche *Freiheit*“, „bürgerliche *Gleichheit*“ und „bürgerliche *Selbstständigkeit*“ nennt (Hoerster 2012, 109; AA VI, 231; 314). In der Argumentation Kants, die sich *prima facie* für das „ius talionis“ ausspricht, schwingt zwar die Formel „Gleiches mit Gleichem“ zu vergelten insofern mit, als an dieser Stelle des Textes zu lesen ist: „Also: was für unverschuldetes Übel du einem Anderen im Volke zufügst, das thust du dir selbst an. […] bestiehlst du ihn, so bestiehlst du dich selbst“ (Hoerster 2012, 109; AA VI, 332). Hintergrund dieser Aussagen ist die Festlegung, dass die „öffentliche Gerechtigkeit“, die an anderer Stelle der Rechtslehre in dreifacher Gestalt, nämlich als „*beschützende*“, „*wechselseitig erwerbende*“ und als „*austheilende Gerechtigkeit*“ präsentiert wird, das „Princip der Gleichheit“ gleichsam als „Zünglein an der Waage der Gerechtigkeit“ oder als „Richtmaße“ wählt (AA VI, 306; 332). Nicht nur, dass Kant sogleich einschränkt, dass „der Unterschied der Stände das Princip der Wiedervergeltung Gleiches mit Gleichem nicht verstatte“, schreibt er dem „ius talionis“ im Rahmen des Strafrechts die Funktion zu, „die Qualität und Quantität der Strafe bestimmt an[zu]geben“, wie es auch der Bedeutung des Talionsprinzips im modernen staatlichen Strafrecht entspricht, demzufolge das Strafausmaß der Art der gesetzeswidrigen Handlung angemessen sein muss, worauf sich Hoerster auch mit Blick auf die „Präventionstheorie der Strafbegründung“ bezieht (AA VI, 332; Hoerster 2012, 106; vgl. Hoerster 2012, 107).

Hoerster fährt mit der „*[r]ichterliche[n] Strafe* (poena forensis)“, die der „Gesetzgeber“ via Gesetz über den Delinquenten nur deshalb verhängt, weil er „*verbrochen* hat“, fort und merkt kritisch an, dass Kant einen möglichen präventiven Effekt einer Sanktion gar nicht erwägt (AA VI, 331). Wird der „praktische Imperativ“ Kants in Erinnerung gerufen, der zum Ausdruck bringt, dass du so handeln sollst, „*daß du die Menschheit, sowohl in deiner Person, als in der Person eines jeden andern, jederzeit zugleich als Zweck, niemals bloß als Mittel brauchest*“, wird klar, dass Kant die „poena forensis“ nicht als präventive Maßnahme institutionalisieren kann, weil in diesem Fall der Delinquent als Mittel zur Beförderung eines anderen Gutes, wie der moralischen Besserung des Delinquenten, mithin der Gesellschaft, gebraucht würde (GMS BA 67; AA VI, 331). Dagegen könnte eine potenzielle Läuterung des Täters vermittels der „*natürlichen*" Strafe dadurch gegeben sein, dass sich das „Laster [...] selbst bestraft", „bestiehlst du dich [doch] selbst", wenn du einen anderen bestiehlst (AA VI, 331f.). Hoerster verharrt jedoch bei seiner Interpretation, dass Kant uneingeschränkt das „Wiedervergeltungsrecht" vertrete (Hoerster 2012, 109): „Das bedeutet auch: Hat der Straftäter einen Mord begangen, ‚so muß er sterben'. Denn zur Todesstrafe gibt es ‚kein Surrogat zur Befriedigung der Gerechtigkeit'. Kant lässt es auch in diesem Punkt an Konsequenz nicht fehlen: ‚Selbst, wenn sich die bürgerliche Gesellschaft mit aller Glieder Einstimmung auflösete [...] müßte der letzte im Gefängniß befindliche Mörder vorher hingerichtet werden'" (Hoerster 2012, 109; AA VI, 333).

Auch in diesem Zusammenhang argumentiert Kant mit Blick auf die „Gleichheit der Strafen", dass die Schuld vermittels der Bestrafung des Delinquenten nicht mehr auf dem Volk als „Theilnehmer an dieser öffentlichen Verletzung der Gerechtigkeit" - man denke auch hier an die Formulierung des „praktische[n] Imperativ[s]" - laste (AA VI, 333; GMS BA 67). Bleibt noch in Ansehung des obigen Zitates zu klären, was uns Kant mit dem „Surrogat zur Befriedigung der Gerechtigkeit" sagen will. Auch hier ist die Gleichheit im Sinne des Satzes, „‚Bestiehlst du ihn, so bestiehlst du dich selbst'" insofern Ausgangspunkt seiner Überlegungen, als jeder Diebstahl die Verunsicherung jeglichen „Eigenthum[s]" zur Folge hat (AA VI, 333). Nun verfügt der potenzielle Dieb weder über Eigentum, noch hat er die Möglichkeit, solches zu erwerben, womit er, um leben zu können, nur darauf hoffen kann, dass ihn andere ernähren. „[Will] dieses aber der Staat nicht umsonst thun", muss der Straftäter dem Staat seine Arbeitskraft als „Surrogat", d.h. als unvollständiger Ersatz für die Ermöglichung seines Lebens überlassen, um der „Befriedigung der Gerechtigkeit" genüge zu tun (AA VI, 333). Dieses Beispiel verdeutlicht nun, warum es für einen Mord kein derartiges „Surrogat zur Befriedigung der Gerechtigkeit" geben kann, weshalb als Kriterium für die Sanktionierung der Straftat bloß die Gleichheit in Betracht zu ziehen ist (AA VI, 333). Wird aber das Feld des Strafgesetzes verlassen, dann können zudem moralphilosophische Aspekte ins Treffen geführt werden. Für Kant bringt es „die Natur des menschlichen Gemüths" mit sich, dass der „ehrliche Mann" in Ansehung seines Tötungsdelikts den Tod deshalb erwählen wird, weil er seiner „*Ehre*" einen höheren Stellenwert als seinem Leben einräumt, womit implizit die Zurechnungsfähigkeit des vernünftigen Wesens thematisiert wird (AA VI, 333f.; vgl. AA VI, 26). Mithin kann sich Kant seiner abschließenden Argumentationsfigur zuwenden, die einerseits bei der Annahme ansetzt, dass der Straftäter die Strafe nicht erleidet, „weil er *sie*, sondern weil er eine *strafbare Handlung* gewollt hat" und, die andererseits den Bürger als „Mitgesetzgeber" in den Blick nimmt (AA VI, 335). Bin ich als Bürger in der Position eines „Mitgesetzgeber[s]", der das „*Strafgesetz* dictirt", dann kann ich unmöglich gleichzeitig jene Person sein, die gegen eben dieses Gesetz verstößt, weshalb sich folglich der Verbrecher um die „Würde" des Staatsbürgers bringt (AA VI, 335; 329). Es ist nämlich die „rechtlich=gesetzgebende Vernunft (homo noumenon)", die mich zu einer Person macht, die eines Verbrechens fähig ist, und diese Person ist als „homo phaenomenon" dem Strafgesetz unterworfen (AA VI, 335).

Abschließend beurteilt Hoerster die „Vergeltungstheorie" Kants aufgrund ihrer vermeintlichen Aussage, dass jede rechtswidrige Handlung „strafrechtlich geahndet werden muß", als „inakzeptabel" (Hoerster 2012, 110). Dabei übersieht er jedoch, dass Kant bereits am Beginn seiner Abhandlungen zum „*Straf- und Begnadigungsrecht*" anhand des Verkehrs des Geldes und der Waren sorgfältig zwischen einem „Privatverbrechen" und einem „öffentliche[n] Verbrechen (crimen publicum)", mithin zwischen einer „Civil-" und einer Criminalgerechtigkeit", unterscheidet (AA VI, 331): „*Veruntreuung*, d.i. Unterschlagung der zum Verkehr anvertrauten Gelder oder Waren, Betrug im Kauf und Verkauf bei sehenden Augen des Anderen sind Privatverbrechen [, die vor die Zivilgerechtigkeit gezogen werden]. Dagegen sind: falsch Geld oder falsche Wechsel zu machen, Diebstahl und Raub und dergl. öffentliche Verbrechen, weil das gemeine Wesen und nicht bloß eine einzelne Person dadurch gefährdet wird [, hat doch jeder Diebstahl die Verunsicherung jeglichen Eigentums zur Folge]" (AA VI, 331; vgl. AA VI, 333).

Mithin ist klar, dass gemäß der Sichtweise Kants nicht jede rechtswidrige Handlung „strafrechtlich geahndet" – in der Diktion Kants – vor die „Criminalgerechtigkeit gezogen wird" (Hoerster 2012, 110; AA VI, 331).

Entgegen der bisherigen kritischen Auseinandersetzung mit dem „Wiedervergeltungsrecht" in den Schriften Kants, greift Hoerster nun den Gedanken an eine „ganz andere Form von Vergeltungstheorie, die sich im Prinzip in eine interessenfundierte Form der Rechtsbegründung integrieren läßt", auf und stellt die Frage, warum das Bedürfnis der Menschen nach Vergeltung vergangener Straftaten nicht in gleicher Weise Berücksichtigung finden kann, wie ihr Interesse an der Prävention (Hoerster 2012, 109f.). Diese Art einer Strafbegründung ist, wie auch jene, welche auf der möglichen präventiven Wirkung einer Strafe fußt, für Kant deshalb nicht gangbar, weil das „Strafgesetz […] ein kategorischer Imperativ [ist]", der unabhängig von jeglichem menschlichen Interesse Geltung besitzt, wie dies Kant in Gestalt einer Warnung mit den Worten formuliert: „wehe dem! welcher die Schlagenwindungen der Glückseligkeitslehre durchkriecht, um etwas aufzufinden", was einen Vorteil verspricht (AA VI, 331).

Nach diesen Anmerkungen zur Rechtslehre Kants gilt es, das Begründungsdilemma der Grundnorm Kelsens aus der Sicht Hoersters zu beleuchten.

Hoerster, der bereits am Beginn des „Anhang[s]“ seiner Schrift *Was ist Recht? Grundfragen der Rechtsphilosophie* seine Intention kundtut, die *Reine Rechtslehre* Kelsens nicht nur darzustellen, sondern auch zu kritisieren, geht auch mit ihrem zentralen Theorieelement „*Grundnorm*“ nicht weniger kritisch um als mit Kants Ausführungen zum „*Strafrecht*“ (Horn 2012, 134; Kelsen 2017, 346; AA VI, 331). Er nimmt vorweg, dass er die Kritik an Kelsens Schrift auf seine eigene Position, die er in den Kapiteln 2 bis 6 entwickelt habe, fußt. Diese wurde bereits im vorhergehenden Abschnitt exponiert, weshalb es an dieser Stelle genügen mag, bloß die noch fehlenden Voraussetzungen für seine Auseinandersetzung mit Kelsens „‚Grundnorm‘“ zu ergänzen (Hoerster 2012, 148).

Hoerster unterstützt das „‚Reinheitsgebot‘“ Kelsens als Befreiung der Rechtswissenschaft von „jeglichen *wertenden* bzw. *weltanschaulichen* Elementen“, will jedoch ein Problem darin sehen, dass die Reine Rechtslehre Kelsens auch keine „*empirischen* Elemente“ enthält, fließen diese doch in die „soziale *Wirksamkeit*“ einer Normenordnung ein (Hoerster 2012, 135). Er kann sich auch mit der Position Kelsens, dass eine Rechtsnorm nur dann gültig ist, wenn sie „von jemandem, der dazu durch eine Rechtsnorm höherer Stufe ermächtigt ist[,]“ erlassen wird, einverstanden erklären (Hoerster 2012, 137; vgl. Kelsen 2017, 351). Wir betrachten nämlich eine „neue Strafrechtsnorm“ dann als gültig, wenn diese Norm von „gewisse[n] Menschen […] tatsächlich erlassen [wurde]“ und, wenn diese Menschen „durch die Staatsverfassung zum Erlaß dieser Norm ermächtigt waren“ (Hoerster 2012, 137). Mit der genannten Staatsverfassung, die Menschen zum Normerlass befugen, wird bereits das erste Problem betreffend die Begründung von Rechtsnormen angestoßen, stellt doch eben diese Staatsverfassung „per defintionem die *höchste* Norm innerhalb einer Rechtsordnung dar“, weshalb sie gemäß der Bestimmung Kelsens, dass die Geltung einer Norm vermittels der Geltung einer höheren Norm zu begründen ist, gar nicht gelten kann (Hoerster 2012, 138; vgl. Kelsen 2017, 58; 357–359). Die Staatsverfassung kann mithin „ihrerseits gar keinen Geltungsgrund in einer weiteren Rechtsnorm haben“. Zudem müsste ein „unendlicher Regreß von Normen“ angenommen werden, wenn die Staatsverfassung als „*höchste* [Rechts]norm“ Geltung besäße (Hoerster 2012, 138). Hoerster kann mithin schließen, dass „Kelsens obige Behauptung über den Geltungsgrund einer Norm bzw. Rechtsnorm unsinnig [ist]“, beruht doch die „*Gültigkeit der Verfassung*“ nur auf einer „vom Rechtswissenschaftler gemachten Annahme“, die Kelsen – gemäß Hoerster – als „‚Grundnorm‘“ bezeichnet (Hoerster 2012, 138f.). Bei Kelsen ist dazu auszugsweise zu lesen:

> [D]ie Suche nach dem Geltungsgrund einer Norm […] muß bei einer Norm enden, die als letzte, höchste vorausgesetzt wird. […] Ihre Geltung kann nicht mehr von einer

> höheren Norm abgeleitet, der Grund ihrer Geltung nicht mehr in Frage gestellt werden. Eine solche [...] Norm wird hier als Grundnorm bezeichnet (Kelsen 2017, 348).
>
> [F]ragt man nach dem Geltungsgrund der Normen, die die Erzeugung der generellen Normen [qua Gesetze] regeln, indem sie bestimmen durch welche Organe und in welchem Verfahren generelle Normen zu erzeugen sind, so gerät man vielleicht auf eine ältere Staatsverfassung [, womit die Geltung der bestehenden Staatsverfassung vermittels der vorangehenden Staatsverfassung beispielsweise durch Verfassungsänderung begründet wird] (Kelsen 2017, 357).
>
> Will man das Wesen der Grundnorm erkennen, muß man sich vor allem bewußt bleiben, daß sie sich unmittelbar auf eine bestimmte, tatsächlich gesetzte, [...] im großen und ganzen wirksame Verfassung [...] bezieht, indem sie die Geltung dieser Verfassung und der ihr gemäß erzeugten Zwangsordnung begründet (Kelsen 2017, 359).

Die Konsequenzen, die Kelsen aus diesen Bestimmungen ziehen muss, sind einerseits, dass sowohl die „Grundnorm“ wie auch die „historisch erste Staatsverfassung“ nicht von einer ermächtigten „Autorität *gesetzt*“, sondern „*vorausgesetzt*“ sein müssen, und, dass er andererseits dem drohenden „*logische[n] Zirkel*“, der sich aus der Geltungsbegründung der Verfassung vermittels der Grundnorm und dem Bezogen-sein derselben auf die Staatsverfassung selbst ergibt, entgehen muss, indem er die „ältere Staatsverfassung“ einführt (Kelsen 2017, 348; 357; Kletzer 2013, 260). Dennoch verfällt Kelsen einem „*logische[n] Zirkel*“, indem eine solcher Weise gültige Norm ihrerseits der normsetzenden „Autorität“ erst die Befugnis erteilt (Kletzer 2013, 260; Kelsen 2017, 352). Da nun, wie gezeigt, weder die Grundnorm noch die vorangehende Verfassung als der „*eigentliche* und *letzte* Geltungsgrund *jeder* Rechtsnorm“ durch eine ermächtigte Autorität gesetzt, d.h. erzeugt wird, kann gemäß der Definition Kelsens gar nicht von einer „tatsächliche[n] Norm, sondern stets nur [von] eine[r] gemachte[n] Annahme“, mithin von einem dogmatischen Abbruch des Begründungsverfahrens, die Rede sein (Hoerster 2012, 139).

In welcher Weise stellt sich Kelsen diesem Begründungsdilemma und wie gestaltet sich die weiterführende Interpretation und Argumentation Hoersters? Als hätte Kelsen Hoersters Anmerkung, dass der Rechtswissenschaftler die Grundnorm „nicht etwa in der Realität vor[findet], sondern [...] selbst *erfindet*“, gelesen, schreibt er, dass die Grundnorm nicht „das Produkt freier Erfindung [ist]“, da ihre Voraussetzung nicht willkürlich im Sinne einer Wahl unter verschiedensten Grundnormen erfolgt (Hoerster 2012, 139; Kelsen 2017, 360). Als Voraussetzung für seine weiterführenden Überlegungen wählt Kelsen nun nicht mehr das Vorausgesetzt-Sein der Verfassung, sondern jenes einer Norm, die besagt, dass man sich „dieser ganz bestimmten Verfassung gemäß verhalten soll“, womit der „subjektive Sinn des verfassungsgebenden Aktes“ in eine

„objektiv gültige Rechtsnorm" umgedeutet wird (Kelsen, 2017, 360). Um seiner gedanklichen Wende auch wissenschaftliches Gewicht zu verleihen, nimmt er Anleihe bei der „Kant'schen Erkenntnistheorie" und stellt die „Grundnorm" als „transzendental-logische Bedingung" der objektiven Deutung des subjektiven Sinns von „verfassungsgebenden Akte[n]" dar, und formuliert in Anlehnung an Kant (siehe S. 197) die seiner Reinen Rechtslehre zugrundeliegende rechtsphilosophische Frage: „[W]ie ist eine nicht auf meta-rechtliche Autoritäten wie Gott oder Natur zurückgreifende Deutung des subjektiven Sinns gewisser Tatbestände als ein System in Rechtssätzen beschreibbarer objektiv gültiger Rechtsnormen möglich?" (Kelsen 2017, 360f.). Zur näheren Begründung dieser Festlegungen bedient sich Kelsen eines landläufig anerkannten Begründungsverfahrens, nämlich des „Syllogismus", an dessen Spitze als Obersatz die Grundnorm Platz findet, wie bereits (oben, S. 194f.; 239f.; 243f.;) ausgeführt wurde (Kelsen 2017, 361).

Hoerster geht mit Kelsens Sichtweise der Aufgabe eines Rechtswissenschaftlers, die darin besteht, die „existente" Rechtsnorm in Gestalt eines „normdeskriptiven Satz[es]" darzustellen, konform (Hoerster 2012, 140). Mithin erlässt der Rechtswissenschaftler keine „Handlungsaufforderung" an die Bürger des Staates und identifiziert sich auch nicht mit dem Inhalt der besagten Norm, sondern beschreibt sie bloß, d.h. er braucht „in diesem Fall überhaupt kein „‚Sollen', also keine Norm im spezifischen Sinn Kelsens", sondern äußert mit dem normdeskriptiven Satz nur die, hinter dem Norminhalt stehende, „empirische Norm", die dem Willensakt gleichkommt, vermittels dessen die Rechtsnorm erzeugt wird (Hoerster 2012, 140f.). Wird dieser Gedanke zu Ende geführt, dann kann das Recht als Gegenstand der Rechtserkenntnis nicht, wie von Kelsen betont, ausschließlich als „ein System von menschliches Verhalten regelnden Normen" gefasst werden, bedarf doch – gemäß der Ausführungen Hoersters – die Rechtswissenschaft auch der empirischen Elemente (Kelsen 2017, 26f.). Diesem Argument nimmt Kelsen bereits in den ersten Sätzen seiner Rechtslehre den Wind aus den Segeln, indem er explizit darauf verweist, dass die „Reine Rechtslehre" nicht das „positive Recht schlechthin", sondern die Theorie desselben zu entwickeln beabsichtigt (Kelsen 2017, 21; vgl. Jabloner 1998, 5).

Offensichtlich besteht bei Juristen der Wunsch nach einer, eine Einheit bildenden, Rechtsordnung. Dem verdankt sich die „gewisse Plausibilität" der Grundnormtheorie Kelsens, welche die Grundnorm als „gemeinsamer Geltungsgrund" aller Normen einer Rechtsordnung, mithin als einheitsstiftend, skizziert, womit Rechtsnormen nicht isoliert, d.h. außerhalb dieser Normenordnung, existieren können (Hoerster 2012, 142; Kelsen 2017, 349). Mit einem Beispiel demonstriert Hoerster, dass diese Auffassung „definitiv falsch" ist: „Herr Müller sitzt am 1. Juli 2005 um 15 Uhr in seinem Garten und liest ein Buch. Da die Kinder im Nachbarsgarten wild umhertollen und Herrn Müller dadurch bei der Lektüre stören, ruft er ihnen zu: ‚Ihr sollt Ruhe geben!' Die Aufforderung wirkt: Die Kinder geben Ruhe (Hoerster 2012, 142).

In Erinnerung an die zentralen Elemente der Reinen Rechtslehre Kelsens lassen sich die folgenden Fragen stellen: Welcher Normenordnung ist die Verhaltensaufforderung Müllers zuzurechnen? Welche Norm ermächtigt Herrn Müller zum Erlass dieser Verhaltensnorm? Wodurch wird folglich die Geltung der genannten Norm begründet? Nur wenn es eine Rechtsnorm gäbe, die das Befolgen der Anordnungen von erwachsenen Nachbarn einforderte, könnte die Grundnorm an diese anknüpfen. Wird eine derartige Norm jedoch als inexistent betrachtet, dann ist davon auszugehen, dass es „offenbar auch Normen [gibt], die *isoliert* existieren und nicht innerhalb einer *Normenordnung* stehen", mit welchen, wie vermittels der Verhaltensaufforderung des Herrn Müller, einem Wunsch in Gestalt eines „normexpressive[n] Satz[es]" Ausdruck verliehen wird (Hoerster 2012, 142; 140). Wird die Grundnormtheorie Kelsens durch die Existenz von isolierten Normen gefährdet, auch wenn eine isolierte Norm „sinnvollerweise" nicht als gültig zu bezeichnen ist? Nach Hoerster wird die Grundnormtheorie nicht widerlegt, aber sie bedarf einer entsprechenden Adaptation. Hoerster belässt als Voraussetzung für seine Argumentation die Bestimmung, dass die „eigentliche Geltungsvoraussetzung jeder Norm […] in der Grundnorm [liege]". Ist nun die in Frage stehende Norm Teil einer „Normenordnung", dann „gewinnt sie ihre Geltung aus der Grundnorm", jedoch durch „Vermittlung […] höherer Normen der betreffenden Ordnung". Handelt es sich aber um isolierte Normen, dann erfolgt die Geltungsbegründung „*unmittelbar* aus der Grundnorm", die in diesem Fall als Geltungsvoraussetzung angenommen wird (Hoerster 2012, 143). Auf den ersten Blick ist durch die, von Hoerster vorgenommene, Abwandlung der Grundnormtheorie das Problem der Geltungsbegründung der Grundnorm nicht gelöst, werden doch gemäß seinem Vorschlag entweder der Grundnorm eine oder mehrere höhere Normen gleichsam vorgesetzt, womit ein infiniter Regress unvermeidbar ist und die Grundnorm nicht mehr als „höchste" Norm gewahrt bleibt, oder es wird die Grundnorm im Sinne eines dogmatischen Abbruchs des Begründungsverfahrens schlichtweg angenommen (Kelsen 2017, 348; vgl. Hoerster 2012, 138; 143). Richtig ist jedoch, dass im Falle einer Grundnormannahme – „‚Die Kinder sollen der Verhaltensaufforderung, die Herr Müller am 1. Juli 2005 um 15 Uhr an sie richtet, Folge leisten'" – die Verhaltensaufforderung des Herrn Müller nicht mehr bloß einem subjektiven Wunsch desselben, sondern einer gültigen Norm entspricht (Hoerster 2012, 143).

Hoerster greift nochmals seine These auf, wonach „eine existente Rechtsnorm" als „empirische Tatsachenaussage über die Willensäußerungen" bestimmter

Menschen zu verstehen ist (Hoerster 2012, 144). Dies widerspricht der Bestimmung einer Rechtsnorm als einem Sollen durch Kelsen (vgl. Kelsen 2017, 28). Der Willensakt hingegen, von dem Hoerster in Form der „Willensäußerung" spricht, ist – wie auch bei Kelsen – insofern „intentional auf das Verhalten anderer gerichtet", als die Person, die den genannten Akt setzt, will, dass sich der andere „in bestimmter Weise verhalten *soll*". Mithin bezieht sich der erste Teil des Satzes – „der eine will, dass sich der andere in bestimmter Weise verhalten soll" – auf den Willensakt als Seins-Tatsache, der zweite Teil aber auf das Sollen im Sinne einer Norm (Hoerster 2012, 144; Kelsen 2017, 27f.). Würde Kelsens Bestimmung einer Norm auf das Beispiel des Herrn Müller angewandt, dann müssten die Kinder die Willensäußerung des Herrn Müller durch eine „Grundnormannahme" – „Wir sollen der Verhaltensaufforderung, die Herr Müller am 1. Juli 2005 um 15 Uhr an uns richtet, Folge leisten" – begründen, weshalb Hoerster Kelsens „Sichtweise […] vom Wesen einer Norm" für nicht „realitätsgerecht", sondern für „arg mystifizierend" hält (Hoerster 2012, 145). Denn weder Herr Müller bedarf als Teilnehmer am Geschehen in Ansehung seines „normexpressiven Satz[es]" – „‚Ihr sollt Ruhe geben'" – der oben formulierten Grundnormannahme, noch ein Beobachter in Ansehung seines „normdeskriptiven Satz[es]" – „‚Die Kinder sollen gemäß der Aufforderung von Herrn Müller Ruhe geben'" (Hoerster 2017, 147).

Nun sind der „subjektive Sinn" von Willensakten, zu welchen auch die „verfassungsgebenden Akte" zählen, wie auch der „objektive Sinn" derselben als „objektiv gültige Rechtsnormen" Teil der Abhandlung Kelsens zur Festsetzung der Grundnorm als „*transzendental-logische Voraussetzung*" (Kelsen 2017, 359f.), weshalb Hoerster auch dazu Stellung nimmt. Es ist richtig, dass Kelsen mit dieser Festlegung der Grundnorm die Funktion zuerkennt, der „gesamten Rechtsordnung ihre Geltung im speziellen Sinne einer *objektiven Verbindlichkeit und Legitimität* zu verleihen", ohne dass auf eine „im vorpositiven Sinn existente oder geltende Norm" rekurriert werden könnte, womit sich der Rechtswissenschaftler gezwungen sieht, diese objektive Verbindlichkeit der Grundnorm, gleichsam als „*Postulat*", vorauszusetzen (Hoerster 2012, 148f.). Dieser Argumentation Hoersters setzt auch Kelsen nichts entgegen, sondern unterstützt sie sogar, indem er einerseits die Grundnorm als Grenzfall aus dem Gefüge der Normenordnung herauslöst, weil sie im Vergleich zu anderen Normen keine „höhere Norm" anwendet, und andererseits betont, dass „die Suche nach dem Geltungsgrund einer Norm" bei der „Grundnorm" enden muss (Kelsen 2017, 420; 348).

Um den Ausführungen Hoersters mit Bezug zu den Konsequenzen der postulierten „*objektiven Verbindlichkeit*" folgen zu können, muss geklärt werden, ob die Kelsensche Deutung des subjektiven Sinns eines Willensaktes als objektiver

Sinn vermittels der Grundnorm überhaupt gleichzusetzen ist mit der *„objektiven Verbindlichkeit“* (Hoerster 2012, 148). Wird davon ausgegangen, dass durch die skizzierte Umdeutung einer Rechtsnorm Geltung verliehen wird, diese mithin sowohl den Amtsträgern als auch den Bürgern des Staates die Verpflichtung auferlegt, sich gemäß dieser Norm zu verhalten, dann kann die Deutung des subjektiven Aktes als objektiv gültige Norm mit der *„objektiven Verbindlichkeit“* identifiziert werden (Hoerster 2012, 148). Als erste Konsequenz nennt Hoerster, dass „einander widersprechende Normen zweier Normenordnungen nicht gleichzeitig als geltend betrachtet werden können“, weil nicht beide Normen gleichzeitig „objektiv verbindlich sein [können]“ und präsentiert das Beispiel des Schwangerschaftsabbruchs, der gemäß der österreichischen Rechtslage unter distinkten Voraussetzungen straffrei, nicht aber gesetzlich erlaubt ist, während die „Moralnorm der katholischen Kirche“ denselben verbietet (Hoerster 2012, 149; vgl. https://www.jusline.at/gesetz/stgb/paragraf/97). Werden die Überlegungen Kelsens zum Thema Normenkonflikte ad notam genommen, dann überzeugt das Hoerstersche Beispiel vor allem aus zwei Gründen nicht: Die Rechtsnorm, gemäß welcher ein Schwangerschaftsabbruch unter bestimmten Bedingungen straffrei ist, und die Moralnorm der katholischen Kirche wurden „zu verschiedenen Zeiten“, mithin nicht gleichzeitig gesetzt (Kelsen 2017, 370). Werden in einer und derselben Rechtsnorm von einem und demselben Organ gleichzeitig zwei widersprechende Normen zusammengeführt, dann erfolgt die Verknüpfung der beiden Normen nicht mit einem *„und“*, sondern mit einem *„oder“*, wogegen Hoerster die deutsche Rechtsnorm, „die einer Katholikin […] eine bestimmte Abtreibung erlaubt, und die Moralnorm der katholischen Kirche, die derselben Person diese Abtreibung verbietet“, nicht im Sinne einer Alternative darstellt (Kelsen 2017, 371; Hoerster 2012, 149). Unerwähnt darf in diesem Kontext zudem nicht bleiben, dass der Richter ausschließlich an die „generellen“ Rechtsnormen qua Gesetze desjenigen Staates gebunden ist, der ihm die Befugnis erteilt, das Richteramt bekleiden zu können (Kelsen 2017, 52; vgl. Kelsen 2017, 45). Anstatt jedoch diese Einwürfe zur Diskussion zu stellen, kehrt Hoerster zur fehlenden *„vorpositiv* geltende[n], objektiv verbindliche[n] Norm“ in Gestalt eines Naturrechts zurück, dem Kelsen eindeutig eine Absage erteilt (Hoerster 2012, 152; vgl. Kelsen 2017, 361; Jabloner 1998, 3f.). Hoersters Kritik legt den Fokus auf die vermeintliche Gleichsetzung des „objektiven Rang[es]“ des Naturrechts und des positiven Rechts durch Kelsen und auf die „sich aus dieser Parallele ergebenden Konsequenz des Grundnormpostulats in puncto Befolgungswürdigkeit“, indem Kelsen und seine Anhänger festlegen, dass eine Gerechtigkeitsnorm eines Naturrechts dann nicht als gültig zu betrachten ist, wenn sie der Norm des positiven Rechts widerspricht (Hoerster 2012, 152).

Hoersters Interpretation der Reinen Rechtslehre Kelsens vermittelt den Eindruck, dass nicht die „*Theorie* des positiven Rechts [Hervorhebung, C.A.]", wie Kelsen seine Lehre verstanden wissen will, d.h. nicht eine Deutung aus der Warte eines Beobachters, sondern aus jener eines Teilnehmers, mithin eine Deutung des positiven Rechts als gesellschaftliches Phänomen vorgenommen wird, weshalb Hoerster auch nicht auf die empirischen Elemente in seiner Rechtslehre verzichten kann (Kelsen 2017, 21; vgl. Hoerster 2012, 28; 38f.; 46; 48–50). Naheliegend ist daher, dass er „die Grundnorm mit ihrem eigenartigen Postulat einer objektiven Geltung und Verbindlichkeit" als „überflüssig" und falls nicht „irreführend" als „ganz und gar unverständlich" bezeichnet und diese kompromisslose Beurteilung in Anlehnung an die Anerkennung der „‚Erkenntnisregel'" Harts, die Alexy als „*empirische Grundnorm*" bezeichnet, argumentiert (Hoerster 2012, 153; Hart 2011, 116; Alexy 2011, 194; vgl. Hart 2011, 298; Hart 2012, 292): „Eine Rechtsordnung *kann* nämlich […] gar nicht im relevanten Sinn *wirksam* sein, ohne daß eine weitere Voraussetzung erfüllt ist: Zumindest zahlreiche *Amtsträger* müssen die Verfassung dieser Rechtsordnung […] *freiwillig akzeptieren*. Und nicht selten ist es darüber hinaus durchaus der Fall, daß auch die Mehrheit der normalen Bürger in einer solchen Haltung hinter der Verfassung der eigenen Rechtsordnung steht" (Hoerster 2012, 153f.).

In Zusammenschau der Betrachtungen zur *Reine[n] Rechtslehre* kann sich Hoerster in drei Punkten mit der Konzeption Kelsens einverstanden erklären, nämlich 1. darin, dass eine Rechtsnorm dann als gültig zu betrachten ist, wenn sie von einer zur Normerzeugung autorisierten Person erlassen wurde; 2. darin, dass es Aufgabe des Rechtswissenschaftlers ist, die „existente" Rechtsnorm in Gestalt eines „normdeskriptiven Satz[es]", d.h. eines „*Rechtssatz[es]*" darzustellen; und 3. darin, dass die „gewisse Plausibilität" der Grundnormtheorie mit ihrer einheitsstiftenden Funktion der Grundnorm dem Wunsch des Juristen nach einer, eine Einheit bildenden, Rechtsordnung geschuldet ist (Hoerster 2012, 140; 142; Kelsen 2017, 141; vgl. Hoerster 2012, 137; Kelsen 2017, 349). Hoersters Kritik am Vorausgesetzt-Sein der Verfassung und der Grundnorm, womit die Forderung Kelsens, dass die Geltung jeder Norm durch eine höhere Norm begründet werden müsse, unerfüllt bleibt, ist nicht von der Hand zu weisen, im Gegensatz zu seinen Erläuterungen betreffend „*isoliert*" existierende Normen, werden doch mit diesen, wie auch mit der „Moralnorm der katholischen Kirche", keine Rechtsnormen, sondern soziale Regeln und moralische Normen angesprochen (Hoerster 2012, 142; 149; vgl. Hoerster 138f.; 145–149).

Ehe die Aufmerksamkeit auf den prinzipientheoretischen Ansatz der Begründung des positiven Rechts gelenkt wird, erscheinen abschließende Erwägungen zum Naturrecht, d.h. zu einer „*vorpositiv* geltende[n], objektiv verbindliche[n]

Norm" als möglicher Lösungsansatz der Begründungsproblematik angebracht (Hoerster 2012, 152; vgl. Kelsen 2017, 361).

## 5.3 Das Naturrecht: Ein potenzieller Lösungsansatz der Begründungsproblematik?

Nun wurden bereits im Vorfeld, in unterschiedlichem Zusammenhang, einige Gedanken der Bedeutung des Naturrechts in der Rechtslehre Kants und Kelsens gewidmet (oben, Kapitel 1.1.3; 1.1.4; S. 209f.; 221f.; 267f.), deren Inhalt nun auf die oben gestellte Frage zu restringieren ist.

Kant misst dem apriorischen „*Naturrecht*" insofern große Bedeutung bei, als es die Grundlage zu einer „möglichen positiven Gesetzgebung", wie auch das „allgemeine Kriterium" für die Unterscheidung zwischen Recht und Unrecht erst liefert, weshalb Eisfeld recht zu geben ist, dass die Kantische Rechtslehre einen „naturrechtlichen Charakter" aufweist, den es nicht zu ignorieren gilt (AA VI, 237; 229f.; Eisfeld 2015, 63). Eisfeld erkennt einen „direkten Zusammenhang" zwischen den „staatsrechtlichen" Abhandlungen Kants und seiner Rechtslehre, wird doch dem Staat die Aufgabe übertragen, das „Naturrecht (des epistemisch gültigen Rechts)" zu verwirklichen. Dieses „natürliche Recht des Naturzustandes" qua „‚Privatrecht'" liefert zudem die Voraussetzung für das „Postulat des öffentlichen Rechts", das gebietet, in einen rechtlichen Zustand überzugehen, „in dem das Naturrecht Gegenstand einer öffentlichen Gesetzgebung ist, deren Einhaltung durchgesetzt wird" (Eisfeld 2015, 234; vgl. AA VI, 242; 255f.; 312; 315; 307).

In weiterer Folge argumentiert Eisfeld gegen die „Umdeutung der kantischen Naturrechtsphilosophie in eine Theorie des positiven Rechts", weil damit der „demokratisch legitimierte Gesetzgeber", welcher der „empirischen Wirklichkeit", mithin der „*Sinnenwelt*" angehört, zu einer „Institution" der reinen Vernunft erklärt und somit die beiden „Welten", die „*Sinnen-*" und die „*Verstandeswelt*", zu einer einzigen zusammengefasst würden (Eisfeld 2015, 69f.; GMS BA 107).

Ob allerdings das apriorische Naturrecht Kants zur Lösung der Begründungsproblematik des positiven Rechts in Ansatz gebracht werden kann, bedarf noch der Klärung. Eindeutig ist jedenfalls, dass der „*Rechtsgelehrte*" der „Urtheile in der bloßen Vernunft" bedarf, um überhaupt erfassen zu können, was „recht sei", d.h. „woran man überhaupt Recht sowohl als Unrecht (iustum et iniustum) erkennen könne" (AA VI, 229f.). Folglich meint bei Kant der Begriff des „allgemeine[n] Rechtsgesetz[es]", der sowohl „Bestandteil des kategorischen Imperativs als auch des Rechtsbegriffs ist", ein Naturrecht, das gegenüber dem positiven

Recht zu priorisieren ist (AA VI, 231; Eisfeld 2015, 75). Auf dieser Grundlage formuliert Kant in Analogie zum Kategorischen Imperativ das „allgemeine Rechtsgesetz“, dessen Inhalt auf die Verbindlichkeit und praktische Notwendigkeit des Gesetzes verweist und zugleich fordert, die Freiheit, gefasst als Autonomie, nicht anzutasten (AA VI, 231; vgl. Menke 2018, 58). Zudem macht er in Ansehung des Aufeinander-Verwiesen-seins von „*Legalität*“ und „*Moralität*“ auf die Gültigkeit des Kategorischen Imperativs für das positive Recht aufmerksam (AA VI, 219; vgl. Schnoor 1989, 10; 16–17; Menke 2018, 84–87). Dieses „allgemeine Rechtsgesetz“, das mithin einem „praktische[n] Vernunftgesetz“ entspricht, wird zwar auf juridische Weise gegeben und mit der „*Befugniß zu zwingen verbunden*“, hat jedoch den Kategorischen Imperativ zu seinem „systematischen Ausgangspunkt“, womit eben derselbe ob seiner Autonomie gegenüber dem positiven Recht eine Begründung des positiven Rechts als Gegenstand der „Rechtswissenschaft“ ermöglicht (AA VI, 231; Kersting 2007, 73; Eisfeld 2015, 75; 140).

Auf die Erläuterungen Horns zum Naturrechtsbegriff in der Rechtsphilosophie Kants, die er einerseits mit Bezug zum Naturzustand an die Frage bindet, ob Kant eine „Konzeption der Menschenrechte“ zugesprochen werden kann, und, anhand welcher er andererseits seinen „‚Gemeinwillenstest‘“ als ein formales Verfahren präsentiert, wird an dieser Stelle nicht näher eingegangen, wurde doch seine Leitidee der „nichtideale[n] Variante der vollen Normgeltung“ an anderer Stelle bereits ausgeführt (siehe vor allem Abschnitt 3.4) (Horn 2014, 74; 27; 175; 9).

*Prima facie* ist die Frage, ob im Rahmen der Rechtslehre Kelsens dem Begründungsdilemma der Grundnorm durch ein Naturrecht zu begegnen sei, uneingeschränkt zu verneinen, sieht doch Kelsen die Aufgabe seiner Reinen Rechtslehre darin, eine Methode zu erarbeiten, die eine „Deutung des subjektiven Sinns gewisser Tatbestände“ als System „objektiv gültiger Rechtsnormen“ in Form von Rechtssätzen, jedoch ohne Rekurs auf „meta-rechtliche Autoritäten wie Gott oder Natur“ zulässt (Kelsen 2017, 361; vgl. Hoerster 2012, 152). Die bereits erläuterten Gedanken Hoersters zum Vorausgesetzt-Sein der „Grundnorm“ und zur „historisch ersten Staatsverfassung“ gleichsam als „*Postulat[e]*“ entsprechen den Überlegungen Carrinos, der im „dynamische[n] Typus“ des Normensystems Kelsens, gemäß welchem der Erkenntnisgegenstand der Rechtswissenschaft erzeugt wird, nicht eine reine „Wissenschaft“, sondern ein „logisch-formale[s] Naturrechtsdenken“ zu erkennen glaubt (siehe dazu Abschnitt 4.2) (Kelsen 2017, 354; 358; 351; Hoerster 2012, 149; Carrino 2011, 48, Fußnote). Mithin bedarf die Reine Rechtslehre offensichtlich einer vorpositiven Norm, um „auf Erfolg hoffen [zu können]“ (Kletzer 2013, 258). In diesem Sinne muss sie verdeutlichen, dass die beiden „Opponenten“, Reduktionismus und Naturrechtslehre, nur vermeintlich opponieren, wird ihnen doch basierend auf der Annahme, „dass das Recht nicht *in sich* normativ sein kann", jeglicher systemimmanenter Zugang zum Recht entzogen, obwohl Kelsen dies gerade mit seinem Element der Rechtserzeugung zu widerlegen sucht (Kletzer 2013, 258; vgl. Kelsen 2017, 143; Paulson 2014, 262f.).

Trotz all seiner Kritik an philosophischen Konzeptionen kann Kelsen sein Verhaftet-sein in der Philosophie nicht leugnen, was sich nicht nur in den zahlreichen, von ihm verfassten, Schriften zur Gerechtigkeit niederschlägt, sondern ihn auch dazu veranlasst, der zweiten Auflage seiner *Reine[n] Rechtslehre* eine ausführliche Abhandlung zum „Problem der Gerechtigkeit" anzufügen, die er in zwei gleichwertigen Teilen mit Überlegungen zu den Gerechtigkeitsnormen einerseits und zur Naturrechtsphilosophie andererseits präsentiert, ohne jedoch im Rahmen Letzterer die Grundnorm als *„vorpositiv* geltende, objektiv verbindliche Norm" stark zu machen (Kelsen 2017, 611; Hoerster 2012, 152; vgl. Losano 2014, 69; Kelsen 2017, 613; 687). Dies ist allerdings notwendig, will man der Begründung des positiven Rechts auf die Spur kommen.

Mit diesem Blick hinter die Kulissen der Reinen Rechtslehre Kelsens kann nämlich geschlossen werden, dass – im Ausgang der Kantischen Moral- und Rechtsphilosophie, die eine prinzipientheoretische Begründung des positiven Rechts vermittels des Kategorischen Imperativs darlegt – auch die Grundnorm Kelsens eine derartige Begründung von Rechtsnormen bewerkstelligen kann, ist sie doch – in Analogie zum Kategorischen Imperativ – nicht Teil der positiven Rechtsordnung und kann somit als „systematischer Ausgangspunkt" für die Bildung einer wissenschaftliche Theorie fungieren (Eisfeld 2015, 140; vgl. Kletzer 2013, 258). Wird mithin das Naturrecht als vorpositiv geltendes Recht gefasst, dann bietet es einen Lösungsansatz für das Begründungsdilemma. Zudem eröffnet sich mit der Grundnorm als Letztprinzip, das seinen Gegenstand regulativ konstituiert, der Zugang zu einem Geltungsgrund von Normen.

## 5.4 Die Suche nach der Geltungsbegründung von Normen findet ihr Ende in einem Prinzip der besonderen Art

In Ansehung der Geltungsbegründung von Normen ist vor allem dem Kategorischen Imperativ als einem *„objektiven Prinzip*" Bedeutung beizumessen (GMS BA 52, Fußnote), weshalb der Fokus der Erläuterungen zur Charakteristik eines Prinzips – im Sinne eines „Ursprung[s]", eines „Urgrund[s]" oder eines „Grundsatz[es]" – auf eben denselben gelegt wird (Ulfig 1997, 327; vgl. KrV B 37/A 22f.; B 106/A 80).

Während ein „hypothetischer Imperativ“ nur aussagt, dass eine Handlung zu „irgend einer *möglichen* oder *wirklichen* Absicht gut sei“ und mithin entweder einem „*problematisch*“ oder „*assertorisch*-praktische[n] Prinzip“ entspricht, erweist sich der „kategorische Imperativ“ in Ermangelung einer Bedingung in Gestalt einer Absicht als „*apodiktisch* (praktisches) Prinzip“ und ist mithin als „objektiv notwendig“ anzusehen (GMS BA 40–BA 42). Folglich erschließt sich mir der Inhalt des „*hypothetischen* Imperativ[s]“ nur bei Kenntnis der Bedingung, unter der er steht, während ich die Aussage des „*kategorischen* Imperativ[s]“ ohne diese Vorinformation „sofort“ weiß (GMS BA 52): Denn dieser Imperativ ist durch keine „Bedingung“ im Sinne einer Absicht eingeschränkt und enthält „außer dem Gesetze nur die Notwendigkeit der Maxime“, die diesem Gesetz „gemäß“ sein soll, womit „nichts, als die Allgemeinheit eines Gesetzes überhaupt übrig[bleibt], welchem die Maxime der Handlung gemäß sein soll, und welche Gemäßheit allein den Imperativ eigentlich als notwendig vorstellt“ (GMS BA 52).

Diese Bestimmung des Kategorischen Imperativs weist zweifelsfrei alle Attribute eines Letztprinzips auf: die Unbedingtheit, die Notwendigkeit qua Allgemeinheit und die Gesetzmäßigkeit, handelt es sich doch bei dem genannten Imperativ um ein Gesetz im Sinne eines der Moralität innewohnenden Ordnungsprinzips. Diesen Charakteristika eines Letztprinzips stehen als Kontrarietäten die Bedingtheit, die Besonderheit und die Zufälligkeit gegenüber, welche die „Maxime der Handlung“ auszeichnen, die dem Sittengesetz als einem „*objektiven Prinzip*“ gemäß sein soll. Im Vergleich zu Letzterem gibt die Maxime dem handelnden Subjekt bloß die „praktische Regel“ an die Hand, „die die Vernunft den Bedingungen des Subjekts gemäß […] bestimmt“, (GMS BA 52; BA 52, Fußnote). Nun muss hinterfragt werden, warum Kant trotz Ermangelung der drei, oben genannten Eigenschaften eines Prinzips auch die „*Maxime*“ mit dem Begriff „Prinzip“ belegt (GMS BA 52, Fußnote). Kant ist berechtigt, diese Bezeichnung – jedoch nur mit dem Zusatz „subjektiv“ – zu wählen, weil er die Maxime als „Grundsatz, nach welchem das [betreffende] Subjekt *handelt*“, verstanden wissen will (GMS BA 52, Fußnote). Das Sittengesetz ist dagegen deshalb als „objektive[s] Prinzip“ zu denken, weil es nicht bloß einem bestimmten Subjekt, sondern „jede[m] vernünftige[n] Wesen“ als „Grundsatz, nach dem es *handeln soll*“, dient (GMS BA 52, Fußnote). Wird davon ausgegangen, dass Kant seine Worte mit Bedacht wählt, dann lässt die knappe Darstellung der „*Maxime*“ und des „Imperativ[s]“ die Interpretation zu, dass die Maxime etwas über eine Tatsache, d.h. in welcher Weise das Subjekt handelt, aussagt, während mit dem Imperativ eine bestimmte Handlung geboten, mithin ge*sollt* wird (GMS BA 52, Fußnote). Es ist nicht gefehlt, hier eine Analogie zu Kelsens Bestimmungen zu erkennen: „Denn die Norm ist ein Sollen, der Willensakt, dessen Sinn sie ist, ein Sein. Darum muß der Sachverhalt, der im Falle eines solchen Aktes vorliegt, in der Aussage beschrieben werden: der eine will, daß sich der andere in bestimmter Weise verhalten soll" (Kelsen 2017, 28).

In Analogie zur Maxime, die dem moralischen Gesetz gemäß zu sein hat, muss sich nach Höffe auch die Legitimität des positiven Rechts an drei Formulierungen des moralischen Kategorischen Imperativs als Prinzipien erweisen. Er stellt mithin dem einzigen *„angeborne[n] Recht"* als dem der Freiheit die Universalgesetzformel, dem Recht vom *„äußeren Mein und Dein"* (Privatrecht) die Naturgesetzformel, und der *„öffentliche[n]"* Rechtsordnung den „praktische[n] Imperativ" zur Seite (oben, S. 233) (AA VI, 237; 247; 242; GMS BA 67; vgl. Höffe 1999, 53f.; GMS BA 52).

In den, der *Grundlegung* entnommenen, Formulierungen des Kategorischen Imperativs präsentiert sich derselbe ausschließlich als Prinzip des Handelns, lassen sich doch nirgends Hinweise auf die – wie Kant in der Vorrede zur *Grundlegung* ausdrückt – „Regeln des *reinen* Denkens, d.i. desjenigen, wodurch Gegenstände völlig a priori erkannt werden", auffinden (GMS BA XIIf.). Dennoch betont er kurz darauf, dass eine „Kritik einer reinen praktischen Vernunft" erst dann als vollendet zu betrachten ist, wenn „ihre Einheit mit der spekulativen [Vernunft] in einem gemeinschaftlichen Prinzip" dargestellt werden konnte (GMS BA XIVf.). O'Neills Schlussfolgerung, "[that] [a] successful critique of practical reason should apparently show that there is *a single supreme principle for practical and for theoretical reason*" ist daher nachvollziehbar, gibt es doch „am Ende [auch für Kant] nur eine und dieselbe Vernunft [...], die bloß in der Anwendung unterschieden sein muß" (O'Neill 2010, 283; GMS BA XIVf.). Nicht nur diese Forderung Kants, sondern auch seine Feststellung, „daß die Vernunft nur das einsieht, was sie selbst nach ihrem Entwurfe hervorbringt", ohne sich von fremden Prinzipien, wie den Gesetzen der Natur, „am Leitbande gängeln lassen [zu] müsse[n]" (KrV B XIIIf.), veranlasst O'Neill zur Aussage, dass "Reason, the discipline of all disciplines, can only be and must be *self* disciplined: [because] the subordination of thinking or practice to other supposed authorities (state, church, experts, personal preferences) is not reason, but the abrogation of reason. [Therefore] [r]eason's discipline cannot be alien; it must be autonomous" (O'Neill 2010, 289).

Eben diesen selbstreflexiven Prozess, welcher der reinen Vernunft im Sinne der Autonomie innewohnt, bestärkt Kant im Rahmen seiner Erläuterungen zur *„Disziplin der reinen Vernunft"*, indem er schreibt, dass sich die Vernunft bei „allen ihren Unternehmungen der Kritik [verstanden als Selbstdenken] unterwerfen [muss]" und dass eine, durch irgendein Verbot herbeigeführte, Einschränkung dieser Freiheit der Vernunft zum Schaden gereichen werde (KrV B 766/A 738). O'Neill kann nun basierend auf der Vorannahme, dass "the authority of reason can only be established by autonomous self discipline in thought and action", legitimer Weise zum Schluss gelangen, dass Vernunftwesen den Kategorischen Imperativ als ein, sowohl das Denken wie das Handeln leitendes, Prinzip annehmen müssen (O'Neill 2010, 289): "Would-be reasoners must then at least adopt the strategy of not acting on principles that accept [...] alien authorities. They must act only on maxims on which others whose contingent circumstances and character differ can also act. / [Therefore] reasoners - or potential reasoners - adopt the principle that we know in other contexts as the Categorical Imperative. The Categorical Imperative is the supreme principle of reasoning [...] because it is an indispensable strategy for disciplining thinking or action in ways that are not contingent on specific and variable circumstances" (O'Neill 2010, 290f.).

Mithin weist O'Neill den Kategorischen Imperativ als „Letztprinzip" nicht nur des Handelns, sondern auch des menschlichen Denkens und der Kommunikation aus, das jeder Bedingtheit ("indispensable"), Kontingenz ("contingent on [...] variable circumstances") und Besonderheit ("on which others [...] can also act") entbehrt, richtet er sich doch in Ermangelung jeder „Absicht" nicht bloß und gelegentlich an ein bestimmtes, sondern an „jedes vernünftige Wesen" (Zeidler 2016a, 19; O'Neill 2010, 291; GMS BA 40; BA 52, Fußnote).

Es ist die, auf Basis ihrer Autonomie, selbstreferentielle reine Vernunft, die als „Ersatz für einen [...] deduktiv-analytischen Begriff der *Begründung*" in Ansatz gebracht werden kann, jedoch nur, wenn sie „strikt prinzipientheoretisch" als „Letztprinzip", d.h. als „forma formarum" bestimmt wird (Zeidler 2016a, 18f.). Die Charakteristika, die das letztgenannte Prinzip „notwendig" kennzeichnen, wurden zwar bereits als die „drei Momente *Unbedingtheit*, *Allgemeinheit* und *Gesetzmäßigkeit*" genannt, aber noch nicht als unabdingbare Bestimmungen eines „Prinzip aller Prinzipien" qua Letztprinzip erläutert (Zeidler 2016a, 19):

> (1) Das Prinzip aller Prinzipien ist *unbedingt*, weil es als *Prinzip aller Prinzipien* kein Bedingtes, sondern nur schlechthinnige Bedingung sein kann.
> (2) Es ist *allgemein*, weil es als Prinzip *aller* Prinzipien keine besondere, sondern nur allgemeinste Bedingung sein kann.
> (3) Es ist *gesetzmäßig*, weil es als *Prinzip* aller Prinzipien keine regellose, sondern nur geregelte Bedingung sein kann (Zeidler 2016a, 19).

Die Charakterisierung des Letztprinzips als „schlechthinnige", „allgemeinste" und „geregelte Bedingung" erschließt sich zwar auf den ersten Blick, kann aber nicht unwidersprochen bleiben, weil 1. eine Bedingung als „principium" „notwendig in einem Verhältnis zu dem von ihr *Bedingten* (principiatum) steht"; weil

2. eine „allgemeinste Bedingung" ein Bedingungsverhältnis zu „schlechterdings Allem" aufweisen muss, und weil 3. ein Gesetz umso weniger als „Gesetz für bestimmte Fälle" taugt, je allgemeiner es formuliert ist (Zeidler 2016a, 19f.). Die unvermeidlichen Fragen sind daher: 1. Wie kann die Vernunft als Letztprinzip Bedingung für alles und dennoch unbedingt sein? 2. Bedingt eine allgemeinste Bedingung, die bestimmungsgemäß alles bedingt, überhaupt in „concreto" irgendetwas (Zeidler 2016a, 20)? 3. Auf welche Weise kann ein allgemeinstes Prinzip überhaupt Gesetz für bestimmte Fälle sein? Man kann nun in Ansehung dieser Problematik die Flinte ins Korn werfen und die Suche nach einem Letztprinzip mit dem Argument beschließen, dass ein „Prinzip aller Prinzipien […] undenkbar [ist]", scheitert doch eben dieses „*gesuchte Prinzip aller Prinzipen […] als allgemeinstes Gesetz*" an seiner „*abstrakten Allgemeinheit*", als „*gesetzmäßiges Unbedingtes an seiner linearen Gesetzmäßigkeit*" und als „*unbedingtes Allgemeines an seiner absoluten Unbedingtheit*" (Zeidler 2016a, 20). In anderen Worten: Soll ein Prinzip „Allgemeines für ein Besonderes", d.h. für einen bestimmten Fall und damit „Gesetz für ein Bedingtes" sein, dann geht offensichtlich die Unbedingtheit verloren (Zeidler 2016a, 21). Bleibt aber die Unbedingtheit unangetastet, dann wird das Prinzip, das als Bedingung notwendig ein Verhältnis zu dem von ihm Bedingten aufweist, „funktionslos" (Zeidler 2016a, 20).

Wie ist diesen „*Prinzipienantinomien*" zu entkommen und warum bedarf es überhaupt der Anstrengung, sie zu überwinden (Zeidler 2016a, 21)? Werden die „maßgeblichen Positionen der Gegenwartsphilosophie" betrachtet, die intendieren, auf „Letztbegründungsabsichten" zu verzichten und mithin nicht mehr „von einer ursprünglichen Einheit der Vernunft" auszugehen, dann bedarf es der Überwindung der „*Prinzipienantinomien*" nicht (Zeidler 2016a, 21f.). Der „Anspruch auf ein Letztprinzip" wird nämlich als „unwissenschaftlich und als überzogener philosophischer Fundamentalismus" klassifiziert und die Vernunft büßt ihre Einheit ein, indem eine Differenzierung derselben vermittels unterschiedlicher „Rationalitätskonzeptionen", die sowohl in der Wissenschaft, der Politik, aber auch in der Kunst und Wirtschaft ihr Zuhause finden, vorgenommen wird (Zeidler 2016a, 21f.). Pointiert ausgedrückt, ergeht mit dieser Vorgangsweise ein Verbot, die Vernunft, die als „das Denken selbst" zu begreifen ist, zu denken, indem die „Einheit der drei Momente *Unbedingtheit*, *Allgemeinheit*, und *Gesetzartigkeit*" zerrissen und damit die Chance auf eine Letztbegründung vergeben wird (Zeidler 2016a, 21f.). Es wird folglich am Widerspruch zwischen Unbedingtheit und Prinzipienfunktion, die sich im notwendigen Verhältnis des principiums zu seinem principiatum ausdrückt, festgehalten und eine Wahl zugunsten einer „bedingten Allgemeinheit und Gesetzartigkeit besonderer Prinzipien" getroffen (Zeidler 2016a, 22). Im Gegensatz dazu steht der Weg zu einer Letztbegründung dann offen, wenn der Zusammenhang zwischen den drei Momenten Unbedingtheit, Allgemeinheit und Gesetzmäßigkeit im Sinne einer „Selbstbedingung des Unbedingten“ gewahrt und die Vernunft als Letztprinzip, d.h. als *„selbstreflexives Prinzip“* – wie es O'Neill mit dem Terminus “self discipline” zum Ausdruck bringt –, begriffen wird (Zeidler 2016a, 23; O'Neill 2010, 289). Für Kant ging den „Naturforschern ein Licht auf, [als] [s]ie begriffen, daß die Vernunft nur das einsieht, was sie selbst nach ihrem Entwurfe hervorbringt“, dass sie sich mithin auch nicht von der Natur, d.h. von fremden Prinzipien „gleichsam am Leitbande gängeln lasse“ (KrV B XIIIf.). Wird die Vernunft als *„selbstreflexives Prinzip“* verstanden, dann stehen die Bedingung und das Bedingte als Einheit „zu sich selbst im Verhältnis der Begründung“, womit sich die Vernunft als „unbedingte, allgemeine und gesetzesartige Bedingung [...] selbst bedingt“ (Zeidler 2016a, 23). Folglich kann die Vernunft als *„begründendes und sich selbst begründendes Denken“* gedacht werden, womit die Frage, wie die Vernunft zu denken ist, mit der Frage gleichzusetzen ist, wie eine „Letzt- und Selbstbegründung“ gedacht werden kann (Zeidler 2016a, 23).

Was unterscheidet die Begründung von prinzipientheoretischem Zuschnitt qua Letztbegründung von den Begründungsverfahren der formalen Logik? Es mag nun verwundern, dass die Beantwortung dieser Frage bei Kelsens Differenzierung zwischen dem *„Kausal- und dem Zurechnungsprinzip“* ihren Anfang nimmt, dessen wesentliches Unterscheidungskriterium an der Begrenztheit oder Unbegrenztheit ihrer Reihen festzumachen ist, ist doch die „Zahl der Glieder einer Zurechnungsreihe [...] nicht, wie die Zahl der Glieder einer Kausalreihe unbegrenzt, sondern begrenzt“ (Kelsen 2017, 175; 177). Sowohl das „Prinzip der Kausalität“ als auch jenes der „Zurechnung“ wird nach Kelsen sprachlich als „hypothetisches Urteil“ ausgedrückt, das eine „bestimmte Bedingung mit einer bestimmten Folge verknüpft“. Während das „Prinzip der Kausalität besagt, daß, wenn *A* ist, so *B* ist (oder sein wird), besagt das „Prinzip der Zurechnung, daß, wenn *A* ist, *B* sein soll“ (Kelsen 2017, 175). Die „Zahl der Glieder einer Kausalreihe“ ist deshalb nach beiden Seiten unbegrenzt, weil „jede konkrete Ursache als Wirkung einer anderen Ursache und jede konkrete Wirkung als Ursache einer anderen Wirkung betrachtet werden muß“ (Kelsen 2017, 176f.). Im Gegensatz dazu findet ein Zurechnungszusammenhang, wie er in den von der Rechtswissenschaft formulierten Rechtssätzen dargestellt wird, seinen Ausgangspunkt in der gesetzten Handlung und seinen Endpunkt in dem, als „Verdienst, Sünde oder Unrecht“ interpretierten, „menschlichen Verhalten nach einem Moral- oder Rechtsgesetz“ (Kelsen 2017, 178). Wesentlich ist an diesen Bestimmungen Kelsens einerseits, dass die sprachliche Formulierung der beiden Prinzipien als „hypothetische“, mithin nicht bewiesene, Urteile verstanden werden muss und dass aus der Beschreibung der beiden Reihen zweifelsfrei hervorgeht, dass ihre Anfangs- und Endpunkte willkürlich gesetzt sind (Kelsen 2017, 175). Ebenso willkürlich muss auch der Anfang jener Überlegungen sein, die um die „letzte[n] Gründe" kreisen. Wäre nämlich nicht „jeder Anfang zufällig, dann gäbe es gar kein [Letztbegründungs-]problem; und wären die Probleme nicht miteinander verflochten, gäbe es keine Problemlösung" (Zeidler 2016a, 11). Auch wenn es um den „Begriff der Vernunft" und folglich um jenen der Letztbegründung schlecht bestellt zu sein scheint, so muss dennoch zuallererst die Vernunft, die allein eine „durchgängige Verflechtung der [mit der Letztbegründung in Zusammenhang stehenden] Probleme fundiert" und mithin „letztbegründend" ist, in Ansatz gebracht werden (Zeidler 2016a, 11).

Das „Prinzipienproblem" wurde jedoch vor allem mit Blick auf das Problem „‚einer Regel [zu] folgen'" Gegenstand von philosophischen Debatten, womit die Philosophie ihre ureigenste Aufgabe als Prinzipienwissenschaft aus den Augen verlor, suchte sie doch vornehmlich „empirischen Erkenntnissen, formalen Standards und moralischen Ansprüchen" gerecht zu werden (oben, Kapitel 2.4) (Zeidler 2016a, 13f.; Wittgenstein 2003, § 199). Mit dem Problem des Regelfolgens wird den Begründungsskeptikern jedoch das „stärkste Argument" an die Hand gegeben, weil zwar eine Regel, wie auch ein Gesetz, formuliert, ihre Anwendung auf den „konkreten Fall" aber nicht durchgängig geregelt werden kann, wofür es der Formulierung einer neuerlichen Regel, die die Anwendungsbedingungen festlegt, bedürfte, womit ein „infinite[r] Regreß" unvermeidbar ist (Zeidler 2016a, 14). Dies bedeutet, dass die Regeln qua Gesetze nicht alle Fälle ihrer Anwendung im Voraus bestimmen können, sie bleiben also mit Bezug auf eine „unbestimmbare Anzahl möglicher Anwendungsfälle unbegründet", womit der Begründungsskeptiker berechtigter Weise behaupten kann, „daß alle Begründungen nur provisorische oder scheinbare Begründungen sind", kann doch für jede Begründung einer Regel eine weitere Begründung derselben im Sinne eines infiniten Regresses verlangt werden (Zeidler 2016a, 15). „[P]rovisorisch" ist jede Begründung, weil sie aufgrund des infiniten Regresses zu keinem Ende kommt, „scheinbar" ist sie, wenn sie sich unter vermeintlicher Umgehung des infiniten Regresses entweder als „*logischer Zirkel*" oder als „dogmatische Behauptung entpupp[t]" (Zeidler 2016a, 15; Kletzer 2013, 260).

Eine prinzipientheoretische Begründung ermöglicht, sowohl den Begründungsskeptizismus mit seinen Argumenten als auch die „*Prinzipienantinomien*" zu überwinden, indem die drei Begründungsverfahren der formalen Logik, die Deduktion, die Induktion und die Abduktion, wie auch die drei Momente eines Letztprinzips, die „*Unbedingtheit*", die „*Allgemeinheit*" und die „*Gesetzmäßigkeit*" nicht isoliert, sondern als „miteinander vermittelt" betrachtet werden (Zeidler 2016a, 21; 19; 27).

## 5.5 Die Philosophie Immanuel Kants als Schlüssel zur Letztbegründung

Die Kantische Philosophie kehrt mit der Frage wieder, wie das in der *Reine[n] Rechtslehre* konzipierte positive Recht prinzipientheoretisch zu begründen ist. Nachdem festgestellt wurde, dass im Anschluss an Kant grundsätzlich zwischen der „ethische[n] [Selbst]gesetzgebung" qua Sittengesetz, dem Vernunftrecht in Gestalt des „allgemeine[n] Rechtsgesetz[es]" und dem „positive[n] (statutarische[n]) Recht, was aus dem Willen eines Gesetzgebers hervorgeht", unterschieden werden muss, ist in prinzipientheoretischer Absicht nach dem Grund dieser Unterscheidung, oder – positiv formuliert – nach einer Darlegung des Zusammenhangs von unbedingter Selbstgesetzgebung (Autonomie), universalem Vernunftrecht und den partikularen positiven Rechtsordnungen zu fragen (AA VI, 219; 231; 237; vgl. GMS BA 52; 67). Die Explikation dieses Zusammenhanges verlangt m.E. die Formulierung eines Prinzips, das seinen Gegenstand regulativ konstituiert. Auch wenn die Abhandlungen Aristoteles' explizite Bezüge zu einer prinzipientheoretischen Bedeutung des Zusammenhangs der drei Schlussfiguren weitestgehend vermissen lassen, so verweist er doch implizit mit der Selbstreflexivität, die zum Wesen einer Theorie des Wissens gehört, indem diese Theorie „auf sich selbst anwendbar sein [muss]", auf eben einen solchen Begründungsansatz (Zekl 1998, LIX).

Wird in der Schrift Kelsens, der nicht auf die Analytiken Aristoteles', sondern auf die Erkenntnistheorie Kants rekurriert, nach prinzipientheoretischen Begründungskonzeptionen gefahndet, dann sind diese an unterschiedlichen Stellen seines Textes aufzufinden. So wendet sich Kelsen nach einer eher kursorisch anmutenden Beschreibung der „statische[n]" und der „dynamische[n] Theorie des Rechts" der Aufgabe des „Gesetzgeber[s]" und des „Richter[s]" zu, die als „das Recht anwendende Organe das von ihnen anzuwendende Recht [...] – gleichsam von innen her – zu erkennen haben", um diese „Erkenntnis" als „Vorbereitung ihrer Funktion" einzustufen (Kelsen 2017, 140; 143): „Aber diese Erkenntnis ist nicht das Wesentliche, ist nur die Vorbereitung ihrer Funktion, die [...] nicht nur im Falle des Gesetzgebers, sondern auch in dem des Richters zugleich Rechtserzeugung, die Setzung einer generellen Rechtsnorm – durch den Gesetzgeber – oder die Setzung einer individuellen Norm – durch den Richter – ist" (Kelsen 2017, 143).

Der prinzipientheoretische Ansatz verbirgt sich hinter dem Terminus „Rechtserzeugung", die Kelsen anhand des „dynamische[n] Prinzips" in seine Rechtslehre einführt, gemäß welchem die „Begründung der Geltung der Normen" erfolgt (Kelsen 2017, 143; 351). Nun ist anhand der Beschreibung der Tätigkeit der beiden Rechtsorgane die „‚Eigengesetzlichkeit'" des Rechts, die eine in sich geschlossene Einheit der Rechtsordnung miterfasst, nicht zu erblicken (Jestaedt & Lepsius 2006, XIII). Von dieser erhält der Leser erst eine gewisse Vorstellung, wenn den weiteren Ausführungen Kelsens gefolgt wird. Der „dynamische Typus" eines Normensystems ist nämlich dadurch gekennzeichnet, dass die „vorausgesetzte Grundnorm […] die Einsetzung eines normerzeugenden Tatbestandes", wie die „Ermächtigung einer normsetzenden Autorität" in Gestalt des Gesetzgebers und des Richters, beinhaltet (Kelsen 2017, 351). D.h., dass die vorausgesetzte Grundnorm per se eine Norm erzeugt, die einen Amtsträger ermächtigt, seinerseits Normen zu schaffen, die jedoch in Form von Gesetzen ihrerseits zur Ermächtigung veranlassen können, womit die Selbstreflexivität eines derartigen Normensystems deutlich hervortritt. Basierend auf diesen Überlegungen kann Kelsen – allerdings eher unvermutet – im Anschluss an das obige Zitat (vgl. Kelsen 2017, 143) zur Auffassung gelangen, dass „[e]s auch richtig [ist], daß, im Sinne der Kantschen Erkenntnistheorie, die Rechtswissenschaft als Erkenntnis des Rechts, so wie alle Erkenntnis, konstitutiven Charakter hat und daher ihren Gegenstand insofern „erzeugt", als sie ihn als ein sinnvolles Ganzes begreift" (Kelsen 2017, 143).

In die gleiche Richtung weisen auch Kelsens Bestimmungen der Grundnorm als „transzendental-logische Bedingung", womit er an die „Transzendentalität des Denkaktes bei Kant" (Kelsen 2017, 361; Carrino 2011, 37) anschließt und dies auch nicht verhehlt, indem er ausführt: „Sofern nur durch die Voraussetzung der Grundnorm ermöglicht wird, den subjektiven Sinn des verfassungsgebenden Tatbestandes und der der Verfassung gemäß gesetzten Tatbestände als deren objektiven Sinn, das heißt: als objektiv gültige Rechtsnormen zu deuten, kann die Grundnorm in ihrer Darstellung durch die Rechtswissenschaft – wenn ein Begriff der Kant'schen Erkenntnistheorie *per analogiam* angewendet werden darf – als die transzendental-logische Bedingung dieser Deutung bezeichnet werden" (Kelsen 2017, 360f.).

Diese Funktionsbestimmung der Grundnorm ist für die Konzeption der *Reine[n] Rechtslehre* insofern folgenschwer, als die „Dis-Homogenität zwischen dem Feld der Natur [des Seins] und dem Gebiet des Sollens [der Normen] unhaltbar [wird]" (Carrino 2011, 37). Genau diese, an die Vermittlung der beiden Felder Natur und Sollen gekoppelte, Konstituierung einer in sich geschlossenen Einheit beschreibt Kelsen – implizit – im obigen Textausschnitt, indem die „Grundnorm in ihrer Darstellung durch die Rechtswissenschaft" zwischen den „verfassungsgebenden" Akten qua Tatbeständen und den Rechtsnormen als einem Sollen vermittelt (Kelsen 2017, 360). Nach Paulson muss Kelsen diesen transzendental-logischen Weg gehen, weist er doch nicht nur die „Naturrechtslehre", sondern auch den „herkömmliche[n], auf Fakten beruhende[n] Rechtspositivismus" zurück, womit die Rechtsphilosophie zum Scheitern verurteilt wäre, gäbe es nicht eine dritte Möglichkeit, eine positivistische Rechtslehre zu begründen (Paulson 2014, 262; vgl. KrV B 79/A 55–B 81/A 56f.). Da sich die Transzendentalphilosophie Kants weder auf die Moral noch auf Fakten beruft, d.h. weder das Naturrecht noch den „auf Fakten beruhende[n] Rechtspositivismus" zu ihren Gegenständen zählt, liefert eben dieselbe das gesuchte und im Sinne der Letztbegründung des positiven Rechts notwendige tertium (Paulson 2014, 262).

Werden die Ausführungen Kants zur „allgemeine[n]" und „*transzendentalen Logik*" in Erinnerung gerufen, wird klar, dass der Rekurs auf die „Transzendentalität" zwar eine Möglichkeit bietet, dem Dilemma des Reinheitspostulats zu entkommen, aber insofern problematisch ist, als mit der „Transzendentalität" das „transzendentale Argument" in die Rechtslehre eingeführt wird. Letzteres ist jedoch deshalb nicht auf Einzelwissenschaften anwendbar, weil in diesem Falle der Ausschluss jedes Alternativansatzes notwendig wäre (KrV B 79f./A 55; Paulson 2014, 263). Kelsen geht nun im Sinne der „allgemeine[n] Logik" Kants vor, die als Wissenschaft der Verstandesregeln vom Inhalt der Erkenntnis abstrahiert und nur „die logische Form im Verhältnisse der Erkenntnis auf einander, d.i. die Form des Denkens", betrachtet, womit Kelsen die „Grundnorm einer Rechtsordnung" als nicht „materielle" Norm festlegen kann (KrV B 79f./A 55; Kelsen 2017, 354; vgl. GMS BA 52). Gleichbedeutend ist auch die Bestimmung, dass die Grundnorm nur den „Geltungsgrund", nicht aber den „Inhalt" der, ein Rechtssystem bildenden, Normen liefert, die in die Darlegung des „dynamischen Charakter[s]" einer Rechtsordnung im Sinne eines Rechtserzeugungsprozesses mündet. Eine „Rechtsnorm" gilt nämlich nicht deshalb, weil sie einen „bestimmten Inhalt" aufweist, sondern weil sie in einer von der Grundnorm „bestimmten Weise erzeugt" wird (Kelsen 2017, 352; 354).

Im Gegensatz zur *vorausgesetzten* Grundnorm, die nicht Teil einer positiven Rechtsordnung ist, bedarf jede Rechtsnorm eines „besonderen Setzungsakt[es]", durch den sie erzeugt wird (Kelsen 2017, 354; vgl. Kelsen 2017, 355, Fußnote; 58). Mit diesem „besonderen Setzungsakt", wie auch mit der „Gewohnheit", durch welche eine Verfassung zusätzlich zur „Satzung" erschaffen wird, kommt das „empirische Denken der Gegenstände" Kants und mit diesem die transzendentale Erkenntnis im Sinne einer apriorischen Anwendung desselben ins Spiel, die Kelsen anhand der Grundnorm als „Deutungsschema" exemplifiziert

(Kelsen 2017, 354; 359; 25; KrV B 79f./A 55). Die Grundnorm fungiert als „Deutungsschema", indem sie dem „äußere[n] Tatbestand" als einem „in Zeit und Raum ablaufende[n], sinnlich wahrnehmbare[n] Geschehen" die Bedeutung eines „Rechts-(oder Unrechts-)Akt[es]" verleiht, d.h. den „subjektiven Sinn" des wahrnehmbaren Aktes als „objektiven Sinn", mithin als gültige Norm, deutet (Kelsen 2017, 25; 360). Die Analogie zwischen dem transzendentalen Ansatz Kelsens und jenem Kants in Ansehung der „*Kategorien*" ist nicht zu leugnen. Wie die „*Kategorie [...] keinen andern Gebrauch zum Erkenntnisse der Dinge [hat]*" als den, auf „*Gegenstände der Erfahrung*" angewandt zu werden, so ist auch der Gebrauch der Grundnorm kein anderer als ihre Anwendung auf die „verfassungsgebenden Akte" als Willensakte und somit im weitesten Sinne als *Gegenstände* des Seins (KrV B 106/A 80: B 146f.; Kelsen 2017, 360). Hinzu kommt, dass die „Synthesis eines Mannigfaltigen", d.h. die „Einheit einer Vielheit von Normen", die durch die Grundnorm „konstituiert" wird, „zuerst eine Erkenntnis", d.h. im Kontext mit der Rechtslehre eine „juristische Erkenntnis" hervorbringt (KrV B 102f./A 77; Kelsen 2017, 349; 25).

Bei Kant ist mit Blick auf das „Deutungsschema" Kelsens unter dem Titel „*Von dem Schematismus der reinen Verstandesbegriffe*" zu lesen (Kelsen 2017, 25; KrV B 176f./A 137f.):

> In allen Subsumtionen eines Gegenstandes unter einen Begriff muß die Vorstellung des ersteren mit der letztern *gleichartig* sein, d.i. der Begriff muß dasjenige enthalten, was in dem darunter zu subsumierenden Gegenstande vorgestellt wird. [...] Nun sind aber reine Verstandesbegriffe, in Vergleichung mit empirischen [...] Anschauungen, ganz ungleichartig, und können niemals in irgend einer Anschauung angetroffen werden. [...] Nun ist klar, daß es ein Drittes geben müsse, was einerseits mit der Kategorie, andererseits mit der Erscheinung in Gleichartigkeit stehen muß, und die Anwendung der ersteren auf die letzte möglich macht (KrV B 176/A 137–B 179/A 139).

Kant bestimmt das gesuchte „*transzendentale Schema*", das bar alles „Empirische[n]", mithin „rein" und sowohl „*intellektuell*" – im Sinne einer Gleichartigkeit mit den Kategorien – als auch in Ansehung des Gegenstandes „*sinnlich*" sein muss, als die „transzendentale Zeitbestimmung" (KrV B 178f./A 139).

Kelsens Grundnorm wird mit vergleichbaren Attributen wie das „*transzendentale Schema*" Kants ausgestattet, so dass sie als ein gleichartiges Schema zu interpretieren ist (KrV B 178f./A 139). Vornehmlich ist es Aufgabe der Grundnorm, zwischen einem „sinnlich wahrnehmbare[n] Geschehen", dem „verfassungsgebenden Akt", und einem Sollen, der objektiv gültigen Norm, zu vermitteln (Kelsen 2017, 25; 360). Diese Grundnorm ist keine „materielle Norm", entbehrt mithin alles Empirischen, sie ist zudem „einerseits *intellektuell*", indem sie keine Norm ist, die von einem die „Rechtswissenschaft betreibenden Subjekt" *gewollt* wird, und „andererseits *sinnlich*", entspricht ihr Vorausgesetzt-sein doch der „Einsetzung [eines] Grundtatbestandes der Rechtserzeugung" (Kelsen 2017, 354; 364; 355; KrV B 178f./A 139). Dieses Voraussetzen der Grundnorm ist als dogmatischer Abbruch des Verfahrens, das der Begründung der Geltung von Rechtsnormen dient, zu deuten, soll doch – gemäß der Sichtweise Kelsens – „die Suche nach dem Geltungsgrund einer Norm [...] nicht [...] ins Endlose gehen" (Kelsen 2017, 348).

Nachdem nun gezeigt werden konnte, dass eine Entsprechung zwischen bestimmten Elementen der Erkenntnistheorie Kants und der Reinen Rechtslehre Kelsens nicht von der Hand zu weisen ist, bleibt die Frage zu klären, warum das implizit eingeführte „transzendentale Argument", das sich „in Kants eigener Philosophie als schlüssig erweisen sollte", Kelsen vor ein methodologisches Problem stellt (Paulson 2014, 263). Ein transzendentales Argument, das die Struktur eines Modus ponendo ponens aufweist, präsentiert den Obersatz in Gestalt eines synthetischen Satzes a priori, der eine Erkenntnis ermöglicht: Wenn man über p spricht, setzt man q voraus ($p \rightarrow q$); in Worten: Wenn ich das „*bloße, aber empirisch bestimmte, Bewußtsein meines eigenen Daseins [habe]*", dann „*beweiset [dieses] das Dasein der Gegenstände im Raum außer mir*" (KrV B 276; vgl. KrV B 98/A 73–B 101/A 76) oder in den Worten Peter F. Strawsons: Wenn man über „Gegenstände" spricht, setzt man eine „Welt" voraus (Strawson 1981, 89). Mit dem Untersatz als einem analytisch wahren Satz ist jede gedankliche Alternative ausgeschlossen: Weil q die notwendige Bedingung für eine Aussage über p ist, ist q der Fall (p); verbalisiert könnte der Untersatz gemäß Kant und Strawson lauten: Weil „*das Dasein der Gegenstände im Raum außer mir [bewiesen ist]", [habe ich das] bloße, aber empirisch bestimmte, Bewußtsein meines eigenen Daseins*" (KrV B 276) beziehungsweise: Man kann über „Gegenstände" nur sprechen, weil es eine „[Außen]welt" gibt. Indem nun der Wahrheitswert des Obersatzes auf den Schlusssatz transferiert wird, entspricht auch dieser einem synthetischen Satz a priori: q ist der Fall (q) oder: „*[Es gibt] Gegenstände im Raum außer mir*" beziehungsweise: Also gibt es eine Außenwelt (Strawson 1981, 89; KrV B 276; vgl. Strawson 1972, 48f.; 93). Das obige Beispiel erläutert Kant im Rahmen seiner „*Widerlegung des Idealismus*" (KrV B 274–B 279) und rekurriert dabei auf seine Erläuterungen zur „*logischen Funktion des Verstandes in Urteilen*", konkret auf die „Modalität der Urteile", die sowohl „*[p]roblematisch*", „*[a]ssertorisch*", als auch „*[a]podiktisch*" sein können (KrV B 95/A 70; B 99f./A 74f.; vgl. KrV B 265f./A 218f.). Die „besondere Funktion" der „Modalität der Urteile" besteht darin, dass sie zum „Inhalt des Urteils" nichts beitragen, sondern eine Aussage über „den Wert der Kopula in Beziehung auf das Denken" treffen. „*Problematisch*" sind Urteile dann, wenn das „Bejahen oder Verneinen als bloß *möglich*" angenommen wird. Wird es aber als „*wirklich*", d.h. „wahr" betrachtet, dann sind diese Urteile „*[a]ssertorisch*". „*Apodiktisch*" sind sie, wenn man das Bejahen oder Verneinen „als *notwendig* ansieht" (KrV B 99f./A 74f.).

Die „Modalität der Urteile" setzt mithin bloß die „Kopula in Beziehung auf das Denken", was jedoch die Formulierung eines transzendentalen Arguments in Form eines synthetischen Satzes a priori (Obersatz und Schlusssatz) und eines analytischen Satzes (Untersatz) nicht zulässt. Es bedarf zusätzlich der „Verhältnisse des Denkens in Urteilen", d.h. der „*Relation*", die sich in dreierlei Weise präsentiert: als Verhältnis „a) des Prädikats zum Subjekt, b) des Grundes zur Folge, c) der eingeteilten Erkenntnis und der gesammleten Glieder der Einteilung unter einander", womit eine Unterscheidung in „[k]ategorische", „[h]ypothetische" und „[d]isjunktive" Urteile vorgenommen wird (KrV B 98/A 73–B 100/A 75; B 95/A 70). Es ist nun zu erwarten, dass das Verhältnis „des Prädikats zum Subjekt" zwei Begriffe, jenes „des Grundes zur Folge" ein Urteil zu einem anderen Urteil in Beziehung setzt, und, dass letztlich die unter c) charakterisierten Urteile „mehrere Urteile im Verhältnis gegeneinander betrachte[n]", was es nun anhand von Beispielen zu verdeutlichen gilt (KrV B 98/A 73). Der Satz: „die Seele ist nicht sterblich" entspricht einem „kategorische[n]" Urteil; „hypothetisch" ist der Satz: „wenn eine vollkommene Gerechtigkeit da ist, so wird der beharrlich Böse bestraft". Während es beim hypothetischen Urteil „unausgemacht" ist, ob die beiden Sätze, aus denen es sich zusammensetzt, „an sich wahr [sind]", geht es doch bloß um die „Konsequenz, die durch dieses Urteil gedacht wird", setzt das „disjunktive Urteil" zwei oder mehrere Sätze im Sinne einer „logischen Entgegensetzung" in ein Verhältnis: „[D]ie Welt ist entweder durch einen blinden Zufall da, oder durch innre Notwendigkeit, oder durch eine äußere Ursache" (KrV B 98/A 73–B 100/A 75; vgl. KrV B 95/A 70). Jeder der letztgenannten Sätze formuliert einen „Teil der Sphäre des möglichen Erkenntnisses über das Dasein einer Welt überhaupt", die sich – wie der Inhalt der Sätze demonstriert – wechselseitig ausschließen (KrV B 99f./A 74f.).

Die Bestimmungen der „Modalität der Urteile" sind die Grundlage für die „*Postulate des empirischen Denkens überhaupt*", die als Ausgangspunkt für die Überlegungen zum transzendentalen Argument, mit dem sie nun in Beziehung gesetzt werden, dienen (KrV B 99f./A 74f.; B 265f./A 218f.).

1. Was mit den formalen Bedingungen der Erfahrung (der Anschauung und den Begriffen nach) übereinkommt, ist *möglich*. [p → q]
2. Was mit den materialen Bedingungen der Erfahrung (der Empfindung) zusammenhängt, ist *wirklich*. [p]
3. Dessen Zusammenhang mit dem Wirklichen nach allgemeinen Bedingungen der Erfahrung bestimmt ist, ist (existiert) *notwendig* [q] (KrV B 265f./A 218f.).

Ist die Grundnormtheorie Kelsens als Anwendung des transzendentalen Arguments zu interpretieren? Eine Umformulierung desselben könnte lauten:

1. Wenn es Ziel ist, die Geltung von Rechtsnormen zu begründen, wird die Grundnorm vorausgesetzt (p → q).
2. Da die Grundnorm die notwendige Bedingung für die Geltungsbegründung von Rechtsnormen ist, ist die Grundnorm vorausgesetzt (p).
3. Die Grundnorm wird notwendig vorausgesetzt (q).

Gemäß diesem Schluss führt kein Weg an der Grundnorm vorbei, es ist mithin das Kriterium des transzendentalen Arguments in Form des Fehlens eines alternativen Ansatzes erfüllt. Kelsen ist also berechtigt, die Grundnorm als *„transzendental-logische Voraussetzung"*, d.h. als „notwendige Bedingung der Möglichkeit der Erkenntnis rechtlicher Geltung und rechtlichen Sollens" festzulegen, nicht jedoch, wenn er mit der Bestimmung des Rechts als einer „normative[n] Ordnung menschlichen Verhaltens" ein „nichtpositivistische[s] Element" in Gestalt des Sollens einführt, besagt doch eine „Norm", dass „sich ein Mensch in bestimmter Weise verhalten *soll*" (Kelsen 2017, 359; 26f.; Alexy 2011, 174). An dieser Aussage Kelsens, dass die Grundnorm dann „notwendig vorausgesetzt werden muß, *wenn* man das Recht als Sollensordnung deuten will", setzt die Argumentation Alexys an und veranlasst ihn zur Schlussfolgerung, dass das Recht als „Sollensordnung" nur eine *„mögliche Deutung"* ist, weil als „Alternative" beispielsweise die „soziologische" Bestimmung des Rechts als „ein System von ‚Machtbeziehungen'" zur Verfügung steht (Alexy 2011, 175f.; Kelsen 2017, 393). Folglich muss die Grundnorm als „bloß mögliche oder bloß hypothetisch notwendige Voraussetzung" gefasst werden (Alexy 2011, 176). Damit ist jedoch der „transzendentale Charakter" des Kelsenschen Arguments nicht völlig aufgehoben, weil es für den Handelnden und Denkenden, der „am (äußerst realen) Spiel des Rechts" teilnimmt, keine Alternative „zur Kategorie des Sollens" und damit auch keine zum Recht im Sinne einer Ordnung des Sollens gibt (Alexy 2011, 176f.).

Wie bereits an anderer Stelle (oben, S. 211) ausgeführt, nimmt sich die Kritik Paulsons, der sich den Überlegungen Alexys anschließt, nicht so wohlwollend aus, indem er konstatiert, dass Kelsen weder zeigt, dass die Naturrechtslehre als Alternative aus seiner Lehre zu exkludieren sei, noch, dass er sie überhaupt ausschließen könne (vgl. Paulson 2014, 263). Paulson unterbreitet daher als Lösungsansatz eine Distanzierung vom transzendentalen Argument und eine Stärkung des „regulativen Prinzips" nach Cassirer und identifiziert die „Widerspruchslosigkeit der Rechtsordnung" als Ideal, nach dem im Sinne des regulativen Prinzips gestrebt wird, welches sich aber als nicht „vollständig realisierbar“ entpuppt (Paulson 2014, 280; 271).

Wird die Bestimmung der Grundnorm als „transzendental-logische Bedingung“ und der „konstitutive Charakter“ der „Rechtswissenschaft als Erkenntnis des Rechts“ ad notam genommen, dann deutet Kelsen damit an, dass er die Grundnorm als konstitutives *und* als regulatives Prinzip konzipiert (Kelsen 2017, 360f.; 143). Auch wenn Kant die konstitutiven Verstandesprinzipien von den regulativen Vernunftprinzipien strikt unterschieden wissen will, gibt es dennoch im Sinne des „*Systematische[n]* der Erkenntnis“, d.h. im Sinne eines „Zusammenhang[s] derselben aus einem Prinzip“, eine Interaktion zwischen Verstand und Vernunft von besonderer Art, indem sich die Vernunft „niemals“ auf einen Gegenstand, sondern „lediglich auf den Verstand“ bezieht, der die Vernunft zum Ordnen der von ihm geschaffenen Begriffe nötig hat (KrV B 674/A 646; B 671/A 643). Auf den Punkt gebracht bedeutet dies, dass der Verstand „das Mannigfaltige im Objekt durch Begriffe“, die Vernunft aber „das Mannigfaltige der Begriffe durch Ideen [qua transzendentale Ideen oder reine Vernunftbegriffe]“ vereinigt (KrV B 672f./A 644f.).

Aus der Sicht Kants ist diese symbiotische Beziehung zwischen Verstand und Vernunft, wie folgt, vorzustellen:

In Ansehung der Begründungsverfahren Deduktion und Induktion differenziert Kant einen „apodiktischen Gebrauch der Vernunft“ von einem „hypothetischen“ in der Weise, dass die Vernunft als ein „Vermögen“ im ersten Fall „das Besondere“ aus dem bereits gegebenen „Allgemeinen“ vermittels der „*Urteilskraft*“ ableitet, d.h. subsumiert (Deduktion), während eben diese Vernunft dann „hypothetisch“ gebraucht wird, wenn das Besondere „gewiß“ ist, das Allgemeine aber „noch ein Problem“ darstellt (Induktion) (KrV B 674/A 646–B 676/A 648). Da das Allgemeine qua Begriff vermittels der Induktion erst erschlossen werden muss, ist der „hypothetische Gebrauch der Vernunft“ nicht als „*konstitutiv*“, sondern als „regulativ“ zu betrachten (KrV B 675f./A 647f.). „[R]egulativ“ ist der „hypothetische Gebrauch der Vernunft“, weil durch diesen eine „Einheit in die besonderen Erkenntnisse“ gebracht und „die Regel dadurch der Allgemeinheit“ angenähert wird, während die „Wahrheit [dieser] allgemeinen Regel“ dem Ziel des „*konstitutive[n]*“ Gebrauchs entspricht (KrV B 675f./A 647f.). Es ergeht mithin an die Vernunft die Forderung, „Einheit in die besonderen Erkenntnisse zu bringen“, wobei die „Allgemeinheit“ insofern ein „Problem“ darstellt, als man sich ihr nur annähern kann, wie dies Paulson als Charakteristikum eines „regulativen Prinzips“ anführt (KrV B 675f./A 647f.; Paulson 2014, 270). Die angestrebte „systematische Einheit der Verstandeserkenntnisse“ qua Vernunfteinheit ist als „*logisches* Prinzip“ zu betrachten, das dem Verstand durch die genannten transzendentalen Ideen gleichsam forthilft, auf dass ein Zusammenhang zwischen den verschiedenartigen Regeln des Verstandes hergestellt werde. Um diese „systematische Einheit nicht bloß subjektiv- und logisch-, [...] sondern objektivnotwendig zu machen" und damit zu begründen, bedarf es eines „*transzendentale[n]*" Prinzips der Vernunft, das dem logischen Prinzip der Vernunfteinheit vorauszusetzen ist (KrV B 675/A 647–B 677/A 649). Die oben thematisierte „transzendentale Voraussetzung", die Kant „auf eine bewundernswürdige Weise in den Grundsätzen der Philosophen" aufspürt, lassen Anklänge an eine „gewendete Dihairesis" mit Blick auf die Kritik Aristoteles' am „*Einteilungsverfahren*" nicht vermissen, schließen doch die „Mannigfaltigkeiten einzelner Dinge die Identität der *Art*" nicht aus, können doch „mancherlei Arten nur als verschiedentliche Bestimmungen von wenigen *Gattungen*, diese aber von noch höheren *Geschlechtern* etc. behandelt werden" (KrV B 680/A 652; Zekl 1998, LXIII; vgl. An. Pr. I 31, 46b37–46b42; Zeidler 2016a, 31).

Die symbiotische Beziehung zwischen Vernunft und Verstand findet letztendlich ihre Erfüllung darin, dass die Vernunft dem Verstand „sein Feld" durch drei Prinzipen, das Prinzip der „*Homogenität*", jenes der „*Spezifikation*" und durch das Prinzips der „*Kontinuität* der Formen" bereitet (siehe S. 214f.) (KrV B 685f./A 657f.).

### 5.5.1 Kelsens Grundnorm: Ein konstitutives und regulatives Prinzip *zugleich*?

Ja, die Grundnorm muss konstitutives und regulatives Prinzip *zugleich* sein. Würde sie nämlich als rein konstitutives Prinzip gedacht, wäre sie insofern zu stark, als sie die „Begründung der objektiven Geltung der positiven Rechtsnormen" unmittelbar leisten müsste, womit die Partikularität der positiven Rechtsordnungen aufgehoben würde (Kelsen 2017, 365f.). Diese muss aber gewahrt bleiben, ist doch die „Reine Rechtslehre" Kelsens auch deshalb als *Theorie* „des positiven Rechts schlechthin", d.h. nicht als Wissenschaft von „speziellen Rechtsordnung[en]", sondern als „allgemeine Rechtslehre" konzipiert, um auf „spezielle Rechtsordnung[en]" anwendbar zu sein (Kelsen 2017, 21; vgl. Jabloner 1998, 10). Die *Reine Rechtslehre* selbst, die als Wissenschaft die „auf das Recht gerichtete Erkenntnis" sicher zu stellen hat, weist nun insofern einen „konstitutiven Charakter" auf, als sie ihren Gegenstand, das Recht, als ein „Ganzes" begreift (Kelsen 2017, 21; 143). Um seine Sichtweise von Rechtswissenschaft auch Personen, die in einer solchen Wissenschaft nicht zu Hause sind, zu veranschaulichen, behilft sich Kelsen mit einem Vergleich: „So wie das Chaos sinnlicher Wahrnehmungen erst durch die ordnende Erkenntnis der Wissenschaft zum Kosmos, das heißt zur Natur als einem einheitlichen System wird, so wird die Fülle der von Rechtsorganen gesetzten generellen und individuellen Rechtsnormen, das ist das der Rechtswissenschaft gegebene Material, erst durch die Erkenntnis der Rechtswissenschaft zu einem einheitlichen, widerspruchslosen System […]" (Kelsen 2017, 143).

In Anlehnung an die Kantische Erkenntnistheorie erzeugen die Rechtsorgane als Erkenntnissubjekte das Material, d.h. den Gegenstand der Rechtswissenschaft bloß in „erkenntnistheoretische[r]" Hinsicht, womit – in Abgrenzung zum positiven Recht – diese „‚Erzeugung'" ganz und gar nicht mit der „Erzeugung von Gegenständen durch menschliche Arbeit" oder mit derjenigen des Rechts durch die „Rechtsautorität" gleichzusetzen ist (Kelsen 2017, 143). Es ist nicht verfehlt, hier eine Analogie zur „transzendentalphilosophische[n]" Frage Kants, „ob und inwiefern das erkennende Subjekt in der Lage ist, das Objekt der Erkenntnis aus reiner (apriorischer) Vernunft zu erzeugen", herzustellen, mit welcher auch nach der „rechtstheoretische[n] Relevanz philosophischer Erkenntnislehren" gefragt wird (Eisfeld 2015, 139). Wüsste der Leser der Abhandlungen Eisfelds nicht, dass er sein Hauptaugenmerk auf die Rechtstheorie Kants im Vergleich mit jener Johann Gottlieb Fichtes legt, könnten seine Erläuterungen auch als Interpretation der Reinen Rechtslehre Kelsens gelesen werden:

> Die Erkenntnistheorie bildet insofern die Grundlage der Rechtstheorie, als die von der Rechtstheorie festgelegte Methode wissenschaftlicher Rechtserkenntnis von den Charakteristika des Sollens abhängt, die wiederum aus den von der Erkenntnistheorie bestimmten Eigenschaften der vernünftigen Erkenntnisstiftung resultieren. […] [W]ird die Vernunftkausalität (die Erkenntnisstiftung) – wie bei Kant – als bloße Form- oder Gesetzgebung aufgefasst […] kommt es […] zu einer Trennung von Sollen und empirischer Wirklichkeit oder von Sollen und Sein. Der Ausgangspunkt der Rechtserkenntnis oder der rechtswissenschaftlichen Theoriebildung liegt hier außerhalb der Erfahrungswelt und damit auch außerhalb des positiven Rechts als einem Bestandteil der empirischen Wirklichkeit (Eisfeld 2015, 3).

In ähnlicher Weise beschreibt Kelsen sein Unternehmen im Vorwort zur zweiten Auflage der *Reine[n] Rechtslehre*: Er werde nämlich versuchen, „die wesentlichsten Probleme einer allgemeinen Rechtslehre nach den Grundsätzen der Methodenreinheit rechtswissenschaftlicher Erkenntnis zu lösen und dabei die Stellung der Rechtswissenschaft im System der Wissenschaften noch näher zu präzisieren", sowie eine „Methode wissenschaftlicher Rechtserkenntnis" als Gegenstand seiner „Rechtstheorie" zu entfalten (Kelsen 2017, 9; Eisfeld 2015, 3). Analog zur „Erkenntnisstiftung" Kants ist auch jene Kelsens als „bloße Form- oder Gesetzgebung" zu verstehen, erhalten doch die, ein Rechtssystem bildenden, Normen ihre Geltung nur aufgrund der Erzeugung gemäß der Grundnorm, nicht aber aufgrund ihres Inhalts und sind auch bloß aufgrund dieses Erzeugungsprozesses Teil einer bestimmten Rechtsordnung (Eisfeld 2015, 3; vgl. Kelsen 2017, 352). Basierend auf dieser Irrelevanz des Inhalts von Rechtsnormen kann jegliches menschliche Verhalten Inhalt einer Rechtsnorm sein, womit die Anwendung der Rechtslehre Kelsens als „allgemeine" Lehre nicht auf das Rechtssystem eines distinkten Staates restringiert ist (Kelsen 2017, 9; vgl. Kelsen 2017, 354; Jabloner 1998, 10). Kelsen vollzieht auch, wie von Eisfeld im Kontext mit der Kantischen Erkenntnisstiftung skizziert, anhand der „Norm" und des „Willensakt[es]" eine „Trennung von Sollen und empirischer Wirklichkeit" und verortet den „Ausgangspunkt der Rechtserkenntnis" mit der Grundnorm „außerhalb des positiven Rechts", indem diese Grundnorm nicht von einer Rechtsautorität „*gesetzt*", sondern „*vorausgesetzt*" wird (Kelsen 2017, 28; 348; Eisfeld 2015, 3).

Mithin will Kelsen die Grundnorm nicht als rein konstitutives Prinzip verstanden wissen, womit noch zu erörtern bleibt, was gegen eine Grundnorm als rein regulatives Prinzip spricht. Wird auch in diesem Zusammenhang Anleihe bei der Erkenntnistheorie Kants genommen, dann besteht der „regulative Gebrauch" der „transzendentalen Ideen" der reinen Vernunft schlicht darin, dass diese die „Mannigfaltigkeit der [durch den Verstand geschaffenen] Begriffe" zu vereinigen und damit den Verstand „zu einem gewissen Ziele zu richten [haben]" (KrV B 672f./A 644f.). Die Vernunft, die „lediglich" den Verstand zum Gegenstand hat, sucht, den „Zusammenhang" des „*Systematische[n]* der Erkenntnis" aus einem Prinzip zustande zu bringen, indem sie als „Idee" das „Ganze der Erkenntnis" voraussetzt, d.h. nicht die Teile derselben zu einem Ganzen zusammenfügt (KrV B 671/A 643-B 674/A 646). Indem dieses „Ganze der Erkenntnis" nun der Erkenntnis der einzelnen Teile vorhergeht, wird jedem Teil seine „Stelle" und sein „Verhältnis" zu den anderen Teilen „a priori" bestimmt - es sei an die „Prinzipien der *Homogenität*, der *Spezifikation* und der *Kontinuität* der Formen" erinnert -, womit die „vollständige Einheit der Verstandeserkenntnis" nicht einem nachträglich entstandenen Aggregat, sondern einem „nach notwendigen Gesetzen [qua Prinzipien]" strukturierten System entspricht (KrV B 674/A 646; B 685f./A 657f.).

Das Zusammenspiel der drei genannten Prinzipien kann zu den Begründungsverfahren in Verbindung gesetzt und wie folgt vorgestellt werden: Durch die Vereinigung der beiden Prinzipien der „*Homogenität*" und der „*Spezifikation*", d.h. durch das „Aufsteigen zu höheren Gattungen" (Induktion) und durch das „Herabsteigen zu niederen Arten" (Deduktion), entspringt das „Prinzip der *Kontinuität*", womit der „systematische Zusammenhang in der Idee" durch Abduktion vollendet wird (KrV B 685/A 657-B 687/A 659). Das Prinzip der „*Kontinuität* der Formen" folgt dem Grundsatz „non datur vacuum formarum" und sorgt mithin dafür, dass zwischen den Gattungen und den Arten, d.h. „in dem ganzen Umfange aller möglichen Begriffe nichts Leeres ist" (KrV B 685/A 657-B 687/A 659).

Gegen eine Grundnorm als bloß regulatives Prinzip spricht nun, dass sie nicht der Begründung, sondern bloß der nachträglichen Systematisierung positiver Rechtsnormen – in der Diktion Kants – der Schaffung eines „zufällige[n] Aggregat[es]" diente (KrV B 674/A 646; vgl. Paulson 2014, 273f.; Kelsen 2017, 349). Wie es zusätzlich zum *„logische[n]* Prinzip" eines *„transzendentale[n]"* Prinzips bedarf, um die „systematische Einheit [der Verstandeserkenntnis]" auch „objektivnotwendig" zu machen, so muss die Grundnorm konstitutives und regulatives Prinzip *zugleich* sein, um die Geltung aller Rechtsnormen ein und derselben Ordnung begründen und die „Einheit der Vielheit von Normen" konstituieren zu können (KrV B 675/A 647–B 677/A 649; Kelsen 2017, 349).

Da Kant die konstitutiven und die regulativen Prinzipien, d.h. die Verstandes- und die Vernunftprinzipien streng unterschieden wissen will, gilt es abschließend, die Frage zu beantworten, wie ein Prinzip, das seinen Gegenstand regulativ konstituiert, im Anschluss an die Kantische Philosophie überhaupt zu denken ist.

### 5.5.2 Der *„gemeinschaftliche* Sinn" – seine Maximen – die Suche nach der „allgemeinen Regel" – die Begründung des positiven Rechts (KU B 157/A 155–B 159/A 157)

Wird der starken These O'Neills gefolgt, die den Kategorischen Imperativ als "supreme principle of reason [that] emerges from and disciplines human thought, action and communication" interpretiert, und wird nach einem Prinzip gesucht, das seinen Gegenstand regulativ konstituiert, dann lassen sich in der *Kritik der Urteilskraft*, die sich des Problems des Verhältnisses zwischen Verstandes- und Vernunftprinzipien annimmt, Hinweise finden, wie ein derartiges Prinzip zu denken ist (O'Neill 2010, 291). Im Rahmen des § 40, der *„Vom Geschmacke als einer Art von sensus communis"* handelt, versucht Kant eben diesem „Gemeinsinn" Ehre zuteilwerden zu lassen, indem er dazu aufruft, „[u]nter dem sensus *communis* […] die Idee eines *gemeinschaftlichen* Sinnes, d.i. eines Beurteilungsvermögens [zu] verstehen, welches in seiner Reflexion auf die Vorstellungsart jedes andern in Gedanken (a priori) Rücksicht nimmt", womit es gelingt, der „Illusion" eines bloß subjektiven Urteils zu entgehen, indem das eigene Urteil gleichsam an der „gesamte[n] Menschenvernunft" gemessen wird (KU B 155/A 153–B 157/A 155). Gesucht ist ein Urteil, das zur „allgemeinen Regel dienen soll", weshalb von der „Materie", die als „Empfindung", „Reiz" und „Rührung" der Vorstellung innewohnt, zu abstrahieren ist, indem man ausschließlich auf die „formalen Eigentümlichkeiten" der eigenen Vorstellung bedacht ist (KU B 157/A 155–B 158f./A 156f.). Die Abstraktion „von allem Empirischen" als der „Empfindung" lässt das vernünftige Wesen in praktischer Hinsicht frei werden, indem es in eine „intelligibele Ordnung der Dinge" versetzt und damit als „homo noumenon" betrachtet werden kann (KpV A 71–A 73; KU B 157/A 155; AA VI, 239). Diese Bestimmungen firmieren unter den Abhandlungen zum „praktischen Gesetze" beziehungsweise zum *„moralischen Imperativ"*, der als praktische Vorschrift „niemals" empirische Bedingungen mit sich führt, womit ohne Schwierigkeit eine Verbindung zum Kategorischen Imperativ als dem „gemeinschaftlichen Prinzip" von theoretischer und praktischer Vernunft herzustellen ist (KpV A 60f.; AA VI, 239; GMS BA XIVf.). Wie der Terminus „gemeinschaftliche[s] Prinzip" vermuten lässt, darf dasselbe nicht als Ableitungsprinzip verstanden werden, also nicht als Bedingung (principium), zu der das Bedingte (principiatum) in einem bloß einseitigen Abhängigkeits- bzw. Ableitungsverhältnis steht, sondern es muss als ein die Vereinigung der Bedingung mit dem Bedingten leistendes Prinzip gefasst werden (GMS BA XIVf.; vgl. Zeidler 2016a, 23f.; 241f.). In diese Richtung geht auch O'Neills Deutung des Kategorischen Imperativs anhand der *Grundlegung III* als oberstes Prinzip, das vernünftige Wesen deshalb annehmen, weil es ein von kontingenten Bedingungen unabhängiges Prinzip ist, das eine Disziplinierung des Denkens und Handelns zu leisten vermag (vgl. O'Neill 2010, 291). Eben diese Unabhängigkeit von kontingenten Bedingungen trug der Konzeption des Kategorischen Imperativs die Kritik eines rigiden Formalismus ein, sowie jene, dass der Kategorische Imperativ nicht zum Handeln anleite und sich zudem nicht jedem Akteur erschließe, weshalb zu fragen ist: "If the Categorical Imperative fails to guide action, could it help guide thought or cognition?" (O'Neill 1989, 25)

Mit dieser Frage kehren wir zum „sensus *communis*", mithin zu den „Maximen des gemeinen Menschenverstandes", zurück, nicht jedoch ohne zu betonen, dass gemäß den Überlegungen O'Neills (vgl. O'Neill 2010, 291) der als regulatives Prinzip verstandene Kategorische Imperativ sowohl als Prinzip der (Selbst-) Disziplinierung der endlichen Vernunftwesen, wie auch als Prinzip der (Selbst-) Konstitution eines vernünftig organisierten Gemeinwesens bestimmt und in dieser Weise für die prinzipientheoretische Begründung des positiven Rechts in Ansatz gebracht werden kann (KU B 157/A 155–B 158f./A 156f.).

Dass Kant die „Maximen des gemeinen Menschenverstandes" nicht ausschließlich als „Erläuterung [der] Grundsätze" der „Geschmackskritik" verstanden wissen will, geht aus seiner Anmerkung, dass eben dieselben „nicht hieher [gehören]", hervor, werden sie doch als Hilfestellung zur Suche nach einem

„Urteil […], welches zur allgemeinen Regel dienen soll", formuliert (siehe S. 175-177) (KU B 158f./A 156f.)

Kant legt das Hauptaugenmerk in Ansehung der Maximen – „Selbstdenken"; „An der Stelle jedes andern denken"; „Jederzeit mit sich selbst einstimmig denken" – auf die *„Denkungsart"*, welche „zweckmäßig" zu gebrauchen, der Mensch aufgefordert wird (KU B 158/A 156–B 160/A 158). Das „Selbstdenken" fußt auf der Maxime, die Vernunft niemals passiv, d.h. im Sinne einer Heteronomie zu gebrauchen. Setzt sich ein Mensch über die „subjektiven Privatbedingungen" seiner Urteile hinweg, indem er einen *„allgemeinen Standpunkt"*, mithin den Standpunkt anderer einnimmt, erweitert er seine Denkungsart eben um diejenige der anderen. Am schwersten ist die *„konsequente* Denkungsart" zu erreichen, bedarf es doch für diese einer „Verbindung" und einer häufigen, zur Fertigkeit gewordenen, „Befolgung" der beiden ersten (KU B 158/A 156–B 160/A 158). Es wird also mit dem „Selbstdenken" die Autonomie der Vernunft, die sich nicht von, ihr fremden Prinzipien, wie jenen der Natur „gängeln" lässt, oder – in den Worten O'Neills – die "self discipline of reason" angesprochen (KU B 158f./A 156f.; KrV B XIIIf.; O'Neill 2010, 291). Die zweite Maxime thematisiert die Fähigkeit, vermittels einer „Reflexion" des eigenen Urteils „auf die Vorstellungsart jedes andern in Gedanken (a priori) Rücksicht [zu nehmen]", d.h. zu fragen, "whether 'the ground of the assumption' can be a universal principle" (KU B 157/A 155; O'Neill 2010, 291). Die dritte Maxime ist deshalb „am schwersten" zu erreichen, weil sie fordert, das eigene Denken formallogisch zu stabilisieren, d.h. zu begründen (KU B 158/A 156–B 160/A 158). O'Neill bringt in ihrer Schrift "Reason and politics in the Kantian enterprise" die Aussagen und die Intention Kants auf den Punkt: "The only route by which we can vindicate certain ways of thinking and acting, and claim that those ways have authority, is by considering how we must discipline our thinking if we are to think or act at all. This disciplining leads us not to algorithms of reason, but to certain constraints on all thinking, communication and interaction among any plurality. In particular we are led to the principle of rejecting thought, action or communication that is guided by principles that others cannot adopt, and so to the Categorical Imperative" (O'Neill 1989, 27).

Was O'Neill dem Leser mit dieser Textpassage mitteilen will, ist, dass Kant uns dazu anleitet, nur jene Prinzipien unserem Denken, Handeln und Interagieren zugrunde zu legen, die auch mit jenen der anderen Mitglieder einer Gemeinschaft kompatibel, mithin allgemein gültig sind, wie dies mit dem Kategorischen Imperativ – *„handle nur nach derjenigen Maxime, durch die du zugleich wollen kannst, daß sie ein allgemeines Gesetz werde"* –, aber auch mit dem „allgemeine[n] Rechtsgesetz" – „handle äußerlich so, daß der freie Gebrauch deiner Willkür mit der Freiheit von jedermann nach einem allgemeinen Gesetze zusammen bestehen könne" – zum Ausdruck gebracht wird (GMS BA 52; AA VI, 231). Folglich ist es notwendig, das eigene Denken und Handeln zu disziplinieren, indem man sich über die „subjektiven Privatbedingungen" der eigenen Urteile hinwegsetzt und einen „*allgemeinen Standpunkt*" dadurch einnimmt, dass man „[a]n der Stelle jedes andern denk[t]" (KU B 158/A 156–B 160/A 158).

Wie kann sich nun das regulative Prinzip in Gestalt des Kategorischen Imperativs unter kontingenten Bedingungen – in den Worten O'Neills "among any plurality" – bewähren (O'Neill 1989, 27)? Die Bewährung des Sittengesetzes unter zufälligen Bedingungen ist zu demonstrieren, wenn wir mit Horn und Flach den geschichtsphilosophischen Überlegungen Kants zur Begründung des positiven Rechts folgen. Da der Bedeutung der geschichtsphilosophischen Überlegungen Kants für seine Rechtslehre bereits in den Kapiteln 1.1.4 („Wie die Geschichte in die Rechtslehre kam") und 3.1.2 („Von der Natur und der Freiheit in den Quellentexten der Rechtslehre und in der Rechtslehre selbst") nachgegangen wurde, werden sich die folgenden Ausführungen auf das, für die Begründung des positiven Rechts erforderliche, Maß beschränken.

Horn und Flach kommen darin überein, dass die „geschichtsphilosophische[n] Überlegungen Kants" eine prägende Rolle für seine Rechtslehre spielen (Horn 2014, 10; vgl. Flach 2015, 268). Während Horn auf Basis der bedeutsamen Implikation der „nichtnormative[n], nämlich geschichtsphilosophische[n] Überlegungen" Kants für seine Rechtsphilosophie zum Schluss gelangt, dass „kaum mehr sinnvoll von einer ‚Abhängigkeit' des Rechts vom Kategorischen Imperativ" gesprochen werden kann (Horn 2014, 10), lässt Flach die Beantwortung der Frage, ob eine „direkte Derivation" der Rechtslehre von der Sittenlehre oder eine „gänzlich unabhängige Gründung der Rechtslehre" vorliege, vorerst offen und wählt eben diese „kontroverse Beurteilungslage" zum Ausgangspunkt seiner Argumentation. Seiner Meinung nach ist „diese Beurteilungslage" darauf zurückzuführen, dass der „argumentative Rahmen für die Kantische Lehre zur Gründung von Recht und Rechtswissenschaft" insofern nicht richtig gezogen wird, als er lediglich auf den „Praxisaspekt der Kantischen Freiheitslehre" fokussiert. Der „argumentative Rahmen" muss nämlich „den wesentlichen Punkt einschließen, dass die Freiheitsidee unter die scibilia gerechnet werden muss" und dass sich diese „Idee" in der Beschreibung „wirklicher Handlungen" zeigen muss (Flach 2015, 267). Dieser Interpretation Flachs kann in Ansehung der Kantischen Formulierung des „allgemeine[n] Rechtsgesetz[es]" und der Bestimmung des „Begriff[s] des Rechts" zugestimmt werden, differenziert doch Kant eindeutig zwischen der „Absicht, [...] Tugend zu lehren" und jener, darzulegen, „was *recht* sei", wobei im ersten Fall das Sittengesetz sehr wohl, im zweiten aber das „Rechtsgesetz" nicht als „Triebfeder der Handlung" vorzustellen ist (AA VI, 230f.). Der Annahme Flachs, dass die „Freiheitsidee unter die scibilia gerechnet werden muss", d.h. dass sie im Kontext mit sinnlich wahrnehmbaren Handlungen zu betrachten ist (Flach 2015. 267), wird Kant mit den Formulierungen „äußere", „äußerlich", und „Handlungen als Facta" gerecht. So ist zu lesen:

> Der Begriff des Rechts […] betrifft *erstlich* nur das äußere und zwar praktische Verhältniß einer Person gegen eine andere, sofern ihre Handlungen als Facta aufeinander […] Einfluß haben können (AA VI, 230). Handle äußerlich so, daß der freie Gebrauch deiner Willkür mit der Freiheit von jedermann nach einem allgemeinen Gesetze zusammen bestehen könne, zwar ein Gesetz, welches […] ganz und gar nicht erwartet, noch weniger fordert, daß ich ganz um [der] Verbindlichkeit [des Gesetzes] willen meine Freiheit auf jene Bedingungen *selbst* einschränken *solle*, sondern die Vernunft sagt nur, daß sie in ihrer Idee darauf eingeschränkt *sei* (AA VI, 231).

Kant geht es im Zusammenhang mit dem Recht einerseits um „äußere", tatsächliche Handlungen und andererseits um die „*Form*", nicht jedoch um die „*Materie*" der Willkür und dies im Sinne eines Verhältnisses zwischen zwei oder mehreren Personen, womit die wechselseitige Beeinflussung der Willkür zum tragenden Element wird. Deshalb kommt mit Bezug zum „Begriff des Rechts" bloß das „äußere […] Verhältniß einer Person gegen eine andere", bloß das „Verhältniß der Willkür […] auf die *Willkür* des Anderen" ungeachtet ihrer „*Materie*", d.h. nur die „*Form* im Verhältniß der beiderseitigen Willkür" in Betracht, weshalb Flach die „Freiheitsidee" zu den „scibilia" zählen kann (AA VI, 230; Flach 2015, 267). Für Flach ist es daher naheliegend, seine Ausführungen zur Kantischen „Rechtsverfasstheit der Welt des Menschen" bei der Schrift *Muthmaßlicher Anfang der Menschengeschichte* beginnen zu lassen (Flach 2015, 268). Gemäß der Sichtweise Kants muss nämlich der „*erste Anfang*" der Menschengeschichte deshalb „von der Erfahrung hergenommen werden", weil sie der „Geschichte der ersten Entwicklung der Freiheit aus ihrer ursprünglichen Anlage in der Natur des Menschen" entspricht (AA VIII, 109). Der wesentliche Zug dieser Entwicklung ist die Ausrichtung auf einen „*weltbürgerliche[n] Zustand*" als „höchste Absicht" der Natur, der über die „*Errichtung einer vollkommnen bürgerlichen Verfassung*" als durchgängige rechtliche Ordnung erreichbar erscheint (AA VIII, 28; 24). Nicht nur die Lektüre des *Anfang[s]*, sondern auch jene der anderen Texte mit - zum Teil - geschichtsphilosophischem Inhalt, vermittelt den Eindruck, dass Kant „eine relativ eindeutige geschichtsphilosophische Position" vertritt, indem er der Geschichte eine „bestimmte Verlaufslogik" in Form von „menschlicher Talententfaltung und politischem Fortschritt" einschreibt, weshalb sowohl Flach als auch Horn die Kantische Geschichtsphilosophie zur Grundlage seiner Rechtslehre erklären (Horn 2014, 239).

Nach diesen Präliminarien ist es an der Zeit, die Betrachtungen von Kant, O'Neill, Flach und Horn in der Weise miteinander zu verknüpfen, dass der als regulatives Prinzip verstandene Kategorische Imperativ, von dem bereits festgestellt wurde, dass er sowohl als Prinzip der (Selbst-)Disziplinierung der endlichen Vernunftwesen, wie auch als Prinzip der (Selbst-)Konstitution eines vernünftig organisierten Gemeinwesens dienlich sein kann, für die Begründung des positiven Rechts fruchtbar gemacht wird. Zur Erstellung einer Skizze der Entwicklung hin zu einem vernünftig organisierten Gemeinwesen als „*weltbürgerlicher Zustand*", über die „*Errichtung einer vollkommnen bürgerlichen Verfassung*" bietet sich die *Idee zu einer allgemeinen Geschichte in weltbürgerlicher Absicht* an, anhand welcher Kant die Menschheitsgeschichte in neun Schritten qua Sätzen darlegt (siehe Abschnitt 1.1.4; 3.1.1) (AA VIII, 28; 24). Die (Selbst-)Disziplinierung des Menschen wird im „*Dritte[n] Satz*" der *Idee* als Forderung der Natur thematisiert, die will, dass sich der Mensch aus eigenen Stücken über sein „*thierische[s] Dasein*" erhebt und eine „*Vollkommenheit*" anstrebt, die von jeglichem „*Instinct*" befreit und bloß durch die „*eigene Vernunft*" geprägt ist (AA VIII, 19). Die (Selbst-)Konstitution eines vernünftig organisierten Gemeinwesens findet ihren Ausdruck in der Forderung, eine „*allgemein das Recht verwaltende* bürgerliche Gesellschaft" errichten zu müssen, mit der Folge, dass sich der Mensch als in sich gespalten erlebt, indem er einerseits den Drang verspürt, sich zu „*vergesellschaften*" und andererseits sich zu „*vereinzelnen*" (AA VIII, 20-22). Der Eintritt in die „bürgerliche Gesellschaft" ermöglicht dem Menschen zwar eine „*Freiheit unter äußeren Gesetzen*" in größtmöglichem Maße, konfrontiert ihn aber auch mit einer „unwiderstehliche[n] Gewalt", welche deshalb unumgänglich ist, weil die Menschen aufgrund ihrer Neigung nicht lange „in wilder Freiheit", d.h. einer Freiheit bar jedes Zwangs, nebeneinander bestehen können (AA VIII, 22).

Diese schrittweise Annäherung an eine (Selbst-)Disziplinierung des endlichen Vernunftwesens und an eine (Selbst-)Konstitution eines vernünftig organisierten Gemeinwesens gipfelt letztlich in der „Moralität" und damit in der Verwirklichung des Kategorischen Imperativs (AA VIII, 26). Während die „Idee der Moralität", deren Inbegriff der Kategorische Imperativ ist, zur Kultur, d.h. zur (Selbst-)Disziplinierung des Individuums gehört, macht der Gebrauch dieser „Idee", der nur auf die „äußere Anständigkeit" abzielt, „blos die Civilisirung" im Sinne der (Selbst-)Konstitution eines Gemeinwesens aus (AA VIII, 26).

Mit den letzten Worten führt Kant den Leser auf den Unterschied zwischen einem „Menschen von guten Sitten (bene moratus)", der bloß den Schein wahrt, und dem „sittlich guten Menschen (moraliter bonus)" hin, der ausschließlich gemäß dem Sittengesetz handelt, womit der Mensch einerseits durch Zivilisierung ein Interagieren mit den anderen Mitgliedern der Gesellschaft ermöglicht, indem er sich als an eine „Konsensdirektive" (Flach 2015, 269) gebunden erkennt und andererseits vermittels Wissenschaft und Kunst aus sich selbst etwas macht, d.h. sich „*cultivirt*" (AA VI, 30; AA VIII, 26; vgl. Horn 2014, 263). Da Horn seiner Interpretation von Geschichte die Prämisse voransetzt, dass Kant die Meinung vertrete, „die gesamte Geschichte unterliege [dem] steuernden Prinzip [der Natur]", spricht er dem Menschen nahezu vollständig die Eigenständigkeit im Handeln ab, mischt sich doch die Natur „hinterrücks in das freie menschliche Handeln [ein]" (Horn 2014, 254). Zu dieser Auffassung gelangt er – folgt man seinen textlichen Belegen – in Ansehung des fünften und sechsten Satzes der *Idee*. Mit Unverständnis betont Horn, dass Kant als Folge eines „eigennützigen Individualverhalten[s] […] hochgradig erwünschte Nebeneffekte" erwarte. Zudem streiche Kant zwei Punkte heraus, nämlich „die wechselseitige Korrektur von Menschen in einem Gemeinwesen einerseits und die Notwendigkeit einer den Individualwillen brechenden politischen Herrschaft" andererseits (Horn 2014, 263). Aus welchem Grund, die „Ehrsucht, Herrschsucht oder Habsucht", die das „eigennützige Individualverhalten" bestimmen, „hochgradig erwünschte Nebeneffekte" haben, wird bereits im vierten Satz der *Idee* damit begründet, dass sie den Menschen dazu bringen, seinen „Hang zur Faulheit" zu überwinden, weil er sich „einen Rang unter seinen Mitgenossen" verschaffen will, womit nach Kant „die ersten wahren Schritte aus der Rohigkeit zur Cultur" als dem eigentlichen „gesellschaftlichen Werth" des Menschen gesetzt werden (Horn 2014, 263; AA VIII, 21). Auch die „wechselseitige Korrektur von Menschen in einem Gemeinwesen", die „den Individualwillen brechende politische Herrschaft", wie auch manche Beispiele für die „‚naturalen' Gesetzmäßigkeiten des sozialen Lebens", die Horn in Kants Geschichtsphilosophie erblickt, können in die Ausführungen des fünften und sechsten Satzes der *Idee* hineingelesen werden, wenn Kant schreibt (Horn 2014, 263; vgl. AA VIII, 21; 22f.):

> [S}o wie Bäume in einem Walde eben dadurch […] einander nöthigen beides [Luft und Sonne] über sich zu suchen und dadurch einen schönen geraden Wuchs bekommen, [so ziert] [a]lle Cultur und Kunst […] die Menschheit [und] die schönste gesellschaftliche Ordnung sind Früchte der Ungeselligkeit, die durch sich selbst genöthigt wird sich zu discipliniren […]. / [D]er Mensch ist ein *Thier, das*, wenn es unter andern seiner Gattung lebt, *einen Herrn nöthig hat*. Denn er mißbraucht gewiß seine Freiheit in Ansehung anderer Seinesgleichen; und ob er gleich als vernünftiges Geschöpf ein Gesetz wünscht, welches der Freiheit Aller Schranken setze: so verleitet ihn doch seine selbstsüchtige thierische Neigung, wo er darf, sich selbst auszunehmen. Er bedarf also einen *Herrn*, der ihm den eigenen Willen breche und ihn nöthige, einem allgemeingültigen Willen, dabei jeder frei sein kann, zu gehorchen (AA VIII, 22f.).

Es kann mithin Horn recht gegeben werden, dass Kant zusätzlich zur Kultivierung des Einzelnen vermittels Kunst und Wissenschaft auch – im Sinne eines rechtlichen Zustandes – dazu auffordert, sich mit dem Ziel, ein Leben in größtmöglicher Freiheit zu gewährleisten, zu disziplinieren qua *„civilisir[en]"* (AA VIII, 26). Gegen die Interpretation Horns, der Kants physiko-teleologische Argumentation über Gebühr stark macht und darum betont, dass der Individualwille durch eine „politische Herrschaft" zu brechen sei, sprechen jedoch die folgenden Bezüge in der Rechtslehre Kants: 1. zum „allgemeingültigen Willen", der die Freiheit jedes wahrt; 2. zum „höchste[n] Oberhaupt [der öffentlichen Gerechtigkeit]", das „gerecht *für sich selbst* und doch ein *Mensch* sein [soll]"; 3. zu den *„drei Gewalten"* als „allgemein vereinigte[r] Wille in dreifacher Person"; und 4. zum eigenen „gesetzgebenden Willen", mithin zur eigenen gesetzgebenden praktischen Vernunft (Horn 2014, 263; AA VIII, 23; AA VI, 313; 316).

Durch die Zivilisierung wird ein *„gemeinschaftliche[r]* Sinn" („sensus communis") als ein Urteilsvermögen etabliert, das durch Reflexion auf die Vorstellungart jedes anderen a priori Rücksicht nimmt und als Voraussetzung für die Mitteilbarkeit des, durch die Kultivierung entfalteten, moralischen Gefühls im Sinne der „Einung […] eines Sollens" fungiert (KU B 157/A 155; Flach 2015, 271; vgl. AA VIII, 26). Mit dem moralischen Gefühl wird die Verbindlichkeit des Kategorischen Imperativs, der nach erfolgter Kultivierung und Moralisierung als moralisches Prinzip dem Handeln, aber auch dem Denken und Kommunizieren zugrunde liegt, durch die „Konsensdirektive", deren Anerkennung als Ergebnis der Zivilisierung zu betrachten ist, wird die Bindung an das positive Gesetz ausgesprochen (Flach 2015, 269). Werden nun die *„Allgemeine Eintheilung der Rechte"* in das *„Naturrecht"* und das *„positive* (statutarische) Recht" und die Differenzierung der Fragen, „Was Rechtens" und was „recht sei", die mit den kontingenten öffentlichen Gesetzen, beziehungsweise mit dem „allgemeine[n] Kriterium", das eine Differenzierung von Recht und Unrecht zulässt, zu beantworten sind, in Erinnerung gerufen (AA VI, 237; 229), dann erschließt sich, dass eine „einende Geltung" von Allgemeingültigkeit und Notwendigkeit des apriorischen Rechts qua Kategorischer Imperativ und von Kontingenz und Besonderheit des positiven Rechts gefordert ist (Flach 2015, 269). Diese „einende Geltung" kann gemäß der „Kantischen Prinzipienlehre" nur die „reflektierende Urteilskraft" regulativ zuwege bringen, indem sie nicht, wie die *„bestimmende Urteilskraft"* das Besondere unter das Allgemeine subsumiert, sondern „zu dem Besonderen das Allgemeine" findet (Flach 2015, 269; KU 24; 22; vgl. Zeidler 2016a, 224). Der durch die Zivilisierung etablierte sensus communis führt als Urteilsvermögen zu Urteilen, die im Sinne des Wohlgefallens – wird der „sensus communis" doch mit einem Geschmacksurteil identifiziert – zu jedermanns Regel, mithin auch zu einem Gesetz, werden können, womit die Entwicklung des positiven Rechts auf dem „*gemeinschaftlichen* Sinn" fußt (KU B 157/A 155; vgl. Horn 2014, 17). Es konstituiert sich ein „Bürgerbewusstsein" mit der Folge einer „bürgerlichen Verfassung", wobei die in der dritten *Kritik* Kants formulierten „Maximen des gemeinen Menschenverstandes" als regulative Prinzipien dieser Konsensbildung zu verstehen sind (Flach 2015, 272; KU B 158f./A 156f.; vgl. O'Neill 1989, 24–27). Die Urteile, die auf den „*gemeinschaftlichen* Sinn" zurückgehen, sind „empirische", mithin endliche Urteile, weshalb Kant „[a]usdrücklich" von der „Menschenvernunft" spricht, ist doch der Mensch ein endliches Wesen (KU B 157/A 155; Flach 2015, 272).

Mit dem „*gemeinschaftlichen* Sinn" als einem Urteilsvermögen wird die Suche nach einem Urteil, „welches zur allgemeinen Regel dienen soll", angestoßen (KU B 157/A 155–B 159/A 157). Was ist daher naheliegender als die drei „Maximen des gemeinen Menschenverstandes" im Sinne der (Selbst-)Disziplinierung (Kultivierung) der endlichen Vernunftwesen, wie auch der (Selbst-)Konstitution eines vernünftig organisierten Gemeinwesens als „Regel[n] der Regeletablierung" zu deuten und als solche für die Begründung des Rechts in Ansatz zu bringen (KU B 158f./A 156f.; Zeidler 2016b, 185). Diese Deutung beruht auf der Einsicht, dass die drei Maximen – das „Selbstdenken", das „[a]n der Stelle jedes andern [D]enken", das „[j]ederzeit mit sich selbst einstimmig [D]enken" – aus der Perspektive der (Selbst-)Disziplinierung den Funktionszusammenhang dreier Synthesishandlungen beschreiben, die eine je spezifische Vermittlung von Regel und Fall leisten. Es bedarf dieser drei Synthesishandlungen, um eine Regel überhaupt als Regel „etablieren" zu können, sind doch die „Bedingungen der Möglichkeit einer Regel [...] nicht hinreichend dadurch bestimmt, daß eine Regel exekutiert wird, indem man einen Fall unter die Regel subsumiert" (KU B 158f./A 156f.; Zeidler 2016a, 26). Die Voraussetzungen für die Exekution einer Regel sind nämlich, dass diese zuallererst „*formuliert*" wird, um danach „*exemplifiziert*" werden zu können, indem ein Fall als Fall der formulierten Regel „*identifiziert*" wird (Zeidler 2016a, 27). Die Vermittlung zwischen Regel und Fall durch die drei „*logische[n] Grundhandlungen*" der Regeletablierung ist, wie folgt, vorzustellen (Zeidler 2016a, 26):

> (1) Eine Regel muß *exekutiert* werden. Sie wird *exekutiert*, indem ein Fall unter die Regel *subsumiert* wird.
> (2) Eine Regel muß *formuliert* werden. Sie wird *formuliert*, indem die Fälle ihrer Anwendung *antizipiert* werden.
> (3) Eine Regel muß *exemplifiziert* werden. Sie wird *exemplifiziert*, indem etwas als Fall der Regel *identifiziert* wird (Zeidler 2016a, 26f.).

Diese drei Grundhandlungen sind „im Vollzug der Handlung“, die sich im Rahmen eines rechtsstaatlichen Vorgangs als Exekution eines Gesetzes, als Gesetzgebung und als Rechtsprechung präsentiert, „sorgfältig miteinander vermittelt“, weshalb es nicht genügt, diese Handlungen bloß als je verschiedene Beziehungen zwischen Regel und Fall zu unterscheiden und somit einzeln für sich zu betrachten (Zeidler 2016a, 27).

Kant fordert die endlichen Vernunftwesen dazu auf, sich selbst zu kultivieren, d.h auch zu disziplinieren. Er verweist in diesem Zusammenhang mit der Bezeichnung „Maximen“ bereits darauf, dass er dieselben als „subjektive Prinzip[ien]“ der Regel- und Urteilsbildung versteht, womit das „Selbstdenken“ als „subjektiv zu leistende“, das „[a]n der Stelle jedes andern [D]enken“ als „kommunikativ zu bewährende“ und das „[j]ederzeit mit sich selbst einstimmig [D]enken“ im Sinne einer „formallogisch zu stabilisierende[n] Urteilsbildung“ zu interpretieren ist (KU B 158f./A 156f.; GMS BA 52, Fußnote; Zeidler 2016b, 189).

Nachdem auch festgestellt wurde, dass die genannten „Maximen des gemeinen Menschenverstandes“ als Prinzipien für die (Selbst-)Konstitution eines nach Rechtsprinzipien organisierten Gemeinwesens dienlich sind, bleibt zu klären, welcher Stellenwert ihnen in diesem Kontext zugedacht werden kann. Die Ausdeutung ist einfach, liefern sie doch der Theorie der Gewaltenteilung nach Montesquieu die logische Begründung nach, da sie zwanglos den *„drei Gewalten“* zugeordnet werden können (KU B 158f./A 156f.; AA VI, 313): (1) Die erste Maxime – das „Selbstdenken“ im Sinne einer subjektiv zu leistenden Urteilsbildung – repräsentiert die „Jurisdiktion“, die die Regel qua Gesetz auslegt, indem sie einen Fall als Fall der Regel identifiziert. (2) Die zweite Maxime kann mit der „Legislative“ gleichgesetzt werden, die die Regel (das Gesetz) formuliert, indem sie die Fälle ihrer Anwendung antizipiert. Mit dem „[a]n der Stelle jedes andern [D]enken“ bewährt sich die Regel im Rahmen der Kommunikation. (3) Die dritte Maxime kann der „Exekutive“ zugeordnet werden, die die Regel (das Gesetz) ausführt, indem ein Fall unter die Regel subsumiert wird. Mit dem „[j]ederzeit mit sich selbst einstimmig [D]enken“ wird die Regel formallogisch stabilisiert (KU B 158f./A 156f.; Zeidler 2016b, 186). Näherhin kann die Verknüpfung der drei Maximen mit den unterschiedlichen Denkungsarten für die Gewalten eines demokratischen Rechtsstaats fruchtbar gemacht werden: Mit dem „Selbstdenken“ als der *„vorurteilsfreien“* Denkungsart wird die, für die Jurisdiktion wesentliche, Autonomie, d.h. die Unabhängigkeit und Unparteilichkeit der Gerichte angesprochen. Das „[a]n der Stelle jedes andern [D]enken“ verweist als *„erweiterte“* Denkungsart auf die Legislative, die unterschiedliche Gesetzesvorschläge zur Formulierung eines Gesetzes heranzieht. Letztlich beschreibt das

„[j]ederzeit mit sich selbst einstimmig [D]enken“ als „*konsequente*“ Denkungsart die Aufgabe der Exekutive, die das Gesetz exekutiert (KU B 157/A 155–B 160/A 158; vgl. Flach 2015, 271f.).

Wie bereits betont, ist es entscheidend, die drei Synthesishandlungen – und mit ihnen die drei Gewalten – nicht isoliert zu betrachten, sondern sie in ihrem Funktionszusammenhang als Prinzipien einer sich selbst regulativ konstituierenden Einheit und damit einer in sich und über sich hinaus vermittelten Einheit zu begreifen, wie dies die Funktionsweise eines Rechtsstaates realiter demonstriert (vgl. Zeidler 2016a, 15; 17; Zeidler 2016b, 313). Gäbe es nämlich keine Legislative, wären Richter und Exekutivorgane funktionslos, gäbe es keine Amtsträger, die erlassene Gesetze auslegen, wäre die Gesetzgebung ohne einen Adressaten und die Exekutivorgane ohne Aufgabe, gäbe es keine Exekutivorgane, wären die Gesetze nicht sozial wirksam.

Mit den bisherigen Erläuterungen wurde die prinzipientheoretische Begründung qua Letztbegründung des positiven Rechts nur implizit thematisiert, und zwar in Form der „subjektiv zu leistende[n]“ („Selbstdenken“), der „kommunikativ zu bewährende[n]“ („[a]n der Stelle jedes andern [D]enken“) und der „formallogisch zu stabilisierende[n] Urteilsbildung“ („[j]ederzeit mit sich selbst einstimmig [D]enken“) (KU B 158f./A 156f.; Zeidler 2016b, 189). Hinter der zuletzt genannten Maxime, die nach Kant „nur durch die Verbindung beider ersten“ zu erreichen ist, steht das Begründungsverfahren der Deduktion, d.h. die „*formallogische Begründung* von Aussagen durch andere Aussagen“ (KU B 160/A 158; Zeidler 2016a, 17). Die „*empirische Begründung* von Tatsachenfeststellungen durch andere Feststellungen“, d.h. die Induktion, verbirgt sich hinter der zweiten Maxime, die das Erlassen von Gesetzen anhand von Gesetzesvorschlägen beschreibt (Zeidler 2016a, 17; vgl. Kelsen 2017, 142). Und letztlich erfolgt unter Anwendung der Abduktion die „subjektiv zu leistende“ Urteilsbildung, die zur Regel und dem Ergebnis den Fall ermittelt, „auf den die Regel anzuwenden ist“, indem ein Fall als Fall der Regel „*identifiziert*“ wird (Zeidler 2016b, 189; Zeidler 2016a, 36; 27).

Werden die drei Schlussformen anhand von Regel, Fall und Ergebnis veranschaulicht, dann gelingt es, die Vermittlungsfunktion der Abduktion, die als Bindeglied zwischen Deduktion und Induktion fungiert, herauszustellen: Die Deduktion ist als Schluss von einer Regel (Obersatz) und einem Fall (Untersatz) auf ein Ergebnis (Conclusio) zu begreifen. Die Induktion stellt den Schluss von einem Fall (Obersatz) und einem Ergebnis (Untersatz) auf die Regel (Conclusio) vor, die die Deduktion als Ausgangspunkt gebraucht. Die Abduktion vermittelt zwischen diesen beiden Schlussformen, indem sie zur Regel (Obersatz) und dem Ergebnis (Untersatz) den Fall (Conclusio) erschließt, dessen die Induktion zur

„Antizipation [der Fälle] einer Regel“ und die Deduktion zur „Subsumption [eines Falls] unter eine Regel“ bedarf (Zeidler 2016a, 36). Deshalb ist es gerechtfertigt, der Abduktion, die als „logische Funktion der begrifflichen Identifizierung“ jeder Deduktion und Induktion vorausgeht, einen herausragenden Status im Gefüge der Begründungsverfahren zuzuschreiben (Zeidler 2016a, 40). Eine Personifikation der Deduktion vermittels eines Exekutivorgans, der Induktion mit dem Gesetzgeber und der Abduktion durch einen Richter lässt zweifelsfrei die zentrale Bedeutung des letztgenannten logischen Verfahrens, mithin des Richters im Rahmen eines rechtsstaatlichen Prozesses erkennen (oben, S. 202f.).

Abbildung 2 illustriert diese Zusammenhänge:

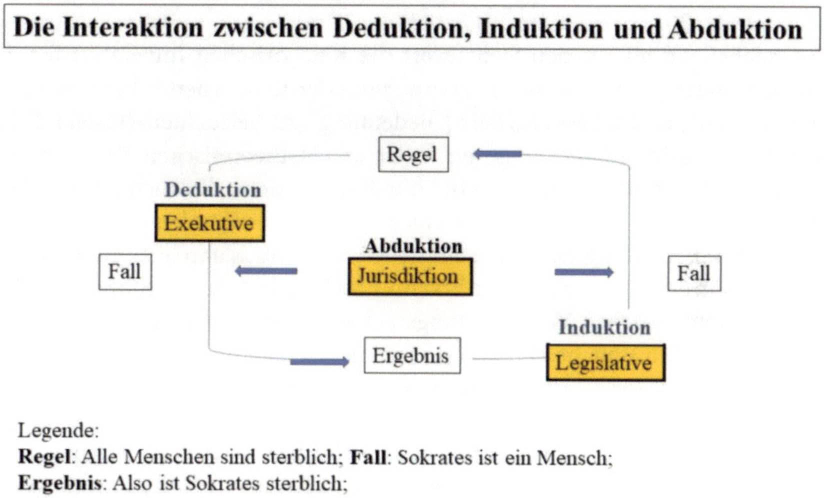


Abbildung 2. „Die Interaktion zwischen Deduktion, Induktion und Abduktion“ (vgl. Zeidler 2016a, 36).

Zumindest implizit will auch Kelsen die *„drei logische[n] Grundhandlungen“* bzw. die drei Schlussformen - die Deduktion, die Induktion und die Abduktion (Zeidler 2016a, 26; vgl. Zeidler 2016b, 313) - und mit ihnen die drei Gewalten eines Rechtsstaates nicht isoliert, sondern in ihrem Funktionszusammenhang als Prinzipien einer sich selbst regulativ konstituierenden Einheit verstanden wissen, wenn er schreibt: “The method of creating the order is always regulated by the order itself if the order is a legal order. For it is characteristic of the law that it regulates its own creation and application” (Kelsen 1955, 253; vgl. Carrino

1998, 26f.). Kelsen, der sich der „Autonomie” des Rechts verschreibt – d.h., dass das Recht „nach eigengesetzten Regeln“ funktionieren muss – verwirklicht diese Grundannahme mit dem „dynamische[n] Prinzip“ im Sinne eines Rechtserzeugungsprozesses (Kelsen 2017, 351; vgl. Olechowski 2009, 56–58). Mit dieser „*Eigengesetzlichkeit des Rechtes*“ geht die Forderung nach einem Rechtssystem in Gestalt einer sich selbst regulativ konstituierenden Einheit einher (Kelsen 1923, VI; vgl. Dreier 2021, 23; Eisfeld 2015, 210; 214; Menke 2018, 404). In den Worten Carrinos und Kelsens bedeutet dies, dass die Rechtswissenschaft, die das Recht als ihren Erkenntnisgegenstand selbst schafft, sich selbst „genügt“; „sie ist begründend und selbstbegründend“, sie erzeugt auf Basis ihres „konstitutiven Charakter[s]“ ihren Gegenstand selbst und begreift ihn „als ein sinnvolles Ganzes“ (Carrino 2011, 49; Kelsen 2017, 143).

Abschließend gilt es, den Stellenwert des Kategorischen Imperativs für die Letztbegründung des positiven Rechts anhand der Kantischen Erkenntnistheorie und ihrer „rechtstheoretische[n] Bedeutung“ zu beleuchten (Eisfeld 2015, 140). Eisfeld gibt auf die Frage nach der „rechtstheoretischen Relevanz der [Kantischen] Erkenntnistheorie“ eine bündige Antwort, die auch an die Konzeption der Reinen Rechtslehre Kelsens angewandt werden kann: „Die rechtstheoretische Bedeutung der philosophischen Erkenntnislehre resultiert aus der Normativität oder Gültigkeit der Erkenntnis. […] Indem Erkenntnistheorien festlegen, unter welchen Voraussetzungen objektiv wahre und subjektiv gewisse Aussagen möglich sind, bestimmen sie demnach nicht nur die Bedingungen der Erzeugung von Wissen, sondern auch die Bedingungen der Erzeugung gültiger Normen. ‚Erkenntnis‘ bedeutet daher nicht zuletzt Sollenserkenntnis, mithin Normsetzung. Die Erkenntnistheorie ist somit Wahrheits- (Wissenschafts-) und Gültigkeitstheorie zugleich“ (Eisfeld 2015, 140).

Wie bereits angeklungen, geht es der Transzendentalphilosophie darum, „ob und inwiefern das erkennende Subjekt im Erkenntnisprozess den erkannten Gegenstand aus sich selbst heraus, aus seiner reinen (apriorischen) Vernunft erzeugt und sich dadurch mit dem Erkenntnisobjekt identifiziert“ (Eisfeld 2015, 145). Die Kantische Unterscheidung einer „*Sinnenwelt*“ von der „*Verstandeswelt*“ liefert nun die „notwendigen“ Voraussetzungen für eine „Sollenserkenntnis“, d.h. für die Erkenntnis eines Sittengesetzes durch die „praktische Vernunft“ (GMS BA 107; Eisfeld 2015, 208; 140). Mit der Festlegung der „epistemischen Eigenschaften des erkenntnisstiftenden Subjekts“, das im Kontext mit dem Sittengesetz als ein „mit innerer *Freiheit* begabtes Wesen (homo noumenon)“ zu denken ist, wird auch „die Art und Weise“ bestimmt, wonach das Sittengesetz, aber auch das „(gültige) Recht aus reiner Vernunft erkannt (erzeugt) wird“ (Eisfeld 2015, 208f.; AA VI, 418; vgl. AA VI, 229f.). Die Dichotomie zwischen „*Sinnenwelt*“

und „*Verstandeswelt*", mithin zwischen theoretischer und praktischer Vernunft, erfüllt nach Eisfeld auch eine „einheitsstiftende Funktion", indem sie die „Identität der reinen praktischen Vernunft mit sich selbst" und damit die „Fähigkeit der praktischen Erkenntnis, ihr Objekt – das Sollen – a priori zu erzeugen", begründet (GMS BA 107; Eisfeld 2015, 210; vgl. GMS BA XIVf.).

Damit sind noch nicht alle Voraussetzungen für eine Letztbegründung des positiven Rechts geschaffen, da Letzteres Bestandteil des „empirischen Sein[s]" ist und mithin, ob der Ermangelung eines „apriorische[n] Charakter[s]" kein wissenschaftliches System ausmachen kann (Eisfeld 2015, 140; vgl. AA VI, 205). Folglich ist der „systematische Ausgangspunkt der Rechtswissenschaft" außerhalb des „empirischen Sein[s]", d.h. außerhalb des positiven Rechts, zu suchen und kann in Gestalt des Kategorischen Imperativs und der „Grundnorm" Kelsens gefunden werden (Eisfeld 2015, 140; Kelsen 2017, 354; vgl. AA VI, 230; 237; Kelsen 2017, 355, Fußnote).

Zur Abrundung dieses letzten Abschnittes wird das Wort vornehmlich Kant und Kelsen erteilt. Kant unterstreicht die Bedeutung des apriorischen Rechts qua „*Naturrecht*", d.h. des Kategorischen Imperativs, im Zusammenhang mit der Frage, was „Rechtens" und was „recht sei" (AA VI, 237; 229):

> Was Rechtens sei (quid sit iuris), d.i. was die Gesetze an einem gewissen Ort und zu einer gewissen Zeit sagen oder gesagt haben, kann er [der Rechtsgelehrte] noch wohl angeben: aber ob das, was sie wollten, auch recht sei, und das allgemeine Kriterium, woran man überhaupt Recht sowohl als Unrecht (iustum et iniustum) erkennen könne, bleibt ihm wohl verborgen, wenn er nicht eine Zeit lang jene empirischen Principien verläßt, die Quellen jener Urtheile in der bloßen Vernunft sucht, […] um zu einer möglichen positiven Gesetzgebung die Grundlage zu errichten (AA VI, 229f.).

Indem das Individuum in der Funktion eines „*Rechtsgelehrten*" vermittels der Gesetze der „bloßen Vernunft" die Grundlage für eine „positive Gesetzgebung" liefert, ist dieses Individuum, dessen „praktische, rechtserkennende Vernunft" vorgibt, „was sein soll", „Ausgangs- und Bezugspunkt des Rechtsgesetzes" (AA VI, 229f.; Eisfeld 2015, 140). Da der Kategorische Imperativ als allgemeingültiges, unbedingtes und gesetzmäßiges Prinzip alles Empirischen entbehrt, ist die „Erkenntnisstiftung" von „formale[r] bzw. bloß gesetzgebende[r] Art" (Eisfeld 2015, 140; vgl. GMS BA 49–BA 52). Die obige Gleichsetzung des „*Naturrecht[s]*" mit dem Kategorischen Imperativ, die vorschnell erscheinen mag, ist gerechtfertigt, weil für Kant nur die „reine (praktische) Vernunft" Gesetzgeberin gültigen Rechts sein kann (AA VI, 237; Eisfeld 2015, 69). Mithin ist in der Rechtslehre Kants das staatliche Gesetz nur dann „gültig oder gerecht", wenn es das „überpositive Sittengesetz verwirklicht", womit für die Beurteilung der „Rechtmäßigkeit eines staatlichen Gesetzes" die Existenz eines „überpositiven Sittengesetzes" ausschlaggebend ist (Eisfeld 2015, 240; vgl. AA VI, 229f.; 237).

Die wesentlichen Bestimmungen der Grundnorm ähneln jenen des Kategorischen Imperativs. Sie ist keine „materielle Norm", sie ist „nicht in einer positiven Rechtsordnung ‚enthalten'", weil sie nicht durch einen Willensakt einer „Autorität *gesetzt*", sondern als „höchste Norm [...] *vorausgesetzt*" wird; sie ist der „gemeinsame Geltungsgrund" aller zu einer Rechtsordnung gehörigen Normen und mithin in diesem Bezug allgemeingültig (Kelsen 2017, 354; 355, Fußnote; 348f.). Da die Grundnorm selbst - wie der Kategorische Imperativ - eines Inhalts entbehrt, liefert sie, indem sie die Erzeugung der letztgenannten Normen regelt, auch bloß den Geltungsgrund, nicht jedoch den „Inhalt der dieses System bildenden Normen" (Kelsen 2017, 352). Als nicht „materielle" und als nicht „gewollte" Norm kann sie „nur eine gedachte Norm sein", womit sie als „*transzendental-logische Voraussetzung*" für die Geltung von Rechtsnormen fungieren kann. Für die Begründung der „objektiven Geltung der positiven Rechtsnormen" ist die Grundnorm insofern „logisch unerläßlich", als sie außerhalb der positiven Rechtsordnung steht (Kelsen 2017, 354; 364; 366; 359; 365f.). Mithin erfüllt die Grundnorm wie auch der Kategorische Imperativ die Kriterien eines Letztbegründungsprinzips im Sinne der Allgemeingültigkeit („gemeinsamer Geltungsgrund"), der Unbedingtheit („letzte, höchste" und „*vorausgesetzt[e]*" Norm), und der Gesetzmäßigkeit (logische Unerlässlichkeit) (Kelsen 2017, 348f.; 366) und kann so als das sich selbst regulativ konstituierende Prinzip (vgl. Zeidler 2016a, 52) das Recht unter kontingenten Bedingungen fundieren.

# 6 Schlussbemerkung

Eingangs wurden zwei zentrale Fragen gestellt, die ich mit der vorliegenden Untersuchung zu beantworten suchte: 1. Ist eine prinzipientheoretische Begründung des positiven, gesetzten Rechts anhand der Philosophie Kants und der Reinen Rechtslehre Kelsens möglich? 2. Besteht im Ausgang der Kantischen Rechts- und Moralphilosophie und der Rechtslehre Kelsens eine Unvereinbarkeit zwischen Rechtspositivismus und Rechts- und Moralphilosophie?

Die in der Arbeit enthaltenen Ausführungen lassen nicht nur eine suffiziente Beantwortung der ersten Frage zu, indem sie darlegen, wie das positive Recht im Anschluss an die Philosophie Kants und die Reine Rechtslehre Kelsens begründet werden kann, sondern sie verdeutlichen auch, dass der Rechtspositivismus Kelsens und die Rechts- und Moralphilosophie Kants einander nicht ausschließen. Das letztgenannte Ergebnis verwundert bei näherem Blick auf die Schriften der beiden Autoren nicht, betont doch Kelsen selbst mit Bezug zur *„ethisch[en]"* und *„juridisch[en]"* Gesetzgebung Kants, dass sich Recht und Moral in Hinsicht auf die Erzeugung und Anwendung ihrer Normen nicht wesentlich unterscheiden und verlangt doch Kant, dass seine „**Rechtslehre** [...] ein[em] aus der Vernunft hervorgehende[n] System", mithin einer Rechtswissenschaft entspricht, in der „nur die reine (praktische) Vernunft als Gesetzgeberin gültigen Rechts in Betracht kommt" (AA VI, 219; 205; Eisfeld 2015, 69; vgl. Kelsen 2017, 126; 125f., Fußnote).

> [Kelsen]: Kant unterscheidet Recht als eine Regelung äußeren Verhaltens von Moral als einer Regelung inneren Verhaltens, nämlich des Motives des Verhaltens. Demgemäß stellt er „Legalität" der „Moralität" gegenüber (Kelsen 2017, 125, Fußnote).
> [Kant]: Diese Gesetze der Freiheit heißen zum Unterschiede von Naturgesetzen *moralisch.* So fern sie nur auf bloße äußere Handlungen und deren Gesetzmäßigkeit gehen, heißen sie *juridisch*; fordern sie aber auch, daß sie (die Gesetze) selbst die Bestimmungsgründe der Handlungen sein sollen, so sind sie *ethisch*, und alsdann sagt man: die Übereinstimmung mit den ersteren ist die *Legalität*, die mit den zweiten die *Moralität* der Handlung (AA VI, 214; vgl. KpV A 127).
> [Kelsen]: Das heißt: auch Rechtsnormen sind Moralnormen; auch Moralnormen gehen also auf äußere Handlungen; nur *eine* Moralnorm schreibt vor, daß man nicht aus Neigung, sondern aus Achtung vor dem Gesetz handeln soll. [D.h.] [a]uch die Legalität ist ein moralischer Wert; denn sie ist Entsprechung in bezug auf „moralische" Normen (Kelsen 2017, 125f., Fußnote).

Kelsens Interpretation der obigen Bestimmungen Kants, dass die Differenzierung zwischen *„Moralität"* und *„Legalität"* einer Handlung die Unterscheidung eines „moralischen Wert[s] im spezifischen, engeren Sinne“ mit Bezug zum Kategorischen Imperativ von einem „moralischen Wert im weiteren Sinne“ mit Bezug zum „allgemeine[n] Rechtsgesetz“ mit sich führt, spricht - trotz der notwendigen Unterscheidung zwischen Recht und Moral oder auch von Recht und Gerechtigkeit - für einen Begründungszusammenhang zwischen Recht und Moral (AA VI, 214; 231; Kelsen 2017, 126, Fußnote). In diesem Kontext kommt die Formalität des Kategorischen Imperativs Kants und der Grundnorm Kelsens ins Spiel, die sich gerade angesichts der kontingenten (historischen und gesellschaftlichen) Bedingungen der Entstehung von Recht und Moral als fruchtbar erweist, sofern die Formalität dieser beiden Prinzipien als Hinweis auf zugrundeliegende Formen der Vermittlung von einer Regel in Form einer moralischen Norm oder eines Gesetzes und einem kontingenten Fall verstanden wird. Es sind diese Formen der Vermittlung von Regel und Fall, welche den Kategorischen Imperativ und die Grundnorm als ursprüngliche regulative Prinzipien auszeichnen und in den Stand setzen, Recht und Moral unter kontingenten Bedingungen zu fundieren (vgl. Kelsen 2017, 126–128; Paulson 2014, 274–280; Eisfeld 2015, 140; 229; Armbruster 2018, 17–21). Die Fruchtbarkeit der beiden ursprünglichen regulativen Prinzipien qua Letztprinzipien gründet darin, dass sowohl der Kategorische Imperativ als „objektive[s] Prinzip“ und „synthetisch-praktischer Satz a priori“ nicht Bestandteil des „empirischen Sein[s]“, d.h. des positiven Rechts ist, als auch die „Grundnorm“ nicht in einer positiven Rechtsordnung „‚enthalten‘“ ist, womit beide Prinzipien die Voraussetzung erfüllen, als „systematische[r] Ausgangspunkt“ für eine wissenschaftliche Theorie fungieren zu können (GMS BA 52, Fußnote; BA 50f.; Eisfeld 2015, 140; Kelsen 2017, 355, Fußnote).

Kelsen betont in diesem Zusammenhang, dass die „Reine Rechtslehre“ nach dem „Geltungsgrund einer positiven Rechtsordnung“ fragt. Wird das „positive Recht als gültig betrachtet“, wird eine Norm, die als Grundnorm bezeichnet wird, vorausgesetzt, der gemäß „die positive Rechtsordnung erzeugt ist“. Diese Grundnorm, die „lediglich den Geltungs*grund*“ des positiven Rechts bestimmt, ist „keine Gerechtigkeitsnorm“, weil sie eines Inhalts entbehrt (Kelsen 2017, 753). Im Vergleich dazu legt Kant das Hauptaugenmerk auf die Forderung, die an den Rechtsgelehrten ergeht, „die Quellen jener Urtheile in der bloßen Vernunft“, d.h. das „*Naturrecht*, das auf lauter Principien a priori“ beruht, aufzusuchen und die „empirischen Principien“, d.h. das positive Recht, zu verlassen, „um zu einer möglichen positiven Gesetzgebung die Grundlage […] errichten [zu können]“ (AA VI, 230; 237). Kelsen und Kant bestimmen mit diesen Festlegungen die Grundnorm und den Kategorischen Imperativ als Letztprinzipien, welche zwischen Regel und Fall, d.h. zwischen Gesetz und Fall, „sorgfältig“

vermitteln müssen, um Recht und Moral unter kontingenten Bedingungen zu begründen (Zeidler 2016a, 27).

Die Formen der Vermittlung, die Regel und Fall in Beziehung setzen und als „ursprüngliche Funktionen der Synthesis" eine Regel erst als Regel etablieren, entsprechen (oben, Abschnitt 5.5.2) den drei Schlussformen Deduktion, Induktion und Abduktion: „Eine Regel muß *exekutiert* werden [...], indem ein Fall unter die Regel *subsumiert* wird [Deduktion]. Eine Regel muß *formuliert* werden [...], indem die Fälle ihrer Anwendung *antizipiert* werden [Induktion]. Eine Regel muß *exemplifiziert* werden [...], indem etwas als Fall der Regel *identifiziert* wird [Abduktion]" (Zeidler 2016a, 26f.). Werden diese *„drei logische[n] Grundhandlungen"* nicht als in sich und über sich hinaus vermittelte Einheit gedacht, ist der Begründungsskeptiker gerechtfertigt, jede rationale Begründung als „nur provisorische oder nur scheinbare Begründung" mit den Argumenten des *„infiniten Regreß[es]"* (Induktion), des *„Zirkelbeweis[es]"* (Deduktion), und des *„dogmatischen Abbruch[s]"* (Abduktion) zurückzuweisen (Zeidler 2016a, 26; 15). Werden sie jedoch als „der Eine Schluß aus drei Schlüssen" begriffen, dann vermittelt dieser *eine* dreifältige Schluss die drei Momente, die ein „Letztprinzip" charakterisieren (Zeidler 2016a, 53; 19).

Ein Prinzip, das sich als Letztprinzip qualifizieren kann, ist „notwendig" durch drei Momente, die *„Unbedingtheit"*, die *„Allgemeinheit"* und die *„Gesetzmäßigkeit"*, gekennzeichnet, kann doch ein solches Prinzip „kein Bedingtes, sondern nur schlechthinnige Bedingung, [...] keine besondere, sondern nur allgemeinste Bedingung, [...] keine regellose, sondern nur geregelte Bedingung sein" (Zeidler 2016a, 19). Wie der Kategorische Imperativ, so weist auch die Grundnorm diese drei Attribute eines Letztprinzips auf: Sie wird als „schlechthinnige Bedingung" für die Deutung des „subjektiven Sinn[s] eines verfassungsgebenden Aktes" als „objektiv gültige Rechtsnorm" bestimmt; sie wird als „objektiv gültig angesehene Norm" im Obersatz eines Syllogismus gesetzt („allgemeinste Bedingung"); und sie wird als „geregelte Bedingung" insofern gefasst, als sie nichts anderes ist als eine „Regel, die bestimmt, wie die generellen und individuellen Normen [qua Gesetze und gerichtliche Entscheidungen] der auf dieser Grundnorm beruhenden Ordnung erzeugt werden sollen" (Zeidler 2016a, 19; Kelsen 2017, 360f.; 351; vgl. KrV B 38f./A 24; B 98/A 73–B 100/A 75).

Es ist das positive, gesetzte Recht mit seiner Besonderheit und Kontingenz, das – gemäß der Zielsetzung der vorliegenden Untersuchung – im Ausgang der Kantische Philosophie und der Reinen Rechtslehre Kelsens zu begründen ist, womit gefragt werden muss, wie eine Kompatibilität des in dieser Weise charakterisierten, positiven Rechts mit der Allgemeingültigkeit und Notwendigkeit des apriorischen Rechts zu erreichen ist. Mit der Beantwortung dieser Frage vermittels der drei „Maximen des gemeinen Menschenverstandes" gelingt es, die (Selbst-)Disziplinierung (Kultivierung) der endlichen Vernunftwesen für die (Selbst-)Konstitution eines nach Rechtsprinzipien organisierten Gemeinwesens fruchtbar zu machen (KU B 158f./A 156f.; vgl. AA VIII, 26).

Abbildung 3 verdeutlicht in Anlehnung an die Ausführungen in der dritten *Kritik* Kants diese Zusammenhänge (siehe Kapitel 5.5.2):

**Die drei „Maximen des gemeinen Menschenverstandes"** (KU § 40)

| **(Selbst-)Disziplinierung des endlichen Vernunftwesens** | **(Selbst-)Konstitution eines nach Rechtsprinzipien organisierten Gemeinwesens** |
|---|---|
| 1. „Selbstdenken" – subjektive Bildung des Urteils | 1. Maxime der „*vorurteilsfreien*" Denkungsart Jurisdiktion, die ein Gesetz qua Regel auslegt, indem sie etwas als Fall der Regel identifiziert |
| 2. „An der Stelle jedes andern denken" – intersubjektive Bewährung des Urteils | 2. Maxime der „*erweiterten*" Denkungsart Legislative, die ein Gesetz qua Regel formuliert, indem sie die Fälle der Regelanwendung antizipiert |
| 3. „Jederzeit mit sich selbst einstimmig denken" – formallogische Stabilisierung des Urteils | 3. Maxime der „*konsequenten*" Denkungsart Exekutive, die ein Gesetz qua Regel ausführt, indem sie einen Fall unter die Regel subsumiert |

Abbildung 3. „Die drei ‚Maximen des gemeinen Menschenverstandes' (KU § 40)" (KU B 158f./A 156f.).

Selbst in dieser Forschungsfrage bleibt noch vieles zu tun, konnten doch nur Teilbereiche sowohl der Rechtslehre Kants wie auch der Reinen Rechtslehre Kelsens beleuchtet werden, um den Rahmen der Untersuchung nicht zu sprengen und um die Klarheit in der Darstellung der Studie nicht zu gefährden. Aus diesem Grund musste auch auf eine eingehende Behandlung mancher Schriften Kants und Kelsens verzichtet werden. Diese Ansprüche an die vorliegende Arbeit erforderten auch, den Fokus auf jene zeitgenössischen Diskurse zu legen, die den systematischen Kern des Themas treffen. Was sich jedoch aufgrund der bisherigen Erörterungen sagen lässt, ist: Das positive Recht kann – gemäß einem prinzipientheoretischen Ansatz – im Anschluss an die Kantische Philosophie und die „‚reine' Lehre vom Recht" nach Kelsen begründet werden und der Rechtspositivismus Kelsens und die Moral- und Rechtsphilosophie Kants erweisen sich als komplementäre und nicht als widerstreitende Programme (Kelsen 2017, 21).

Bleibt zu hoffen, dass diese beiden Ergebnisse einen neuen Blick auf das positive Recht eröffnen, das sich nicht mehr bloß als gesetztes und mithin den Bürgern eines Staates vorgesetztes Recht präsentiert, sondern als Recht mit seinen „reflexiven" Eigenschaften (Noll 2018, 233). Rechte sind immer das „Produkt der Gesellschaft auf einer bestimmten Stufe ihrer Entwicklung" (Noll 2018, 233; vgl. Hart 2011, 218; Hart 2012, 185). Zu Rechtspersonen werden wir erst aufgrund der „Steuerung [unseres] Verhaltens aus Einsicht in die Gründe", d.h. aufgrund unserer „Vernünftigkeit". Rechte, die zu jeder Zeit und an „allen Orten" gelten, gibt es daher nicht (Noll 2018, 243; 233; vgl. AA VI, 26).

# Verzeichnis der Abbildungen

Abbildung 1. „Die Kantische Rechtslehre auf einen Blick“ (vgl. AA VI, 229f.; Höffe 1999, 44)
Abbildung 2. „Die Interaktion zwischen Deduktion, Induktion und Abduktion“ (vgl. Zeidler 2016a, 36)
Abbildung 3. „Die drei ‚Maximen des gemeinen Menschenverstandes‘ (KU § 40)“ (KU B 158f./A 156f.)

# Literaturverzeichnis


Alexy, Robert (2011): *Begriff und Geltung des Rechts*. 3. Auflage der Studienausgabe (= 5. Auflage). Freiburg, München: Karl Alber.

Alexy, Robert (2015): *Theorie der Grundrechte*. 7. Auflage. Berlin: Suhrkamp.

Aliprantis, Nikitas & Olechowski, Thomas (2014): „Vorwort". In: *Hans Kelsen: Die Aktualität eines großen Rechtswissenschafters und Soziologen des 20. Jahrhunderts. Ergebnisse einer internationalen Tagung an der Akademie von Athen am 12. April 2013 aus Anlass von Kelsens 40. Todestag*. Hg. von Nikitas Aliprantis, Thomas Olechowski. Wien: MANZ'sche Verlags- und Universitätsbuchhandlung, VII–IX.

*Allgemeine Erklärung der Menschenrechte* (1948): http://www.un.org/depts/german/menschenrechte/aemr.pdf. (Letzter Zugriff: 21. April 2022)

APA (Austria Presse Argentur) (2019): „Festnahme widerständiger Raucher in Gürtellokal". In: *Der Standard*. Hg. von Oscar Bronner. Wien: Standard Verlagsgesellschaft m. b. H., 4. November 2019, 8.

Aristoteles (1989): *Aristoteles' Metaphysik*. Erster Halbband: Bücher I (A) – VI (E). Griechisch / Deutsch. Hg., Einleitung und Kommentar von Horst Seidl. Neubearbeitung der Übersetzung von Hermann Bonitz. Edition des griechischen Textes von Wilhelm Christ. 3., verbesserte Auflage. Hamburg: Felix Meiner.

Aristoteles (1998): „Erste Analytik. Zweite Analytik". Griechisch-Deutsch. Hg., übers., mit einer Einleitung und Anmerkung versehen von Hans Günter Zekl. In: Ders.: *Organon Band 3/4*. Hamburg: Felix Meiner, 1–523.

Aristoteles (2019): „Nikomachische Ethik". In: *Aristoteles. Philosophische Schriften in sechs Bänden*. Nach der Übersetzung von Eugen Rolfes, bearbeitet von Günther Bien. Band 3. Hamburg: Felix Meiner, 9–277 (1094a–1181b).

Armbruster, Christine (2018): „Sind Rechtspositivismus und Moralphilosophie mit Blick auf die Grundrechte Kontrahenten oder Partner?" https://ethik.univie.ac.at/fileadmin/user_upload/i_philosophie_ethik/General_folder/Human_Rights_Symposium/Collected_abstracts_PDF_2018.11.13.pdf, 17–21. (Letzter Zugriff: 21. April 2022)

Avscharova, Alina & Huttar, Martina (2009): „Ohne Seele, ohne Staat. Hans Kelsen und Sigmund Freud". In: *Hans Kelsen. Eine politikwissenschaftliche Einführung*. Hg. von Tamara Ehs. Baden-Baden: Nomos, 171–191.

Bundeskanzleramt (1976): „Justiz (OGH, OLG, LG, BG, OPMS, AUSL) [Rechtslücke]". In: *Rechtsinformationssystem des Bundes (RIS)*. https://www.ris.bka.gv.at/JustizEntscheidung.wxe?Abfrage=Justiz&Dokumentnummer=JJT_

19911218_OGH0002_009OBA00194_9100000_000&IncludeSelf=False. (Letzter Zugriff: 21. April 2022)

Bundeskanzleramt (2022): „Bundesrecht konsolidiert. Gesamte Rechtsvorschrift für Tabak- und Nichtraucherinnen- bzw. Nichtraucherschutzgesetz. Fassung vom 21.4.2022". In: *Rechtsinformationssystem des Bundes (RIS)*. https://www.ris.bka.gv.at/GeltendeFassung.wxe?Abfrage=Bundesnormen&Gesetzesnummer=10010907. (Letzter Zugriff: 21. April 2022)

Bundeskanzleramt (2021): „Rechtsfähigkeit". In: *oesterreich.gv.at. Begriffslexikon*. https://www.help.gv.at/Portal.Node/hlpd/public/content/99/Seite.991263.html. (Letzter Zugriff: 21. April 2022)

Bundesministerium. Europäische und internationale Angelegenheiten (2022): *Bedeutung der Menschenrechte*. https://www.bmeia.gv.at/europa-aussenpolitik/menschenrechte/bedeutung-der-menschenrechte/. (Letzter Zugriff: 21. April 2022)

Carrino, Agostino (1998): „Die Normenordnung. Staat und Recht in der Lehre Kelsens". In: *Forschungen aus Staat und Recht 121*. Hg. von Günther Winkler, Walter Antoniolli, Bernhard Raschauer. Übers. von Claudius Messner. Wien, New York: Springer, 1–183.

Carrino, Agostino (2011): „Das Recht zwischen Reinheit und Realität. Hermann Cohen und die philosophischen Grundlagen der Rechtslehre Kelsens". In: *Würzburger Vorträge zur Rechtsphilosophie, Rechtstheorie und Rechtssoziologie*. Hg. von Horst Dreier, Dietmar Willoweit. Heft 42. 1. Auflage. Baden-Baden: Nomos, 3–55.

Dreier, Horst (2019): *Kelsen im Kontext. Beiträge zum Werk Hans Kelsens und geistesverwandter Autoren*. Hg. von Matthias Jestaedt, Stanley L. Paulson. Tübingen: Mohr Siebeck.

Dreier, Horst (2021): *ad Hans Kelsen. Rechtspositivist und Demokrat*. Hamburg: Europäische Verlagsanstalt.

Dreier, Ralf & Paulson, Stanley L. (2003): „Einführung in die Rechtsphilosophie Radbruchs". In: Gustav Radbruch. *Rechtsphilosophie*. Hg., mit einer Einführung in die Rechtsphilosophie Radbruchs von Ralf Dreier, Stanley L. Paulson. Studienausgabe. 2., überarbeitete Auflage. Heidelberg, München, Landsberg, Frechen, Hamburg: C. F. Müller, 237–253.

Ehs, Tamara (2009): „Vorwort". In: *Hans Kelsen. Eine politikwissenschaftliche Einführung*. Hg. von Tamara Ehs. Baden-Baden: Nomos, 5–14.

Ehs, Tamara (2009): „Demokratie und politische Bildung". In: *Hans Kelsen. Eine politikwissenschaftliche Einführung*. Hg. von Tamara Ehs. Baden-Baden: Nomos, 91–112.

Ehs, Tamara (2009): „Kelsens normativer Volksbegriff nach Rousseau und Kant". In: *Hans Kelsen. Eine politikwissenschaftliche Einführung*. Hg. von Tamara Ehs. Baden-Baden: Nomos, 153–169.

Einstein, Albert (1905): „*Zur Elektrodynamik bewegter Körper*". In: *Annalen der Physik*. Hoboken, New Jersey, Vereinigte Staaten: Wiley Online Library. https://onlinelibrary.wiley.com/doi/pdf/10.1002/andp.19053221004. (Letzter Zugriff: 21. April 2022)

Einstein, Albert (1916): „*Die Grundlage der allgemeinen Relativitätstheorie*". In: *Annalen der Physik*. Hoboken, New Jersey, Vereinigte Staaten: Wiley Online Library. https://onlinelibrary.wiley.com/doi/pdf/10.1002/andp.19163540702. (Letzter Zugriff: 21. April 2022)

Eisfeld, Jens (2015): *Erkenntnis, Rechtserzeugung und Staat bei Kant und Fichte*. Tübingen: Mohr Siebeck.

Erler, Michael (2006): *Platon*. München: C. H. Beck.

*Europäische Menschenrechtskonvention. Konvention zum Schutze der Menschenrechte und Grundfreiheiten* (1953): https://www.menschenrechtskonvention.eu/. (Letzter Zugriff: 21. April 2022)

Feichtinger, Johannes & Müller, Sabine (2009): „Nachwort: Kelsen im wissenschaftshistorischen Kontext. Das *reine* Recht und die ‚Freunde der Demokratie'". In: *Hans Kelsen. Eine politikwissenschaftliche Einführung*. Hg. von Tamara Ehs. Baden-Baden: Nomos, 209–235.

Ferber, Rafael (2007): *Warum hat Platon die „ungeschriebene Lehre" nicht geschrieben?* München: C. H. Beck.

Flach, Werner (2015): „Kant zur Gründung von Recht und Rechtswissenschaft". In: *Philosophische Schriften. Werner Flach. Kant zu Geschichte, Kultur und Recht*. Hg. von Wolfgang Bock. Band 90. Berlin: Duncker & Humblot, 267–279.

Flashar, Hellmut (2013): *Aristoteles. Lehrer des Abendlandes*. 2., durchgesehene Auflage. München: C. H. Beck.

Freud, Sigmund (1917): „Eine Schwierigkeit der Psychoanalyse". In: *Imago. Zeitschrift für Anwendung der Psychoanalyse auf die Geisterwissenschaften*. V, 1–7. http://www.gutenberg.org/ebooks/29097?msg=welcome_stranger. (Letzter Zugriff: 21. April 2022)

Gálvez, Jesús Padilla (2014): „Der Positivismus von Kelsen". In: *Hans Kelsen: Die Aktualität eines großen Rechtswissenschafters und Soziologen des 20. Jahrhunderts. Ergebnisse einer internationalen Tagung an der Akademie von Athen am 12. April 2013 aus Anlass von Kelsens 40. Todestag*. Hg. von Nikitas Aliprantis, Thomas Olechowski. Wien: MANZ'sche Verlags- und Universitätsbuchhandlung, 39–51.

Grand, Peter (2019): „Sehnsucht nach dem starken Mann?“. In: *Der Standard*. Hg. von Oscar Bronner. Wien: Standard Verlagsgesellschaft m. b. H., 24. Juni 2019. https://www.derstandard.at/story/2000105209029/sehnsucht-nach-dem-starken-mann. (Letzter Zugriff: 21. April 2022)

*Grundgesetz für die Bundesrepublik Deutschland* (1949/2020): https://www.gesetze-im-internet.de/gg/GG.pdf. (Letzter Zugriff: 21. April 2022)

Hart, H. L. A. (2011): *Der Begriff des Rechts*. Übers. von Alexander von Baeyer. Mit einem Postskriptum von 1994 und einem Nachwort von Christoph Möllers. 1. Auflage. Berlin: Suhrkamp.

Hart, H. L. A. (2012): *The Concept of Law*. Introduced, with Notes by Leslie Green; with a Postscript edited by Penelope A. Bulloch, Joseph Raz. Third edition. Oxford: Oxford University Press.

Hoerster, Norbert (2012): *Was ist Recht? Grundfragen der Rechtsphilosophie*. 2., durchgesehene Auflage. München: C. H. Beck.

Horn, Christoph (2014): *Nichtideale Normativität. Ein neuer Blick auf Kants politische Philosophie*. 1. Auflage. Berlin: Suhrkamp.

Höffe, Otfried (1999): „Einführung“. In: *Klassiker Auslegen. Immanuel Kant. Metaphysische Anfangsgründe der Rechtslehre*. Hg. von Otfried Höffe. 1. Auflage. Band 19. Berlin: Akademie, 1–18.

Höffe, Otfried (1999): „Der Kategorische Rechtsimperativ. ‚Einleitung in die Rechtslehre‘“. In: *Klassiker Auslegen. Immanuel Kant. Metaphysische Anfangsgründe der Rechtslehre*. Hg. von Otfried Höffe. 1. Auflage. Band 19. Berlin: Akademie, 41–62.

Höffe, Otfried (2007): *Immanuel Kant*. 7., überarbeitete Auflage. München: C. H. Beck.

Hörnle, Tatjana (2011): “Straftheorien”. In: *Enzyklopädie zur Rechtsphilosophie*. Münster: http://www.enzyklopaedie-rechtsphilosophie.net/inhaltsverzeichnis/19-beitraege/80-straftheorien. (Letzter Zugriff: 21. April 2022)

Hume, David (1739): *A Treatise of Human Nature: BEING. An Attempt to introduce the experimental Method of Reasoning INTO MORAL SUBJECTS*. London: John Noon. https://davidhume.org/texts/t/. (Letzter Zugriff: 21. April 2022)

Jabloner, Clemens (1998): „WIE ZEITGEMÄSS IST DIE REINE RECHTSLEHRE?“. In: *Rechtstheorie*. Band 29. Heft 1. Berlin: Duncker & Humblot, 1–21.

Jestaedt, Matthias & Lepsius, Oliver (2006): „Der Rechts- und der Demokratietheoretiker Hans Kelsen – Eine Einführung“. In: Hans Kelsen: *Verteidigung der Demokratie. Abhandlungen zur Demokratietheorie*. Hg. von Matthias Jestaedt, Oliver Lepsius. Tübingen: Mohr Siebeck, VII–XXIX.

Jestaedt, Matthias (2014): „Das Postulat einer streng wissenschaftlichen Erkenntnis des Rechts“. In: *Hans Kelsen: Die Aktualität eines großen Rechtswissenschafters und Soziologen des 20. Jahrhunderts. Ergebnisse einer internationalen Tagung an der Akademie von Athen am 12. April 2013 aus Anlass von Kelsens 40. Todestag*. Hg. von Nikitas Aliprantis, Thomas Olechowski. Wien: MANZ'sche Verlags- und Universitätsbuchhandlung, 3–12.

Jestaedt, Matthias (2017): „Ein Klassiker der Rechtstheorie. Die ‚Reine Rechtslehre‘ aus dem Jahre 1960“. In: Hans Kelsen: *Reine Rechtslehre*. Hg. und eingeleitet von Matthias Jestaedt. Studienausgabe der 2. Auflage 1960 unter Berücksichtigung von Kelsens Änderungen anlässlich der Übersetzung ins Italienische 1966. Tübingen: Mohr Siebeck, XIII–XCV.

Jusline® (2022): *§7 ABGB*. https://www.jusline.at/gesetz/abgb/paragraf/7. (Letzter Zugriff: 21. April 2022)

Jusline® (2022): *Allgemeines bürgerliches Gesetzbuch. Inhaltsverzeichnis*. https://www.jusline.at/gesetz/abgb. (Letzter Zugriff: 21. April 2022)

Jusline® (2022): *§ 127 StGB. Diebstahl*. https://www.jusline.at/gesetz/stgb/paragraf/127. (Letzter Zugriff: 21. April 2022)

Jusline® (2022): *Strafgesetzbuch. Inhaltsverzeichnis*. https://www.jusline.at/gesetz/stgb. (Letzter Zugriff: 21. April 2022)

Jusline® (2022): *§ 97 StGB. Straflosigkeit des Schwangerschaftsabbruchs*. https://www.jusline.at/gesetz/stgb/paragraf/97. (Letzter Zugriff: 21. April 2022)

Jusline® (2022): *§5 StGB Vorsatz*. https://www.jusline.at/5_Vorsatz_StGB.html#. (Letzter Zugriff: 21. April 2022)

Kant, Immanuel (1907): „Die Religion innerhalb der Grenzen der bloßen Vernunft“. In: *Kant's gesammelte Schriften*. Akademie-Textausgabe. Hg. von der Königlich Preußischen Akademie der Wissenschaften. Band VI. Berlin: Georg Reimer, 1–202.

Kant, Immanuel (1907): „Die Metaphysik der Sitten“. In: *Kant's gesammelte Schriften*. Akademie-Textausgabe. Hg. von der Königlich Preußischen Akademie der Wissenschaften. Band VI. Berlin: Georg Reimer, 203–493.

Kant, Immanuel (1911): „Prolegomena zu einer jeden künftigen Metaphysik, die als Wissenschaft wird auftreten können“. In: *Kant's gesammelte Schriften*. Akademie-Textausgabe. Hg. von der Königlich Preußischen Akademie der Wissenschaften. Band IV. Berlin: Georg Reimer, 253–383.

Kant, Immanuel (1923): „Idee zu einer allgemeinen Geschichte in weltbürgerlicher Absicht“. In: *Kant's gesammelte Schriften*. Akademie-Textausgabe. Hg. von der Königlich Preußischen Akademie der Wissenschaften. Band VIII. Berlin und Leipzig: Walter de Gruyter & Co, 15–31.

Kant, Immanuel (1923): „Beantwortung der Frage: Was ist Aufklärung?". In: *Kant's gesammelte Schriften*. Akademie-Textausgabe. Hg. von der Königlich Preußischen Akademie der Wissenschaften. Band VIII. Berlin und Leipzig: Walter de Gruyter & Co, 33–42.

Kant, Immanuel (1923): „Muthmaßlicher Anfang der Menschengeschichte". In: *Kant's gesammelte Schriften*. Akademie-Textausgabe. Hg. von der Königlich Preußischen Akademie der Wissenschaften. Band VIII. Berlin und Leipzig: Walter de Gruyter & Co, 107–123.

Kant, Immanuel (1923): „Über den Gemeinspruch: Das mag in der Theorie richtig sein, taugt aber nicht für die Praxis". In: *Kant's gesammelte Schriften*. Akademie-Textausgabe. Hg. von der Königlich Preußischen Akademie der Wissenschaften. Band VIII. Berlin und Leipzig: Walter de Gruyter & Co, 272–313.

Kant, Immanuel (1923): „Zum ewigen Frieden". In: *Kant's gesammelte Schriften*. Akademie-Textausgabe. Hg. von der Königlich Preußischen Akademie der Wissenschaften. Band VIII. Berlin und Leipzig: Walter de Gruyter & Co, 340–386.

Kant, Immanuel (1974): *Kritik der reinen Vernunft*. Hg. von Wilhelm Weischedel. 1. Auflage. Frankfurt am Main: Suhrkamp.

Kant, Immanuel (1974): „Grundlegung zur Metaphysik der Sitten". In: Ders.: *Kritik der praktischen Vernunft. Grundlegung zur Metaphysik der Sitten*. Hg. von Wilhelm Weischedel. 1. Auflage. Frankfurt am Main: Suhrkamp, BA 1, 2-BA 128.

Kant, Immanuel (1974): *Kritik der praktischen Vernunft. Grundlegung zur Metaphysik der Sitten*. Hg. von Wilhelm Weischedel. 1. Auflage. Frankfurt am Main: Suhrkamp.

Kant, Immanuel (1974): „Einleitung in die Kritik der Urteilskraft". In: Ders.: *Kritik der Urteilskraft*. Hg. von Wilhelm Weischedel. 1. Auflage. Frankfurt am Main: Suhrkamp, 9–68.

Kant, Immanuel (1974): *Kritik der Urteilskraft*. Hg. von Wilhelm Weischedel. 1. Auflage. Frankfurt am Main: Suhrkamp.

Kelsen, Hans (1920): „Vom Wesen und Wert der Demokratie". In: Ders.: *Verteidigung der Demokratie* (2006). Ausgewählt und hg. von Matthias Jestaedt, Oliver Lepsius. Tübingen: Mohr Siebeck, 1–33.

Kelsen, Hans (1923): *Hauptprobleme der Staatsrechtslehre. Entwickelt aus der Lehre vom Rechtssatze*. 2. photo-mechanisch gedruckte, um eine Vorrede vermehrte Auflage. Tübingen: J. C. B. Mohr (Paul Siebeck).

Kelsen, Hans (1925): „Allgemeine Staatslehre“. In: Ders.: *Verteidigung der Demokratie* (2006). Ausgewählt und hg. von Matthias Jestaedt, Oliver Lepsius. Tübingen: Mohr Siebeck, 34–114.

Kelsen, Hans (1955): “Foundations of Democracy”. In: Ders.: *Verteidigung der Demokratie* (2006). Ausgewählt und hg. von Matthias Jestaedt, Oliver Lepsius. Tübingen: Mohr Siebeck, 248–385.

Kelsen, Hans (2008): *Reine Rechtslehre. Einleitung in die rechtswissenschaftliche Problematik*. Hg. und eingeleitet von Matthias Jestaedt. Studienausgabe der 1. Auflage 1934. Tübingen: Mohr Siebeck.

Kelsen, Hans (2017): *Reine Rechtslehre. Mit einem Anhang: Das Problem der Gerechtigkeit*. Hg. und eingeleitet von Matthias Jestaedt. Studienausgabe der 2. Auflage 1960 unter Berücksichtigung von Kelsens Änderungen anlässlich der Übersetzung ins Italienische 1966. Tübingen: Mohr Siebeck.

Kelsen, Hans (2017): „Das Problem der Gerechtigkeit“. In: Ders.: *Reine Rechtslehre. Mit einem Anhang: Das Problem der Gerechtigkeit*. Hg. und eingeleitet von Matthias Jestaedt. Studienausgabe der 2. Auflage 1960 unter Berücksichtigung von Kelsens Änderungen anlässlich der Übersetzung ins Italienische 1966. Tübingen: Mohr Siebeck, 611–758.

Kersting, Wolfgang (2004): „Kant über Recht“. In: *ethica*. Hg. von Dieter Sturma, Michael Quante. Band 8. Paderborn: mentis, 9–236.

Kersting, Wolfgang (2007): *Wohlgeordnete Freiheit. Immanuel Kants Rechts- und Staatsphilosophie*. 3., erweiterte und bearbeitete Auflage. Paderborn: mentis.

Kletzer, Christoph (2008): „Fritz Sander“. In: *Der Kreis um Hans Kelsen. Die Anfangsjahre der Reinen Rechtslehre*. Hg. von Robert Walter, Clemens Jabloner, Klaus Zeleny. Band 30. Wien: MANZ'sche Verlags- und Universitätsbuchhandlung, 445–470.

Kletzer, Christoph (2013): „Absoluter Positivismus und Normativer Monismus. Zur Idee einer Reinen Rechtslehre“. In: *Gedenkschrift für Robert Walter*. Wien: MANZ'sche Verlags- und Universitätsbuchhandlung, 257–270.

Kletzer, Christoph (2018): *The Idea of a Pure Theory of Law*. Oxford and Portland, Oregon: Hart Publishing.

Losano, Mario Giuseppe (2014): „Der Wert von Gerechtigkeit in den Werken von Kelsen“. In: *Hans Kelsen: Die Aktualität eines großen Rechtswissenschafters und Soziologen des 20. Jahrhunderts. Ergebnisse einer internationalen Tagung an der Akademie von Athen am 12. April 2013 aus Anlass von Kelsens 40. Todestag*. Hg. von Nikitas Aliprantis, Thomas Olechowski. Wien: MANZ'sche Verlags- und Universitätsbuchhandlung, 67–79.

Margalit, Avishai (2012): *Politik der Würde. Über Achtung und Verachtung*. Übers. von Gunnar Schmidt und Anne Vonderstein. 1. Auflage. Berlin: Suhrkamp.

Maus, Ingeborg (2013): „Der Urzustand (Kapitel 3, vgl. § 4)". In: *Klassiker Auslegen. John Rawls. Eine Theorie der Gerechtigkeit.* Hg. von Otfried Höffe. 3., bearbeitete Auflage. Band 15. Berlin: Akademie, 65–88.

Menke, Christoph (2018): *Kritik der Rechte.* 1. Auflage. Berlin: Suhrkamp.

Moser, Moritz (2009): „Nicht jedem Anfang wohnt ein Zauber inne. Vom B-VG 1920 zur gegenwärtigen Präambeldiskussion". In: *Hans Kelsen. Eine politikwissenschaftliche Einführung.* Hg. von Tamara Ehs. Baden-Baden: Nomos, 193–208.

Möllers, Christoph (2011): „Jenseits von Naturalisierung und Moralisierung: *H. L. A. Harts klassisch-moderne Theorie des Rechts*". In: H. L. A. Hart: *Der Begriff des Rechts.* Übers. von Alexander von Baeyer. Mit einem Postskriptum von 1994 und einem Nachwort von Christoph Möllers. 1. Auflage. Berlin: Suhrkamp, 366–387.

Möllers, Christoph (2018): *Die Möglichkeit der Normen. Über eine Praxis jenseits von Moralität und Kausalität.* Mit einem neuen Nachwort. 1. Auflage. Berlin: Suhrkamp.

Noll, Alfred J. (2018): *Wie das Recht in die Welt kommt. Von den Anfängen bis zur Entstehung der Städte.* Gefördert vom Bundeskanzleramt Österreich. Wien, Hamburg: Edition Konturen.

Nozick, Robert (2011): *ANARCHIE STAAT UTOPIA.* Übers. von Hermann Vetter. München: Olzog.

Olechowski, Thomas (2009): „Kelsens Rechtslehre im Überblick". In: *Hans Kelsen. Eine politikwissenschaftliche Einführung.* Hg. von Tamara Ehs. Baden-Baden: Nomos, 47–65.

Olechowski, Thomas (2009): „Von der ‚Ideologie' zur ‚Realität' der Demokratie". In: *Hans Kelsen. Eine politikwissenschaftliche Einführung.* Hg. von Tamara Ehs. Baden-Baden: Nomos, 113–132.

O'Neill, Onora (1989): "Reason and politics in the Kantian enterprise". In: Ders.: *Constructions of Reason. Explorations of Kant's Practical Philosophy.* Vorwort von Jerome B. Schneewind. First edition. Cambridge: Cambridge University Press, 3–27.

O'Neill, Onora (2010): "Reason and Autonomy in *Grundlegung III*". In: *Kants Grundlegung zur Metaphysik der Sitten. Ein kooperativer Kommentar.* Hg. von Otfried Höffe. 4., ergänzte Auflage. Frankfurt am Main: Klostermann, 282–298.

Paulson, Stanley L. (2014): „Das regulative Prinzip als Rettung der Reinen Rechtslehre Hans Kelsens?". In: *Wissenschaftsphilosophie im Neukantianismus. Ansätze – Kontroversen – Wirkungen.* Hg. von Christian Krijnen, Kurt Walter Zeidler. Würzburg: Königshausen & Neumann, 259–288.

Pfersmann, Otto (2014): „Kelsens Ideologiekritik". In: *Hans Kelsen: Die Aktualität eines großen Rechtswissenschafters und Soziologen des 20. Jahrhunderts. Ergebnisse einer internationalen Tagung an der Akademie von Athen am 12. April 2013 aus Anlass von Kelsens 40. Todestag*. Hg. von Nikitas Aliprantis, Thomas Olechowski. Wien: MANZ'sche Verlags- und Universitätsbuchhandlung, 53–66.

Platon (2008): „Phaidros". In: Ders.: *Sämtliche Werke*. Band 2. Neu hg. von Ursula Wolf. Übers. von Friedrich Schleiermacher. 32. Auflage. Hamburg: Rowohlt, 539–609 (227a–279c).

Platon (2008): „Politeia". In: Ders.: *Sämtliche Werke*. Band 2. Neu hg. von Ursula Wolf. Übers. von Friedrich Schleiermacher. 32. Auflage. Hamburg: Rowohlt, 195–537 (327a–621d).

Platon (2010): „Sophistes". In: Ders.: *Sämtliche Werke*. Band 3. Neu hg. von Ursula Wolf. Übers. von Friedrich Schleiermacher. 36. Auflage. Hamburg: Rowohlt, 253–335 (216a–268d).

Platon (2010): „Theaitetos". In: Ders.: *Sämtliche Werke*. Band 3. Neu hg. von Ursula Wolf. Übers. von Friedrich Schleiermacher. 36. Auflage. Hamburg: Rowohlt, 147–251 (142a–210d).

Radbruch, Gustav (1946): „Gesetzliches Unrecht und übergesetzliches Recht". In: *Süddeutsche Juristen-Zeitung*. Jahrg. 1, Nr. 5. Tübingen: Mohr-Siebeck, 105–108.

Radbruch, Gustav (2003): *Rechtsphilosophie*. Hg., mit einer Einführung in die Rechtsphilosophie Radbruchs von Ralf Dreier, Stanley L. Paulson. Studienausgabe. 2., überarbeitete Auflage. Heidelberg, München, Landsberg, Frechen, Hamburg: C. F. Müller.

Rapp, Christof (2001): *Aristoteles zur Einführung*. Hamburg: Junius.

Rawls, John (1979): *Eine Theorie der Gerechtigkeit*. Übers. von Hermann Vetter. Frankfurt am Main: Suhrkamp.

Rawls, John (2016): *Geschichte der Moralphilosophie. Hume – Leibnitz – Kant – Hegel*. Hg., mit einem Vorwort von Barbara Herman. Übers. von Joachim Schulte. 3. Auflage. Frankfurt am Main: Suhrkamp.

Scarano, Nico (2013): „Der Gerechtigkeitssinn (Kapitel 8, vgl. § 9)". In: *Klassiker Auslegen. John Rawls. Eine Theorie der Gerechtigkeit*. Hg. von Otfried Höffe. 3., bearbeitete Auflage. Band 15. Berlin: Akademie, 211–228.

Schneider-Flaig, Silke (2009): *Der neue große Knigge. Gutes Benehmen und richtige Umgangsformen*. München: Circon.

Schnoor, Christian (1989): *Kants Kategorischer Imperativ als Kriterium der Richtigkeit des Handelns*. Tübingen: J. C. B. Mohr (Paul Siebeck).

Silving, Helen (1963): „Besprechung von *Hans Kelsen*, Reine Rechtslehre. Mit einem Anhang: Das Problem der Gerechtigkeit, 2. Auflage, Wien 1960".

In: *Revista Jurídica Universidad de Puerto Rico*. Hg. von Mildred M. Meléndez Otero, Natalia Rodriguez Burgos, Rocio del Mar Román Aguílú. Puerto Rico: Revista Juridica UPR, 105–111.

Somek, Alexander (2007): "Kelsen Lives". In: *The European Journal of International Law*. Hg. von Joseph Weiler. Firenze: Oxford University Press, 409–451.

Somek, Alexander (2019): „Ibiza – die Frage der Rechtfertigung". In: *Der Standard*. Hg. von Oscar Bronner. Wien: Standard Verlagsgesellschaft m. b. H., 31. Dezember 2019/1. Jänner 2020, 34.

Stadler, Friedrich (2004): *Vertriebene Vernunft. Emigration und Exil österreichischer Wissenschaft 1930–1940*. Band 2. Berlin, Münster, Wien, Zürich, London: LIT.

Stowasser, Joseph Maria & Petschenig, Michael & Skutsch, Franz (1994): *Stowasser. Lateinisch-deutsches Schulwörterbuch*. Auf der Grundlage der Bearbeitung 1979. Neu bearbeitet und erweitert von Alexander Christ, Heiner Eichner, Fritz Frassl et al. Wien: Hölder-Pichler-Tempsky.

Strawson, Peter F. (1972): *Einzelding und logisches Subjekt*. 1. Auflage. Stuttgart: Reclam.

Strawson, Peter F. (1981): „Die Grenzen des Sinns. Ein Kommentar zu Kants *Kritik der reinen Vernunft*". In: *Philosophie. Analyse und Grundlegung*. Hg. von Dieter Henrich. Übers. von Ernst Michael Lange. Band 1. Königstein: Anton Hain, 9–256.

Ulfig, Alexander (1997): *Lexikon der philosophischen Begriffe*. Erweiterte Neuausgabe. Frankfurt am Main: Komet.

Universität Wien (2006): *Ombudsstelle der Universität Wien zur Sicherung guter wissenschaftlicher Praxis*. https://mtbl.univie.ac.at/storage/media/mtbl02/02_pdf/20060131.pdf. (Letzter Zugriff: 21. April 2022)

Walzer, Michael (2006): *Sphären der Gerechtigkeit. Ein Plädoyer für Pluralität und Gleichheit*. Übers. von Hanne Herkommer. Mit einem Vorwort des Autors. Neuauflage. Frankfurt am Main, New York: Campus.

Wikipedia® (2022): *Frauenwahlrecht in Europa*. https://de.wikipedia.org/wiki/Frauenwahlrecht_in_Europa#Geschichte. (Letzter Zugriff: 21. April 2022)

Wikipedia® (2021): *Plagiat*. https://de.wikipedia.org/wiki/Plagiat#Eigen-_und_Selbstplagiat. (Letzter Zugriff: 21. April 2022)

Wikipedia® (2021): *Regel (Richtlinie)*. https://de.wikipedia.org/wiki/Regel_(Richtlinie). (Letzter Zugriff: 21. April 2022)

Wittgenstein, Ludwig (1970): *Über Gewißheit*. Hg. von Gertrude Elisabeth Margaret Anscombe, Georg Henrik von Wright. 1. Auflage. Frankfurt am Main: Suhrkamp.

Wittgenstein, Ludwig (2003). *Philosophische Untersuchungen*. Auf der Grundlage der Kritisch-genetischen Edition. Neu hg., mit einem Nachwort von Joachim Schulte. Frankfurt am Main: Suhrkamp.

Wood, Allen W. (1999): "Kant's Doctrine of Right: Introduction". In: *Klassiker Auslegen. Immanuel Kant. Metaphysische Anfangsgründe der Rechtslehre*. Hg. von Otfried Höffe. 1. Auflage. Band 19. Berlin: Akademie, 19–39.

Zeidler, Kurt Walter (2011): „Bestimmung und Begründung. Zu Kants Deduktionen der Ideen der reinen Vernunft". In: *Gegenstandsbestimmung und Selbstgestaltung. Transzendentalphilosophie im Anschluss an Werner Flach*. Hg. von Christian Krijnen, Kurt Walter Zeidler. Würzburg: Königshausen & Neumann, 297–320.

Zeidler, Kurt Walter (2016a): *Grundlegungen. Zur Theorie der Vernunft und Letztbegründung*. Wien: Ferstl & Perz.

Zeidler, Kurt Walter (2016b): *Vermittlungen. Zum antiken und neueren Idealismus*. Wien: Ferstl & Perz.

Zeidler, Kurt Walter (2017): *Grundriss der transzendentalen Logik*. 3., ergänzte Auflage. Wien: Ferstl & Perz.

Zekl, Hans Günter (1998): „Einleitung des Herausgebers". In: Aristoteles: „Erste Analytik. Zweite Analytik". Griechisch-Deutsch. Hg., übers., mit einer Einleitung und Anmerkung versehen von Hans Günter Zekl. In: Ders.: *Organon Band 3/4*. Hamburg: Felix Meiner, IX–CXX.